**Dabbelju**
**Verlag**

Renate Matthaei

# Der kölsche Jeck

## Zur Karnevals- und Lachkultur in Köln

Mit einem Vorwort von Hartmut Priess

Dabbelju Verlag

## Die Autorin

Renate Matthaei, geboren in Köln, studierte Germanistik, Geschichte und Philosophie. Sie promovierte über »Das Mythische bei Clemens Brentano«, seitdem beschäftigt sie sich mit ethnologischen und mythengeschichtlichen Fragen. Renate Matthaei arbeitete lange Jahre als Lektorin im Kölner Verlag Kiepenheuer & Witsch.

Ihre Veröffentlichungen: »Pirandello«, 1967. »Grenzverschiebung. Neue Tendenzen in der Literatur der 60er Jahre«, 1970. »Trivialmythen« (Hg.), 1970. »Die subversive Madonna. Ein Schlüssel zum Werk Heinrich Bölls« (Hsg.), 1975. »Matronen, heilige Jungfrauen und wilde Weiber. Zur Geschichte der Kölner Weiberfastnacht«, 2001.

## Das Buch

Den kölschen Jeck glaubt jeder zu kennen, vor allem der Kölner, denn er ist ja selber jeck. Aber wie ist er das geworden? Das ist eine lange Geschichte, die seit dem Mittelalter eng mit den politischen, wirtschaftlichen, sozialen und kulturellen Entwicklungen Kölns verbunden ist.

Am Anfang stand der Jeck, eine alte »liederliche« Maske, die keine Autoritäten kannte und über sich selbst wie über ihren Doppelgänger, den »eitlen Jeck«, lachte. Ihn machten die Kölner nicht nur zum Mittelpunkt ihres Karnevals und Feierns, sondern auch zum Maßstab ihres Denkens und Fühlens. 1341 legten sie im städtischen Eidbuch fest, dass der Rat »zu vastabende« den Gesellschaften (Gaffeln, Zünften, Bruderschaften) kein Geld mehr aus der Stadtkasse geben sollte. Es war eine Entmachtung des Rates in Sachen Karneval. Während in fast allen anderen bedeutenden Städten der damaligen Zeit der Karneval zum Machtbereich des Rats gehörte und zunehmend »höfisch« wurde, blieb er in Köln ab jetzt, wie de Noël 400 Jahre später formulierte, »fast einzig« der »Obhut« des Volkes überlassen. Er wurde zum Refugium der Freiheit für die Bürger.

Das vorliegende Buch beleuchtet die wichtigsten Etappen des kölschen Jeck. Seine Verbreitung in der Feierlust des Spätmittelalters – seine Verdichtung zur Überlebensstrategie des Kölner Humors in den Jahrhunderten des Niedergangs (17.–19. Jh.) – seine Entdeckung als kölscher »Nationalcharakter« in der Franzosenzeit durch die »Olympier«, die den Jeck in ihre Pflege nahmen – die Kämpfe zwischen dem alten und dem neuen Karneval und ihre Versöhnung im Volkskarneval des Veedelskarnevals nach der 1848er Revolution.

Der kölsche Jeck gehört zum ältesten Kulturerbe der Stadt und ist als solches bedroht. Die schlimmsten Krisen erlebte er im 20. Jahrhundert: im Kaiserreich, in der NS-Diktatur, in den Wirtschaftswunderjahren. Aber er fand auch immer seine Retter. Von ihnen ist hier ausführlich die Rede, denn sie sind es, die die Vitalität dieser Jeckengeschichte bis heute ausmachen.

www.dabbelju.de

1. Auflage 2009
© 2009 Dabbelju Verlag, Köln
Umschlaggestaltung: Rudolf Linn, Köln
Umschlagmotiv: © Foto: Walter Dick
Gesetzt aus der Stempel Garamond
Satz: Pinkuin Satz und Datentechnik, Berlin
Druck und Bindearbeiten: GGP Media GmbH, Pößneck
ISBN 978-3-939666-11-0

# Inhalt

*Iwich Kamelle un iwich d'r Zooch*
*Drei lange Daach de Trumm vür dem Buch*
*Un meddendren immer dä kölsche Jeck*
*Dä manchmol si Leid vör sich selver versteck*

Aus: »Kölle mi Kölle« Text: H. R. Knipp, 1996

## Vorwort

Die Republik staunt über Köln und sein Publikum, das, egal um was es geht, gut gelaunt jedes Großereignis mit seinen Liedern begleitet und damit zu einem Event der eigenen Art macht.

Trainer hadern damit, dass Niederlagen nicht mit Pfiffen, sondern mit fröhlichen Gesängen kommentiert werden, das ganze natürlich in »Rut un Wieß«.

Der »Kölsche Jeck« erklärt, wie es in Jahrzehnten und Jahrhunderten dazu kommen konnte, dass sich in Köln eine Liedkultur entwickelt hat, die in Deutschland ohne Beispiel ist.

Der Karneval sorgt dafür, dass jedes Jahr etwa 250 Lieder dazu kommen. Über deren Qualität mag man streiten, aber jedes Jahr bleibt, so Hans Knipp einmal vor vielen Jahren, ein »Fisch im Netz«. Und schon hat die fröhliche Meute auf der Südtribüne oder in der Arena, wo sich die »Haie« mit wechselndem Erfolg um Punkte und Gegner bemühen, etwas Neues zum singen.

Renate Matthaei hält sich allerdings weniger bei der Partykultur auf. Ihr geht es darum, kenntnisreich aufzuzeigen, dass sich mit den Kölner Liedern eine Art Parallelgeschichtsbuch unserer Stadt entwickelt. Es gibt Schulbücher, Chroniken, Geschichtsbücher. Aber Lieder sind in ihrer besonderen Art der Beobachtung vertonte Poesie und ein höchst subjektives Korrektiv zur offiziellen Geschichtsschreibung.

Manchmal sind sie, gerade wenn sie nur die individuelle Sicht-weise eines Autors wiedergeben, besonders erfolgreich. Das Publikum hat ein gutes Auge und Ohr für Authentisches und ist sofort dabei, wenn es sich selbst in den Gedanken und Gefühlen des Texters wieder findet.

Es geht in diesem Buch nicht darum, Erfolge der Vergangenheit zu feiern. Es handelt sich eher um eine Ehrenerklärung für unsere Liederkultur, die viel genauer, als es uns heute erscheinen mag, das Leben in Köln begleitet hat: Das Leben in seinen großen und bedeutenden Ereignissen, in seinen kleinen lustigen oder traurigen Begebenheiten, in großen und bekannten Liedern, oder Liedern die heute kaum noch jemand kennt oder jemals gekannt hat. Aber alle sind sie da. Dem Buch wünsche ich viele interes-sierte Leserinnen und Leser.

Hartmut Priess (Bläck Fööss)

*Mir weden immer größer, mir weden immer mih,*
*mer expandiere ständig noh ungen un en de Hüh,*
*Un wemmer dann em Himmel sin, mer büre niemols op*
*Do baue mer dann en U-Bahn, en Seilbahn, en Jeisterbahn*
*En Startbahn, Landebahn, Zahnradbahn, Autobahn ...*
*D'R HIMMEL KRIJE MER OCH KAPOTT*

Aus »Firma Huddel & Brassel« Text: Bläck Fööss/H. R. Knipp, 2006

# Jecksein in Köln

Der »kölsche Jeck« – was ist das: eine Karnevalsmaske, ein stadtkölnisches Denk- und Verhaltensmuster, Synonym für den Kölner schlechthin? Der Jeck ist eine der ältesten mittelalterlichen Masken, die früher weit verbreitet war, in Köln aber bis heute zu Hause ist und hier nicht nur den Karneval beeinflusst, sondern auch die Alltagsmentalität des Kölners. Jecksein als Lebensstil, in allen Lagen das Oberste von unten, das Unterste von oben sehen, gehört zur Eigenart des Kölschen. Es muss in Jahrhunderten eingeübt worden sein, denn es hat sich allen Ständen und Klassen mitgeteilt. Dabei ist es die verschiedensten Legierungen mit den gesellschaftlichen und politischen Strukturen eingegangen als ein Stück Feierkultur, in der die Kölner das probieren konnten, was ihnen in ihrem Gemeinwesen am wichtigsten war: die Freiheit und Gleichheit aller Bürger. An der politischen und sozialen Wirklichkeit ist dieser Traum immer wieder gescheitert, als Selbstverständnis in einer steten Relativierung der Verhältnisse, des Neckens und Lachens aber geblieben.

»Jecke sin och Lück« und »Riche Lück sin och nur ärm Lück met Jeld« – das sind die beiden Pole des Jeckenkonzepts: der unterste wird durch Aufwertung, der oberste durch Abwertung zum Menschen. Gemeinsam ist beiden das Menschsein, ein gebrechlicher Entwurf, den der Kölner durchschaut. Von dem er weiß, dass er durch Rollen oder Kostümierungen kaschiert werden kann. Wer den kölschen Durchblick hat, wird den Bruch in jeder Pose oder Selbststilisierung entdecken. Er wird gelassen bleiben, auch wenn es nicht zum Besten steht. Diese Kunst beherrscht natürlich nicht jeder Kölner in jeder Situation. Auch Kölner sind nur »Lück«, nämlich Menschen. Aber jeder Kölner kennt die Philosophie der Stadt, die Heinrich Lützeler »Philosophie des Humors« genannt hat. Sie umgibt ihn wie ein entspannendes Medium, wie ein Stück Karneval für jeden Tag. In keiner anderen Stadt ist die Karnevalskultur zugleich so sehr historisch gewachsene Lachkultur wie in Köln. Beide Entwicklungsstränge sind eng verknüpft mit der besonderen Geschichte der Stadt. Ihren Verflechtungen mit den sozialen, politischen und wirtschaftlichen Traditionen und Veränderungen im Lauf der Jahrhunderte soll hier nachgegangen werden.

# 1.

## Die »Olympische Gesellschaft«.
## Training im Jecksein.

### 1804–1813

Die Geschichte der kölschen Jeckenmaske ist unspektakulär und wenig dokumentiert. Sie bleibt lange Zeit unsichtbar, in gleichsam unterirdischer Bewegung, wie immer, wenn ein Stück gelebtes Leben für Menschen aller Stände selbstverständlich war. Natürlich gab es in Köln wie in anderen Städten über Jahrhunderte Verbote der »Mummerey«. Aber sie meinten keine spezielle Maskierung, sondern galten als allgemeines Vermummungsverbot, um vor allem in unruhigen Zeiten Aufruhr und Kriminalität zu verhindern. Ein einzelner Maskentyp wird dabei nur selten erwähnt. Als Maske lässt sich der Jeck aber ohnehin nicht typisieren wie die »Narrenkleider« der südwestdeutschen Fasnet. Ein Kölner »Narrenkleiderrat«, wie z. B. in Rottweil, der jährlich die Kostümierungen nach strengen Kriterien des »Originalen Narrenkleides« auswählt und prämiert, wäre in Köln undenkbar. Nicht nur, weil es für den Jeck keine Bildüberlieferung gibt, sondern vor allem, weil er seinem Wesen nach mehr ist als eine bestimmte Maske. Der Jeck ist immer schon Interpretation, jede Maske kann »Jeck« werden. Sie muss nur verrutscht sein, ihr Lachen über sich selbst zu erkennen geben. Mehr noch: um den Jeck zu geben, ist keine Kostümierung nötig. In der Sprache, im Bild, in der Wortwahl und -betonung wie in der Gestik, Haltung und Mimik kann der Jeck plötzlich entstehen, erkennbar gewöhnlich nur für den Eingeweihten. Der Jeck ist ein Gesellschaftswesen, er kennt seinen »Code« und erwartet, dass sein Gegenüber ihn auch kennt. In den gegenseitig akzeptierten Freiräumen werden die Konventionen plötzlich zum lockeren jecken Spiel. Deshalb braucht der Kölner im Karneval keine perfekte Verkleidung. Er ist dabei, wenn er dieses Spiel mitspielt.

Die Jeckenmaske wurde, wie gesagt, »gelebt«, selbstverständlich und unskandalös, im Karneval und – übertragen – im Alltag. Auffällig wurde sie erst, als Fremde in die Stadt kamen. Zuerst 1794 die Franzosen auf ihrem revolutionären Eroberungszug, dann ab 1815 die Preußen. Köln, bis dahin unabhängige Reichsstadt, wurde jäh in die Erschütterungen einer Zeitenwende geworfen, war ab 1801 französische Stadt, dann 1815, nach dem Sieg über die Franzosen, preußisch. Damals nahmen einige Kölner Bildungsbürger zum ersten Mal die Eigentümlichkeiten ihrer Stadt, allen voran das Jeckentum und den Karneval, deutlich wahr. Einige erkannten darin ein Stück originaler Stadtkultur, das es zu wahren und pflegen galt, andere eine Verrohung des »Pöbels«, die zivilisiert werden musste. So wurde der Kölner Karneval im Abstand einer Generation gleich zweimal neu erfunden, auf verschiedene Art.

Als erstes entstand 1804 die Olympische Gesellschaft, ein Freundeskreis, dem neben Ferdinand Franz Wallraf, Matthias De Noël, Nicolaus, Joseph und Marcus DuMont Akademiker und Künstler angehörten. Allen gemeinsam war ein Interesse an Literatur, Kunst, Wissenschaft, vor allem aber eine Leidenschaft für Kölner Dialekt und Humor, für das Kölsche überhaupt. Wallraf, später berühmt durch seine Sammlung Kölner Kirchenkunst, war Mittelpunkt des Kreises. Den Geist bestimmte jedoch ein anderer: der damals 22-jährige De Noël. Er machte die Olympier, wie sie sich nach ihrem Treffpunkt in einem kleinen Weinlokal auf einer Erhebung im Ursulaviertel nannten, zur ersten karnevalistischen Runde. Er entwarf die Statuten, zu denen auch die Mahnung gehörte, »sich aller Witzemacherei und absonderlich der Satire zu enthalten«. In der »Verkehrten Welt« des Karnevals war das Gegenteil gemeint. Jecksein wurde zum olympischen Training. De Noël bestimmte den jeweiligen Schriftwart zur »komischen Figur«, die den »ewigen Geist des Widerspruchs« spielte und »zur allgemeinen Heiterkeit nicht wenig beitrug«. Er selbst war ein wandelndes Lexikon kölscher Sprichwörter und ließ »bei jeder Gelegenheit seine Witz- und Schlagwörter fallen.«

Bei so viel Grielächerei wurde jeder auf seine Weise kreativ. Kölsche Lieder entstanden und kölsche Komödien als Fastnachtsspiele, die in privaten Zirkeln und auf dem Theater aufgeführt wurden. Auch das eine Idee von De Noël, für die er mit seinen »Lokalpossen« gleich die ersten Modelle lieferte. Gedacht waren sie aber nicht so sehr als künstlerisches Einzelprodukt, sondern als Gemeinschaftswerk. Alle halfen bei der Gestaltung und praktischen Umsetzung mit. Auch an die Außenwirkung wurde dabei gedacht. Die Fastnachtskomödien erschienen im Druck und konnten vor den Aufführungen erworben werden. An diesem Einfall dürfte Marcus DuMont, damals 20, beteiligt gewesen sein. 1805 erwarb er die »Kölnische Zeitung« und erkannte sehr schnell die neue Bedeutung der Presse- und Druckerzeugnisse in der Stadt. Durch die schriftliche Fixierung begründeten die Lokalpossen eine Tradition, die 20 Jahre lang den Wandel der Verhältnisse in Köln und die jeweiligen Stimmungslagen der Bürger mit Humor begleitete. Zum ersten Mal gaben die Kölner ihrem karnevalistischen Jeckentum eine überdauernde Form. Damals entstand der Grundstock an Motiven und Wendungen, die die köl-

schen Lied- und Büttentexte in der Zukunft prägen sollten. Viele Bürger wirkten dabei mit, meist anonym. Der
Volkskarneval war um eine neue intelligente Dimension
bereichert.

# 2.

## Der organisierte Karneval 1823.
## Eine Bürgerinitiative der »Bessren«

Die 1823 von Heinrich von Wittgenstein und seinen
Freunden gegründete erste Karnevalsgesellschaft war in
vieler Hinsicht das Gegenstück zur Olympischen Gesellschaft. Zwar suchte auch sie einen neuen Ort der Geselligkeit und des Karnevals, aber ihr Programm hatte auch
gesellschaftspolitische Ziele. Die neuen Karnevalisten
wollten den Fastelovend rundum erneuern: in ihrer eigenen Gesellschaft, aber auch auf den Bällen und vor allem
auf der Straße. »Die Halbheit oder vielmehr Nichtigkeit
des Carnevals«, die »Ausgeburten an Trivialitäten« auf
den Straßen hatten sie »verletzt«, wie Christian Samuel
Schier, der »Hofpoet« des reformierten Karnevals, ein
Jahr später formulierte. Deshalb hatten sie beschlossen,
die »alte«, einst »hochgerühmte Feier« zu retten.

Dazu schufen sie, was es in Köln nie gegeben hatte, die
Nachbildung eines höfischen Karnevals. Als »royaume«
(Königreich) war er an Höfen und in burgundischen und
französischen Städten vom 14.–16. Jahrhundert berühmt
gewesen. Seine letzten Reste hatten auch an deutschen
Höfen in glanzvollen Maskenfesten überlebt, bis sie nach
der Französischen Revolution zum größten Teil mitsamt
der alten Festordnung verschwunden waren. Es war ein
kühner romantischer Rückgriff, mit dem die Reformer
ihn jetzt wieder hervorholten und neu konstituierten.
Ein Prachtzug gehörte dazu, der dem früheren Einzugs-

zeremoniell eines Königs entnommen war: mit dem personifizierten »König« oder »Helden« Karneval, seinem Hofstaat (Kanzler, Oberhofmarschall, Minister usw.), mehrspännigen Prunkwagen und Leibgarden zu Fuß und zu Pferd. Das Narrenfest von Dijon, in der eine Gesellschaft von reichen und angesehenen Bürgern 200 Jahre lang (ca. 1450–1650) einen solchen Zug gesponsert und geleitet hatte, scheint dabei Pate gestanden zu haben. Die Parallelen sind jedenfalls auffallend. Wie in Dijon bildeten die Kölner in ihrem Festordnenden Komitee verschiedene Ausschüsse: für die Beschaffung und Verwaltung der Finanzen, für die Gestaltung der Züge, die literarischen und musikalischen Aufgaben, die Kontaktpflege nach außen usw. Der »Gesandte«, der in Dijon für die Einladung von Königen und Adel zuständig war, wird im Kölner Karneval zum »Minister für auswärtige Angelegenheiten«, der die Verbindung zu Königen, Prinzen, Adel und Prominenten knüpft.

Man muss die Entscheidung für einen solchen Karneval vor dem Hintergrund der tatsächlichen Verhältnisse in Köln sehen. Köln galt im ausgehenden 18. Jahrhundert nach Ansicht von Reisenden »wenigstens noch um ein Jahrhundert hinter dem ganzen übrigen Deutschland zurück«. Sprache, Verhalten, Kleidung und Lebensgewohnheiten der Kölner entsprachen so wenig dem zeitgenössischen Geschmack, dass sie »mitten in ihrem Vaterlande« wie eine »fremde Kolonie« erschienen. Das hatte sich auch Jahrzehnte später noch nicht wesentlich geändert. Die Armut war seit der Franzosenzeit noch gewachsen und blieb chronisch bis in die 1850er Jahre. Betroffen davon waren vor allem die Alteingesessenen. Die aber hielten an ihren Feiergewohnheiten mit den »Trivialitäten« und »ekelhaften Vermummungen« fest. Den protestantischen Preußen war der Karneval fremd. Noch 1827, als der Fastelovend schon fest in der Hand des Festkomitees war, fragte Friedrich Wilhelm III. irritiert beim Oberpräsidenten der Rheinlande nach, wer »die Erlaubnis zu diesen in Deutschland nicht üblichen Volkslustbarkeiten« gegeben habe. Dieser Druck von oben und unten hatte zur Idee eines anderen, sittlicheren und ästhetischeren Karnevals beigetragen. Man wollte das Kölner Volksfest »veredeln«, die »Ungebildeten zu sich hinaufziehen, statt sich zu denselben hinabzulassen.« Und gleichzeitig sollten die Vornehmen und Mächtigen mit einbezogen werden, zur »Rettung« des Festes, aber auch als Garantie für die neue Reputation der Stadt.

Das Karnevalsmodell von 1823 beeindruckt in seiner komplexen Planung und gebrauchsfesten Praxis immer noch. Wichtigster Ideenstifter war Wittgenstein. In ihm trafen historische und aktuelle Einflüsse auf ein ebenso organisatorisches wie diplomatisches Geschick. Entscheidend aber war seine Herkunft. Sein Vater war der letzte Kölner Bürgermeister aus vorfranzösischer Zeit, von den Franzosen zum »Maire« ernannt und von den Preußen 1815 als Franzosenfreund abgesetzt. Für den Sohn war das ein Schock. Er bewunderte seinen Vater, den er schon als Sechsjähriger auf Amtsgängen begleiten durfte und dem er auf den Grabstein schrieb, dass er seit 1780 »unausgesetzt im Dienste seiner Vaterstadt« tätig gewesen sei. Über ihn und seinen Großvater, der ebenfalls Bürgermeister gewesen war, mag ihm das alte patrizische Ideal der »Besten« vermittelt worden sein.

Die »Bessren« oder »Besten«, so nannten sich denn auch die selbsternannten Karnevalsordner, und so verstanden sie sich auch. Sie wollten dem Beispiel der mittelalterlichen Kaufleute folgen, für die Reichtum und Status auch Verpflichtung gegenüber dem Gemeinwesen war. Sie hatten Hospitäler und Klöster gestiftet, den Kirchenbau unterstützt, bei allen politischen, sozialen und kulturellen Aufgaben aktiv mitgewirkt. Auch nach dem Verlust ihrer Privilegien 1396 blieben sie führend in der Stadt. Sie übernahmen das Bürgermeisteramt, das ein Ehrenamt war und Reichtum zur Voraussetzung hatte. Die dunkle Seite dieser Rolle, die mit Korruption und Abschottung, der »Kränzchenbildung«, zu chronischen Aufständen geführt hatte, blendeten die Karnevalisten aus. Sie sollte aber auch in der Karnevalsgesellschaft noch ihre Schatten werfen.

Zunächst aber war die romantische Motivation Anlass für ein kluges Engagement. Wittgenstein, selber Erbe eines väterlichen Vermögens, nahm das Vorbild seines Vaters und dessen Vorgänger ernst. Er studierte Jura in Heidelberg und Berlin und begann schon auf anschließenden Reisen, sich intensiv für Kommunalpolitik zu interessieren. In seinen Reisetagebüchern aus Wien beschäftigt er sich neben dem Straßenbau mit dem Gesundheits- und Bildungswesen, der Armen- und Gefangenenfürsorge, immer im Vergleich mit den Kölner Verhältnissen. Er wusste, dass die Ämter in Köln nicht mehr auf ihn warteten, sondern dass er sie sich suchen musste. Die Neubegründung des Karnevals war da nur der Anfang. 1825 trat er in das Kollegium der Armenverwaltung ein, das, unabhängig von der Stadt, als Stiftungswesen die Armenfürsorge, Hospitäler und Waisenhäuser verwaltete. 1832 gelingt es ihm, mit 300 Mitgliedern einen Verein zur Förderung des Taubstummenunterrichts zu schaffen. 1838 gehört er zu den Gründern des Kunstvereins, 1840 ist er Präsident des städtischen Theaterkomitees, 1842 Mitbegründer und anschließend Präsident des Dombauvereins, 1848, im Revolutionsjahr, stellt er sich spontan als Leiter der Bürgerwehr zur Verfügung. Im selben Jahr wird er Regierungspräsident. Zusätzlich war er seit 1831 bis zu seinem Tod Mitglied des Stadtrats.

Die Ämterhäufung wäre an dieser Stelle nicht besonders erwähnenswert, wenn sie nicht in den folgenden 25 Jahren das Gedeihen und Überleben des neuen Karnevals garantiert hätte. In den verschiedenen Gremien schuf Wittgenstein Bastionen der Freundschaft, persönliche und ideelle Verknüpfungen, die wie ein Netzwerk die Aktivitäten gegenseitig stärkten und schützten. Mitglieder des Festkomitees finden sich später in der Armenverwaltung. Hochrangige preußische Adelige und Beamte sind Mitglieder der Karnevalsgesellschaft und des Taubstummenvereins. Sie werden in den unruhigen Jahren seit 1830 die Vermittler bei König und Regierung sein, als der Kölner Karneval in die Schusslinie des preußischen Staats gerät. Für Wittgenstein war sein unermüdlicher Einsatz eine »patriotische« Aufgabe. »Patriotismus«, ganz auf Köln bezogen, als Ausdruck eines neuen städtischen Gemeinsinns, der die Mitglieder des Festkomitees untereinander verband und ihre vielfältigen Impulse in die Stadt aussandte.

Für die karnevalistische Umerziehung der Bevölkerung war die Karnevalsgesellschaft mit ihrem »Ersten Sprecher«, wie sich Wittgenstein demokratisch bezeichnete, bestens gerüstet. Trotzdem sollte bei allen »außenpolitischen« Erfolgen des Reformkarnevals: dem gestiegenen Ansehen der Stadt, dem Aufschwung des Fremdenverkehrs und dem damit verbundenen Selbstbewusstsein der Eliten, der innerstädtische Prozeß schwieriger werden als vorhergesehen.

# 3.

## Der »Ölfleck« Kölner Karneval

Die festordnenden Karnevalisten hatten für den Erfolg in ihrer Stadt nichts dem Zufall überlassen. Was überraschte, war die Wirkung nach außen. In wenigen Jahren entstanden »Kolonien« des Kölner Karnevals, die von den Kölnern nicht gesteuert waren. »Ölfleckartig« breitete sich der Kölner Karneval aus, wie der belgische Karnevalsforscher Theo Fransen formuliert. Zuerst bildete sich der »Ölfleck« rheinischer Karneval: schon 1824 folgte Koblenz dem Beispiel Kölns, 1825 Düsseldorf, 1826 Bonn, 1827 Düren, 1829 Aachen, 1833 Bingen, 1837 Mainz. Von Mainz aus strahlte der reformierte Karneval nach Süden, den Rhein entlang, aus: nach Worms und Mannheim 1840, Karlsruhe 1841, dann weiter nach Südwesten. 1842 hatte Rottweil seinen ersten historischen Karnevalszug, von der Oberschicht organisiert, 1844 Villingen, 1847 Konstanz. In den nächsten Jahrzehnten folgten die meisten südwestdeutschen Städte. Gleichzeitig wurden Landesgrenzen überschritten: seit 1840 gab es den rheinischen Karneval auch in Belgien, seit der Mitte des 19. Jahrhunderts in Österreich. Die Schweiz hatte in Basel schon 1835 neben Morgenstreich und Schnitzelbänken einen rheinisch beeinflussten Umzug, 1841 mit Prinz Karneval. Die Ausbreitung setzte sich in Schüben weiter fort, mit Höhepunkten nach 1870 bis zum Ersten Weltkrieg, in den 20er und 30er Jahren und – mit einem die ganzen vergangenen

100 Jahre übertreffenden Aufschwung – seit dem Ende des Zweiten Weltkriegs. Diese Entwicklung dauert noch an, sie hat längst nicht nur die Kleinstädte und Marktflecken, sondern auch die Dörfer erfasst. Karneval aus dem katholischen Rheinland wird nun auch in protestantischen Orten, in denen das Fest seit der Reformation verschwunden war, wieder gefeiert. Im calvinistischen Holland, wo der »vastelaovend« nur noch in Kinderbräuchen weiterlebte, lernte man durch das Fernsehen erneut, wie man Karneval feiern muss.

»Selten hat sich eine Festform mit einer derart unerhörten Dynamik ausgebreitet wie diese«, schreibt Herbert Schwedt über den »Export-Schlager« Kölner Karneval. Möglicherweise hat das Festkomitee in Köln 1823, ohne es zu ahnen, nicht nur den Kölner Karneval, sondern den Karneval in weiten Teilen Deutschlands und angrenzenden Ländern gerettet. Zumindest haben die Initiatoren entscheidende ideelle und vor allem praktische Anstöße für eine Neubelebung des Karnevals gegeben. Ihr Karneval war übertragbar, weitgehend frei von einheimischen Elementen, die aber je nach Belieben und Region hinzugefügt werden konnten. Die prunkvollen Inszenierungen des Helden, später Hanswurst oder Prinz Karneval, kamen an, ebenso die malerischen historischen Fußtruppen, die Gründung eines Vereins mit organisierendem Komitee, die Sitzungen, die Ordnung des Zugs mit Motto und Plan. Auch in anderen Städten war das Bedürfnis gehobener Schichten nach einem Karneval mit »edlerem Geschmack« groß. Aber man übernahm auch gerne die Fremdenverkehrswerbung der Kölner. Johann Maria Kartell, in Köln ausgebildeter Mainzer Kaufmann, führt 1837 für die Einführung des Mainzer Karnevals ausdrücklich an, dass »viele Fremde angezogen werden« sollen, »die nicht unbedeutende Summen hier zurücklassen möchten.« Als Prestige- und Kommerzobjekt wurde der Karneval im Konkurrenzkampf der Städte allmählich zum Selbstläufer. Im rheinhessischen Alzey machten die Karnevalisten in den 40er Jahren des 19. Jahrhunderts Kappenfahrten in die umliegenden Orte, um Zuschauer für den Alzeyer Karnevalsumzug in die Stadt zu locken. Deutlich äußerten die Mitglieder des Bingener Karnevalsvereins in den 90er Jahren ihr kommerzielles Interesse in der Konkurrenz zu Mainz. Die Landbevölkerung sollte in »beträchtlicher Menge« zum Karnevalsbesuch in Bingen veranlasst werden, um sie von den Veranstaltungen in Mainz »abzuhalten«, »so dass sonach viel Geld in der Stadt bleiben wird.« Die Fremdenverkehrswerbung ist neben dem Fernsehen bis heute einer der wichtigsten Multiplikatoren des Karnevals.

Indirekt hat der Kölner Karneval aber noch auf andere Weise zur Vielfalt der heutigen Fastnacht beigetragen. Die rasante Karnevalsbewegung erzeugte im Südwesten gegen Ende des 19. Jahrhunderts eine Gegenreaktion: die schwäbisch-alemannische Fasnet. Sie richtete sich zunächst weniger gegen den Karnevals-Import aus dem Westen als gegen die wohlhabende Bürgerschicht, die mit ihm die gesamte Fastnacht kontrollierte. Es kam, wie Werner Mezger schreibt, zu einer »kleinen fastnächtlichen Konterrevolution«. Einfache Leute, vor allem kleine Handwerker, holten die Larven und Narrenkleider, die seit Jahrzehnten verbannt gewesen waren, wieder aus den »Truhen« und von den »Speichern« und feierten die alte heimische Fastnacht auf den Straßen. Vom Schwarzwald bis zum Bodensee, am Neckar und entlang der Donau bis nach Schwaben entstanden seit 1880 »Narrenzünfte«, die sich auf Fastnachtstraditionen vor dem reformierten Karneval beriefen. Dieser Rückbesinnung schlossen sich bald auch die prominenteren Bürger an, die in der »Fasnet« plötzlich die schönere Vergangenheit ihres eigenen Brauchtums erkannten.

Aus den kleinen Anfängen der ersten Narrenzünfte ist inzwischen eine sehr selbstbewusste, reich entwickelte Fastnacht entstanden, die sich stolz »Fasnet« nennt und vom rheinischen Karneval hermetisch abgrenzt. 1924 schlossen sich 18 Zünfte zur »Vereinigung schwäbisch-alemannischer Narrenzünfte« zusammen. Seitdem gilt die Pflege des »echten« Brauchtums, zu der auch der wissenschaftliche oder populärwissenschaftliche »Beleg« des wirklich »Alten« zählt. Es ist aufschlussreich, aus der Perspektive dieses neuen Narrenverständnisses die Bewertung des rheinischen Karnevals kennenzulernen. Er gilt als »glitzernd«, »leichtbeschwingt«, »reklametüchtig«, ja, im Jahr 1936 als »entartet«. Hermann Eris Busse, der »Chefmythologe« der Narrenzünfte in den 20er und 30er Jahren, tadelte den Karneval als »Taumel«, als »Zeit der Lustbarkeit« mit »Büttenreden und Kappenfahrten«. Dagegen setzte er die »Echtheit« der alemannischen Volksfastnacht als eine »Naturkraft im Menschen«, das »ernste Kampfspiel kultischen Erlebens«. Fremdes Brauchtum (gemeint ist der »Karneval«) führe dagegen zur »Schaustellung heiliger Begriffe«, ist äußerer Schein anstatt inneren Seins«.

Auch wenn die Fasnet dieses »heilige« Pathos, das der Volkstums-Ideologie der Nazis nahesteht, längst hinter sich gelassen hat, ist ihr das Bodenständig-Elitäre, das Zeremonielle und »Ernste« geblieben. Der Stolz auf die eigene Tradition prägt die Umzüge. Die Narren sind perfekt kostümiert, sie präsentieren sich stumm, ohne Dialoge untereinander oder mit den nicht-kostümierten Zuschauern. Selbst die närrischen Sprünge mit der Streckschere, die das Publikum necken sollen, wirken ritualisiert. Ein Erscheinungsbild, das unausgesprochen die unbefangene Fröhlichkeit der »oberflächlichen Massenunterhaltung ohne Tradition«, wie man sie im Kölner Karneval zu beobachten glaubt, kritisiert. Der Glaube an eine unverändert überlieferte »vorzeitliche« Festtradition sitzt bei den Brauchtumspflegern, die die Fasnet-Organisation begleiten, tief. Dabei hat die Volkskunde, die im Raum zwischen Mainz und München, mit Schwerpunkt in Tübingen, betrieben wird, längst nachgewiesen, dass das Alter der schönen ausdrucksvollen Masken, die man oft nach Vorbildern kopiert hat, nicht über das Barock hinausreicht. Rokoko, Biedermeier und folgende Moden haben weiter bei ihrer Ausgestaltung mitgewirkt. Soweit man ihre Geschichte zurückverfolgen kann, haben höfische Kultur, Theater und italienische Einflüsse an ihrer Verfeinerung gearbeitet. Mögliche originale Vorläufermasken lassen sich nicht mehr rekonstruieren, weil es von ihnen keine Überlieferung gibt.

Auch die Basler »Fasnacht« von heute, die mit dem Morgenstreich um 4 Uhr morgens beginnt und, begleitet vom Verlöschen der Straßenlaternen, von Glockengeläut und festlichem Schweigen, die Teilnehmer und Zuschauer in eine Stimmung »wie unter dem Weihnachtsbaum« versetzt, ist nicht alt. Sie ist im Gegenteil ein noch jüngeres Produkt als die schwäbisch-alemannische Fasnet. Bis zum Ersten Weltkrieg dominierte auf den Straßen der rheinische Karneval, vermischt mit älterem städtischem Brauchtum. Erst in den 1920er Jahren erhielt die Baseler Straßenfastnacht das künstlerische, feierliche Gepräge, das sich so markant von den Karnevalsgewohnheiten der Rheinländer unterscheidet. Auch in Basel nahm schließlich die Oberschicht die Umgestaltung der Fastnacht in die Hand. Sie studierte das Maskenrepertoire der Stadt, sortierte es nach Typen und ließ die »Larven« nach verbindlichen Vorgaben in Künstler-Ateliers herstellen. So ist es bis heute geblieben. Der Baseler, der mit seiner »Clique« (Verein) im organisierten Morgenstreich herumzieht, lässt es sich viel kosten, um jedes Jahr eine »Original Baseler«-Larve tragen zu können. Da erscheinen die früheren Masken des »alten Weibs«, des »(Elsässer) Bauern« und des Narren als die malerisch-grotesken Larven der »alten Tante«, des »Waggis« und des »Ueli«. Aber daneben gibt es auch die »Charivari«-Gruppen und die »Schyssdräggzügli«, die die ehemals verpönten »wilden«, keiner Typisierung unterworfenen Masken zivilisiert haben. Nur noch Reste ihrer Ungezähmtheit leben fort. In der Charivari-Gruppe ist ein Sammelsurium von Maskierungen erlaubt, auch das alte Kostüm aus dem vorigen Jahrhundert oder Kostümteile im Schyssdräggzügli, speziell für »Knaben«, die für Cliquen noch zu jung sind, auch das selbstgebastelte Kostüm.

Aber für alle Larven gilt, sie müssen neu sein, sie müssen »Haut und Haare« bedecken. Handschuhe und Kopfbedeckung sind obligatorisch. Ob das nun Einfluss der reformatorischen Stadt ist oder Steuerung durch die feinere Baseler Welt, mag dahingestellt sein. Auf jeden Fall zeigen die ungeschriebenen, aber trotzdem streng beachteten Gebote und Verbote der Baseler Fasnacht wie in einem Spiegel die Eigentümlichkeiten des rheinischen Karnevals. So wird Besuchern empfohlen, keine Pappnasen oder Papierhütchen zu tragen, sich nicht »spärlich« zu bekleiden, nicht zu singen und zu schunkeln, nicht »in Menschenketten grölend durch die Straßen zu ziehn« oder beim Morgenstreich Beifall zu äußern und zu lachen. Die Basler Fasnacht ist exklusiv, und sie muss es wohl sein, um die Jahrzehnte des rheinischen Karnevals in der Stadt vergessen zu machen und das Gütesiegel des »echten« Basler Festes gegenüber dem »Ölfleck« vom Rhein unbefleckt zu bewahren.

# 4.

## Alte Kölner Masken

Warum, fragt der Brauchtumsforscher Werner Mezger, ist nicht auch der rheinische Karneval zum »Ursprung des Narrenlaufens« zurückgekehrt wie die schwäbisch-alemannische Fasnet? Und er gibt darauf die Antwort, die Industrialisierung der Großstadt Köln habe mit dem »Zuzug von Tausenden von Industriearbeitern« eine »Rückkehr zu den alten Fastelovendsbräuchen der Reichsstadtzeit« unterlaufen. Hier sei zunächst einmal die Frage gestellt: gab es überhaupt eine Fastnachtstradition, zu der die Kölner hätten »zurückkehren« können, und wenn ja, wie sah sie aus?

Die Karnevalisten um Heinrich von Wittgenstein haben, wie schon erwähnt, eine teils verklärende, teils polemische Antwort gegeben. Das Eröffnungsprogramm zum ersten Karneval 1823 preist das Fest in vorfranzösischer Zeit als den »einstens in ganz Teutschland so berühmten kölnischen Carneval«, und Schier hatte im folgenden Jahr betont, dass ebendieser »gerettet« werden sollte. Gleichzeitig erklärte sich der organisierte Karneval selber aber auch als Reaktion auf den Straßenkarneval, wo die »Ausgeburten der Trivialität« ihre »geheimen Rechte« behaupteten. Es hatte sich eine Sprachregelung durchgesetzt: auf der einen Seite der berühmte Karneval von einst, auf der anderen der heruntergekommene Karneval auf der Straße seit französischer Zeit. Auch De Noël folgt 1825 in seinem Karnevals-Almanach dieser Bewertung, die auch eine soziale ist: »Die Ungebildeten zogen in sinnloser, oft ekelhafter Vermummung auf den Straßen umher, und entfernten durch ihr wüstes Benehmen die Ersteren (»Gebildeteren«) immer mehr von der öffentlichen Teilnahme an der in sich selbst so schönen Volkssitte.«

Wie aber sah der Karneval vor 1794 jenseits der Idealisierung und Tabuisierung wirklich aus? Ein genaueres Bild gibt der Stadtschreiber Johann Jakob Fuchs in seiner »Stadtchronik« 1820. Danach feierten die Kölner gleich nach Dreikönige, getrennt nach Ständen, in verschiedenen Lokalitäten: der Adel im Saal von Lempertz im Domhof, die »Kaufmannschaft und was ihr gleichstand« im Lokal der ehemaligen Schusterzunft in der Sternengasse, die »übrige Klasse der Einwohner« feierte an Weiberfastnacht und den drei Karnevalstagen im Saal des Rhodius in der Komödienstraße und in den beiden »Kuhbergen« (auch später noch beliebten Lokalen). Maskeraden gab es nur an den drei Karnevalstagen. Die organisierten Umzüge der Handwerksgesellen bildeten das Rückgrat des Karnevalsgeschehens. Sie versammelten sich lange vorher bei einem Tanzlehrer, um sich im Tanzen unterweisen zu lassen. An Karneval zogen sie in »Bänden«, Gruppen der jeweiligen Zünfte, durch die Straßen, tanzten unterwegs vor den Häusern der Meister, wobei sie, begleitet von Musik, die »Vorzüge ihrer Gewerbe« besangen. Danach feierten sie weiter in einem Bierhaus, in dem sie sich ordnungsgemäß vorher angemeldet hatten.

Das alles klingt nach einem geordneten, aber keineswegs glamourösen Karneval. Über Masken erfährt man bei Fuchs nicht viel. Bemerkenswert ist allerdings seine Trennung in einzelne, nichts bedeutende, »oft sehr schmutzige Masken« und »bessere Masken«. Die »schmutzigen Masken« sah man auf den Straßen, die »besseren …

nur auf Nachtsbällen und in vornehmen Häusern«. Die »ekelhaften Vermummungen« gab es also schon früher, die Anwesenheit der Franzosen, die anfangs den Karneval für 6 Jahre untersagten, hatte offenbar lediglich die Wahrnehmung in den »gebildeten« Schichten verändert. Fuchs bestätigt das: »Seit Ankunft der Franzosen hat sich der Geschmack im Maskieren ziemlich verfeinert«. Als der Karneval ab 1800 wieder erlaubt war, fand die »bessere« Gesellschaft es plötzlich peinlich, mit welcher Unbefangenheit das »Volk« seine schäbigen Masken präsentierte. Dabei hatten höfische Masken und Festgewohnheiten die Spitze der Kölner Bürgerschaft selbst erst spät erreicht, stilbildend für alle Kölner wurden sie nie. Jahrhundertelang waren die Kölner gegenüber dem Einfluss der Maskenfeste am Kurfürstlichen Hof in Brühl und Bonn immun geblieben. Erst ab 1735, als Kurfürst Clemens August seine Maskenbälle berühmt gemacht hatte, gab es auch für die Kölner Bürger die »Nachtsbälle« nach dem Vorbild der in Venedig entstandenen Redoute. Hier und in kleineren Gesellschaften begann man, einen anderen Karneval einzuüben. »Der Beobachter« berichtet 1802: »Vorzeiten waren die Karnevals glänzender. Man erinnert sich der Zeit, wo zahlreiche Gesellschaften, geschmackvoll gekleidet, große historische Begebenheiten darstellten, einen moralischen Satz versinnlichten, ein Zeitgebrechen satirisch geißelten oder einen wohlgeordneten Tanz exekutierten.« Neben solchen feineren Darbietungen in geschlossenen Räumen gab es jüngere italienische Importe auf der Straße: den Korso, das Werfen mit Gipskügelchen und das gegenseitige Lichtausblasen an Fastnachtsdienstagabend. Der Korso, wie in vielen italienischen Städten eine Rundfahrt der Wohlhabenden mit geschmückten Wagen und vielen Zuschauern, zog vom Altermarkt über Heumarkt, Mühlenbach, Hohe Pforte, Hohe Straße und wieder zurück. Dabei war das Werfen von Gipskügelchen beliebt, ein Brauch aus Rom, wo an Karneval 100 Pfund-Säcke mit diesen Kügelchen an jeder Straßenecke standen. Römisch war auch das Lichtausblasen, das offenbar nicht zum feinen Karneval gehörte, sondern ein altes Spaß-Ritual war. Goethe hat es in »Das römische Carneval« anschaulich geschildert mit seinem »unbändigen Geschrei«, bei dem »alle Stände und Alter« gegeneinander tobten, wenn sie versuchten, das brennende Licht des anderen auszublasen.

Es muss ein gemischter Karneval auf den Straßen Kölns gewesen sein, bevor die Franzosen kamen. Ein Karneval ohne soziale Berührungsängste. Die »Vornehmen« und das »Volk« hatten gemeinsam »Spaß an der Freud«. De Noël gibt dazu weitere interessante Informationen. In seinem Karnevals-Almanach 1825 spricht er von einem »allgemeinen Volkfest«, »an dem früher alle Stände in Verbindung Theil genommen hatten«, und beschreibt das 1831 in einem Artikel der »Kölnischen Zeitung« eingehender. Karneval sei ein »von allen Convenienzregeln befreiter Zustand der Kölner« gewesen, »den man eine Reminiszenz des goldenen Zeitalters nennen möchte«. »Alle Klassen ohne Unterschied« nahmen »je nach ihrer Individualität mehr oder weniger Theil daran«. Jeder »echte« Kölner »öffnete sein Haus für »bekannte und unbekannte Gäste«. Er bereitete seine »Wirtschaft« gründlich auf die Besucher vor und plante schon Tage zuvor, »Jeden zu erheitern« und dem, der ihm »gram gewesen sein möchte«, die Freude am Fest nicht zu verderben. Der Karneval, wie ihn De Noël beschreibt, war durchlässig: zwischen Drinnen und Draußen, zwischen den Ständen und Klassen, zwischen Jung und Alt. Auch »bejahrte Personen« machten sich einen Spaß daraus, ihre Verwandten in der »sorgfältig erhaltenen Garderobe ihrer Voreltern«

zu überraschen. Die Jüngeren trafen sich schon Wochen vorher, um Ideen für kleine Inszenierungen alter und neuer Vorfälle auszubrüten. An Karneval zogen sie maskiert und mit Musik durch die Straßen und führten ihre Stücke auf Plätzen und in den Häusern ihrer Bekannten vor. Bei Edmund Stoll in seinem Buch über »Kölns Carneval« (1840) erfahren wir mehr über diese Aufführungen. Es waren improvisierte Gespräche und Handlungen, »in denen gewöhnlich alles Lächerliche von Stadt und Land, das während des ganzen Jahres vorgefallen, durchgehechelt« wurde. Solche »Bände«, wie sie parallel zu den Gesellenumzügen genannt wurden, hielten sich auch später als kleinere Maskenzüge an Fastnachtsdienstag noch jahrzehntelang. Wer ihnen begegnete, musste jeden Spott aushalten, »da« – so Stoll – »die Sitte der ungezügelten Maskenfreiheit in Wort und Scherz, sogar dem bissigsten, von den Vätern ererbt ist, und Grämeln höchst lächerlich sein würde.«

»Maskenfreiheit«, die hatte auch ein Journalist im »Beobachter« von 1802 hervorgehoben. Wegen des »Hangs zum Maskieren«, heißt es da, der ein wesentlicher Charakterzug seiner Einwohner sei, werde Köln auch das »Venedig von Deutschland« genannt. Damit waren nicht die eleganten venezianischen Masken gemeint oder die von der commedia dell'arte beeinflussten Charaktermasken, die dem Karneval von Venedig Glanz gaben, sondern die pure Maskenvielfalt, die Necklust, das unorthodoxe Feiern aller. Auch der Karneval in Venedig war vor der Franzosenzeit spontan. Trotz aller Verbote durch den Magistrat blieb das Maskentreiben unreglementiert. Masken jeder Art hatten überall Zutritt, konnten ungehemmt miteinander Kontakt aufnehmen. Selbst Priester mischten sich maskiert unter die Feiernden, was z. B. in Florenz bei Strafe der Inquisition verboten war. Ähnlich war es in

Rom, der anderen italienischen Stadt, die damals wegen ihres Karnevals berühmt war. Auch hier hatte selbst der Papst, dem lange Zeit das öffentliche Festprogramm von der städtischen Verwaltung zur Genehmigung vorgelegt werden musste, die ungenierte, respektlose Maskenfreude nicht verhindern können. Bis zur Gegenreformation im 16. Jahrhundert waren auch die Kardinäle als Zigeuner oder Türken kostümiert auf die Straße gegangen, und umgekehrt verspotteten die Römer in Umzügen die reiche Geistlichkeit mit grotesken Masken. Auch das Konzil von Trient (1545–1563) hatte daran nicht viel geändert. Trotz des verordneten 40stündigen Bußgebets an Karneval ging die Maskenfreiheit und mit ihr der Feierübermut weiter.

Daran wird auch De Noël gedacht haben, als er 1831 das Fastnachtsvergnügen in Köln mit dem in Rom und Venedig verglich. Der Kölner Karneval, meinte er, sei ein so »national einheimisches Volksfest … dass außer Rom und Venedig schwerlich eine andere Stadt in Europa dasselbe in ähnlicher Weise darbieten dürfte«. Und er erkennt auch den Grund dieser Besonderheit: bis 1794 sei das Fest »fast einzig der eigenen Obhut überlassen« gewesen. Ähnlich sagt es Goethe über den römischen Karneval: »Das römische Carneval ist ein Fest, das dem Volk eigentlich nicht gegeben wird, sondern das sich das Volk selbst gibt. Der Staat macht wenig Anstalten, wenig Aufwand dazu …«. Venedig, Rom, Köln rücken in dieser karnevalistischen Freiheit, die nur wenig ständische Schranken und Steuerung von oben kannte, tatsächlich zusammen. Michael Bachtin, in seiner Rabelais-Analyse auch ein Wiederentdecker der Lachkultur der Renaissance, zählt genau die gleichen Städte, wie auch Paris und Nürnberg, zu den Zentren des »vollen Karnevalslebens« im Spätmittelalter. Alle gehörten zu den größten und bedeutendsten Städten im damaligen Europa. Ihr Festwesen war komplex und weitverzweigt und erfasste alle Teile der Bevölkerung und alle Bereiche des Zusammenlebens. Mittelpunkt des Feierns aber war der Karneval.

Von ihm ging eine Prägung der Stadtbevölkerung aus, die Bachtin »Karnevalisierung« genannt hat. Neben der strengen Ordnung des offiziellen und kirchlichen Lebens entwickelte sich eine weitere Dimension des Zusammenlebens. Das karnevaleske Lachen drang in die Sprache, den Umgang und die Lebensanschauung ein. An die Stelle der Distanz zwischen den Menschen trat, wie Bachtin schreibt, »eine besondere Karnevals-Kategorie: der freie, intim-familiäre, zwischenmenschliche Kontakt«. In seinem Austausch wird nichts verabsolutiert, alles »verkündet die fröhliche Relativität eines jeden«. »Unziemliche Reden« sind erlaubt, das Verlachen des Höchsten und das Spiel mit dem Verpönten. Alte Formen des rituellen Lachens als Reaktion auf Krisen des Lebens und des Todes haben sich in dieser Kommunikation hartnäckig gehalten.

In keiner anderen europäischen Stadt aber ist der Karneval mitsamt seiner Karnevalisierung bis heute so lebendig geblieben wie in Köln. Kaum anzunehmen, dass sie am Ende des 18. Jahrhunderts geringer war, eher im Gegenteil. Die schmutzigen Masken auf den Straßen, die Fuchs für die vorfranzösischen Jahre erwähnt, werden sich zwischen dem Korso und den Umzügen der Gesellen und jungen Leute ungehindert lustig gemacht haben. Aber was war eigentlich mit den schmutzigen Masken gemeint? Die Kölner selber schweigen darüber. Die Fremden dagegen, die Anfang des 19. Jahrhunderts in die französisch besetzte Stadt kamen, sahen umso genauer hin. Einer von ihnen war Albert von Klebe, später königlich-bayrischer Hofrat. Er kam 1801 nach Köln, damals 21 und neugierig genug, sich abends unten die vielen »Maskeraden« zu mischen. Mit der scharfen Arroganz des jungen Adeligen gibt er ein ungeschöntes, aber sicher treffendes Bild der Masken: »Auf keiner einzigen der vielen Maskeraden sah ich eine schöne Maske, eine veredelte Gestalt. Man sah hier nichts als Fuhrleute mit schmutzigen Kitteln, mit verzerrten Larven und lang herunterhängenden Haaren von Werg und Flachs. Bauern in schmutziger plumper Tracht, schmierige Caminfeger und altväterisch gekleidete Weiber. In diesem von Tabak, Punsch und Ausdünstungen duftenden Tumult trieb sich der Pöbel aller Klassen mit Entzücken herum, und wenn er dann spät am Morgen durch die schmutzigen finsteren Gassen besoffen nach Hause taumelte, so war er zufrieden, denn nun hatte er sich doch einmal wieder nach seiner Weise recht lustig gemacht.«

Man muss Klebe dankbar sein, dass er das Etikett »schmutzig« in ein realistisches Licht rückt. Die Masken der Fuhrleute, Bauern und Caminfeger waren wirklich »schmutzig« oder »schmierig« und wollten es auch sein. Sie standen bewusst außerhalb der höfischen Maskenwelt, gehörten einer anderen, älteren Maskenwelt an. Bauernverkleidungen waren im 16. Jahrhundert weit verbreitet, ebenso »Fuhrleute«. Johannes Böhm zählt in seinem Lied vom »Fasnachtskram« 1536 zu den gängigsten Maskenrequisiten die »bauern gippen« und »furmannskappen«. Sie erscheinen gleich neben den »rauhen pelzen« und den Larven aus »vil ofenruß«, ältesten Maskenformen, die immer wieder, ohne viel Erfolg, verboten wurden. Die »Bauern« standen mit ihnen in vielen Städten auf der schwarzen Liste. »Burenwise gon« wollte man in Straßburg nicht dulden, ebensowenig wie das »pauernchlaid« in Wien. Auch in Nürnberg wurden die »Bauern« neben anderen verpönten Masken wie den »unsauberen schembart«, den »wilden mandlein« und »alten Weibern« aus dem Karneval verbannt, nur wenigen vertrauenswürdigen

Gesellengruppen war das »spil mit pauernwerk« erlaubt. Allesamt waren damals schon altmodische Masken, die in Aussehen und Verhalten einen Rest Ungezähmtheit verrieten, der die Maskenordnung störte und den feineren Geschmack der Patrizier kränkte. Erst der höfische Einfluss an der Wende vom 15. zum 16. Jahrhundert veredelte auch die »Bauern«. Sie traten jetzt in schöner Tracht in den beliebten Festprogrammen der Höfe wie »Bauernhochzeit« oder »Wirtschaft« auf und gelangten so verwandelt wieder auf die Straßen der Bürger.

Solche Verbote und Veränderungen waren an den Kölnern vorbeigegangen. Noch immer unterliefen sie in ihrem karnevalistischen Aufzug alle Normen des »Gesitteten«. Sie machten sich nicht »fein«, sie machten sich »lustig«, wie Klebe richtig feststellt, und das gleich dreifach: über sich selbst, über die anderen und gemeinsam. So entstand das »Entzücken«, das Klebe mit Befremden registriert. Die Frauen standen dem nicht nach. Auch ihre Kleidung ist »altväterisch«, es ist die »Garderobe der Voreltern«, die De Noël erwähnt, auf Kölsch das »Baselümche«. Wir dürfen uns die »Weiber« als die auch heute noch beliebten »ahl Möhne« vorstellen.

Auf der Straße findet Klebe sein strenges Urteil über den Kölner Karneval nur betätigt: »Alle Wirtshäuser ertönen von Musik und Gläserklang und dem Brüllen und Jauchzen des besoffenen Pöbels. Er trieb sich bei Tage zu Pferd und zu Wagen auf den Straßen in scheußlichen Masken herum. Allein an diesen maskierten Personen beiderlei Geschlechts konnte man sehen, auf welcher niedrigen Stufe von Bildung und Geschmack das Volk von Köln noch steht. Es hat nur Sinn für das Abgeschmackte, Hässliche und Groteske. Der Verschönerungstrieb, der dem Menschen so eigen ist, war hier nirgends zu erblicken.« Wieder die »scheußlichen Masken«, das »Brüllen und

Jauchzen des besoffenen Pöbels«. Die Feiernden scheinen nicht nur den Anschluss an die Zivilisation, sondern einen allen Menschen eingeborenen Trieb verloren zu haben: den »Verschönerungstrieb«. Auch Klebe gebraucht für die nötige Distanzierung den Begriff »Pöbel«. Er suggeriert, dass es sich um Menschen handelt, die aus dem Netz der bürgerlichen Ehrbarkeit gefallen sind, abgesunkene Mitglieder der Gesellschaft. Aber gleichzeitig weitet er den Begriff auch aus. Auf den Maskeraden spricht er vom »Pöbel aller Klassen«. Er meint also nicht nur den sozialen Abstand, sondern auch den moralisch-ästhetischen, der ihn von der ganzen Gesellschaft der Kölner trennt. Zum »Pöbel« gehören für ihn alle, die da feiern: die »maskierten Personen beiderlei Geschlechts« wie die »zu Pferd und zu Wagen«, die sich in scheußlichen Masken auf den Straßen herumtreiben, aber mit ihren Statussymbolen sicher nicht zu den Ärmsten in der Stadt gehörten.

Den ständeübergreifenden Karneval scheint es also am Anfang der Franzosenzeit auf den Straßen und Maskeraden in Köln noch gegeben zu haben. Ein Jahr später, 1802, beginnt Gotthilf Theodor Faber, später russischer Staatsrat, eine Artikel-Serie über den Karneval im »Beobachter«, die diesen Eindruck verstärkt. Er ergänzt die Beschreibung Klebes vorurteilsfrei und einfühlsam um wesentliche Aspekte und Details. Ihn interessiert die Vorbereitung des Karnevals, und er macht dabei keine Unterschiede zwischen Bürgerhäusern, »Häuschen« und »Hüttchen«. Auch bei ihm sind die Akteure »alle Klassen, alle Alter beiderlei Geschlechts; der Schauplatz ist die ganze Stadt, in ihren Häusern, auf ihren Plätzen, auf ihren Bällen«. Schon Wochen vorher, beobachtet er, werden überall »Plane« gemacht. In den Bürgerhäusern denkt man sich »Intriguen« aus, verteilt die »Rollen«. Die Frauen sind dabei genauso aktiv wie die Männer, sie »lachen von dieser Epoche an, zischeln sich ins Ohr und arbeiten heimlich«. Die Männer »machen ihre Entwürfe« ebenso heimlich beim »Schöppchen«. Alles geschieht in privaten Gruppen und gezielt. Die Maskierung ist keine Willkür, sondern ein Scherz, der die Erwartung und Überraschung der anderen mit einbezieht. Sie ist bei allem persönlichen Spaß ein sozialer Akt. Genauso bei der »niederen und ärmeren Klasse«. Hier wird die soziale Einbettung der Maskenidee zur Tradition der Familie, in der die »Geschichte der Fastnachtsfarcen seit 10, 15 und 20 Jahren erzählt« wird. Sie »hat in der Familie fortgeerbt und wird auf Kind und Kindeskind gebracht«. In dieser ungebrochenen Familienüberlieferung begegnet Faber den Masken: »unermeßliche Perücken von Flachs oder Werg; die Nasen-Ungeheuer mit allen Farben bemalt und mit 100 Auswüchsen besetzt; die Zwittermasken, aus denen weder Geschlecht noch Stand herauszuraten ist«, dem Goldpapierkönig und dem Sultan, für den man sich einen Schlafrock und eine Serviette zum Turban ausleiht. Hier erscheint die Jeckenmaske in ihrer reinsten Ausprägung. Ein Sammelsurium von Maskenteilen, Riesenperücken aus Werg, Nasen-Ungeheuer, Zwittermasken, die sich keiner Rolle mehr zuordnen lassen, Improvisationen aus Alltagsmaterialien, die die vornehmen Masken wie König oder Sultan parodieren. Bachtin nennt das die karnevalistische »Exzentrizität«. Die Sachen und Bedeutungen werden »verkehrt« eingesetzt, verlassen die gewöhnliche Ordnung, gehen »Mesallianzen« ein. Alles kann mit allem in Beziehung treten, die Welt wird ein Mischbereich von grotesker Ambivalenz.

Der unbefangene Blick Fabers auf die Kölner Masken war nur kurz. Schon 1803 teilt er in einem weiteren Artikel die Masken ein in diejenigen, die »nur sich vergnügen« und die, »die für das Vergnügen der anderen sorgen«. Zu ihnen gehören jetzt für ihn »die Maskengesellschaften, die durch wohlgeordnete Musik, Gesang und sinnreiche Lieder den Dank ihrer Mitbürger, deren Häuser sie besuchen, erwarben«. Gesellschaftlicher oder auch politischer Druck wird spürbar, wenn er ein Beispiel »hervorhebt«: eine Maskengesellschaft, die eine »Moral ... in Aktion setzte« über die Gefahren des Spiels. »Angenehm für die aufgeklärte Regierung«, bemerkt er dazu, »ein Volk so unbefangen selbst in seinen Vergnügungen seine moralischen Gesinnungen und seine Wünsche äußern zu sehen«. Von den Masken in den »Bürgerhäusern«, den »Häuschen« und »Hüttchen« und auf der Straße ist von nun an in veröffentlichten Texten nicht mehr die Rede. Es sei denn, man vermutet sie in den Masken, die mit den Stichworten »abscheulich«, »hässlich«, »ekelhaft«, »schmutzig« versehen werden. Eine Diffamierungs- und Verschweigungskampagne beginnt, die noch jahrzehntelang anhalten sollte.

# 5.

## Die frühen Harlekine von Paris

Die Jeckenmaske, wie sie Faber als ein Stück Kölner Maskengeschichte zeigt, ist jedoch wert, weiter untersucht zu werden. Wo kommt sie her? Was sagt sie aus? Was hat sie zu tun mit der kölschen »Eigenart«?

Schmutzige oder »liederliche« Masken hat es auch schon in älterer Zeit gegeben. Schon im 7. Jahrhundert erwähnt der Verbotskatalog gegen den Aberglauben, der »Indiculus superstitionem«, den Lauf über die Felder in »zerfetzten Kleidern«, um den Boden fruchtbar zu machen. Auch die »schiachn« (hässlichen) Perhten im Alpengebiet liefen z. T. als »Zerlumpte« herum, genauso wie die »Huttler«, die im badischen Südwestdeutschland Hudler hießen (Hudel = Lumpen). Das Lumpenkleid war eine alte Maskierung, die wie das berußte Gesicht, der »verkehrte« Pelz oder die Tiermaske zum vorchristlichen Kultlaufen und -springen gehörte, dem Fruchtbarkeitszauber zugeschrieben wurde. Die Jeckenmaske hat aber, auch wenn sie »schmutzig« oder »ekelhaft« ist, noch andere Besonderheiten. Sie ist nie vollständig, nie einheitlich, sie improvisiert, sie nimmt sich nicht ernst. Statt Dämonisches zu verbreiten, trägt sie ihre eigene Lächerlichkeit zur Schau und wirft damit auch alle magischen Ansprüche ab.

Als einzige unter den bekannten Masken hat sie ein jeckes Spiegelbild, den »eitlen Jeck«. Er provoziert sie zum immer neuen Spiel mit dem Rollenbruch, zum Gelächter über die Eitelkeit des Menschen schlechthin. Diese Parodie der Eitelkeit des Menschen verrät schon etwas über die Entstehungszeit der Jeckenmaske. Man muss ihren Ursprung nicht im Dunkel der Geschichte suchen. Das Christentum hat sie unübersehbar mitgestaltet. Hochmut und Eitelkeit waren die Grundübel des Menschen aus frühchristlicher Sicht. Nur eine Maske, die in ihrer Komik den Widerspruch gegen die menschliche Selbstüberhebung enthält, kann eine Verwandte oder Vorgängermaske des Jeck sein.

Die Suche danach ist nicht einfach, weil die schmutzige, triviale oder partielle Maske entweder durch höfische Masken verdrängt oder verändert wurde oder, wie in Köln, unauffällig blieb. Einen ersten Hinweis liefert der Handel mit Masken. Maskenverleih war schon im 16. Jahrhundert ein gutes, weitverzweigtes Geschäft, damals vor allem für venezianische Masken. Auch Köln hatte zu dieser Zeit ein Maskenverleihgeschäft auf der Straße Unter Taschenmacher, das in den Turmbüchern mehrfach erwähnt wird. Im »Warenlexikon« von Johann Christian Schedel 1801 tauchen aber auch ganz andere Masken auf. Neben den »besseren« Masken aus Leinen finden sich die »schlechteren« aus Pappe, die »bloßen Nasen« und »Bärte«, neben denen man sich ebenso die »lang herabhängenden Haare« aus Werg vorstellen kann, die Klebes Abscheu erregten. Schon im 18. Jahrhundert sind Wachs- und Papiermasken belegt, die, wie Matthias Zender festgestellt hat, in Köln wie anderswo nicht in die Schaufenster gelegt werden durften, wohl wegen ihres unästhetischen Aussehens. Es gab zwei Handelszentren für die Masken: Italien mit Schwerpunkt Venedig für die besseren Masken, Paris und Rouen in der Normandie für die schlechteren. Auch das kölsche »Baselümche« weist nach Westen. Das Wort ist abgeleitet von dem westflandrischen »bazeron«, ursprünglich »Handwerker- und Bauernkittel«, dann übertragen: »unansehnliches, altmodisches Kleidungsstück«. Die Kölner haben es im Laufe der Jahrhunderte mit dem »ahl Lümpche« kombiniert, einer alten, schäbig, aber auch lieb gewordenen Kleidung.

Der Jeck war auch im weiten westlichen Umland Kölns vom Niederrhein über Aachen bis Andernach zu Hause. Im Schatten des rheinischen Karnevals, der sich im 19. Jahrhundert so rapide ausbreitete, blieb er von der Karnevalsforschung weitgehend unbeachtet. Noch 1956 schrieb der Volkskundler Leopold Schmidt, dass das Maskenwesen des linksrheinischen Gebiets von der Pfalz im Süden bis zum Nordrand der Eifel nicht sehr bekannt sei. 1972 hat Matthias Zender Informationen über ältere Masken im Rheinland, einschließlich des Niederrheins, aus den letzten Jahrzehnten des 19. Jahrhunderts zusammengetragen. Dabei stellte sich der Jeck als dominierend heraus. Er war inzwischen zum Kinder- und Jugendbrauch geworden. Auffällig ist die Einheitlichkeit der Benennung und Maskierung. Die »Jecken«, wie sie überall genannt wurden, trugen alte, zerlumpte, oft zu große Kleider, die Jacken »links« gemacht und auf dem Rücken zugeknöpft, vor dem Gesicht eine Maske aus Tütenpapier, Pappe oder Gardinenstoff. Auch der blaue Bauernkittel mit einem roten Taschentuch um den Hals, die Zipfelmütze, der Papierhut oder Großvaterhut als Kopfbedeckung kamen vor.

Ähnlich im belgischen Binche, südwestlich von Brüssel. Der kleine Ort ist heute für seine Karnevalszüge und Neckkultur bekannt. Berühmt sind seine »Gilles«, prächtige Kostümgestalten, die der Legende nach auf spanischen Einfluss zurückgehen. Samuel Glotz, selber in Binche geboren und ein Kenner des belgischen Karnevals, erinnert sich aber noch an eine andere Karnevalstradition. In seiner

Jugend liefen die Maskierten in den Kleidern ihrer Groß-
mütter herum, mit altmodischen Frauenhüten und entsprechenden Accessoires. Ganz allgemein staffierte man
sich früher »lächerlich« aus mit »nicht mehr getragenen,
abgenutzten, alten Kleidern« und »gewöhnlichen Requisiten« wie Besen und aufgeblasenen Schweinsblasen, mit
denen man neckte und spottete. Die Bincher haben den
Wert dieser alten Maskierung für die Einheimischen und
die Touristen erkannt und lassen heute neben den schönen und imposanten Gilles die Umzüge der »Trouilles-
de-nouilles« (lumpige Schlappschwänze) mitlaufen. Wer
da mitmacht, hat die Lizenz, in seiner Maskierung gegen
jede »Etikette« zu verstoßen. Ein bisschen erinnern die
Züge an die Schyssdrägg- und Charivari-Züge der Basler.
In Binche aber sind die »Trouilles« ungezähmt, ganz nach
ihrer umgangssprachlichen Bedeutung »schmutzig« oder
»lumpig«, physisch wie moralisch. Auch Glotz sucht die
Verbindungslinien im Westen. Er verweist auf die frühere
Tradition der »chienlit« in Paris, die sich den Franzosen
so eingeprägt hat, dass das Wort heute noch für »zügellose
Maskerade« und »Schmutz« steht.

In Paris wird man dann tatsächlich fündig, wenn man
nach der ältesten Überlieferung für die Vorgängermaske
des Jeck sucht. Sie begegnet in Bild und Text im »Roman
du Fauvel«, der 1324 in Paris erschien – ein bunter Hau-
fen verlotterter Masken mit wuchernden Perücken und
Bärten, in verkehrt herum angezogenen Kleidern, Säcken,
Mönchskutten, Fellen oder Frauenkleidern. Manche sind
kahlköpfig, gehen an Krücken und zeigen grinsend ihren
nackten Hintern oder ihr spärliches Unterhemd. Es ist
die früheste Darstellung der Harlekine, die im 16. Jahrhundert in verfeinertem Kostüm als Spaßmacher der italienischen commedia dell'arte berühmt werden sollten.
Hier treten sie im Rügebrauch des Charivari auf, das

damals bei »König und Bauer« außerordentlich beliebt war. Ihr Aufzug mit Geschrei und Katzenmusik, vollführt mit »schmutzigen und schmierigen« Instrumenten und begleitet von grotesken Verdrehungen des Körpers, ist eine Provokation. Er gilt im »Fauvel«-Roman einem Hochzeiter mit Pferdemaske und dem Namen Fauvel, einem Wortspiel, das auf »fahles Pferd« und »faux«, der Falsche, verweist. Die Roßkopfmaske ist nicht zufällig. Sie war als Erinnerung an das heidnische Opfertier bei Germanen und Kelten eine der verfemtesten Masken des Mittelalters. Im Rügebrauch, der aus vorchristlicher Zeit stammte, wird hier ein Akt der Volksjustiz vollzogen, in dem sich Heidnisches und Christliches mischt, wie in den Masken selbst.

Was aber ist christlich an den frühen Harlekinen? Sie wirken keineswegs geläutert, sondern im Gegenteil barbarisiert, primitiv. Sie sind jedoch Produkt einer Zeitenwende, entstanden im Übergang vom Heidentum zum Christentum. Den Umsturz aller Werte tragen sie sichtbar an sich. Die Bezeichnung Harlekine gibt ihre Abstammung zu erkennen. »Herlequini« oder »hellequini« (das »e« in Paris zu »a« verschoben) heißen in lateinischen Texten des Mittelalters die Geister des Totenheers im nordfranzösischen Raum. »Hast du die Leute des Herlekin gesehen?« war damals in der Normandie eine Standardfrage der Priester an die Beichtenden. Gemeint war das »Wilde Heer«, das unter Führung von Wotan oder Artus mit ihren kriegerischen Reitern in der mythischen Vision der Menschen vor allem in der Neujahrsnacht über den Himmel jagte oder in einem langen Zug über die Erde zog. Jakob Grimm erwägt in seiner »Deutschen Mythologie« für »hellequin« u. a. die Übersetzung »kleine Hölle« oder »kleine Unterwelt«. Auch wenn die rein germanische Ableitung Zweifel lässt, trifft sie doch

das Phänomen. Dante hat in der »Göttlichen Komödie«
die vielen kleinen Höllen gezeigt, die durch den Zusam-
menprall der alten Mythen mit der christlichen Höllen-
vorstellung in den Ängsten der Menschen entstanden
sind. So ein heidnisch-christliches »Gesicht« hatte der
Priester Gauchelin während der Neujahrsnacht 1091 in
der Normandie. Auf dem Heimweg von einem Kranken-
besuch hörte er plötzlich ein »Getöse« und sah einen »gewaltigen Zug von Kriegern« laut klagend vorbeiziehen.
Frauen folgten auf Sätteln mit »glühenden Nägeln«, die
»jämmerlich heulend« ihre Unkeuschheit und Maßlosig-
keit bekannten. Dann kamen lange Züge von Mönchen,
Äbten und Bischöfen, die seufzten und klagten und um
ein Gebet baten. Und zuletzt schwarze Reiter auf »Rie-
senpferden« in glühender Rüstung, in denen der Priester
Grafen und Adelige erkannte, die »das Recht für Geld ge-
beugt« hatten und durch »Wucher« die Existenz einfacher
Menschen vernichteten.

Aus den einst mächtigen Totengeistern sind »arme Seelen« geworden, jämmerlich gepeinigte Zeugen mensch-
licher Sündhaftigkeit. Die neue Tugendlehre hatte die
vertraute Ständeordnung auf den Kopf gestellt. Wer oben
war, fiel tief, denn Anmaßung war von der Degradierung
durch die Höllenstrafe bedroht. Der »Lichtbringer«,
eine volkstümliche Schrift für den Dialog der Priester
mit dem Volk, entstanden an der Wende vom 11. zum
12. Jahrhundert, sagt es deutlich: die Mächtigen und Reichen haben die geringsten Aussichten, erlöst zu werden,
denn die Verführung durch Hochmut und Geld ist zu
groß. Am wenigsten heilsfähig aber sind die Geistlichen.
Sie sind das »Licht der Welt«, die die Unwissenden er-
leuchten sollen. Verfehlen sie ihre Aufgabe durch Eigen-
nutz, sind sie verdammt. Die einzigen, die auf die Gnade
des Heils hoffen können, sind die, die am untersten Ende

der Hierarchie stehen: die einfachen Menschen, einfach im Geist und in der Lebensweise – die »Bauern und Toren«.

Das rituelle Lachen gegen den Tod, das schon immer zu den karnevalesken Festen beim Wechsel der Jahreszeiten und der Lebensabschnitte gehörte, ist bei den Harlekinen zu einem zweiten Lachen über die Torheiten und Eitelkeiten des Menschen geworden. Der Zusammenbruch des alten Weltverständnisses verändert dabei auch die Masken. Sie zerfallen in einzelne Elemente und werden mit beliebigen, abgenutzten Materialien in eine neue unvollkommene Konstruktion gebracht. Der Ethnologe Claude Lévy-Strauss hat diesen Vorgang in seinem Buch »Das wilde Denken« »bricolage« (Bastelei) genannt. Die intellektuelle »Bastelei« findet im mythischen Denken immer dann statt, wenn aus dem »Schutt« einer untergegangenen gesellschaftlichen Struktur eine neue entsteht. Sie greift dann zu dem Abfall und Trödel (bei Lévy-Strauss »odds and ends« und »secondhand-ware«), der als Fragment oder groteske Synthese über sich hinausweist auf eine Neubewertung des Menschen in einem anderen System.

Der Harlekin trägt so, wie der Jeck, das Lachen über den »törichten« Menschen, sich selbst eingeschlossen, immer schon mit sich herum. Von Anfang an ist ihm die Bedeutung des »Eitlen« beigemischt. 1175 nennt Peter von Blois, Geistlicher am englischen Hof, die Hofbeamten »Herlekinleute« (Herlewinleute), die »um leerer Eitelkeit willen dienen«. Er kritisiert sie als »Märtyrer im Namen der Weltlichkeit, Lehrer für irdische Nichtigkeit, Schüler des Hofes, Herlewinleute«. Die Bezeichnung werden die Normannen, die seit 1066 in England regierten, aus der Normandie mitgebracht haben. Sie ist dem peinlichen Bild der Toten im Geisterheer, das der Priester Gauchelin 89 Jahre früher sah, noch sehr nahe. »Herlewinleute«, das sind für Peter von Blois hysterisch Getriebene, die sich Nächte hindurch »plagen und schinden«, sich in gefährliche Unternehmungen und Schlachten stürzen und dabei nur »für die Hölle« reif werden. Später flachte die Bedeutung des Begriffs ab. In einem französischen Sprichwort des 16. Jahrhunderts wird die Lächerlichkeit der »herlequin« betont: sie sind »mehr Narren als Schurken«. Das macht sie den »eitlen Jecken« verwandt, die ja auch keine verlorenen Seelen mehr sind, sondern alberne Wichtigtuer. Aber das frühe christliche Grundmuster, das die Verblendung der »Herlewinleute »tadelt, klingt beim kölschen Jeck immer noch mit und macht ihn im engeren oder weiteren Sinn zu einem Nachfahren des mittelalterlichen Harlekin.

# 6.

## Kölner Humor:
## Karnevaleske des Alltags

Wann der »Jeck« nach Köln gekommen ist, wissen wir nicht. Wohl aber, wie er sich auf den Straßen, in den Vierteln, Nachbarschaften, Familien und Lokalen verbreitet hat. Bachtin hat darauf hingewiesen, dass sich die lokale Lachkultur im Mittelalter über die vielen karnevalshaften Feste, zu denen auch die kirchlichen gehörten, entwickelt hat. In den großen Städten war sie am ausgeprägtesten, weil in ihnen auch die Feierkultur am dichtesten war. Zu den Städten, die im Spätmittelalter »zusammengerechnet etwa drei Monate im Jahr (manchmal auch länger) ein volles Karnevalsleben« lebten, zählte auch Köln.

Wolfgang Herborn hat das eindrucksvoll belegt. Er kommt allein auf ca. 50 Feiertage, die 1308 Erzbischof Heinrich von Virneberg festgelegt hat und die, mit wenigen Änderungen, 300 Jahre lang gültig blieben. Das waren jedoch nur die offiziellen Termine, das Feiern selbst konnte weit darüber hinausgehen. Wie z. B. Karneval, dessen Feiern an Dreikönige begannen und sich bis »halfasten«, Sonntag Lätare in der Fastenzeit, hinzogen. In den Aufzeichnungen des Ratsherrn Hermann von Weinsberg (1560–1596) kann man nachlesen, wie oft sich die Kölner seines sozialen Umfelds mit Freunden, Nachbarn, Verwandten zu »gastereyen« trafen, wie oft man da nicht nur »prasste«, sondern auch tanzte, sang und sprang und »kurzweil erzählte«, einfach »frolich gewest ist«. Aber auch die Kirmesfeste waren von der »Atmosphäre des Karnevals« (Bachtin) bestimmt. Die Kirmes, das Fest der Pfarrbezirke, fiel in Köln gewöhnlich mit der Prozession zusammen, der »Gottestracht«, bei der die Grenzen der Pfarrei umschritten wurden. Das waren festliche Höhepunkte, die auch Schaulustige von außen anzogen. Das Ausmaß dieser Festlichkeiten kann man erst ermessen, wenn man erfährt, dass es 18 städtische Pfarrbezirke gab, die im Frühjahr und Sommer an 12 verschiedenen Terminen feierten. Die Kirchspiele, größtenteils mit den »Veedeln« identisch, lagen dicht beieinander, überall konnten alle Kölner mitfeiern. Von ähnlicher Bedeutung waren die Schützenfeste der Zünfte und Gaffeln, die mit Preisschießen, musikbegleiteten Umzügen und festlichem Umtrunk auf den Gaffeln gefeiert wurden. Eines der ältesten Stadtfeste, an dem die ganze Stadtbevölkerung teilnahm, war die »Holzfahrt« (hölzgesdach) am Donnerstag nach Pfingsten. An ihm zogen die Kölner nach Wahl eines »Rittmeisters«, der dem Zug voranritt, in die Wälder vor der Stadt und kehrten mit grünen Zeigen geschmückt zurück. Wieder gab es Schießspiele, Gelage und einen festlichen Ausklang in den Gaffelhäusern. Damit nicht genug, fand am 2. Freitag nach Ostern noch ein anderes gesamtstädtisches Fest statt: die »Große Gottestracht«, eine glanzvolle Selbstdarstellung der Stadt, an der diesmal auch die geistlichen Würdenträger neben den städtischen mit den Gaffeln und Bürgervertretern teilnahmen. Die Prozession umzog in 10 Stationen die Stadt, angeführt vom »Geckebähnche«, dem lustigen Zeremonienmeister der Stadt, der dem Zug voraustanzte wie später dem Rosenmontagszug. Überhaupt glichen die Kölner Prozessionen bis zum Anfang des 18. Jahrhunderts teilweise karnevalistischen Umzügen. Nicht nur das Geckebähnche zeigte dabei seine Sprünge, auch die Prozessionsteilnehmer zogen tanzend und springend hinter dem Allerheiligsten her. Scherze flogen hin und her, man lachte, unterhielt sich laut, führte »ausgelassene, witzige und leichtfertige« Szenen auf, in denen vor allem die als Frauen verkleideten Männer mit anzüglichen Bemerkungen für Belustigungen sorgten. Das alles begleitet von närrischen Paukenschlägen. Noch 1702 musste das erzbischöfliche Generalvikariat die Tänze, Verkleidungen und »schlüpfrigen« Scherze in den Pfarr- und Fronleichnamsprozessionen verbieten.

Köln war eine große Feiergesellschaft, in der sich bei aller sozialen Aufgliederung die Festbereiche immer wieder berührten und vermischten. So entstand ein gemeinsames Feiermilieu, in dem die Karnevalisierung alle Stände ergriff und in der städtischen Mundart, der Bachtinschen »Sprache des intimen Umgangs und … der Straße«, den spezifischen Kölner Humor entwickelte – als Karnevalecke des Alltags. Es gibt wohl keine andere Stadt, in der der Zusammenhang zwischen Karneval, Dialekt und Humor so ausgeprägt ist wie in Köln. Der Kölner Humor ist offensichtlich eine Fortsetzung der Jeckenmaske als sprachliche Groteske. Der Kölner weiß wie De Noël in seinem »Wellkumm-Disköösch« (1824): »Mer dräht et janze Jahr ne Flabes (Maske) vörm Jeseech«, und es reizt ihn, diesem Flabes immer wieder einen Knick zu geben – wie an Karneval. Denn das ist nach De Noël »die gescheidtste Zick im Jahr. Woröm? – dann zeig der Mensch sing Geckheit sonneklohr.« Geckheit zu zeigen im täglichen Umgang hat eine doppelte Funktion. Als Spaß genügt es sich selbst. Aber es ist auch soziale Korrektur und endet, wenn alle gleichberechtigt mitmachen, in der solidarischen Gemeinschaft des Lachens. Heinrich Lützeler, der Experte des Kölner Humors, hat das »Lebensweisheit« genannt, eine »produktive Weise«, »das Leben zu formen und erträglicher zu machen«.

Oft wird der Kölner Humor als Ausfluss naturwüchsiger rheinischer Heiterkeit missverstanden. Er ist jedoch altes Kulturgut, neben der Sprache eines der ältesten der Stadt. Jahrhundertelange Erfahrung und Übung haben sich darin niedergeschlagen. So bedächtig der Kölner in seinem Humor auch erscheinen mag, er hat ein blitzschnelles Gespür für die jecke Situation, und sein »gelassenes Tempo«, auf das Lützeler im Gegensatz zu der Schlagfertigkeit des üblichen Großstadtwitzes verweist, ist u. a. ein weiteres humoristisches Mittel, die »Eitelkeiten« spielerisch und effektvoll zu entlarven. Das älteste überlieferte Beispiel Kölner Humors stammt von den Kölner Stadtsoldaten, die schon vor ihrer närrischen Karriere als Rote Funken im Rosenmontagszug zum städtischen Jeckenpersonal gehörten. 1757 waren sie im 7-jährigen Krieg als Soldaten des Reichsheers in Roßbach gegen die preußische Armee Friedrichs II. eingesetzt. Zum ersten Mal begegneten sie der mörderischen Kraft einer neuen militärischen Taktik, der schnellen unaufhörlichen Schießmechanik vorrückender geschlossener Kader. In diesem ungewohnten Kugelhagel sollen die Kölner entsetzt den Preußen zugerufen haben: »Paßt doch op met dem Scheeße! Seht er dann nit, dat he Lück stonn?« Der Schleier hochstilisierter »Disziplin« und »Ehre« zerreißt. Die beiden feindlichen Heere schrumpfen auf ihre Menschlichkeit. Die Kölner werden zu »Lück«, normale verletzliche Menschen, die Preußen bekommen die Narrenkappe jugendlicher Rüpel übergestülpt, die bei ihren wüsten Spielen nicht mehr wissen, was sich »gehört«.

Das Jeckentum weiss: die menschliche Existenz ist körperlich und moralisch gefährdet, nur im Lachen gewinnt sie ein kurzes prekäres Gleichgewicht zurück. Frühchristliche Botschaft und vitales heidnisches Ritual sind im Kölner Humor aufbewahrt. Lützeler nennt die Jeckenperspektive eine »Abart christlicher Güte«, die den Blick auf die »Kreatürlichkeit« des Menschen freimacht. Der Jeck, der sich selber auf den Arm nimmt, stapelt gern tief. Er zielt auf ein Wir-Gefühl, auf ein, wie Lützeler sagt, »mitmenschliches Verstehen«. Das kann einem in Köln immer wieder begegnen, auch heute. Zum Beispiel in einem Bus. Es gibt eine Straßenbahnpanne, und ein Ersatzbus wird eingesetzt. Der Bus quillt über, es ist morgens, die Leute müssen zur Arbeit oder zum Zug – eine angespannte Atmosphäre. Der Busfahrer ist nicht aus der Ruhe zu bringen, er unterhält die Fahrgäste mit kölschen Anmerkungen zur Situation. Schließlich hält er an einer provisorischen Haltestelle an verkehrsreicher Straße und gibt folgende Information: »Passen Se auf, wenn Se jetzt aussteigen un über de Straße jehn, ich kann nämlich kei Bloot sinn.« Sofort sind alle entspannt und lachen, keine Warnung hätte wirksamer sein können.

Heinrich Böll hat in einem seiner frühen Essays über Köln behauptet, ein Fremder habe ihm einmal zu beweisen versucht, dass »die Stadtverwaltung (heimlich natürlich) ihre Schaffner in Psychotherapie unterweisen lasse.« Psychotherapie aber sei ein »dummes Wort«, und der »Fremde« habe »natürlich unrecht«. Für Böll blieben die Straßenbahnschaffner ein Mysterium, »Boten« einer »sagenhaften Rasse« der Kölner, die es gar nicht gibt, da die Kölner bekanntlich überwiegend aus Zugewanderten bestehen. Aber »der Geist« dieser unbekannten Rasse lebt und teilt sich für Böll durch die Straßenbahnschaffner als alte »Weisheit« der Stadt »wohldosiert« mit. So wird, meint er, die Straßenbahnfahrt zur »Kur«, die jeden »geheilt« entlässt, »geheilt von der Vorstellung, das Leben sei lang genug, dass man Zeit habe, sich aufzuregen«.

Natürlich weht dieser »Geist« nicht nur in der Straßenbahn oder im Bus, obgleich er hier durch Gedränge und latente Hysterien vielleicht besonders leicht provoziert wird. Der Kölner Humor ist spontan, er entwickelt sich ohne Regel und Ritual aus einer alltäglichen Situation. Man trifft ihn gerade auch an versteckten Orten, im kleinen und kleinsten Kreis, im Privaten ist er sicher am häufigsten. »Der Kölner ist am heitersten dann, wenn es kein Publikum, keine Bühne gibt«, weiß Lützeler. Und er sagt auch, warum, weil er sich dann selber »abreagiert«, »in der unerschöpflichen Freude, sich das Leben bunt zu machen«. Es ist der berühmte »Spaß« des Kölners »an der Freud«, die Bereitschaft zum »Laache«, die, wie Heinrich Schöffler in seiner »Kleinen Geographie des deutschen Witzes« feststellte, in Köln, im Vergleich zu anderen Großstädten am größten ist. Die Lust, wie Böll schreibt, die Vorstellung »zu widerlegen«, »das Leben sei so tödlich ernst, wie es manchmal aussieht«.

Zu den Jecken des Alltags gehören auch der Malermeister und der Landgerichtsdirektor, von denen Lützeler erzählt. Der Malermeister ist auf dem Weg, die Arbeit seiner Gesellen zu kontrollieren. Sie lackieren die Fenster, die deshalb offenstehen. Bevor er die Kontrolle beginnt, ruft der Meister zu ihnen herauf: »Hallo, dr Ahl kütt!« Erst danach tritt er ein und fragt: »Na Jungs, seid ihr auch fleißig gewesen?« Was anderswo verpönt ist, das Überspringen der Distanz zwischen Arbeitgeber und »Abhängigen«, hat in Köln »Stil«. Der Meister verlässt für einen Augenblick seinen Status, macht sich zum »familiär-intimen« Ahl der Gesellensprache. Es ist nur ein kölscher Schnörkel, das Gegenstück zum »höflichen« Verhalten, das die Ränge und Vorränge betont. In Köln klingt das vertraut, die Achtung leidet nicht, lachend fühlt man sich aufgehoben im altbekannten jecken Zeichensystem. Auch der Landgerichtsdirektor setzt auf dieses unmittelbare Verstehen. Es ist Februar, und man fragt ihn anteilnehmend nach seiner Arbeit, ob er viele Sitzungen habe. Als echter Kölner antwortet er im Karnevalsmonat zeitgerecht: »Jo, jo, ich ben ald op nüng Sitzunge gewäs, mer kütt us dem reine Hemb üverhaup nit mih erus.« Die Gerichtssitzungen sind nicht der Rede wert, aber die Karnevalssitzungen! Feiern ist Arbeit, das »reine Hemb« Streß. Dazu passt das Lamento der Kölner Mundart: »Jo, jo.«

Aber so gemütlich ist der Kölner nicht immer. Begegnet er dem »eitlen Geck«, nimmt sein Humor an Schärfe zu. Sein »mitmenschliches Verstehen« wird dann zum Blick »von unge«, der Jeck erscheint aufgebläht – überlebensgroß. Wieder passiert es in einer übervollen Straßenbahn. Ein Professor (aus Ostpreußen, »von liebenswürdiger, aber ernster Gemütsart«, wie Lützeler betont) fühlt sich von den zusteigenden Menschenmassen immer mehr bedrängt. Etwas gereizt bittet er die Schaffnerin: »Das ist ja entsetzlich! Sorgen Sie doch bitte für etwas Platz!« Darauf wendet die sich ruhig an die Fahrgäste: »Hatt er jehürt, Lück? Maat Platz! He will sich eine hinläje!« So konnte man früher auch auf dem Markt zurechtgewiesen werden. In unserer Familie kursierte folgende Anekdote: meine Schwester, damals 15, wollte auf dem Markt Tomaten kaufen, sah sie sich vor dem Kauf aber genau an, worauf die Marktfrau bemerkte: »Jo, Frollein, für ne Jrosche künnt er kei Öljemälde verlange«. Das kölsche Selbstbewusstsein der Marktfrauen konnte aber noch heftiger ausfahren, wenn der Verdacht aufkam, es mit einem eingebildeten Jeck zu tun zu haben, der sich für etwas »Besseres« hielt. Das widerfuhr nach Schilderung Lützelers einem Akademiker aus Bonn, der aus einer alten Kölner Patrizierfamilie stammte. »Ausgezeichnet gekleidet, mit seinem Silberhaar vornehm anzuschauen«, schlenderte er mit Freunden lachend über den Neumarkt. Sofort fühlte sich eine Marktfrau in ihrem Kölschtum herausgefordert: »Nu laach doch nit esu dreckig, do fiese, griese Paradeschimmel!« Aber der »feine Herr« kannte sich aus und antwortete: »Ich laach doch nit üvver üch, Madame!« Sofort entkrampfte sich die Situation, die Marktfrau rückte besänftigend ihre Meinung zurecht in dem anerkennenden Lob: »Schmecklecker (Genießer)!« Die sozialen Schranken waren verschwunden, der kölsche Einklang wiederhergestellt.

Nicht zufällig stammen diese Proben eines zugespitzten Kölner Humors von Frauen aus den unteren Rängen der Gesellschaft. Der Kölner Humor kannte verschiedene Milieus, sozusagen verschiedene »Übungsplätze«. Außer auf dem Marktplatz, wo die Marktfrauen das Wort hatten, war früher der »schlagende Wortwitz« der Frauen nach Ernst Weyden in »einigen entlegenen Straßen, wie Diepengasse, Griechenmarkt, Löhrgasse, Entenpfuhl und Altengraben« zu Hause. Hier saßen im Sommer »vor den Türen der niederen hüttenähnlichen Häuser, in langen Reihen im zwanglosen Negligé, die Spitzenklöpplerinnen, die ›Wirkschen‹. Derber Scherz und Witz, die originellsten Lieder begleiteten die künstliche Arbeit«. Die wahre Kunst des Scherzens aber entwickelten sie, wenn ein Fremder sich in ihre Straßen verirrte. Er wurde »verspottet, verhöhnt« und »weh ihm …, wenn er sich in einen Wortstreit mit den Frauen einließ oder einer zu nahe trat«. »Unerschöpflich« ist dann »die Sturmflut der Schimpfreden«. Im Fremden, der gewöhnlich »feiner« war als die Wirkfrauen, den Jeck zu entdecken, war immer noch der christliche Durchblick auf die Narrennatur des Menschen und gleichzeitig eine soziale Waffe. Man fühlte sich stark im Kölschen, angriffslustig mit der, wie Lützeler es nennt, »inneren Schutzmauer … aus Humor«.

Die Attacke des Kölner Humors richtet sich immer gegen die Überzogenheit einer Person: die angespannte, ungeduldige Erwartung, die ästhetisch betonte Erscheinung, die soziale Arroganz. Wer sich von solchen »Untugenden« hinreißen lässt, bekommt eine deftige Lektion und wird als Jeck entlassen. Die listigste Methode, den anderen in die Jeckenfalle tappen zu lassen, ist das entgleiste Gespräch, das konsequente Vorbeihören. Lützeler bringt dazu ein eigenes Erlebnis. Im zertrümmerten kalten Köln musste er 6 Stunden auf den nächsten Zug warten. Er überlegte, Freunde am Reichensperger Platz zu besuchen, konnte sich aber in den Trümmerbergen nicht zurechtfinden. Da kam die Rettung: eine Straßenbahn, allerdings ohne Zielangabe. »Ich ging«, schreibt Lützeler, »nervös und missmutig darauf zu und fragte den Schaffner entsprechend: ›Entschuldigen Sie, wie komme ich zum Reichensperger Platz?‹ Er maß mich ruhig von oben bis unten. Wahrscheinlich schätzte er meine Intelligenz ab. Die Prüfung muss negativ ausgefallen sein, denn er sagte sehr bestimmt: »Am besten mit de Bahn.« Ich fragte, noch nervöser: »Kann ich denn mit Ihnen fahren?« Mit stoischer Ruhe antwortete er: »Dat es mer ejal. Ehr könnt och op de nächste waade.« Lützeler, der Virtuose im Verstehen des Kölner Humors, versteht die Botschaft. Er fühlt sich dem absurden Verdacht ausgesetzt, er suche sich die Schaffner nach menschlichen Gesichtspunkten aus. Plötzlich ist er »beschämt«, er sieht sich »eingeschlossen in die große Gemeinschaft der armen Menschen«, die sich alle in dem unwirtlichen Köln herumplagen müssen. Der Kölner Humor wird ihm zur »Katharsis«. Ein Echo aus früherer Zeit klingt da nach, erinnert an die übereifrigen, gehetzten Harlekinleute, die sich »plagen und schinden – wegen der Nichtigkeiten dieser Welt«. Noch immer schwingt die alte christliche Tugendlehre im Kölner Humor mit, jetzt zur einfachen, lebenspraktischen Mahnung geworden: »Maach nit su e Jedöhns!« Das spricht der Kölner nicht direkt aus, die Chance zum Nachdenken und Lachen überläßt er dem anderen.

Jürgen Becker, Kabarettist und Meister des alternativen Karnevals, hat mit seinem scharfen Ohr für die Strategien des Kölner Humors aus dem »bekloppten« Dialog parodistische Kabinettstücke gemacht. Eines handelt von der »Verständigung« mit dem Hausmeister Eichler über die reparaturbedürftigen Lampen vor einem Auftritt Beckers in einem Gemeindesaal: »Herr Eichler, da oben die eine Lampe jeht nit.« / Da sagt der: »Jo, da wissen Sie mehr als ich.« / »Ja, komm, ich zeig Ihnen dat, / Die is kapott.« / Da guckt der um die Ecke und sagt: »Och, normal mööt die ävver jon ...« usw. Das Gespräch endet damit, dass der Hausmeister »plötzlich blitzschnell fragt: Herr Becker, wollense en Bier?!« Die Aufregung ist zu Ende, und Herr Becker fühlt sich »so merkwürdig zu Hause.«

Wie alles Bodenständige, Lokalpatriotische hat der Kölner Humor natürlich auch seine bornierten Seiten. Wer sich in ihm nicht auskennt, kann sich geprellt fühlen oder auf ungehörige Weise brüskiert. Ein Reisender, der 1808 nach Köln kam, stellte fest, dass die »Manieren« der Kölner »rauh« seien und ihr Betragen gegen Fremde »... oft an Ungefälligkeit« grenze. Im Grunde aber ist der Kölner Humor nicht auf Ausgrenzung aus, sondern auf Eingemeindung. Unablässig versucht er, die Menschen in eine labile Balance der Gleichheit zu bringen. »Jet jeck sin mer all; ävver jede Jeck is anders«, ist das Credo der Stadt. Die kölsche Sozialisation hat das Ziel, das eigene Jeckentum anzuerkennen. Dazu lehrt sie 3 Tugenden: nichts krumm nehmen; nicht lamentieren; soziale Unterschiede zu relativieren. Die Haupttugend aber, die alle anderen in sich enthält, ist: über sich selbst und mit den anderen zu lachen. Wer das kann, ist »kölsch in Kölle« und gehört dazu, zur Gemeinschaft der Jecke, egal, wo er herkommt.

Schneider-Clauss, Karnevalist an der Wende des 19. zum 20. Jahrhundert, hat das in einem Gedicht anschaulich gemacht: »Un wer vun buße (draußen) kütt, dä dot / Op kölsche Art begröße, / Mungk im dat nit, dann schmießt der Hot / Im gielig (sofort) vor de Föße / – Doch well he Kölsch en Kölle sin, / Soll hä sich bei uns setze: Kutt her, Här Nohber, schött üch en / Un drinkt – et kütt vun Hätze.«

Der kölsche Jeck lädt den Jeck von draußen ein, heimisch zu werden in der Lebensart seines Humors. »Kölsch sin in Kölle« heißt das Werbeprogramm der Einheimischen, die aktive Politik der Assimilation beim Bier. So ist die »sagenhafte Rasse« der Kölner entstanden, von der Böll schreibt. Sie ist ständig gewachsen, auch nach 1881, als die Stadtmauer niedergerissen wurde. Sie wächst noch, wenn auch schwächer, und mit ihr die Karnevalisierung neben, mit und manchmal auch gegen den offiziellen Karneval.

# 7.

## 1341: Karneval ohne Hierarchie

Im Gegensatz zu anderen großen Karnevalsstädten, wie
z. B. Rom, wo sich der »vom Volk gegebene« Karneval
nur langsam und widerspenstig gegen die Prachtumzüge
des Papstes und die Schaukämpfe des Adels durchsetzte,
haben die Kölner einen Karneval ohne Hierarchie bewusst
angesteuert. Die Entwicklung begann früh und lässt sich
nachvollziehen. Man kann sagen, dass sie mit einem bestimmten Datum beginnt, mit dem Jahr 1341.

Damals legte der Rat in seinem Eidbuch fest: »Ever sal
der rait zu vastavende zu geynre geselschaf volleyst geven
van der stede gude«. Der Rat soll keiner Gesellschaft an
Karneval Geld aus der Stadtkasse geben. Das hieß: die offizielle Unterstützung des Karnevals war abgeschafft, und
das für immer. Jeder Ratsherr hatte das bei Amtsbeginn
zu beschwören. Dieser Beschluss, der wie eine Sparmaß-
nahme wirkt, war vor allem eine politische Entscheidung.
Deshalb auch seine Aufnahme in das Eidbuch und seine Wiederholung 1372, 30 Jahre später. Der Rat traf die
Übereinkunft zwischen zwei Ereignissen, die Höhe- und
Wendepunkte der Stadtgeschichte waren. 1288 hatten die
Kölner Bürger in der Schlacht bei Wortringen den Erzbischof besiegt und seine Stadtherrschaft beendet. 1396
schuf der Verbundbrief eine neue politische Ordnung: das
Patriziat verlor seinen Alleinanspruch auf die Stadtregierung. Jeder mündige Bürger, mit oder ohne Bürgerrecht,

erhielt das aktive Wahlrecht, jeder Bürger, der das Bürgerrecht erworben hatte, konnte nach 10-jährigem Aufenthalt in der Stadt in den Rat gewählt werden. Die gesamte männliche Stadtbevölkerung wurde in Wahlkörper eingeteilt, die 22 Gaffeln, in denen jetzt die ehemaligen Kaufmannsgaffeln und die Zünfte zusammengefasst waren. Nach jahrhundertelangen Kämpfen zwischen Patriziern und Erzbischof, dann zwischen Patriziern, Zünften und Gaffeln, die die Stadt in wechselnde Parteiungen polarisiert hatten, schien das Zusammenleben endlich befriedet. »Eintracht« und das »gemeine Beste« sollten von jetzt ab die Stadt bestimmen.

Der Eid von 1341 erscheint wie ein Vorspiel zu der im Verbundbrief beschworenen »Eintracht«. Die Stadt war damals voller Spannungen. Es gab zwei aufstrebende neue Kräfte: das angesehene Wollenamt und die reichen Fernkaufleute, die als Neubürger vom Engen Rat der Patrizier ausgeschlossen waren. Wahrscheinlich saßen Vertreter beider Gruppen im Weiten Rat, den es seit Anfang des 14. Jahrhunderts, belegt seit 1321, neben dem Engen Rat gab. In ihm konnten auch Nicht-Patrizier bei finanziellen Entscheidungen mitbestimmen. Der Weberaufstand und die anschließende kurze Weberherrschaft bereiteten sich vor. Ab Mitte des 14. Jahrhunderts entstanden verschiedene Gaffeln als Gesellschaften der Kaufleute, als erste die Gaffel Eisenmarkt, die 1396 entscheidend zum Sturz der Patrizierherrschaft beitragen sollte. Die Streichung der Gelder an Karneval traf vor allem den Engen Rat, die Patrizier. Karneval war im Mittelalter nicht nur ein fröhliches Fest, an dem alle Stände unbeschwert teilnehmen konnten, sondern auch ein Spiegel der Machtverhältnisse. In vielen Städten dienten die Karnevalszuschüsse an die Gesellschaften der oberen Stände zur demonstrativen Selbstdarstellung des Rats. Die führende Gesellschaftsschicht feierte sich selbst bei offiziellen Mahlzeiten, Turnieren, Maskeraden, Bällen und Umzügen. Das übrige Volk war nur zum Zuschauen zugelassen. Umgekehrt konnten Geldzuwendungen an Gesellschaften der niederen Stände, wie z. B. den beliebten Schautänzen der Gesellen, als scheinbare Privilegien auch in Abhängigkeiten ausarten. Auf jeden Fall führten die vom Rat gesponserten Sonderrechte oft zu Gereiztheiten, die in blutigen Aufständen enden konnten.

So bei der »Bösen Fasnacht« in Basel 1376. Bei einem Turnier spitzten sich die Differenzen zwischen Adel und Bürgern zu. Anzügliche Scherze des Adels gegenüber Frauen und Töchtern der Bürger lösten einen wütenden Kampf aus. Fazit: unter dem Adel gab es 4 Tote, 12 Bürger wurden anschließend enthauptet, der Kaiser verhängte die Reichsacht über die Stadt. In Magdeburg kam es 1397 an Fastnacht zu einem schweren Zwischenfall, als Bürger in einer Verkleidung von Schodüveln, der heimischen Maske, den verhassten Erzbischof während einer Tanzveranstaltung der oberen Gesellschaften mit der Keule erschlugen. Auch bei den Hildesheimern gab es im 15. Jahrhundert Neid und Hass, als sie die gehobenen Stände in teuren, vom Rat bezahlten Kostümen mit Spielleuten durch die Stadt ziehen sahen und erleben mussten, wie diese anschließend im Rathaus empfangen und bewirtet wurden. Die Beispiele ließen sich fortsetzen.

Ähnliche Empfindlichkeiten könnten auch in Köln bei dem Karnevalsbeschluss von 1341 mitgespielt haben. Zum Beispiel die Erinnerung der Weber an das Jahr 1264. Damals hatte der Tanz der Weberknechte (Gesellen) an Pfingsten eine blutige Auseinandersetzung zwischen Patriziern und der Weberzunft ausgelöst. Drahtzieher war der Erzbischof Engelbert II. von Falkenburg, der die Weber, die damals seine Anhänger waren, listig drängte, das Tanzfest der Gesellen anzusagen. Er wusste, dass die Patrizier gezwungen sein würden, den Tanz in Krisenzeiten zu verbieten und einen Kampf aufnehmen mussten, den sie gar nicht führen wollten. Genauso kam es. Die Weber sagten den Tanz an und hielten trotz Verhandlungen der Patrizier, die vor den Folgen warnten, daran fest. Auf beiden Seiten ging es um die »Ehre«, wie der Stadtschreiber Gottfried Hagen berichtet. Die Weber waren »gekränkt«, weil ihr altes Festrecht von den patrizischen Feinden angetastet wurde. Die Patrizier, die als Mitglieder der Richerzeche die Oberhoheit über die Zünfte verwalteten, fühlten sich durch den Widerstand gegen ihre Machtbefugnisse »entehrt«. Am Pfingsttag versammelten sich 5000 bewaffnete Zünftler, um den Tanz der Gesellen zu schützen. Trotzdem siegten die 200 berittenen und turniererfahrenen Patrizier. Ein entscheidender Schritt zur Befreiung von der Herrschaft des Erzbischofs war getan. Aber bei den Webern mag ein tiefes Misstrauen gegenüber patrizischer Macht zurückgeblieben sein, verbunden mit der Kränkung durch den Bruch ihres althergebrachten Festprivilegs. Festrecht war Standesrecht, an Karneval oder anderen Festen – ein hochempfindsames Gut.

Die Abkoppelung vom Rat und den ihm nahestehenden vornehmen Gesellschaften hatte für die Fastnacht in Köln weitreichende Folgen. Es war der Beginn einer Gleichheit der Bürger, die in keinem anderen Bereich der Stadt so weit entwickelt wurde wie im Karneval. Man muss sich das Geflecht von unterschiedlichen Standesrechten in der städtischen Struktur genauer ansehen, um zu verstehen, was die Ausschaltung des Rats vom Fastnachtsgeschehen bedeutete. Wer war mit den »Gesellschaften« gemeint? Grundsätzlich waren alle Bruderschaften, politische und unpolitische, weltliche und religiöse, auch Gesellschaften, d.h. genossenschaftliche Zusammenschlüsse. Köln war im

14. Jahrhundert eine Stadt der Bruderschaften. Alle Zünfte zählten dazu, aber auch die Körperschaften der Patrizier: das Schöffenkollegium, das für die Hochgerichtsbarkeit des Erzbischofs zuständig war, gleichzeitig im Rat einen der beiden Bürgermeister stellte, und die Richerzeche, die eine Folgeinstitution des Rates war und sich aus den gewesenen Bürgermeistern, die Nicht-Schöffen waren, zusammensetzte. Aber auch die Amtleutegremien, die Führungskräfte der Kirchspiele (Sondergemeinden), waren Bruderschaften. Ursprünglich waren sie von den Bürgern der Sondergemeinden direkt gewählt worden. 1341 kam es aber auch hier zu einer Neuordnung: Amtleute sollten künftig nicht mehr von der Gemeinde, sondern von den Ratsherren einer Sondergemeinde bestimmt werden. Damit wuchsen die Amtleute näher an den Rat heran, entzogen sich dem Einfluss der Bürger. Rat, Richterzeche, Schöffen, Amtleute erschienen wie eine abgeschlossene zusammenhängende Gesellschaft, in der auch die Gelder für die Karnevalsveranstaltungen im Interesse des Rats zirkulieren konnten.

Daneben gab es, wie in anderen Städten auch, Gesellschaften mit rein geselligen Zwecken. Zu ihnen zählten zunächst auch die Gaffeln. Sie waren als reine Tischgesellschaften gegründet, die sich zum gemeinsamen Essen und Trinken, und damit auch zum Feiern, zusammengeschlossen hatten. Deshalb der Name »Gaffel«, der auf die Tranchiergabel bei den Mahlzeiten hinweist. Wie sich aus den geselligen Bruderschaften allmählich politische entwickelten, wie bei den Gaffeln, konnten sich aus den politischen wiederum gesellige oder religiöse Gesellschaften als selbständige Verbände herausbilden. Ein weites Feld für den Rat, sich über die finanzielle Steuerung der Karnevalsfeiern eine Bühne für die eigene Machtpräsentation zu schaffen.

Wie das aussehen konnte, zeigen Städte in den Nachbargebieten Frankreich und den Niederlanden (seit dem Ende des 14. Jahrhunderts Teil des Großherzogtums Burgund). Auch in ihnen gab es ein reiches Spektrum an Bruderschaften und Gesellschaften. Aber sie waren alle mehr oder weniger in der Karnevalsgestaltung mit der Obrigkeit zusammengewachsen. Im 14. und 15. Jahrhundert wurden sie, unterstützt oder auch genötigt durch Herrschaftsinteressen, zu Organisatoren eines höfischen Karnevals. Wie in Dijon, der Geburtsstadt Karls des Kühnen, des Herzogs von Burgund, orientierte man sich am Modell des »Königreichs«. In prächtigen, jeweils einheitlichen Kostümen zogen die »Königreiche« durch die Straßen, angeführt von ihrem »König« und einem fahnenschwenkenden »Herold«, oft begleitet von Katzenmusik, dem Erbe der Charivaris. Höfische Feste, Theater und Prozessionen lieferten Ideen und Requisiten: Schaubühnen, auf denen allegorische und satirische Szenen gespielt wurden, feuerspeiende Drachen mit schlagenden Schwänzen und Flügeln, rollende Schiffe und Wagen mit Narren, die Personen und Amtshandlungen karikierten. Die »Könige« oder »Äbte« waren oft nicht nur die Zeremonienmeister ihrer Gesellschaften, sondern auch der Herrschenden und der Stadt. Die vornehmsten hatten Zugang zum Hof, umgekehrt nahmen wie in Dijon auch die französischen und die burgundischen Herzöge, manchmal auch der Kaiser an den Festen der Gesellschaften teil.

Die Kölner mögen auch dies geahnt oder auf ihren Reisen in die Städte der Handelspartner beobachtet haben: die Verflechtung von Macht, Prestige und Schaulust trieb die Ausgaben für die Karnevalsveranstaltungen in unermessliche Höhen. Druck kam für die Gesellschaften nicht nur von den Herrschenden und dem Volk, das zum Gradmesser für Ansehen und Popularität wurde, sondern auch vom rivalisierenden Ehrgeiz der anderen Gesellschaften und anderen Städten. Die Mächtigen der Stadt oder Region mochten auf dieses Herrschaftsinstrument nicht mehr verzichten. Als die Kosten immer weiter stiegen, wurde die »Königs«-Wahl zum Schrecken. Viele potentielle »Könige« flohen aus den Städten. In Burgund machten der Herzog und die Stadtväter die Festorganisation der Gesellschaften zur Pflicht und setzten Strafen aus für die »Könige«, die sich ihrer Aufgabe entzogen. 1459 wurde ein gewählter »König« wegen Verweigerung eingesperrt, ein Teil seiner Güter wurde verkauft, um die Feste zu bezahlen. Die Wahl zum »König«, einst eine Ehre, schuf jetzt Hass unter Bürgern und Geschlechtern.

In Deutschland fehlte die Allianz von zentral gesteuerter und städtischer Festpolitik. Es gab auch nicht den hierarchischen Aufbau in den Gesellschaften, die den Einzelnen an der Spitze so verwundbar machte. Aber auch hier waren es die Gesellschaften, die in Kooperation mit dem Rat den neuen vornehmeren Karneval vermittelten. Das berühmteste Beispiel ist Nürnberg mit dem Schembartlaufen der patrizischen Schömbarthgesellschaft, seit 1449 in rd. 80 illustrierten Schembartbüchern aus dem 15. und 16. Jahrhundert dokumentiert. Ursprünglich war das Schembartlaufen ein Privileg der Fleischhackerzunft. 1349, als die Fleischhacker in einem großen Aufruhr der anderen Zünfte gegen die Patrizierherrschaft dem Rat »beigestanden« hatten, waren sie von Kaiser Karl V. »zu ewigen zeiten« mit einem »vastnachtsspiel und tanz« »verehrt« worden. Seitdem durften sie als einzige Zunft den Schembart, eine damals verrufene, aber sehr beliebte alte Maske, »laufen« lassen. Das Sonderrecht wurde allerdings mit der Zeit zur Last, der sie sich zu entziehen suchten, denn der Rat hatte seit 1397 die Zuschüsse dafür gestrichen. Die Prominenz brauchte jedoch den »Schimpf« und

»Tanz«, der so viele Zuschauer anlockte, und bestand auf der Erfüllung des Privilegs – aus »Brauchrecht« wurde »Brauchzwang«. Schließlich verkauften die Fleischhacker ihr Recht an junge Patrizier, die das Schembartlaufen für nahezu ein Jahrhundert zu einer der berühmtesten Fastnachtsveranstaltungen in ganz Europa machten. Sie erweiterten das überlieferte Schaustück zu einem Maskenzug, der alles einsetzte, was die Höfe, Mysterienspiele und Prozessionen zu bieten hatten. Unter der Regie des Rats und dann der Schömbarthgesellschaft wurden auch die Schembarte gesellschaftsfähig. 1449 erschienen sie in einheitlicher Kostümierung »in lauter weiß« gekleidet, 1453 in »weiß mit einem plauen ermel«. Allmählich wurde aus dem Schembart, in dem noch das althochdeutsche »schema« (Schatten, Geist, Larve) steckte, der »Schönbart«. Als solcher drang er, jetzt allgemein als Begriff für Maske, nach Süden bis Bayern vor.

Vornehm wurde auch der »schodüvel« in mittel- und niederdeutschen Städten. Seinen ursprünglich wilden Charakter hat schon die Ermordung des Erzbischofs von Magdeburg gezeigt. Auch er war eine alte Maske, die noch im 15. Jahrhundert mit »rauem schwarzem pelz« herumlief und – wie der Schembart – in den religiösen Mysterienspielen an Ostern oder Weihnachten als »Teufel« eingesetzt wurde. Mit der kirchlichen Lizenz wurden sie nicht ziviler, sondern tauchten als unberechenbares Element weiter im Karneval auf. Die Verbote häuften sich, und unter der Disziplin des Rats und ihm nahestehender Gesellschaften bemühte man sich, auch sie zu verwandeln. Zuerst in den baltischen Städten mit westfälischem Brauchtum, wo die mächtigen Bruderschaften der Großen Gilden sich ihrer annahmen. In Dorpat wurden sie von den Gildebrüdern »gewählt« und beim Festgelage auf der Gildestube von den Obermann der Gilde und den Ältesten bewirtet. So geehrt, lernten sie im 15. Jahrhundert, »hovesch« zu »lopen«. In Braunschweig läuterten sich die »Schauteufel« zu gesitteten »Kumpange« (Gesellschaften) junger Leute, denen 1408 vom Rat das Maskenlaufen erlaubt wurde. Auch der Bürgermeister von Hildesheim befahl einer Gesellschaft junger Patrizier, »scheffer« (Festordner) zu wählen, mit denen die »Schodüvel«-Maskierung besprochen werden sollte. Herauskam ein grau-rotes Gewand mit gleichfarbiger Maske und einem kleinen Filzhut mit Straußenfedern und braunseidenem Schleier.

Grundsätzlich konnte auch der Jeck aufsteigen. 1381 gründete Graf Adolf von Cleve mit anderen Adeligen eine Geckengesellschaft nach dem Vorbild französischer und burgundischer Gesellschaften. Jährlich wurden für die Organisierung der Feste ein »König« und 6 »Räte« gewählt. Ganz im Stil der Bruderschaften ging man gemeinsam in die Kirche, um an einer Messe für die verstorbenen Mitglieder teilzunehmen. Zum Zeichen der Brüderlichkeit musste jeder »Geck« einen gestickten Narren auf seinem Mantel tragen. Wer das nicht befolgte, wurde mit einer Abgabe für die Armen belegt.

Von solchen Veränderungen blieb der kölsche Jeck unberührt. Er wurde nicht »hövesch«. Ab 1341 entwickelten die Kölner eine alternative Karnevalskultur, die von der demokratischen Verfassung 1396 noch unterstützt wurde. Im 15. Jahrhundert tritt der Rat nur noch als Ordnungsmacht im Karneval auf. Man merkt sein Bemühen, die Disziplinierung des Feierns an die Gaffeln und Zünfte, also die Bürger selbst, abzugeben. Ohne Einbindung durch den Rat scheinen alle Gesellschaften, auch die besseren, anarchischer geworden zu sein. 1431 verbietet der Rat in einer »Morgensprache«, die vor dem Rathaus immer direkt an die Bürger gerichtet wurde: dass »niemand von den Gaffeln, Zünften oder einer anderen Gesellschaft von

Frauen oder Männern« sich »vermummen« soll oder auch »unvermummt, zu Fuß oder zu Pferd Krongeld oder Esswaren heischen« soll. Heischen, um ein Gelage zu halten, war ein altes Maskenrecht, das sich in ländlichen Gebieten bis ins 19., 20. Jahrhundert hinein hielt, in Städten aber früh bekämpft wurde, weil es hier zur unerträglichen Belästigung für die Bürger werden konnte. Schon 1403 hatte der Rat das »Halten und Fangen«, um Krongeld zu heischen, bei einer Strafe von 5 Mark verboten. Offenbar ohne viel Erfolg. Bestraft werden sollen 1431 jetzt auch die, die Krongeld geben. Sogar Haft wird alternativ angedroht »oder« einen Monat »unten« im Turm liegen. Die Gewaltrichter werden im übrigen angehalten, »auf ihren Eid« die »Buße« auch wirklich zu erheben. Das lässt auf »Klüngel« unter den Bessergestellten schließen. Dazu passt der Hinweis, dass sich neben den Bürgern auch die »Eingesessenen« beklagt hätten, also die Schwächeren in der Stadt. Das alles ist ungewöhnlich. In keiner anderen Stadt beteiligten sich die angesehenen Bürger an den Heischebräuchen. Sie waren in der ärmeren Bevölkerung verbreitet, galten als Gunst der Höherrangigen gegenüber den Niedrigrangigen. Die Auswüchse hielten in Köln noch bis zur Mitte des 15. Jahrhunderts an. Zuletzt gehörten auch die »geistlichen« Gesellschaften zu den unorganisiert Heischenden auf der Straße.

Die Morgensprache von 1431 ist das ausführlichste Karnevalsverbot, das der Rat jemals erlassen hat. Es zeigt, dass es nicht so einfach war, den Karneval der »eigenen Obhut« zu überlassen. 1431 wird zusätzlich bestimmt, dass auf den Gaffeln keine Tänze veranstaltet werden sollen ohne die einstimmige oder mehrheitliche Zustimmung der Gaffeln oder Ämter (Zünfte). Der Rangeifer zwischen den einzelnen Gesellschaften war also auch in der neuen Gaffelordnung noch nicht zur Ruhe gekommen. Ein weiterer neuralgischer Punkt waren die Aktivitäten der Gesellen. 1452 und 1460 werden neue Bruderschaften der »ambachtsknechte« zu Karneval untersagt. Es sei dafür zu sorgen, dass sie gar nicht erst von den Gesellen verlangt würden. Ein Auftrag an die Zunftmeister, ihre Gesellen im Zaum zu halten. Wie überhaupt eine Mitverantwortung für das Verbot von 1460, das auch noch einmal das »Mummen« und »Krongeldheischen« betrifft, auf die Gaffeln verlagert wird. Es soll nicht nur bei den Morgensprachen, sondern auch auf den Gaffeln selbst verkündet werden, damit es »zo ewigen daegen« beachtet wird.

Im 15. Jahrhundert sind entscheidende Bedingungen für eine demokratische Kontrolle des Karnevals geschaffen worden. Kein Stand, keine Gesellschaft sollten im Karneval ein Übergewicht bekommen. Durch die Einbeziehung der Gaffeln wurden Frieden und Gleichheit an Karneval zur Selbstverpflichtung aller Bürger. Für Macht- und Prachtentfaltung und die Überdehnung eigener Feierinteressen war da kein Platz mehr. Insgesamt rückten die Festgewohnheiten in der Stadt zusammen, sie wurden homogener. Die Ratsherren feierten nun auf ihren Gaffeln, die Bedeutung der Gesellschaften scheint mehr und mehr in den Feieraktivitäten der Gaffel- und Zunfthäuser aufgegangen zu sein. Im übrigen blieb der Fastnachtsspaß, wie er immer gewesen war: gefeiert wurde in den Familien, bei Freunden oder Nachbarn. Nachbarschaft aber war grundsätzlich die ganze Stadt. Kleine Gruppen von Bekannten oder Verwandten taten sich zusammen, liehen »Mommenkleider« aus, bestellten Musikanten mit Trommeln und Trompeten und zogen am Abend ins Zentrum der Stadt zwischen Dom und Hohe Pforte. Schon im 16. Jahrhundert scheint sich hier das Prinzip der »Offenen Tür« durchgesetzt zu haben: die Wohlhabenden öffneten ihre Häuser und bewirteten die umherziehenden Masken.

Nicht jeder war gleich willkommen, aber das war kein Anlass zum Streit. Die Jecken zogen einfach zum nächsten »offenen« Haus, wie 1573 die drei kostümierten Männer mit Musikanten, die in einem Haus nicht freundlich empfangen wurden und sich dann an das Haus zum »Wilden Mann« wandten. Hier trafen sie auf 6 andere Maskierte, die ihre Masken schon abgelegt hatten und sich bewirten ließen. Mit ihnen flanierten sie später gemeinsam durch die Straßen. Erst dann wurden sie aktenkundig in den Turmbüchern, weil sie einen solchen Lärm machten, dass sie die Frühmesse in St. Columba störten.

In der deregulierten Offenheit des Feierns entstand ein neues Maskenrecht: »Jeck, loß Jeck elans« (Jeck, lass den Jeck vorbei). Noch 1804, kurz bevor die Kampagne gegen die »schmutzigen« Masken so richtig losging, lobte ein Journalist den charakteristischen »Respekt« der Masken in Köln: »Die Masken respektieren sich und werden respektiert, als läge der heiligste Vertrag zugrunde.« Nur so konnte die Jeckenmaske, die anderswo in Nischen oder neuen Kostümierungen verschwand, in Köln zur Karnevalsmaske schlechthin und darüber hinaus zur Leitfigur der kölschen Lebensart werden. Das bedeutete nicht, dass man keine Masken von außerhalb aufnahm. 1535 ging der junge Graf von Zimmern, der zu Besuch in Köln war, mit seinem Bruder und einem Bekannten zu einem Fastnachtsbankett ins Haus des Patriziers Wasserfaß. Alle waren als Vogelsteller verkleidet und trugen dazu die nötigen Requisiten: der eine einen Habicht auf der Hand, die anderen eine Vogelschlinge und Hühnergarn. Solche Voglerkostüme waren noch im 18. Jahrhundert in Venedig sehr verbreitet und konnten im Kölner Maskenverleih wahrscheinlich ausgeliehen werden. Auch die Angelrute mit Zuckerwerk, mit der laut Turmbuch von 1574 ein Vermummter Kinder geneckt hatte, war in Venedig heimisch.

Andere Masken, »Wilde Männer« und »Teufel«, wurden von den Gesellen aus anderen Städten mitgebracht, ohne dauerhafte Spuren in der städtischen Maskenwelt zu hinterlassen.

Es war auch nicht so, dass es keinen Standes- oder Kostümzwang bei anderen Kölner Festen gegeben hätte. Wenn es darum ging, bei der Großen Gottestracht den gesamtstädtischen Stolz zu demonstrieren, kannten auch die Kölner das höfische Zeremoniell. Von den Ratskollegen zum »Rittmeister« für die Prozession gekürt zu werden, war wie für den Karnevalskönig in französischen und burgundischen Städten eine zwiespältige »Ehre«, denn sie war mit hohen Kosten verbunden. Hermann von Weinsberg, den 1547 dieses Schicksal traf, hat eine humorvolle Schilderung davon gegeben. Mit allen Mitteln der Konspiration hatte er sich gegen die Wahl gewehrt. Nichts half, die »Getreuen« hatten ihn im Stich gelassen. Als seine Wahl feststand, brach seine Mutter in Tränen aus, sein Vater vermutete einen Racheakt, weil er als Burggraf im Ratskeller Wein zapfte, was ihm andere Ratsherren missgönnten. Tatsächlich war die Aufgabe für den damals noch ledigen, nicht vermögenden Weinsberg nur mit Hilfe des Vaters und einigen Freunden zu bewältigen. Wenn man liest, welcher Aufwand mit der Ausrüstung eines Rittmeisters und seines Gefolges getrieben werden musste, versteht man den Schock. Weinsberg braucht Seiten, um die edle, nur für diesen Anlass entworfene Kleidung für sich, die engere Begleitung und die 48 folgenden Begleiter mit den prächtig aufgeputzten Pferden zu beschreiben. Hier sei von Weinsbergs Eleganz nur das Wichtigste aufgeführt: er ritt »in vollem Küraß« mit »Ringkragen«, an den Beinen »Harnischröhren, Schienen, eiserne Schuh und lange Sporen«, über der Rüstung einen »schwarzen damastenen Paltrock mit vielen Falten«, rundum »mit

Samt bordiert«, ein »Ritterschwert« an der Seite »mit Silber beschlagen«, in der rechten Hand einen schwarzen gedrechselten Knüppel mit »roten und weißen Streifen« und »goldenen Sternlein« usw. Sein Kölschtum konnte und wollte er bei allem Kostümzwang jedoch nicht verleugnen. Auf dem Banner, das auf beiden Seiten die Hlg. Jungfrau mit ihren Jungfern zeigte, fügte er seinem Wappen »zwei Arme« hinzu, die sich »die Hände geben«, und einen Reim drumherum: »Glaub jedermann nicht glich, weil wenige halten Stich.« So gab er es denen zurück, die ihn bei der Wahl »verraten« hatten. Mit besonderem Vergnügen vermerkt er, dass er das Banner anschließend zum Fenster heraushängte und es 2 Tage im Wind »flog«, während er mit seinen Leuten feierte, denn es war »Nachkirmes«, »da prassten und tanzten wir die ganzen Tage und Nächte, waren gar fröhlich«. Mit den guten Nerven der Neckkultur war der Kölner Ratsherr auch solchen Schicksalsschlägen gewachsen.

Wie anders erzählt Weinsberg dagegen von den »Maskeraden« an Karneval. Einmal kommen an Fastnachtsdienstag 1580 seine Neffen mit anderen Jungen vorbei. Sie sind als Fassbinder verkleidet mit weissem Wams, Schürzen und »vißberustem« Gesicht. Ein andermal wird er von Nachbarn und Verwandten überredet, sich zu verkleiden, »aber«, schreibt er, »ich bant keinen flabis für, dan etwas Zindel (Samtart) vur die augen«. Maskenfreiheit bedeutete auch, nur ein karnevalistisches Zeichen zu setzen: ein Stückchen Stoff vor den Augen, eine »Nase« oder »Bart«. Die partielle Maskierung war nicht auf die Unbemittelten beschränkt, sondern allgemeiner Konsens. Auch der Ratsherr konnte sich damit sehen lassen, um was für Weinsberg das Wichtigste war, zu feiern beim »Prassen«, »Tanzen«, »Kurzweil erzälen«.

# 8.

## Die Jahrhunderte des Niedergangs.
## Die Kölner werden mehr Kölner.

## Ende des 17. bis Mitte des 19. Jahrhunderts

Jahrhundertelang erwies sich die weitgehend unreglementierte Kölner Fastnacht als außerordentlich resistent gegenüber Einflüssen von außen. In der Mitte des 18. Jahrhunderts, als die Redouten für Adel und Bürger auch in Köln beliebt wurden, setzte der Rat zum ersten Mal ständische Grenzen für die Maskenfreiheit. In einer »Ordnung für die Redouten« forderte er 1743 den Organisator Ferrari auf, »keine garstigen, missgestalteten oder unverschämten Masken zu dulden«. »Geringere Bürgers- und Handwerksleute«, »Bediente« und »Knechte« in »Masken« sollten abgewiesen und nur »honette Leute geringer Kondition« in »geringer Zahl als Zuschauer« zugelassen werden. Die Verordnung wurde in den nächsten Jahren wiederholt und galt auch für die bürgerlichen Nachtsbälle, die Josef Ehl seit 1779 auf dem Domhof anbot. 1782 erhält die »Ordnung für Nachtsbälle« noch den Zusatz, dass niemand »unter der Larve« einem anderen »Grobheiten oder Schikanen« sagen darf. Wer dagegen verstößt, soll »ohne Unterschied der Person« abgewiesen werden. Der Kölner Rat passte sich damit den fastnächtlichen Anstandsregeln anderer Städte an. Zwischen den Zeilen glaubt man allerdings zu lesen, dass es die »garstigen« Masken auch auf den vornehmeren Redouten gab und die »Grobheiten und Schikanen« der Maskierten auch die »honetten« Bürger betraf, deshalb die Betonung: »ohne Unterschied der Person«.

Die Freiheit des Karnevals hatte wohl eine Durchlässigkeit von »Volks«- und »Elite«-Karneval erzeugt, die es so in anderen Städten nicht gab. Außerdem wird die Verbreitung der Jeckenmaske eher zu- als abgenommen haben. Über einen langen Zeitraum befand sich Köln in einem stetigen wirtschaftlichen, sozialen und politischen Niedergang, der sich nach dem Dreißigjährigen Krieg beschleunigte. Das Ende der Hanse 1669 und der Merkantilismus der aufstrebenden Territorien rings um Köln wirkten sich unmittelbar auf die Kölner Gewerbe aus. Der Mittelstand, der bis ins Spätmittelalter von der breiten Basis der Zünfte gebildet worden war, brach schließlich fast völlig zusammen. Laut Weinsberg ging es im 16. Jahrhundert den Zünften noch recht gut, das Handwerk lieferte »gutte narring« (Arbeit). Am Ende der Reichsstadtzeit zahlte jedoch die Hälfte der Bürger keine oder nur geringe Steuer, fast ebenso viele waren ohne Bürgerrecht, weil sie das Geld dafür nicht aufbringen konnten. Zur Oberschicht gehörten nur noch 10 % der gesamten Stadtbürger. Unter solchen Verhältnissen konnten sich die »besseren« Masken nicht ausbreiten. Die Jeckenmaske dagegen war, wie alle »primitiven« Masken, leicht und billig herzustellen. Alte Kleidung, »jeck« zusammengestellt, eine Pappnase und eine Perücke genügten. Den Jeckenwitz lieferte man gratis dazu. Als »Jecke« gehörten die verarmten Meister, Gesellen und Tagelöhner immer noch zur großen Karnevalsnachbarschaft dazu, ja, sie werden sie durch ihre wachsende Zahl nur noch mehr mitbestimmt haben.

In der Massenarmut des 18. und beginnenden 19. Jahrhunderts haben sich bestimmte Züge des »Kölschen« herausgebildet. Sie sind allerdings nur im gewachsenen Zusammenhang mit der Kölner Geschichte und Tradition zu verstehen. Bei aller Armut und dem Rangverlust

ihrer Stadt blieben sich nämlich alle Kölner ihrer glanzvollen Vergangenheit und freiheitlichen Rechtsordnung
bewusst. Trotz oder gerade wegen seiner vielen Kämpfe
hat Köln im Mittel- und Spätmittelalter eine vergleichs-
weise glückliche Entwicklung erlebt. Die wichtigsten
Etappen: die Vertreibung des Erzbischofs 1288 und die
Etablierung der demokratischen Gaffelordnung 1396,
waren von innerer Logik und äußeren Erfolgen gekenn-
zeichnet, in denen sich der jeweils mehrheitliche Wil-
le der Bürger äußerte. Auch als sich im Rat schon bald
wieder oligarchische Tendenzen und Missbräuche durch-
setzten, blieb der Glaube der Bürger an die politische
Mitgestaltung bestehen. Er war in den folgenden Jahrhunderten einer harten Prüfung ausgesetzt. Korruption
und Rechtsbrüche der Stadtregierung, Beeinträchtigung
des Wahlrechts durch Filz und Bestechung, mangelnde
Transparenz der Finanzen, steuerliche Belastungen wurden zu chronischen Anklagepunkten der Bürgerschaft.
1482–1483, 1512–1513, 1680–1686 kam es zu Aufständen,
bei denen die Zünfte eine entscheidende Rolle spielten.
Nur einer dieser Kämpfe war erfolgreich. 1513 setzten die
Bürger nach einem Hausfriedens- und Immunitätsbruch
des Rats den Transfixbrief durch, der das Recht des Bürgers auf Anhörung des Rats festschrieb, falls ihm Unrecht
geschehen sollte. Notfalls konnte er dieses Recht über die
eigene Gaffel weiterverfolgen. Wenn auch das scheiterte,
war ein Zusammenschluss aller Gaffeln möglich, die über
das weitere Vorgehen gegen den Rat entschieden. Damit war ein Widerstandsgesetz gegen den Rat fixiert, das
den Bestand des Verbundbriefs garantieren sollte. Auch
das ging nach dem Scheitern des von Nikolaus Gülich
geführten Aufstands 1686 verloren. Eine kaiserliche
Kommission verbot für die Zukunft jede Opposition der
Bürger und bestätigte das korrupte Verhalten des Rats als

»gute Gewohnheit«. Ein Hintertürchen ließ der Rechtsspruch jedoch offen: die Bürger konnten ihre Klagen gegen den Rat vor den Reichsgerichtshof in Wien bringen. Und das taten sie bis zuletzt. Als es mit der Reichsstadt zu Ende ging, lief immer noch ein mehr als 10-jähriger Prozess zur Wiederherstellung des Verbund- und Transfixbriefs, den eine bürgerliche Deputatschaft aus überwiegend einfachen Handwerksmeistern angestrengt hatte. Als Rechtspartei vor dem kaiserlichen Gericht waren die Bürger weiter gleichberechtigt neben dem Rat.

Das politische Selbstbewusstsein der Zünfte blieb also trotz ihrer desolaten Lage ungebrochen. Deshalb war das Bild vom »müßigen, nur zum Raub geneigten Pöpel«, das der Rat in einem Schreiben an den Kaiser entwarf, unzutreffend. Die Deputierten, hieß es da, seien Leute, »die kaum das tägliche Brot zu Hause haben, die kaum lesen und schreiben können, und die unter die niederste Classe deren Handwerker gehören«. Das mochte stimmen, aber um eine anarchistische Aktion, wie behauptet, handelte es sich deshalb nicht. Auch die verarmten Handwerker kannten noch ihre Rechte als Bürger und ließen sich von Notaren beraten. Über die Gaffeln waren sie in die bürgerliche Selbstverwaltung einbezogen. Das gab ihnen als Deputierte die politische Legitimation. Das »alte Recht« behielt, wie Klaus Militzer schreibt, für alle in der Stadt »seine Leuchtkraft«.

Das galt auch für den Rat. Auch für ihn blieb der Verbundbrief, das städtische Grundgesetz, die gültige Basis. Georg Hesselmann, Stadtsekretär des Rats, der im Gülich-Aufstand wegen Korruption hingerichtet wurde, hielt 1681 die Aufhebung der »classes«: Adelige, wohlhabende Bürger und Handwerker, in Köln für verwirklicht. Die Zünfte waren immer noch die Partner des Rats und wussten das für ihre Zwecke zu nutzen. Mit ihnen und ihrer wirtschaftlichen Misere verschärfte sich die konservative Grundtendenz in der Stadt. Hartnäckig verteidigten sie die alten Zunftrechte gegenüber dem Druck der wirtschaftlichen Veränderungen, die das Kölner Exportgewerbe erschütterten. Während die Landesherren von Kurköln und Jülich-Berg die Entstehung von Großbetrieben förderten und zur Konkurrenz auf den früheren Absatzmärkten der Kölner wurden, hielten die Zünfte an der alten Gleichheit und Selbstbeschränkung der Zunftgenossen fest. Kein Meister durfte Gesellen und Lehrlinge nach Bedarf einstellen, sondern nur nach einer von den Zünften vorgegebenen Zahl. Damit begann für die Gesamtwirtschaft der Stadt eine verhängnisvolle Stagnation, die auch der Rat nicht durchbrechen konnte und oft auch nicht wollte. Schließlich verhinderten die Zünfte, dass weitere Teile der Bevölkerung ins Elend gerieten. Mit den wirtschaftlichen Ängsten wuchs gleichzeitig die religiöse Intoleranz in der Stadt. Protestantische Unternehmer, die in Köln größere Handels- und Gewerbebetriebe einrichten wollten, begegneten einer massiven Ablehnung. Die Gegenreformation lieferte dazu den obrigkeitlichen Vorwand. Ende des 16. Jahrhunderts hatte der Kaiser der Reichsstadt befohlen, keine Protestanten in den Rat aufzunehmen. Der Rat erinnerte daraufhin die Zünfte an die alten Vorschriften, die nur Katholiken den Erwerb des Bürger- und Zunftrechts erlaubten. Später, als der Rat bei wohlhabenden Protestanten gern eine Ausnahme gemacht hätte, erinnerten die Zünfte umgekehrt den Rat an das hergebrachte Religionsgebot. Die Folge war, dass die meisten Protestanten die Stadt verließen und mit Handel und Gewerbe ins rechtsrheinische Mülheim abwanderten.

Die Welt war für die Kölner enger geworden. Die Zünftler reisten nicht mehr mit ihren Produkten zu den

Messen von Frankfurt und Amsterdam, wie noch im 16. Jahrhundert, wo sie fremde weltoffene Kaufleute trafen. Noch mehr als früher waren sie in ihrem Veedel, dem Kirchspiel, verwurzelt, wo ganze Straßen, in denen jahrhundertealte Gewerbe wohnten, verarmten. In den Nachbarschaften erlebte man die unverschuldete dauerhafte Armut hautnah, und das Ergebnis war, dass die Kölner zusammenrückten. Solidarität, das Prinzip der Zünfte, wurde auch für die Nachbarn ungeschriebenes Gesetz. Wettbewerb und geschäftlicher Ehrgeiz auf Kosten anderer waren verpönt. Ernst Weyden erinnert sich, dass noch am Anfang des 19. Jahrhunderts der »Hauptlebensgrundsatz unserer Väter« galt: »Leven und leven losse!« Die Ladenbesitzer hätten es »für eine Sünde« gehalten, dieselben Waren zu führen wie der Nachbar. Und selbst der Kölner Kaufmann, der sich ein Pferd für den Gütertransport leisten konnte, verzichtete gewöhnlich darauf, weil er dadurch den Fuhrleuten am Rhein die Arbeit genommen hätte. Die Ablehnung der Calvinisten, zu deren religiösem Ethos auch das wirtschaftliche Erfolgsstreben gehörte, war deshalb auch eine Verteidigung der heimischen Wertegemeinschaft. Das Calvinistische war schlichtweg das Nicht-Kölnische und deshalb fragwürdig. Ein Kind von »Einwanderern« aus dem Bergischen, das Hochdeutsch sprach, geriet, wie Weyden berichtet, sofort in den Verdacht, überheblich zu sein: »Dae welt sich jet mache, dat es ene Calviner.«

Natürlich war das Leben in der Stadt nicht nur von Humanität bestimmt. Chronisch war nicht nur das Aufbegehren der Zünfte gegenüber dem Rat, chronisch waren auch die Querelen zwischen den starken und den schwachen Zünften, den großen Ämtern, wie z. B. dem Wollenamt, und den ihnen beigeordneten Hilfsgewerben. Ausbeutung tarnte sich oft als Fürsorge, wenn die armen Handwerksmeister als Lohnabhängige innerhalb der Zünfte arbeiteten oder Mädchen aus bedürftigen Familien in den Wirkschulen Spitzenklöppeln lernten und dabei »der unverschämtesten, schnödesten Gewinnsucht ihre Jugend und Gesundheit zum Opfer bringen mußten« (Weyden). Trotzdem gab es insgesamt ein Bemühen, die Armen nicht völlig ins Abseits zu drängen. Der Rat setzte alles daran, Hungerkatastrophen zu verhindern. In Zeiten der Geldentwertung und hoher Getreidepreise erhielten die Armen das Brot zum halben Preis. Die Versorgung der Familien mit Brot war immer gesichert. Da die Not über Generationen anhielt und viele Familien keinen Ausweg daraus fanden, richteten sich selbst die Bettler mit einem Rest von bürgerlichem Denken in der seltsamen Ordnung ein. Es entstanden privilegierte Dynastien, in denen das Recht erblich wurde, bestimmte lukrative Plätze an Kirchentreppen für die Bettelei zu besetzen. Unter den »Weibern«, die jeden Morgen die Aschenhaufen vor den Türen nach Kohlen durchsuchten, gab es »gute Partien«, über die in der »Bettlerklasse« der bewundernde Klatsch umging: »Dä Drickes deit ene jode Heroth.« – »Wat kritt hae dann?« – »Et Sting, dat hätt ene Stüver Geld, ene neue Korf un auch en jod Hand zom raafe.«

Der Verfall der Zünfte war eine Herausforderung des Kölner Selbstbewusstseins. Als Gegenreaktion entstand eine vertiefte städtische Identität. Die Utopie der Kölner, das bessere Köln, lag in der Vergangenheit, an ihr richtete sich alles aus: der Kampf um den Verbundbrief von 1396, um die alten politischen Strukturen, das intensive Festhalten an städtischen Bräuchen, Festen, Werten, an der kölschen Sprache. Das alte Jeckentum wurde jetzt für große Teile der Bevölkerung zur Lebens- und Überlebensstrategie. Es passte nahtlos zur Schieflage des verarmten Bürgers, zu seiner abgesunkenen Existenz, die mitten in der Realität wie eine Metapher des »Jecken« erschien. »Et fällt nit alles, wat waggelt«, sagte der Kölner und akzeptierte die unordentlichen Verhältnisse mit dem robusten Optimismus seines an die Unvollkommenheiten dieser Welt gewöhnten Humors. Am Anfang des 19. Jahrhunderts entstanden die Figuren von Tünnes und Schäl, in denen sich die Erfahrung der »verkehrten Welt« in allen Nuancen widerspiegelt. Wie eine demolierte Maske hängt die Würde des Bürgers an Tünnes in dem Dialog mit Schäl: »Süch ens, Tünnes, do litt jo ding Ahl em Finster«, macht Schäl den Tünnes aufmerksam. Und Tünnes weist ihn zurecht: »Schäl, eeschtens eß dat nit ming Ahl; zweitens eß dat ming Mamm; drittens eß dat för dich immer noch et Fräulein Schmitz.« Unermüdlich übt Tünnes die Anpassung an die Härten des Lebens, aber was er wirklich sucht, ist kein stoisches Asketentum, sondern die Lücken im Stress, die Lust am Leben und Lachen – trotz allem. Das ist die Logik, wenn sich Tünnes systematisch, unterbrochen von regelmäßigen Pausen, mit dem Hammer auf die Finger haut. Schäl wundert sich: »Tünnes, woröm häus do dich expree op dinge eijene Finger?« Und Tünnes erklärt: »Weisste, Schäl, et eß esu e schön Jeföhl, wann't dann ophööt.«

Lützeler weist im Zusammenhang mit diesem Witz auf das »durch und durch fragwürdige, aber lebensmäßig ungemein produktive« Karnevalslied hin: »Et hätt noch immer, immer, immer jot jejejange.« »Positives Denken« – diese Technik haben die Kölner entdeckt, lange bevor die Psychologie sie in ihre Therapie eingebaut hat. Sie stießen darauf, als sie ganz unten waren, auf dem Boden der Erfahrung in der Stadt des Pauperismus. Und da sie mit der Jeckenweisheit von der Komik alles menschlichen Strebens zusammenfiel, konnten sie gleich produktiv damit umgehen. Deshalb ist der Kölner Humor bei aller Absurdität doch immer durch die Wirklichkeit des Lebens gehärtet. Selbst in den folgenden Witzen, die die Schmerzgrenze bis zum Irrealen überschreiten: Tünnes ist bei Hochwasser in den Rhein gefallen. Einige Retter ziehen ihn mit dem Rettungsring heraus, und nun hängt er über dem reißenden Strom. In dem Moment lacht Tünnes. »Woröm laachste esu?« fragen seine Retter irritiert, und Tünnes antwortet: »Ich mot jrad denke: wann ich jitz der Ring losloosse, dann fallt ehr all op de Hingersch.« In dieser höheren Akrobatik des Kölner Humors fallen Tod und Lachen zusammen. Im Moment der Gefahr kippt Tünnes die Schwerkraft der Angst und entscheidet sich für die Leichtigkeit des Lachens. Dem Nicht-Kölner mag das bedenklich erscheinen: wo bleibt der Respekt vor dem »Ernst des Lebens«? Die Frage stellt sich noch dringlicher bei einer »Jeckerei« aus dem Zweiten Weltkrieg, von der Lützeler erzählt: Schäng saß gerade während eines Luftangriffs »auf einem geheimen Örtchen und konnte nicht in den Luftschutzkeller flüchten. Eine Bombe riss das ganze Haus zusammen, in dem er sich befand; nur die Toilette blieb stehen, allerdings als Freiluftraum. Der Zufall wollte es, dass die Bomben in dem Augenblick fielen, in dem sich Schäng erleichterte. Ruhig erhob er sich, zog zum letzten Mal das Wasser und sagte: ›Ich hätt nit jedaach, dat dat su en Wirkung hätt.‹ Dann musste er mit der Feuerleiter gerettet werden.«

»Lachen und Weinen« sind nach Helmuth Plessner in seinem gleichnamigen Buch »Ausdrucksformen einer Krise«. Im Lachen jedoch verstärkt der Mensch seine Souveränität, denn der Witz wendet sich an »Verstand und Geist«. Insofern ist auch der Kölner Humor Ausdruck einer mentalen Kraft. Er schafft eine lachende Distanz gegenüber den Ansprüchen der Autoritäten und Dramen, die sich ins Leben einnisten als eine Überforderung der menschlichen Natur. Der Kölner Humor hat täglich zu tun, Krisenzeit zum Lachen ist sozusagen immer. Alles wird auf den Boden des Kölschen gebracht, in die Gleichheit einer Demokratie, die nach Lützeler »keine Staatstheorie, sondern ein Lebensgefühl« ist. »Ploog dich«, mahnt ein Kölner Sprichwort und fügt hinzu: »ewer setz dich dobei«. Wieder eine Absurdität, aber gleichzeitig ein Mantra der kölschen Bedächtigkeit, das die Relativierung des Unerträglichen immer in den Augenwinkeln behält.

»Die Kölner sind mehr Kölner geworden – durch ihren Humor«, schreibt Lützeler. Gleichzeitig förderte umgekehrt die politische Gleichheit der Bürger auch das Jeckenbewusstsein der Stadt. »Ärm un rich« leisteten den Eid auf den Verbund, und wenn auch die Diskrepanzen in der Bürgerschaft blieben, wirkte sich die demokratische Idee doch in der Annäherung der Lebensstile und -gewohnheiten aus. Im Gegensatz zu patrizischen oder Residenzstädten, wo unter den Bürgern ein Hang zur Verfeinerung entstand, entwickelten die Kölner eine Tendenz zur Nivellierung der Unterschiede. Das wirkte sich schon im 16., 17. Jahrhundert auf die Kleidungs- und Aufwandsordnungen aus. Sie betonten nicht die ständische Rangordnung, sondern richteten sich gegen Zuchtlosigkeit und Luxus, Gebote vor allem für die reicheren Bürger. Die Kleidung sollte nicht »unzüchtig« und nicht »zu aufwendig« sein. Am Anfang des 19. Jahrhunderts fällt den Reisenden auf, dass es in Köln keinen »großen Luxus« gibt, auch in vornehmen Häusern herrscht die »alte Frugalität« vor. Die Eleganz der »Damen« und »Herren« hinkt der in Koblenz und Mainz hinterher, und die Kleidung der einfachen Bürger und Handwerker kann in »Qualität und Mode« mit der in kleineren deutschen Städten nicht mithalten.

Ernst Weyden bestätigt das, und es schwingt ein kölsches Vorurteil mit, wenn er schreibt: »Man fand unter dem eigentlichen Bürgerstande noch keine heutmodische Blasiertheit«. Man war, kurz gesagt, altmodisch, und das mit Überzeugung. Wer sich nach der neuesten Pariser Herrenmode kleidete, galt als »eitler Geck«, man zeigte mit dem Finger auf ihn und machte ihn lächerlich. Solche Kleider waren nur gut, an Fastnacht kopiert zu werden. Althergebrachte Standeszeichen in der Kleidung wurden dagegen gepflegt. Weyden hat sie mit dem treffenden Blick für das »gemütlichste Spießbürgertum« der Kölner am Beispiel der »Schlafmütze« illustriert: der Mann von »Stand« trug im Haus die »weisse Schlafmütze mit Bändern«, der gewöhnliche Bürger eine weisse aus Baumwolle, der Handwerker eine »blau(e) mit weissen Rändern«, die im Winter durch eine graue wollene ersetzt wurde, die man auch unter Hut oder Kappe trug. Der Übergang von dieser Kleiderordnung zum selbstverständlichen Umgang mit modisch avancierteren Accessoires fiel dem Kölner Bürger nicht leicht. Seidene Regenschirme, wie sie damals üblich wurden, trug er als »Luxusgegenstände« bei schönem Wetter spazieren. Bei Regen bedeckte er sie schützend mit seinem Rock und breitete statt dessen wie gewohnt ein Taschentuch über seinen Hut. Insgesamt galt bei allen Bürgern, auch den wohlhabenderen, der Grundsatz, »sich nach der Decke zu strecken«. Nichts durfte im Haushalt weggeworfen werden, auch wenn es kaputt war. Alles kam in die Rumpelkammer oder wurde geflickt. Selbst das Spültuch (Spölsplagge) wurde gestopft. Noch die billigste irdene Schüssel musste, wenn sie einen Sprung hatte, mit Draht »jebunge« werden. Was der »Zebingemann« besorgte, der von morgens bis abends die Haushalte abklapperte mit der Frage: »Hatter jet ze binge?« Auch in der Sprache hatte sich die Kölner Gesellschaft nicht weiter auseinanderdifferenziert. Arm und Reich sprachen die kölnische Mundart, man bewahrte sie »mit einem gewissen Stolz« und hütete sich, sie »durch Einschmuggeln des Hochdeutschen zu ›verbastarden‹«. Es gab keinen Unterschied zwischen Umgangssprache und offizieller Sprache. Kölsch konnten die Predigten sein und die Plädoyers vor Gericht. Noch in der Franzosenzeit sprach Abraham Schaffhausen, Präsident der Handelskammer und des Handelsgerichts, »gewöhnlich nur Kölsch«.

Gegen das Festhalten am Althergebrachten kam auch die Kirche nicht an. Mit der Gegenreformation nach dem Trienter Konzil in der 2. Hälfte des 16. Jahrhunderts gerieten die städtischen Festgewohnheiten unter Druck. Jesuiten kamen in die Stadt und gründeten Sodalen, Glaubensgemeinschaften von Volk und Klerus, die sich der religiösen Erziehung ihrer selbst und anderer widmen sollten. Wichtigste Aufgabe war die Eindämmung der karnevalistischen »Ausschweifungen«. Unsittliches Verhalten, unehrbare Lieder, Reden und Tänze hatten sie zu tadeln und nach Möglichkeit zu verhindern. Zur Schärfung des Gewissens und der apostolischen Mission legten die Jesuiten die Jahresbeichte für die Sodalen auf Fastnachtssonntag, den Beginn der Fastnacht. Aber die gewünschte Wirkung blieb aus. Es entstanden zwar viele Sodalen, doch an Fastelovend feierten die Kölner weiter »üppig« (unmäßig) wie zuvor. 1601 konnten die Jesuiten den Rat für energischere Mummenverbote gewinnen. Den Maskierten wurde jetzt auch die »Strafe Gottes« angedroht. Das ganze 17. Jahrhundert ist voll von Ratsverboten gegen das Mummen und die »heydnische Tobung«. Allerdings war der Einfluss des Rats durch innerstädtische Spannungen ohnehin geschwächt. Während des Gülich-Aufstands 1680–1685 entglitt auch den Jesuiten zunehmend die Steuerung der Sodalen. Viele Bürgersodalen des Mittelstands, die es seit 1608 gab, standen auf Seiten Gülichs, während die Jesuiten die Patrizier unterstützten. Von Anfang an war den Kölnern die zentralistische Kontrolle durch das Jesuitenkolleg, das den Präfekten der einzelnen Sodalen bestätigen musste, fremd gewesen. Jetzt setzte sich bei den Sodalen wieder der Bruderschaftsgedanke durch. Man verstand sich als reine Laiengesellschaft und nahm gegen alle Einwände der Jesuiten das Recht für sich in Anspruch, den Präfekten frei zu wählen. Damit kehrte auch die alte bruderschaftliche Geselligkeit in die Sodalen zurück. Dreimal im Jahr wurde ein Präfekt gewählt, und genauso oft gab es nun nach dem feierlichen Hochamt das traditionelle Gelage mit Essen, Trinken und fröhlichem Beisammensein. Der Gewählte lud dazu ein – aber die Jesuiten lehnten ab. Die Kölner waren wieder unter sich.

Auch der Umgang mit der Kölner Kirche gestaltete sich für die Reformer schwierig. Insgesamt wurde die deutsche Karnevalslandschaft durch Reformation und Gegenreformation nachhaltig verändert. In reformierten Ländern und Städten verschwanden die Fastnachtsfeiern fast völlig. Die prachtvoll entwickelte höfische Fastnacht hörte im protestantisch gewordenen Nürnberg seit der Mitte des 16. Jahrhunderts auf. Auch in den nicht-katholischen süddeutschen Reichsstädten fand die Fastnacht mit der Reformation ein Ende. Selbst in vielen katholischen Gegenden brach der »spätgotische Überschwang« des fastnächtlichen Treibens ein. In Süddeutschland predigten die Geistlichen in Stadt und Land gegen das »Fressen und Saufen« und die »wüste Unzucht« der Fastnacht. Die Klöster wurden reformiert und die sonst üblichen Fastnachtsfeiern durch Andachtsübungen ersetzt. In Köln dagegen hatte die Kirche in den Jahrhunderten der erzbischöflichen Abwesenheit eine gewisse Autonomie erreicht. Alte Bräuche und Gewohnheiten, die in den Kirchen und Klöstern zu Hause waren, hatten sich noch mehr verfestigt. Noch im 17. Jahrhundert wurden die alten kirchlichen Narrenfeste vom Domkapitel, dem vornehmsten Teil der Kölner Geistlichkeit, gefeiert. Im Mittelalter hatten sich die Narrenfeste (fêtes de foux) von Frankreich bis nach Köln und in die süddeutschen Bischofsstädte verbreitet. Inzwischen waren sie in Frankreich seit dem 15. Jahrhundert verboten, in Süddeutschland gab es sie schon im 14. Jahrhundert nicht mehr.

In Köln wurden sie jedoch weiter gefeiert, ohne dass sich jemand an ihrer Blasphemie störte. Die »fêtes de foux« waren ein altes Festerbe der Kirche, eine Mischung aus römischen Saturnalien und karnevalesken Volksbräuchen. Auch sie folgten wie der Jeck dem Muster der »Verkehrten Welt«, beriefen sich auf das Umstürzen der gewohnten Ordnung im Satz des Magnifikats: »Er stößt die Gewaltigen vom Thron und erhebt die Niedrigen.« Liederliches und Anstößiges gehörten zu ihrem Ritual. Mit der Wahl eines niederen Geistlichen zum Narrenbischof, Narrenkönig oder Narrenabt verwandelte sich die Hlg. Messe in ein Spektakel. In Frankreich hatte man früher in den Kirchen gelacht und getanzt, die Messe nachgeäfft, mit Bällen und Würfeln gespielt und Würste am Altar gegessen. Die Kölner Narrenfeste waren etwas zivilisierter, aber immer noch provozierend genug. Am ersten Weihnachtstag wurde mit der Wahl eines Narrenbischofs durch die Diakone des Doms der karnevaleske Ausnahmezustand eingeläutet. Er dauerte bis zum 13. Januar, der Oktav der Heiligen Drei Könige, an dem die Subdiakone den Narrenkönig wählten. Das Fest der »niedersten« Geistlichen war das »höchste«. An ihm nahmen die Kapitelsprälaten im Kapitelhaus persönlich teil, zu »Ehren« des Tages geschmückt mit Kränzen, in den Händen brennende Kerzen. Weltliche Gerichtsbeamte des Kurfürsten begleiteten sie, ebenfalls mit Kränzen und Fackeln. In der anschließenden Messe, die der Subdiakon als Narrenkönig zelebrierte, wurde es turbulent. Für die Feier der bedeutendsten Heiligen der Stadt war das »tripudium« vorgeschrieben, ursprünglich ein religiöser Tanz, der die Bedeutung »ausgelassene Lustigkeit bei religiösen Feierlichkeiten« angenommen hatte. Lustige Paukenschläge machten Stimmung, die heiligen Texte und Gesänge wurden parodistisch wiederholt und verdreht, das Lob Gottes anfangs leise, dann immer lauter bis zum kreischenden Jubel verkündet.

Was für die Kölner Geistlichen und Bürger normal war, muss für die Jesuiten und den eigens in die Stadt entsandten Nuntius eine Herausforderung gewesen sein. Trotzdem wurden die närrischen Domfeste noch mehr als ein halbes Jahrhundert weiter gefeiert. Gerade das Domkapitel stand den reformerischen Absichten der Jesuiten und des Nuntius ablehnend gegenüber. Erst Erzbischof Ferdinand gelang es 1644 mit einem Verbot gegen die Narrenfeste und alle »Torheiten, Leichtfertigkeiten und Missbräuche«, die mit ihnen in die Kirche eingedrungen waren, die mittelalterlichen Bräuche des Kölner Klerus zum Verschwinden zu bringen. Es war nicht einfach: 1662 musste das Verbot noch einmal wiederholt werden. Probleme gab es auch bei den Reformen der Klöster, vor allem der Frauenklöster. Sie waren zu »Frauenheimen« geworden, die sich ganz an den »gemütlich-bürgerlichen« Lebensstil der wohlhabenden Kölner angepaßt hatten. Die Klausur wurde nicht mehr beachtet. Feste mit den Familien, Freunden und deren Kindern durchzogen das ganze Jahr. Fastnacht feierten die Nonnen wie die Bür-

gerinnen »Mötzbestôt«, das Frauenfest des »Haubenauf-
setzens«, einen alten Hochzeitsbrauch. Die Kölnerinnen
rissen sich an Weiberfastnacht die Hauben ab, um nach
vorchristlicher Tradition ihre Ehen zu erneuern. Für die
Nonnen war »Mötzebestôt« die Erneuerung ihrer Ein-
kleidung als Nonnen, ein Initiationsfest, das wie eine
Prunkhochzeit gefeiert wurde. Von all diesen Freiheiten
wollten die Nonnen nicht lassen. 1581 wagte es das reiche
Klarissinnenkloster, sich den Reformforderungen seines
Ordenskommissars zu widersetzen. Daraufhin unter-
stellte es der Nuntius nach einer eigenen Visitation der
Gerichtsbarkeit des Erzbischofs. Dem aber widersetzte
sich der Rat: ein erzbischöfliches Tribunal hätte seine eigene Gerichtsbarkeit gefährdet. Der Nuntius wandte sich
nun an die päpstliche Kurie in Rom. Aber hier kannte
man wohl die miteinander verzahnten Verhältnisse von
Kirche und Stadt in Köln und riet zu diplomatischer Vor-
sicht gegenüber dem Rat. So durfte in den Frauenklöstern
weitergefeiert werden. Und auch in den Männerklöstern
blieb die Pfaffenfastnacht bestehen – mit »Mummereien,
Gesängen und Spiel«.

Die Reichsstadt Köln stand auch im 16. Jahrhundert
noch unter dem Schutz von Kaiser und Papst. Auch
wenn die beiden zentralen Mächte des Mittelalters geschwächt waren, ihr Einfluss reichte, um in Köln alles
beim Alten zu lassen. Während reformierte Reichsstädte
in Süddeutschland aufgrund der »Carolina« von Kaiser
Karl V. ihre Zunftherrschaft verloren und wieder rein
patrizisch regiert wurden, behielt die katholische Stadt
Köln ihre Gleichheit mit dem Recht aller Stände, das
Reichsgericht anzurufen. Die päpstliche Kurie drückte
die Augen zu vor den »Missbräuchen« in der Kölner Kirche, weil sie alt waren und katholisch so durchwachsen,
dass eine Reform auch den standfesten Katholizismus

der Kölner hätte schädigen können. So blieben mit vielen Missbräuchen auch die Bräuche bestehen, die in der Kölner Festkultur und ihrem Höhepunkt, dem Karneval, ein wesentliches Zentrum des städtischen Selbstbewusstsein hatten.

# 9.

## Die Stadt lacht über sich selbst.
## Kölner Fastnachtsspiele und
## das kölnische »National«-Lied.

### 1804–1830

Mit dem Einmarsch der Franzosen 1794 brach die mittelalterliche Struktur der Stadt plötzlich und für die Bürger völlig unvorbereitet zusammen. Die Ahnungslosigkeit, mit der die Kölner diesem Ereignis begegneten, zeigt sich in der »Delegation« angesehener Bürger, die 1795 nach Paris aufbrach, um an zentraler Stelle den Franzosen klarzumachen, dass ihre Stadt schon lange vor der Französischen Revolution demokratische Verhältnisse hatte, und deshalb um Fortbestand ihrer Verfassung bat. Man kannte sich ja aus mit Deputationen nach Wien, an den Kaiser, die oft, wenn auch nur formal oder aufschiebend, Wirkung gehabt hatten. Diesmal ging die Geschichte jedoch darüber hinweg. 1796 wurde »per ordre du Directoire de Paris« der gesamte Rat abgesetzt und nach einer kurzen Übergangslösung 1797 eine französische Munizipalverwaltung eingeführt. Mit der städtischen »Freiheit« war es vorbei.

Die Folgen dieses stadtpolitischen Erdrutschs wirken in der Mentalität der Kölner bis heute nach. Die politische Identität des Mittelalters ging verloren, aber die Kölner kompensierten das auf ihre Art: durch eine weitere Phase der Karnevalisierung. Als erste trugen die Olympier dazu bei, der alten Stadtkultur mit ihren kölschen Fastnachtsspielen und Liedern im Karneval einen neuen Rang zu geben. Gewöhnlich bezeichnet man den Karneval von 1823 als »romantischen Karneval«. Der Begriff »romantisch« passt jedoch viel besser auf die Bemühungen der Olympischen Gesellschaft. Die Reform-Karnevalisten von 1823 wollten – noch ganz der Aufklärung verschrieben – das Volk zu sich »hinaufziehen«, es verbessern und »veredeln«. Die Olympier dagegen verstanden sich selber als Teil des Volkes innerhalb des Ganzen einer städtischen Tradition, die sie bewahren und bewusst gestalten wollten. Damit reihten sie sich in die Bewegung eines »romantischen Nationalismus« ein, wie Thomas Nipperdey die verstärkte Hinwendung vieler Deutscher in napoleonischer Zeit zu ihrer eigenen kulturellen Herkunft und Sprache genannt hat. Das bislang Unbedeutende und Selbstverständliche in Dialekten, Bräuchen, mündlicher und praktischer Überlieferung wurde auch für Laien plötzlich interessant.

Dabei könnte in Köln der »nationale« Impuls – »national« im Sinne der Reichsstädter, die die Stadt als ihr »Vaterland« erlebten – direkt von einem der Pioniere der Frühromantik vermittelt worden sein. 1803 hatten die Kölner Brüder Boisserée auf einer Bildungsreise in Paris Friedrich Schlegel kennen gelernt und brachten ihn 1804 mit nach Köln, wo er 4 Jahre lang blieb, um die »wegen ihrer veralteten Volkssitten und Zustände zu jener Zeit sehr verkannten Landstriche der Niederlande und Rheingegenden« kennenzulernen. Im Gepäck hatte er das Manuskript seiner Vorlesungen über die »Geschichte der europäischen Literatur«, die er in seiner Pariser Wohnung vor einem exklusiven Kreis von einigen Personen, zu denen auch Sulpiz und Melchior Boisserée gehörten, vorgetragen hatte. Die gleichen Vorlesungen konnte er in Köln als »professeur à l'école superieure« vom Juni bis September 1804 vor einem größeren öffentlichen Publikum unter »großem Beifall« halten.

Es ist interessant, den Schlegelschen Text unter dem

Aspekt der »kölschen Eigenart« zu lesen. Schlegel entwickelte als erster die »Geschichte der europäischen Literatur« nach einem nationalen Konzept, das den »Geist« eines Volkes, »seine Gesinnungen, seine Denkungsart«, seine lokalen »Sitten, Gebräuche«, die »religiöse und politische Verfassung« umfußte. Die erste europäische Quelle einer so verstandenen nationalen Kultur war für ihn die Literatur der Griechen. In ihr unterschied er die verschiedenen nationalen »Charaktere«, geprägt durch den jeweiligen Dialekt und den immer wieder anders gemischten »lokalen Patriotismus« ihrer Mythologie, aus der Poesie und Philosophie entstanden. Hier interessiert vor allem, was er über die alte griechische Komödie sagte. Entschieden ergreift er Partei für die »zügellose Freiheit des Witzes« in der attischen Komödie, »der sich selbst über das Ehrwürdigste und Heiligste Scherz und Spott erlaubt«. Eine absolute Moral, die das »als höchst unanständig und unsittlich verwirft«, lehnt er ab und betont das »relativ Schickliche und Anständige« im jeweils nationalen und lokalen Konglomerat der Tradition. Als Bedingung für diese »Freiheit des Witzes« sieht er eine kleine gleichberechtigte Gemeinschaft, in der jeder »das Recht hat, an einer solchen Freiheit Anteil zu nehmen«. Sobald diese Gleichheit aufhört, beginnt der Missbrauch des Witzes. Der Magistrat in Athen musste schließlich die persönliche Satire und den Chor der Komödie verbieten. Mit dem Verfall der Demokratie verschwand auch die Unbeschränktheit des gemeinsamen Witzes.

Den Kölnern mag an der attischen Komödie, wie Schlegel sie sah, vieles vertraut vorgekommen sein. Der Humor ihrer Stadt erhielt in der Schlegelschen Interpretation eine historische Tiefe und Bedeutung, die ihnen vorher so wohl nicht bewusst gewesen war. Oder vielleicht doch? Es gab noch eine andere berühmte Beschreibung des Narren-

tums, die dem hintergründigen Sinn des Jeck sehr nahe-
kam: das »Lob der Torheit« von Erasmus von Rotterdam.
In ihm hatte Erasmus, der niederländische Mönch, die alte
christliche Tugendlehre neu belebt und die Narrheit zum
Grundmuster der menschlichen Existenz gemacht. Die
Toren, ließ er die »Torheit« verkünden, sind die wahren
Menschen, denn sie erkennen ihr Narrentum und können
es lachend akzeptieren. Und die »Lächerlichkeiten«, über
die sie gemeinsam lachen, »binden und halten eine frohe
Gemeinschaft fürs Leben zusammen«. Kritikwürdig und
heilsgefährdet dagegen sind die eitlen Toren, die sich für
die »Spitze der Menschheit« halten und ihr Narrenwesen
hinter Macht, Geld, gelehrtem Geschwätz und eifernder
Frömmigkeit verbergen. Zu ihnen gehören wie in der
mittelalterlichen Theologie die oberen Stände, die weltlichen wie die geistlichen. Auch wenn die Mönche mit
ihren »kindischen Heilsübungen« einen »Berg von Zeremonien« vor Gott aufhäufen, werden doch, so Erasmus,
»die Schiffer und Fuhrleute vor ihnen in die Seligkeit
eingehen«.

Neu an der erasmischen Torheit war, dass sie dem
christlichen Lachen das antike Lachen hinzufügte. Erasmus erinnerte an Demokrit, den griechischen Philosophen
des Lachens, der über sich selbst und die Bürger seiner
thrakischen Heimatstadt Abdera lachte. Wie Demokrit
sympathisiert die Torheit mit dem »Volk«, das »samt und
sonders zu mir gehört«. Denn es »wimmelt unter ihm von
Gestaltungen der Torheit, und jeder Tag gebiert neue –
tausend Demokrite kämen nicht nach mit Lachen (sie hätten freilich auch selbst wieder einen Demokrit nötig!).«
Mit Demokrit wird das Lachen über die christlichen »armen Seelen« zum antiken »himmlischen« Vergnügen. Die
Götter selbst schauen jetzt zu, »kein Schauspiel ist ihnen
lieber«. Und die Torheit setzt sich neben die »Götter von

Dichters Gnaden« und schaut ebenfalls zu. Das Lachen befreit und eröffnet mit der griechischen Philosophie und Komödie eine heitere Perspektive »von oben« auf die Hybris der Menschen mit ihrer kleinlichen Sorge und Gier.

1509 war »Lob der Narrheit« auf Latein erschienen, ein Erfolgsbuch, das von den europäischen Gebildeten mit Begeisterung aufgenommen wurde. Dass es auch in Köln gelesen wurde, bezeugt Weinsberg, der Erasmus bewunderte und eine Reise zu seinem Geburtshaus in Rotterdam machte. Aber noch im 18. und 19. Jahrhundert gehörten Erasmus und Demokrit zum Bildungsgut der aufgeklärten Bürger. Die Fremden erkannten im vorfranzösischen Köln mit seinen »zurückgebliebenen Bürgern« das alte Abdera. Sie amüsierten sich über das »unsinnige Zunftsistem« und die »Grobheit des Pöbels«, die man in Köln »Gefühl der Freiheit« nannte. 1784 schreibt ein Franzose über den »republikanischen Stolz« der Kölner, dass er »allen, auch den alltäglichsten Vorfällen hier ein Kolorit« gibt, »das den Menschenfreund außerordentlich interessieren muss, und sollte es auch nur sein, um lachen zu können, wie Demokrit die Handlungen seiner Mitbürger von Abdera zur wohltätigen Erschütterung seiner Lungenblätter gebraucht hat«. Auch De Noël blieb die Parallele der Kölner Jeckenstadt zum demokritischen Abdera immer bewusst. Im »Wellkomm-Disköösch« ist Abdera für ihn karnevalistische Partnerstadt wie Venedig oder Dülken. Und in seinem Karnevalslied »Alaaf et kölsche Drickestum« (1825) gilt das »Alaaf« auch den »Gecken« von Abdera, die herbeieilen, um mit den Kölnern den »Sieg der Freude« über die Miesmacher des Karnevals zu erkämpfen.

Der romantische und humanistische Einfluss auf die karnevalistischen Texte der Olympier blieb indirekt. Offen haben sie sich nicht dazu geäußert. Sulpiz Boiserée je-

94

doch, Freund und Schüler Schlegels in dessen Kölner Zeit, nennt in seinem Tagebuch 1827 den »kölnischen Cynismus« seines Freundes Bertram, der in der Münchener Gesellschaft einen »Riesenbeifall« auslöst, »aristophanische Possen«. Die Verwandtschaft zwischen der griechischen Stadt-Komödie und dem Kölner Humor war ihm geläufig. Und De Noël liebte es, mit dem klassischen Bildungsgut zu spielen. Seinem zweiten Fastnachtsspiel gab er einen lateinischen Titel: »Jocosa Descriptio« (Scherzhafte Beschreibung). Auch in späteren Lokalpossen anderer Autoren tauchen lateinische Titel oder Dialogteile auf. In dem Hänneschen-Spiel »Der verlorene Sohn« nach Shakespeares »Hamlet« verrät De Noël aus dem Mund des Hänneschen sein Rezept der »Hanswoosch«-Dramaturgie, zu der als erste Zutat gehört: »drei Fettmännche Latein«. »Fettmännche« waren geringwertige Münzen der alten Kölner Währung. Im kölschen Kontext wird das Lateinische umfunktioniert: das hohe Bildungsgut ist nun parodistisches Material, das Kölsche umgekehrt deklamationswürdiger Text. Vielleicht spielt die Prise Latein aber auch auf die älteste Tradition der Fastnachtsspiele in Köln an. Im 16. Jahrhundert gab es unter dem Einfluss des Humanismus lateinische Stilübungen der Schüler als öffentliche Fastnachtsvorstellungen. Das erste Spektakel dieser Art im Jahr 1526 behandelte den Bauernkrieg als eine Kette von Dialogen. Später könnten die »Colloquia« (Gespräche) von Erasmus Anstoß gewesen sein. Seit der Schulordnung des Erzbischofs Hermann von Wied 1543 waren sie als Rhetorikübungen für die unteren Gymnasialklassen vorgeschrieben. Erasmus selber war von den spätantiken Dialogen des Griechen Lukian beeinflusst, die er zusammen mit dem Humanisten Thomas Morus ins Lateinische übersetzt hatte. Auch Lukians Texte, die die menschlichen Schwächen der griechischen Bürger auf die Schippe nahmen, gehörten zum Standardmaterial an den Schulen. Wahrscheinlich waren auch die Olympier mit diesem Schulkanon vertraut, denn das Kölner Schulwesen blieb über Jahrhunderte hinweg höchst unbeweglich. Noch Edmund Stoll beruft sich 1840 in seinem Buch »Kölns Carneval, wie er war, ist und sein wird« bei der Kölner Neckkultur auf Lukian, den er sinngemäß zitiert: »… denn man muss dulden, dass man sich lustig macht, wie es an den Festtagen schicklich ist und Brauch«.

Wenn der Bildungshintergrund der Olympier etwas bewirkt hat, dann sicher nicht eine Veredelung des »Volksguts«, sondern einen genauen Blick für den »National«-Charakter des Kölschen. Vorbild für die Fastnachtsspiele war der Kölner Karneval mit seinen kleinen Stegreifspielen der Bände, mit denen die jungen Leute in die Häuser und auf die Straßen zogen. De Noël verdichtete jedoch ihre wechselnde Thematik zu einem zeitnahen Porträt des Kölner Bürgers schlechthin. Es geht ihm nicht um ein einzelnes komisches Ereignis oder eine komische Rolle, sondern um die generelle Sicht und das Stimmungsgemenge der Bürger in einer heiklen Übergangzeit. Die Kölner treten im Ensemble auf, sie sind Repräsentanten der alten Ständestadt quer durch die Gesellschaft hindurch. Sie kommen dem Neuen nicht nach und flüchten sich in eine Illusion der Vergangenheit. Eine Jeckenposition, die mit ihren Dialogen den »Klaaf« schafft, der für alle weiteren Fastnachtsspiele Vorbild werden sollte und auch für das kölsche Lied.

Das erste Stück dieser Art war De Noëls »Ein nagelneues Büchlein«, 1806 im »Komedien«-Haus während eines Fastnachtsballs aufgeführt. De Noël, der ursprünglich Maler werden wollte, hatte den Theatersaal mit Assistenz von Ferdinand Franz Wallraf und einem anderen Maler im modisch antikisierenden Stil neu ausgemalt und nutzte die Vorführung für die Erläuterung der Dekoration. Damit war aber gleichzeitig das Thema der weiteren Spiele angeschlagen: die Konfrontation des Bürgers mit dem Neuen, das das Alte in skurrilem Licht erscheinen lässt. Als »Redende Personen« treten auf: Schneidermeister Wammes, Confrater (Zunftbruder) Brezel und Lizenciat (promovierter Jurist) Stüßkant. Die beiden ehemaligen Zünftler rätseln über die Bedeutung der allegorischen Bilder. Vor allem Wammes steckt noch ganz in der alten Bilderwelt der Zünfte. Überall glaubt er die Requisiten und Wappen der Gaffeln zu erkennen. Zwei springende »Böck« hält er für »der Schmiedern ehr Gaffelstöck«, »en Dingk we en Waffel« scheint ihm »et Schild vun der »Glasmächergaffel« zu sein. Brezel, der schon mal in Paris war und die französische »Komedie« bewundert, äußert leise Zweifel. Aber jemand, der wie Brezel Kölsch mit französischen Brocken spricht, kommt bei Wammes schlecht an: »Och, kall doch dien Dütsch, dat kann ich verdragen, / Dann all dat französisch, dat verdirv mir der Magen.« Erst Stüßkant bringt eine notdürftige Ordnung in den Wirrwarr.

Schon dieser erste kurze Karnevalsdialog fand beim Publikum große Zustimmung. Die Präsentation auf dem Theaterball sicherte ihm einen halboffiziellen Rang. Außerdem konnte man das Stück gedruckt »ohneweit dem Theater bey Buchhändler Langen« kaufen, eine Novität, die das Ereignis für die Gesellschaft aufwertete. Der Erfolg der nächsten Fastnachtsposse, die 1808 während eines Karnevalsballs wieder im Theatersaal aufgeführt wurde, war so schon vorbereitet. »Jocosa Descriptio d. i. Beschreibung gar lustig und froh von dem, was sich in der hiesigen Stadt Colonia ereignet hat« fand noch entschiedeneren Beifall, und der dazu gelieferte Text erlebte zwei Auflagen. Diesmal hatten die »honorigen« Bürger Grund, über sich selbst zu lachen. In dem Vierer-Dialog wurden zwei Vertreter der ehemaligen Oberschicht vorgestellt, wieder mit der Bezeichnung ihrer inzwischen überholten politischen Würde: »Hauptmann« Schlotter und »Gebrechsherr« Puffert. »Hauptmann« war der ehemalige Bürgerhauptmann, der die »Colonellschaft« der Bürgerwehr in einem Stadtviertel angeführt hatte, »Gebrechsherr« ein Mitglied des Rats, das nicht von den Zünften, sondern vom Rat gewählt worden war. Die Stimmung der beiden ist nicht die beste. Auf die Frage des Hauptmanns, wie es dem »Här Gefatter« geht, antwortet der Gebrechsherr verdrießlich: »… et es nit zu strunzen, / De kollige Zicken / Dun alles verhunzen.« Er ahnt Schlimmes: »… doht et noch lang / dann geit alles zom Troor (geht alles unter).« Was da so lang »doht«, wird nicht benannt, alles Politische bleibt ungesagt. Wahrscheinlich wurde die öffentliche Darbietung von Spitzeln überwacht, Zurückhaltung war angebracht. Kein Wort also über die Auflösung des Rats, der Zünfte und Gaffeln, der kirchlichen Institutionen. Dafür kritisiert der Hauptmann die schlechte »Opwahdung« auf dem Ball, und der Gebrechsherr stimmt ihm zu mit dem lokalpatriotischen Ruf: »Alaaf, wann mer söns op der Glöckwönschung woren, / Wat gingk et do!« Die »Glöckwönschung«, das Gaffelgelage für die neugewählten Ratsherren, ist immer noch das Maß aller Festlichkeiten. Und beide sind sich einig: »Hauptmann: Jo en den sechziger Johren. – Gebrechsherr: Ze där Zick, da wor och noch alles en Flöhr (Blüte)!«

Die Verklärung der guten alten Reichsstadtzeit beginnt und bedeckt die Gegenwart mit einem trüben Schleier. Nur Pankratius Wippsterz, Neffe von Schlotter und Vertreter der jungen Generation, zeigt sich für Neues aufgeschlossen und findet den Ball »recht elegant«. Das ist das Stichwort für Juffer Schlotter, die Schwester des

Hauptmanns, die ein schon damals verbreitetes Hochdeutsch mit »Knubbeln« spricht. Sie ereifert sich über die »Ventzenkzu (25 cent) – Stüber-Dinger«, über die billige französische Manufakturware, die sich jetzt auch die einfachen Kölnerinnen leisten können, und die jungen Leute, die so »willmödig (übermütig) un so hovvädig wäden.« »Der Übermut«, meint sie, »hat als nen Anfang ganommen / gleich drauf, da die Schuhs-Hülzger (Stöckelschuhe des Adels) ab sin gekomme.« Und folgerichtig spitzt sich jetzt, in nachrevolutionärer Zeit, der Familienkrach zu. Wippsterz will am Ende des Stücks nicht, wie es sich früher gehörte, mit »Matante« tanzen, er ist schon anderweitig »engagiert«. Empört wendet sich die Tante an den Bruder: »Herr Bruder, der Bengel, der muß in die Lungen.« »De Lunge« meinte das Alexianer-Kloster, das früher auch als Besserungsanstalt für ungeratene Söhne der feineren Familien gedient hatte. Nun gibt es das nicht mehr, und der Onkel kann nur drohen, den »Pankrazies ... zo strofen.«

De Noëls Fastnachtskomödien sind einfach, Volksstücke, nah an den Menschen der Stadt und ihrem alltäglichen Gerede. Das Modell war von Anfang an für den allgemeinen Gebrauch gedacht, als Gemeinschaftsproduktion, hinter der der einzelne Autor verschwand. Die Lokalpossen, die später entstanden, mit Höhepunkten 1814 und 1824/25, sind anonym, geben aber deutlich ihre Herkunft von De Noëls Stücken zu erkennen. Mit ihnen hatten die Kölner ein ihnen gemäßes jeckes Mittel, den Ablösungsprozeß, dem sie sich ausgesetzt sahen, lachend zu bewältigen. So sind die Fastnachtsspiele Dokumente im Übergang zur Moderne, der in keiner Stadt von den Bürgern selbst so deutlich reflektiert worden ist wie in Köln.

Die eigentümliche Mischung von Humor und Emotion, die bis heute eine Gratwanderung im Kölner Karneval ist, beginnt hier. Sie bricht zum ersten Mal durch in den Fastnachtsspielen von 1814, in dem kurzen Interregnum zwischen dem Abzug der Franzosen im Januar 1814 und dem Beginn der Preußenverwaltung ab Juli des gleichen Jahres. Noch ahnt man nicht, dass eine zweite »Fremdherschaft«, nämlich die der Preußen, bevorsteht und damit das endgültige Aus für die städtische Souveränität. Lange hielt sich damals in Köln und auch außerhalb das Gerücht von der Wiederherstellung der freien Reichsstadt. Noch im Juli 1814 wurde es von der »Kölnischen Zeitung« bestätigt. Deshalb strotzen die Stücke, die in diesem hoffnungsvollen Karnevalsjahr erschienen, von wiedererwachtem bürgerlichen Selbstgefühl. Heftig wird in »Ene Cölsche Klaaf em Fastelovend« auf die Franzosen geschimpft, auf die »Blod-Igele«, die »Oktroa« (Steuern), das wertlose Papiergeld, »met Pap zu kleffen«, oder in »Cölns Bürger-Feier« auf die Auflösung der Zünfte, die den Schneidermeister »wie all ming Cumfratere entsatz« und ihn zwang«, sich »met schmater Kost zo begnöge.« In »Alte und Neue Zeit« treffen sich beim Wirt im »Döhmchen« 4 Mitglieder der früheren weltlichen und geistlichen Stände: Ratsherr Schnüfgen, Bannerherr Klöppel, Vicarius Düft und Bauer Boschkehn. Alle trinken fleißig Bier und träumen vom »goldenen Status quo vor dem Krieg«. »Dann wöten mer ja widder, wat mer söns syn gewest«, hofft der Bannerherr, und auf die Frage eines Fremden: »Was seid ihr hier gewesen?« kommt die stolze Antwort: »En frey Reichsstadt.« Auch Bauer Boschkehn schwärmt: »Wo wohr et dann besder leven als he, / Mer levden esu frey, mer wosden nit we.« Genauso denken die vornehmen Bürger und Zünftler in »Cölns Bürger-Feier«. Nach der Nachricht von Napoleons Niederlage bei Leipzig eilen alle zum Haus des Bannerherrn und rufen ihn mit »Vivat« heraus. »Loot frisieren ör Pürck un stellt üch an der Spetz«, mahnt der »Herr Procurator«, und so marschieren sie schließlich alle hinter dem Bannerherrn mit seiner Perücke, »gekröllt un angedohn«, »durch die Straßen und Gassen« und versammeln sich zur Bürger-Feier, bei der nun jeder wieder »bubbeln, klappern un kallen« kann »no Gefallen«. Alles ist wieder »engestalt en sin alt Recht«, und der Bannerherr freut sich »vom Häuf (Kopf) bis an der dicke Zig (Zeh)«.

Die rückwärtsgewandte Utopie, das wissen auch die Kölner, ist komisch, und doch ist die Vorfreude auf die alte kölsche »Freiheit« echt. 1824 hat sich jedoch vieles verändert. Nach 10 Jahren Preußenherrschaft sind die alten Themen verschlissen und noch absurder geworden. Aber in den »Berathschlagungen des Bannerraths im Carneval 1824« treffen sie doch noch einmal zusammen: der Bannerherr, die Meister und Zunftwürdenträger, der Gaffelbote und die beiden Juristen Hohrpletsch und Wippsterz, alte Bekannte aus früheren Spielen. Diesmal erfährt man, wer hinter der Anonymität steht. Es ist eine private Karnevalsgesellschaft aus der Innenstadt zwischen Hochpforte und Heumarkt. Ein Vorspann gibt die 16 Bürger mit Namen und Adresse an, darunter auch den Oberbürgermeister Steinberger und ein Mitglied der Familie DuMont. Sie nennen sich »städtischer Bannerrat« und treffen sich seit 3 Jahren an Rosen-Montag und »Rosen-Dienstag« von 3–8 Uhr jeweils 1 Std. in den Wohnungen der »Räte« und an Aschermittwoch im Kuhberg zu einem »Pöttchen Caffée«. Zacharias Gibbelganz, im Stück der »unvergleichliche Gaffelboth«, lädt dazu ein in einem Extra-Schreiben »von Amts wegen«. Der »Bannerrat«, in früherer Zeit die Zusammenkunft der Bannerherren als Kontrollorgan gegenüber dem Rat, versteht sich jetzt als »beratender Ratsverein«, der, wie der »Bannerherr« in der

Posse sagt, »dem Roth un der Zunft op de Bein« helfen will. Aber in der »Sitzung« will nichts so richtig gelingen. Alles wird zum Stadtklatsch und zur Jammeriade über alles, was in der Stadt verlorenging. Die Unordnung in Köln, die Verrohung der Sitten, der wirtschaftliche Verfall – an allem ist die Fremdherrschaft schuld und die Auflösung der Zünfte. »Ohne Zunft«, seufzt der Brauer und Bürgerhauptmann Schwabbelich, »et Häuff en den Händen«, »kann de Welt net bestohn, / Mer süht et jo, se es alt half am vergohn.« Die gute alte Zeit, sie »ging zum Troor« mitsamt ihren Symbolen: »de Weckschnapp«, »et Huhgereech«, »de Godtstraach« »de Nuntius mit de lang Schleif (Schleppe)«, »de kölsche Funke«, die »Böckem« (Bücking) aßen »vun de Trummen un sich volltrunken« usw. Eine Jeckenklage, aus der man die Parodie auf den hoffnungsvollen Sehnsuchtsruf von Ferdinand Franz Wallraf beim Abzug der Franzosen 1814 heraus hört: »Erschein nun alte Zeit samt altem Blaffertstück, / komm Geckenbähnche noch zum Gottestragtag zurück! / Laß Bürgerfahnen bunt zur Colonellschaft prunken / Und unser Bataillon mit den 500 Funken! …«. Mit dem alten Blaffertstück war es nun endgültig vorbei. Aber das närrische Lob des alten Köln blieb. Es wechselte nur die Gattung und sollte seine Fortsetzung im Karnevalslied der immer weiter sich wandelnden Zeiten finden.

Das Lied der Olympier war ursprünglich nicht für den Karneval gemacht. Es war als Volkslied gedacht, und einige der »Leedche« sind auch zu Kölner Volksliedern geworden. Gleich das erste Lied, das »Malbröck«-Lied von Nicolaus DuMont, ehemaligem reichsstädtischem Bürgermeister, ist aus einem in der Stadt vielgesungenen Lied entstanden. Es war eine kölsche Version des französischen Marlborough-Lieds, das im 18. Jahrhundert ein weit verbreiteter Gassenhauer war. In Köln war es besonders beliebt, es gab gleich mehrere kölsche »Übersetzungen«. Wahrscheinlich weil der englische Herzog und General im Spanischen Erbfolgekrieg (1701–1714) gegen den Kurstaat Köln und damit gegen den Erzbischof gekämpft und 1703 im neutralen Köln gewohnt hatte. In DuMonts Variation geht es um eine imaginierte letzte »Eingemeindung« des Generals, seine kölsche Beerdigung im Gestrüpp von alten Formalien und Zeremonien: »Marlboraughs Tod travestiert in die Stadtkölnische Sprache«. »Mem Kriesche mut ehr waade«, wird der Witwe bedeutet, die »viel Geläufs« hat mit »Rechnen und Bezahlen«, all den Rechnungen, die man dem »Dude glich« bringt. Auch der »Här Pastor gar wieslich (weise) / Borg dat Begrävnis nit«. Die Beerdigung selbst ist von grotesker Würde. Feierlich trägt man die »Insignien« hinter dem berühmten Toten her: »sing Rothmütz«, »sing Pürck«, »sing Mühlen« (Pantoffeln), »sing plüsche Botz«. Ein letzter hygienischer Akt beschließt das Zeremoniell: »Sy Grav eröm wehs Ollig (Zwiebeln) / Verdrief de kodde Möf (üblen Geruch)«. Erst jetzt ist der Herzog ganz im kölschen Boden angekommen.

Auf De Noël muss diese despektierliche Jeckerei befreiend gewirkt haben. Kurz danach, wahrscheinlich auch noch 1804, entsteht sein Kirmeslied »Alaaf de kölsche Kirmessen«, das sich auf DuMonts Lied beruft: »Der von dem Herrn Bürgermeister Nic. DuMont in kölnischem Dialekt parodierte Marlborough veranlasste mich zu folgender Beschreibung der kölnischen Volksfeste …«. Wie in den Fastnachtsspielen erfasst De Noël auch im Lied sofort den Gesamtcharakter der Stadt. Doch diesmal ist er selbst der junge Kirmesgänger, der in 32 Strophen das gesamtstädtische Panorama des Feierns nicht nur entwickelt, sondern sich am Ende selbst darin verstrickt. Wie bei Weinsberg sind die »kölnischen Volksfeste« immer noch ein einziges »Prassen«, »Springen« und »Fröhlich-sein«. Bei De Noël heißt das jetzt »Fressen«, »Suffen«, »Sibbesprüng danze«, »Verlösteere«. Ort des Feierns sind nicht mehr Klöster, Gaffeln, Familien, sondern die Wirtshäuser in den zahlreichen Pfarreien, die der Kirmesjeck mit einer Mischung aus städtischer Kennerschaft und dörflicher Derbheit durchstreift. Er weiss, wo der »Wing« »god es« oder »soor« oder wo man lieber beim Bier bleibt wie »em Kümpche«: »Denn wa'mer sich unger de Häre setz, / Dann hät mer kei Pläseer.« Es zieht ihn zum »Kohberg op der Ehrestroß«: »Do danze mer de Sibbesprüng, / Morjüh! datt hatt en Aat!« und treibt ihn weg von Lysskirchen: »Do hät mer glich Krakilerei / Me'm Hexemä-scherschpack (Schmuggelbande).«

Am Ende kommt es, wie es das kölsche Sprichwort verlangt: »En schläch Kirmes, bei der nix kapott geiht.« Es gibt eine deftige Keilerei, weil der »krumme Urgeleß«, der Straßenmusikant mit »de Figelin«, nicht, wie besprochen, in der Stammkneipe spielt, sondern im Wirtshaus der Nachbarschaft. Der Kirmesfreund legt sich »me'm Fittörp« und seinen Kumpanen an und »fuscht« sich zuletzt mit »en Bühl am Kopp« in ein »Kleiderschaaf« (Schrank). »Un wenn ich nit drus fott en quom«, schließt er kalauernd, »ich söhß, vergott! noch dren.«

Paul Mies hat in diesem Lied die »älteste Kölner Karnevalsmelodie« gefunden. Es hatte die Melodie eines älteren Kölner Volkslieds »Zo Köllen op dem Aldenmaat«, zu der De Noël, wie er es selber formuliert,« einen lärmenden »Dithyramben-Chor« ersann, der auf jede Strophe folgen kann«: »Tiralalala, lalala, lalalala, lalalala, lalala, lalalala, la.« Mit der Anspielung auf das griechische Kultlied für Dionysos, aus dem sich der »Chor« der attischen Tragödie entwickelte, persifliert er wieder einmal das antike Vorbild. Gleichzeitig führte er mit dem »lärmenden« volksliedhaften Tiralala-Chor das für das Kölner Karnevalslied so wichtige Mitsingelement als Ausdruck ungehemmter Feierlust ein. »Alaaf de kölsche Kirmessen« ist ein Gemeinschaftslied, von einem Kölner für Kölner geschrieben, die sich in Sprache und Milieu lachend wiederfinden. Die Jeckenregel dirigiert den Vorgang nach dem Motto De Noëls: »Gedenke doch der eigenen Sparren / Wer seines Nächsten Splitter rügt; / Bekennt zuvörderst Euch als Narren, / Zum Scherze dann Satire fügt.« Zum ersten Mal wird die Stadt in der ganzen Vielfalt ihrer Viertel besungen. »Oben« und »unten«, die »Häre« und der »krumme Urgeleß«, das kölsche Original, werden in eine einzige Feiergemeinschaft gebracht, das Kleinste und Gröbste der Kölner Feierei in den Rang eines Lobliedts erhoben. Vieles, was das spätere kölsche Karnevalslied ausmachen sollte, ist hier schon angelegt.

In den frühen Liedern seiner Olympier-Zeit kommt De Noël dem »Volk« sehr nahe. Der »Pöbel« selbst soll sprechen, in seinem deftigen Humor entdeckt er die starke Ausdruckskraft des Kölschen. So entstehen 1807 das »Schmugglerlied« und »Jungfer Schmuddel«. Im »Schmugglerlied. Nach einer wahren Begebenheit« lässt er einen Schmuggler singen, einen von dem »Hexemäscherschpack«. Mit diesem Lied griff De Noël ins damals aktuelle, hintergründig auch politische Leben vieler Kölner. In französischer Zeit blühte der Schmuggel, weil der Rhein zur Zollgrenze geworden war. Eine willkommene Gelegenheit für die verarmten Kölner, sich »nebenbei« was zu verdienen. Klebe hat in seinem Reisebericht geschildert, welche »Dreistigkeit« die Kölner beim »Treiben dieses Geschäfts« an den Tag legten und wieviel Spaß sie daran hatten, die französischen Zöllner zu überlisten und offen auszulachen. Der Schmuggler in De Noëls Lied muss unmittelbar aus dem Herzen des damaligen »Volkes«

gekommen sein. Er schlendert mit einem Sack am Rhein entlang: »Ich drog ens lans der Rhing / Ne Sack – un dä wohr – falladera / Ne Sack un dä wohr ming.« Da kommt der »Kamiss« (Zöllner): »Was habs du in dem Sack?« – »E Päckelche Tabak!« – »Vor dich nicks hab Tabak! Tut switt mach auf den Sack!« Die ganze grielächernde Lässigkeit steckt in dem folgenden Vers: »Dä Sack dä dät sich op. Ich mahde mich de Markmannsgaß erop.« Erst dann erfährt man, was drin war: »… nen duden Hunk, / Dä ganz gravierlich stunk, / Un dann auch noch get mieh / Wammer et rüch, dann säht mer fieh.«

Das Schmugglerlied, »zu singen« wieder nach einer »alten Gassenhauer-Melodie«, wurde bei den Kölnern so beliebt, dass es Ernst Weyden noch 1843 in seine Sammlung »Kölnische Volkslieder« aufnahm. Auch »Alaaf de kölsche Kirmessen« wurde nach Edmund Stoll noch 1839 gesungen. »Jungfer Schmuddel oder der Deckelstrog« hat diesen Bekanntheitsgrad nicht erreicht. Es ist das kühnste Lied De Noëls und zeigt den ganzen Aberwitz kruder Lebensverhältnisse im Licht des Kölner Humors. Jungfer Schmuddel personifiziert das sozial abgesunkene Bürgertum, das auch in äußerster Armut nicht von seinen althergebrachten Tugenden und Gewohnheiten lässt. Als Köchin eines auf den »Deckelstrog« (Behälter für Ofenschlacken) gekommenen Haushalts ist sie schon selbst ein absurdes Bild dieses Widerspruchs. Unverdrossen hält sie sich an die überkommenen Regeln, die der Deckelstrog parodiert: in ihm wäscht sie sich und ihr »Plute« (Kleider), kocht morgens den Kaffee, »stuhft et Gemös«, »spölt de Telleren«, »menk … den Brudteig an«. Der Deckelstrog, den sie »su häuslich, su proper un su reinlich« mit den glühenden Kohleresten, vermischt mie Gries und Wasser, versorgt, ist gleichzeitig ihre Wohnung, ihr Bett, ihr Ruheplatz und »Kleiderschaaf«. De Noël war sich der heiklen

106

Innovation, die in der Entdeckung dieses »Unbedeuten-
den« lag, bewusst. Am Schluss des Lieds heißt es: »Nu hat
mer doch ald mänchmol üvver e Leedche gelaach, / Evver
an esu nen Deckelstrog het geiner gedaach.« Mit dem Lied,
das am Namenstag von Kaspar Schug, einem der Gründer
der »O.G.« gesungen wurde, präsentierte De Noël einen
»Altgräver«, nach dem Alten Graben, einem Nebengäß-
chen der Eintrachtstraße benannt, laut Joseph Bayer eine
»übelbeleumundete Gegend im Norden Kölns, die nur
von gewöhnlichem Volk bewohnt war und deshalb von
besseren Leuten gemieden wurde«. Es ist der deftige Jeckenwitz dieser Alten Graben-Bewohner, den De Noël
übernimmt, wohl wissend, dass »beim Herrn Schug dat
Leedche joh nit angebraht« ist. Aber er hat den Olympier
beim Hänneschen herzlich lachen gesehen, darum wagt
er die Generalprobe. Das Hänneschen-Theater, gerade
erst von Christoph Winter gegründet, lag De Noël als
gesamtstädtische Pflegestätte der kölnischen Mund- und
Lebensart am Herzen, und für dieses »Linkgasser Hänneschen« hatte er das Lied auch geschrieben. Christoph
Winter selbst hat es dann vertont.

Für De Noël war »Jungfer Schmuddel« ein »kölnisch
Nationallied«. Am Alten Graben, der für die »Besseren«
der Stadt unbetretbar war, machte er das »Nationale« der
Stadt fest. Eine Jeckerei, »verkehrte Welt« – aber auch
die Erkenntnis, dass im »Pöbel« der Humor der Stadt
am rücksichtslosesten und freiesten, und damit auch am
kreativsten war.

# 10.

## Kampf zwischen dem alten und dem neuen Karneval

### 1823–1830

Die Neuerfindung des Karnevals von 1823 hatte zum Kölschen von vornherein eine zwiespältige Haltung. Im »Reich der Freude«, schrieb Schier im Karnevals-Almanach 1824, sollten die »lichten Gesetze des Wohlanstands« gelten. Andererseits wollten die Karnevalisten die städtische Tradition nicht leugnen. Sie war ja das Echtheitsprädikat für den Anspruch, den Karneval am Kölner Beispiel zu erneuern.

So wurden schon 1823 költntypische Gruppen und Figuren in den Zug aufgenommen: das Geckenberndchen, der Bannerherr, die Hilligen Knechte und Mägde. Sie alle gehörten zur alten Feierkultur der Kölner, und Wallraf hatte sie 1814 in seinem Gedicht »Erschein nun alte Zeit« zurückgerufen. Sie fügten sich gut in die Idee eines »wohlanständigen« Zugs ein, denn alle waren Symbole früherer Festordnung. Die Hilligen Knechte und Mägde hatten die Kirmesfeierlichkeiten organisiert und die Bilder der Heiligen in den Prozessionen getragen. Der Bannerherr war Führer der Zünfte in der Großen Gottestracht gewesen und das Geckenberndchen der Tanz- und Zeremonienmeister der Prozessionen. In ihren alten Trachten waren sie schmückendes Dekor des Rosenmontagszugs, eine Avantgarde der Folklore. Die einzige Jeckentruppe waren die Roten Funken. Aber auch sie waren wahrscheinlich dem Dijoner Maskenzug zu verdanken. Die Dijoner hatten neben einer Ehrengarde aus Schweizergardisten eine »Infanterie« aus 200 Mann als Parodie ihrer Bürgermiliz eingesetzt. Mit den Roten Funken, die zum Teil selber noch aus den alten Stadtsoldaten bestanden, wurde auch der Volkswitz, der sich schon vorher der etwas verlotterten, Strümpfe strickenden »Funken« angenommen hatte, in den Zug aufgenommen. Der Funkenkommandant »vun Küningsfeld« erschien im Zug ganz unmilitärisch mit »Paraplui« statt Degen hoch zu Pferd, der Adjutant rittlings hinter ihm.

In der Außenwirkung war der neue Kölner Karneval sofort ein großer Erfolg. Köln avancierte zur Karnevalsstadt Nr. 1, nachdem Venedig und Rom in nachnapoleonischer Zeit ihre Vorrangstellung verloren hatten. Das höfische Fest schien in Köln durch die Initiative von Bürgern als geselliger Mittelpunkt zurückgekehrt. Das sprach sich in den Zirkeln der besseren Gesellschaft Deutschlands herum. Die Teilnahme am Kölner Karneval gehörte nun zum Standard einer Bildungsreise wie früher der Abstecher zu den italienischen Karnevalsmetropolen. Von überallher kamen die Besucher, ließen ihr Geld in der Stadt und verbreiteten das Lob der neuen Feststadt. Dieser Ruf festigte sich im Lauf der 1820er Jahre. Die Gegenwart preußischer Prinzen und hochgestellter Beamter und die Reverenz, die Goethe mit seinem extra für den neuen Karneval geschriebenen Gedicht »Der Kölner Mummenschanz« erwies, waren eine Empfehlung für sich. Zug und Bälle waren aufwendig ausgestattet, man scheute keine Kosten. Der Mitgliedsbeitrag von 3 Talern war hoch, es gab zahlreiche Spenden, und die von den Preußen wieder eingesetzten Lustbarkeitsabgaben, zu 25 % für die Armenverwaltung gedacht, flossen zum großen Teil neben den hohen Eintrittspreisen für die Bälle in die Karnevalskassen. Die Investition lohnte sich. 1826 lobte Annette von Droste-Hülshoff die »brillanten Bälle« im Kölner Karneval, 1828 zeigte sich Johanna Schopenhauer beeindruckt von den »zweiundsiebzig Kronleuchtern« und einer »Unzahl an den Wänden angebrachter Lampen«, die »eine Tageshelle in dem ungeheuren Saale« verbreiteten, »in welchem drei- und viertausend Personen herumwogten«. Auch die Sitzungen gefielen. 1832 schrieb ein »Fremder« begeistert über eine Generalversammlung, an der Hunderte von Männern, alle »mit derselben Kappe bedeckt« und »von einem Geist der heitersten Laune beseelt, scherzend und lachend« bei »herrlicher Musik« teilgenommen hätten. Er hatte die bange Vorstellung von »lärmenden Bacchanalien« gehabt und fand nun genau das »Gegenteil«: einen »frohen Kreis heiterer ... Menschen, deren Lust ... nie die Schranken der Ordnung, des Anstandes überschritt«. Die Gegenwart königlicher Prinzen und höchster Provinzialbeamter veranlassten ihn zu einer artigen Verbeugung gegenüber »Preußen«: »... wie glücklich sich der Rheinländer unter Preußens mildem Zepter fühlt«.

Die Wirkung in der Stadt selbst war nicht so eindeutig. Zwar war der neue Rosenmontagszug ein Ereignis, das sich kein Kölner entgehen ließ. »De gemeinste Lück« ließen dann »ehr Arbeit ligge«, wie es in einem Fastnachtsspiel 1825 heißt. Aber der Wechsel vom aktiven Fastelovendsjeck zum passiven Zuschauer war schwierig. Anschaulich wird das im »Vastelohvenzklahf« von 1824. Drei Kölner, Mives, Drickes und Frides, stehen auf dem Neumarkt und lassen den Zug an sich vorüberziehen. Erstaunt kommentieren sie die »Funke«, die »frisch gepuderte Köpp«, die Reitröck met wihse Kräg«, die »wihse Botze« ... »soll mer no sagen, dat dat wören de ahl kölsche Jecke?«. Vorsichtig beachten sie den Abstand zum Zug. »Gitt doch agh!«, ruft Drickes, »un laufd neht esu unger de Lück, /

Soentz wehde mer nog met jeck un wehde ganz verbrück (verwirrt).« Nur bei den »Exzellenzen« und »Audienzen« im Zug gibt es herzlich zu lachen«, »wan mer sind (sieht), wat de vör en Böckerey un Complimente mahchen.« Schließlich beschließen die drei, in »e Winghaus« zu gehen und mit »Wing« und »3 Brühdcher met Handkies ... e Gelog« zu machen. Am Fenster können sie den Zug, »dat ganze Allerhant«, besser sehen »un han dann Esse un Drinke ganz nah bei der Hand«.

Eine Rolle im neuen Karnevalsgeschehen, das exklusiv von wenigen, die das Geld dazu hatten, organisiert war, hatten die meisten Kölner noch nicht gefunden. Auch unter den Karnevalisten selbst scheint es unterschiedliche Einstellungen zum Zug und zum Umgang mit dem Publikum gegeben zu haben. Wer war überhaupt das Publikum, an das man sich wandte? 1824 gibt es darauf drei verschiedene Antworten: den Karnevals-Almanach des Hofpoeten Schier, dann die Rede »Dem Künnig Carneval si Manifess« und eine weitere von De Noël »Wellkumm-Disköösch der Frau Venetia zo Ehren«, deren Besuch zum Kölner Karneval Zugthema war. Schier wendet sich im Bildungspathos der damaligen Zeit an den engen Kreis der Karnevalsbrüder: »Liebe Getreuen! / Zum zweiten Mal schon / Seh'n wir euch versammelt vor unserem Thron / Und ihr habt die alte Treu gehalten, wie achtzehnhundert zwanzig und drei ...« Dazu ist das anonyme »Manifess« der provozierende kölsche Kontrapunkt. Bewusst wendet sich der »Künnig Karneval« an »alle de Gecke«: »es hä gross of klein, / Hä mag laufen of hinken op einem Bein, / Hu gon op de Stelzen, of kruffen op Kröcken«. Er verkündet eine Jeckeninszenierung der ganzen Stadt, »dat nit eres Glichen es op der Aede«. Als Residenz der »Föhstinn Venetia« soll Köln »usstaffeet« werden: »Zant Pittersburg un de Stadt Berlin / Sollen

Dreck noch gegen ming Stadt he sin.« In einem tollkühnen Umbau, der einem Happening gleicht, werden die heruntergekommenen Bauten, Straßen und Gewässer umgekrempelt. Die stinkenden Pfuhle in der Stadt, »de Sieen«, sollen nach dem Beispiel Venedigs durch Kanäle verbunden werden. »Ed schwatze Wasser zum Beyspill, dä Entepohl, / Ungerm Nümaat de Senk, dä Rinkepohl«, bekommen Brücken »esu breit, dat sechs große Wagen met veeren / lansenei (aneinander vorbei) künne faren, un drop sich keeren.« Krönung ist die Umleitung des Duffesbachs über den halbfertigen Dom. Im Duffesbach, damals eine üble Kloake, die die Färber und Gerber verschmutzten, habe Venetia »gebaad de köstliche Liev«, deshalb soll er zu ihren Ehren »durch staze gläsere Piefen un Röhren« über den Dom geführt werden, »dat mer süht em klore Transparent / We dodurch schwemb de Ganz, de Schruut (Truthahn) un de Ent«. Auch in die schmuddeligsten Gassen wird Pracht einziehen. »De Hemsmau, de Bechergass, Sporgass un de Budelsgass« werden »paveit« (gepflastert) »op beize Sicke / met Plaate zehn Fooss en de Breit un de Wicke« und mit »ver Reihe Kroschteiebäum« (Kastanien) und dem »Kreschtoffel«-Brunnen aus »schniewiessem Marmelstein« geschmückt.

Nie wieder sollte der »Künnig Carneval« alias »Held«, später »Hanswurst«, noch später »Prinz«, so selbstbewusst die Rolle des Oberjeck übernehmen. Das »Manifess« ist die erste Büttenrede von Format mit allen Ingredienzien des Kölner Humors. Aber ein öffentlicher Auftritt blieb dem »Künnig« versagt. Der Text wurde zwar veröffentlicht, kursierte aber wohl nur in privaten Zirkeln. Seine Urheberschaft könnte im Umkreis des »Bannerraths« zu suchen sein. In den »Berathschlagungen« ist die Rede von der »mächtigen Freud«, die »die Prinzessin gehatt hät«, »un wie gevillten ehr de Wohrzeichen der Stadt«. Worauf die »Räte« gleich, wie schon erwähnt, noch weitere »Altertümchen« hinzufügten.

De Noël ist mit seinem »Disköösch« der Vermittler zwischen den gegensätzlichen Tendenzen in der Karnevalsgesellschaft. Seine Rede hatte eine halboffizielle Funktion im Rosenmontagszug. Im Begrüßungsakt für Venetia, der ein Teil des Zuggeschehens war, ließ sich ein »Genius« vom Triumphbogen, der für sie aufgestellt war, herab, um ihr das »Bewillkommungsgedicht« zu überreichen. Auch dieser Text wurde nicht vorgetragen, aber die Zugbeschreibung wies ausdrücklich auf das »geniale« Gedicht hin und gab an, wo man es »neben den anderen Festliedern und -gedichten« kaufen konnte. Auch im neuen Karneval blieb De Noël seiner Vorstellung treu, die Menschen der ganzen Stadt anzusprechen. Er spielt auf die »Thees«, die »Pickenicks« und »Kränzchen« an, die karnevalistischen »Lustbarkeiten« der feineren Leute. Venetia wird in seiner Anrede zur »Mefrau«, zur Kölner Bürgerin »von Stand«. Gleichzeitig aber betont er den Vorrang des Jeckenkarnevals vor dem venetianischen: an »Gecken, Essen, Drinken« kann sich Venedig mit Köln nicht messen. Nur hier ist »Faasnaach« die »gescheidtste Zick im Johr«, nur hier darf der Mensch dann jeck sein. Folgerichtig steht über dem Triumphbogen die Inschrift »Geck, lohss Geck elans« – auch die Fürstin Venetia wird zum Mitglied der Jeckengemeinde.

1825 übernahm De Noël die Programmgestaltung des Zugs. Christian Samuel Schier war plötzlich gestorben, und wahrscheinlich konnte sich in dieser verunsicherten Situation die Fraktion der kölschbewussten Karnevalisten durchsetzen. De Noël nutzt den Auftrag, um dem Zug neue volkstümliche Gestalten hinzuzufügen: die Hänneschenfiguren Bestevader und Marie Zibill mit ihrem Enkel Hänneschen, die »burleske Trias unseres Hänneschen-theaters«, die »Stadt-Originale« Habelius, den gutmütig-würdevollen Friseur, den Bänkelsänger Rieferscheidt mit der Zitter und den »Gecke Kersch«, »dessen Name ... als Tradition in der geringeren Volksklasse zur Bezeichnung eines launenhaften Spaßmachers noch gebraucht wird«. Auch die Zünfte treten auf mit Bannerherr und Amtsmeister als »lustige Figuren«, die z. T. den Lokalpossen entsprungen sind: Schwabbelich, der Brauer, Kleinfaß, der Bäcker, Pechklotz, der Schuster usw. Diesmal darf auch Kölsch gesprochen werden. Die Zünfte bilden den Chor im Zugdrama, dessen Thema die Hintergrundspannungen im neuen Karneval aufnimmt: »Kampf der Freude mit dem Leide (Kummer, Griesgram usw.)«. Am Ende haben die Zünftler das letzte Wort. Während in den »Friedensverhandlungen« mit dem »besiegten Feind« die »Juristen« mit Fachausdrücken um sich werfen, singen die Kölner das aus geflügelten kölschen Worten entwickelte Lied: »Nu halt ens get, un waht ens get / un üvverlaht de Sach noch get ... / Jan kütt en et Wammes mt der Zick, / loht et eng sin, / langsam weed et wick.«

Unverkennbar will De Noël dem abgehobenen Karneval der Neuerer ein bodenständigeres Gesicht geben. Mit sicherem Gespür setzt er die gesamtstädtische Jeckenmentalität ins Bild, den »nationalen« Charakter der Kölner. Er ist auch der erste, der für den Zug ein kölsches Karnevalslied schreibt. Mit einem »Alaaf et kölsche Drickestum, / Alaaf de kölsche Junge« ziehen die »Kölschen Jungen« in das Karnevalslied ein, Synonym – wie das »Drickestum« – für die Gleichheit der Kölner. Sie sind es, die die »Feinde« der »Freude« besiegen. In der letzten Strophe gibt De Noël ihrem Ruhm ein historisches Symbol: den »Kölschen Boor«. Ursprünglich Sinnbild der größten reichsunmittelbaren Städte, ist der »Kölsche Boor« jetzt Ausdruck des neuen städtischen Karnevalsstolzes und Zusammenhalts: »Nu mag et fallen söß ov soor, / Halt faß, halt faß, du kölschen Boor, / Et Stadt-Paneer soll lewen!« Zum Lied paßt die Einfügung des Kölschen Boor in den Zug als Karnevalsfigur. De Noël beschreibt ihn im Figurenverzeichnis des Zugs als »Repräsentant(en) der Handfesten Bauernbänke mit den 1288 zu Worringen tapfer verteidigten Stadtschlüsseln und dem Dreschflegel«. Eine Erinnerung, dass alle Stände die Freiheit der Stadtgemeinschaft erkämpft haben – damals wie heute.

Im Jahr darauf gab De Noël seine aktive Mitarbeit im Festkomitee auf. Vielleicht weil er nach dem Tod Wallrafs Konservator der Wallraf-Stiftung wurde, vielleicht aber auch, weil seine Reform der Reform nicht nur Anhänger fand. Diesmal nahm Wittgenstein selbst die Zuggestaltung in die Hand. Er hielt an den Hänneschen- und Geckenfiguren fest, aber sie stehen nun in einem völlig anderen Kontext. Die »Burleske Trias« des kölschen »National«-Theaters wird jetzt umgedeutet in die »ältesten Getreuen des Helden«, die »wie alle Helden-Kinder in der Luft theatern«. Die Gecken stammen nicht mehr aus dem Volk, sondern kommen als »Zwangsnarren« vom Mond. Sie sind sozusagen überregional geworden und privat, Käuze mit Schrullen, Liebhabereien und kleinen Lastern: der »Saufgeck«, der Tabaksgeck«, der »Jagdgeck«, der »Pferdegeck« usw. Die Zugidee »Der Mann aus dem Monde« verrät eine künstliche Unentschiedenheit. Held Karneval hat sich auf den Mond, in ein Fantasiereich, abgesetzt. Hanswurst, sein Stellvertreter, wird verbannt und von dem kölschen Bellegeck abgelöst, kehrt zuletzt aber doch im »Triumphwagen« als »Reichsverweser« zurück. Das ganze Hin und Her dieser Leitgestalten des Karnevals ist eine etwas verkrampfte Allegorie des »internen Organisationskampf(s) im Reich der Fantasie«, den Wittgenstein in seiner Einführung zum Karnevals-Almanach 1826 erwähnt. Der Reformoptimismus des Karnevals zeigte Schwächen. Konkurrierende Vorstellungen, ob das Fest mehr Volks- oder Bildungskarneval sein sollte, gaben dem Zug eine kopflastige Ideologie.

Vielleicht wurden deshalb die Anstrengungen, die Straße zu erobern, immer größer und aufwendiger. Der Zug entwickelte sich zum mehrtägigen Drama, das sich in der Stadt ausbreitete. Erste Szenen einer durchgehenden »Haupthandlung« spielten sich schon ab Weiberfastnacht auf den Straßen ab. Die Grenze zwischen Akteuren und Publikum verwischte sich wie bei der commedia dell'arte. Der Improvisation wurde allerdings wenig Raum gelassen. Der Rahmen war abgesteckt. In den Festprogrammen, die rechtzeitig erschienen, wurde das Publikum wie in ein Theaterstück eingewiesen. Oft war die Handlung so fremd, dass sie selbst den Gebildeten erläutert werden musste. So 1827 bei dem Zugprogramm »Die Prüfung«, das ein »lit de justice« des Helden Karneval vorsah, in dem er am Montagmorgen auf dem Neumarkt einen inszenierten Streit in der Stadt beilegen sollte. Ein prächtiges Spektakel, das aber ohne Zeitungslektüre nicht zu verstehen war. Der Welt- und Staatsbote vom 4.2.1827 beschrieb das »lit de justice« ausführlich als eine alte pompöse Rechtshandlung der französischen Könige im Beisein von Prinzen und Hofstaat. Das höfische Flair des Zugs war gerettet, der Abstand zur Mehrheit der Kölner aber größer geworden.

Der Effekt, den sich die Karnevalsorganisatoren erhofften, wollte sich so recht nicht einstellen. Bei aller Schaulust fanden die schönen neuen Masken wenig Nachahmer. Schon seit der französischen Zeit hatten sich die vornehmeren Bürger als Gegenbewegung zu den »schmutzigen« Masken mehr Charakter- oder Theatermasken gewünscht. In Rom und Venedig gab es sie: die Masken der commedia dell'arte, die Berufs- und Exotenmasken, die verfeinerten Formen alter Masken. Goethe hatte im »Römischen Carneval« den Quaequero beschrieben, der mit seiner »altfränkischen« Kleidung vom »Trödel« manchen alten Kölner Masken glich. Aber er spielte eine Rolle: den »läppischen, verliebten, betrogenen Toren«, und sein Kostüm war zwar altmodisch, aber, wie Goethe ausdrücklich vermerkt, »wohlerhalten und von edlem Stoff«. Selbst die »Bettlerinnen« achteten in Rom auf »schöne Haare«, auf ein »irdenes Töpfchen an einem farbigen Bande« und auf eine »demütige Gebärde«. Der Wunsch nach solchen Rollenmasken zieht sich wie ein roter Faden durch die Zeitungsberichte über den Karneval in den Franzosenjahren. 1806 schreibt der »Verkündiger«, dass viele »geistreiche Masken« erwartet worden waren, doch »nur wenige waren zur Geburt gekommen, und diesen wenigen sah man größtenteils eine übereilte Entbindung an«. 1810 wiederholt das »Intelligenzblatt«: »Charaktermasken … erschienen nur wenige« und findet auch auf dem Theaterball bei den Masken lediglich eine »gewisse Eleganz und vom Unedlen entfernte Auswahl«. 10 Jahre später sind die gepflegten Masken noch seltener geworden, wie der Stadtschreiber Fuchs 1819 feststellt: »Sinnreiche Maskeraden … nehmen immer mehr ab.« Er glaubt, dass es »an ihnen ehemals nicht mangelte.« Von diesem Glauben gingen auch die Karnevalisten aus. Das stärkte ihre Zuversicht, mit dem Rosenmontagszug die Karnevalswirklichkeit in Köln insgesamt verändern zu können. Schließlich bot der Zug alles, was sich die Oberschicht schon so lange gewünscht hatte: eine Fülle von schönen, vornehmen, »sinnreichen« Masken. Eine Maskenvielfalt, wie sie in der Organisation eines Zugs keine andere Stadt zu bieten hatte.

Und doch erfährt man von Johanna Schopenhauer, dass es auch noch 1828 kurz vor Zugbeginn nur »einzelne Masken« gab. Auf dem Gürzenichball am Abend sieht sie »unzählige Narrenkappen«, auch einige »Dominos, Tabbaros und Fledermäuse«, »der größte Teil der Gesellschaft aber zeigte sich unmaskiert, gewöhnlich und einfach gekleidet«. Die Zahl der »Charaktermasken« war »nicht groß«, aber sie spielten ihre Rolle »mit vieler Lebendigkeit«. Überall hört sie, wie ihre »Späße« laut belacht werden, und lacht mit, auch wenn sie die lokalen Anspielungen und den »kölschen Volksdialekt ... in welchem das Komische noch komischer klingt« nicht versteht. Das vertraute familiäre Karnevalsspiel der Kölner ist ungebrochen. Nur die Vermehrung der neuen schönen Masken lässt auf sich warten. Auch in den Reihen der Karnevalisten selbst scheint es einen Widerstand gegen den verordneten Kostümzwang gegeben zu haben. In einem Karnevalslied von 1827 werden die »nor met Kappen, / Schnoorbäät, Nasen, un söns nit verkleidt« getadelt. Preise werden ausgesetzt für die besten Maskierungen. »Wer em Zug vör Allen / Vun den Masken et Schönst het gemaht / Un et Best gefallen«, soll »dat Heidelbergs-Fäßchen« haben und die, die sich »om Ball un em Mondags-Zug / Wieverfastelovend / un des Dingsdags beim Band op der Strohß« verkleiden, »en böhmsche Moluß« (offenbar etwas Feines). Die Maskenmuffel dagegen müssen sich zu zweit »ein Miseräbelche klitzeklein« teilen.

Die Meinungsverschiedenheiten im Karnevalsverein gingen weiter. 1827 wurden sie öffentlich in den Zeitungen und Karnevalsblättern, die seit 1825 erschienen und wie die »wichtigsten politischen Nachrichten« gelesen wurden. Neben der »Offiziellen Karnevals-Zeitung« gab es jetzt auch eine Stimme der Opposition: die »Karnevals-Zeitung in Köln«. In einer Artikelserie diskutierte sie eine

Frage, die offenbar viele Karnevalisten bewegte: »Ist der neue Karneval Kölns ein Volksfest in dem Sinne, als es der alte war?« Zum ersten Mal wird dem Festkomitee offen widersprochen. Der Karnevals-Almanach von 1826 hatte gefordert, das »Karnevalsdrama« des Festzugs solle »jedesmal die ganze moralische Welt umfassen«. Gegen diesen Anspruch verteidigt die »Karnevals-Zeitung« das Volksfest der alten Fastnacht. Der Karneval habe seine eigenen Mittel und die gehörten in das »Gebiet des Sinnlich-Lächerlichen, des Grotesken, kurz des Niedrig-Komischen«. Die Sprache des Volkfestes müsse verständlich sein, sie dürfe »kein Zeichen, keinen pantomimischen Ausdruck wählen, der dem Zuschauer nicht geläufig« sei. Die Erneuerer hätten das »altertümliche ehrwürdige Gepräge eines Volksfestes« nicht verwischen dürfen, denn der »Zweck der Fastnacht« sei, dass die »Freude zum Gegenstand« passe, und der müsse aus dem »Ideenkreis des Volkes« stammen.

Das war ein klares Gegenkonzept zu dem »feierlichen Straßenzug«, in dem »alle Schätze der Phantasie, der Laune und des Witzes aufgethan« waren, wie er Christian Samuel Schier 1824 vorgeschwebt hatte. Das Festkomitee reagierte auf die Kritik empfindlich. Nicht offen, sondern als Strippenzieher im Hintergrund. In einer weiteren Folge der Artikelserie ist das »Manuskript« plötzlich »aus Versehen verunglückt«. Getarnt als Fastnachtsulk, bietet der Text nur noch verstümmelte Sätze, die keinen Sinn mehr ergeben. In einer Fußnote wird der »unbekannte« Verfasser »um Verzeihung gebeten« und sein Standpunkt verkürzt wiedergegeben. Und nun lassen sich doch noch einige Sinnspuren erkennen. Der neue Karneval sei kein Volksfest, hatte der Autor argumentiert. Es reiche nicht, dass das Volk an diesem Fest teilnehme, sondern als Volksfest müsse es »aus den Sitten, Gebräuchen, aus dem

ganzen geistigen, bürgerlichen Wesen des Volkes« hervorgehen. Da glaubt man die frühromantischen Kriterien des
»lokalen Patriotismus« herauszuhören. Dunkel munkelt
das »verunglückte« Manuskript von »Enthusiasten«, ihren »ritterlichen Ideen von Ehre und ihren menschlichen
von Vaterlandsliebe«, die »zum Gespött griechischer Ban-
diten« geworden seien. Auch die Reste von Anspielungen
auf die »olympischen isthmischen Spiele ihrer Vorahnen«,
»die das Volk sich als Nation fühlen lehrte«, lassen noch
Schlegelsche Gedanken erkennen. Eine Fortsetzung der
Debatte wird angekündigt, erschien aber nicht mehr. In
der letzten Nummer der »Karnevals-Zeitung« wirft ein
anonymer Autor ein kurzes Licht auf das Gerangel hinter
der Bühne. Eine Deputation von Karnevals-Gecken »habe
ihn verklagt«, weil er es gewagt habe, »Schriftsteller« der
»Offiziellen Karnevals-Zeitung« zu kritisieren.

Mit dem Ende des Karnevals 1827 verstummte die
Gegenstimme innerhalb der neuen Karnevalsbewegung.
Sie hatte demokratisch begonnen. Jeder sollte in der Ge-
neralversammlung Ideen für Motto und Gestaltung des
Zugs einbringen, jeder in Beiträgen mitdiskutieren und
-informieren dürfen. Damit war es fürs erste vorbei, das
Parlament des Karnevals geriet in seine erste Krise.

# 11.

## Der kölsche Jeck wird mobil.
## Demokratische Vereine, Dombau, Bürgerwehr
## und das Experiment des »Volkskarnevals«.

### 1830–1849

Was De Noël und seinen Mitstreitern für einen volks-
tümlicheren Karneval fehlte, war die Basis, die Mehrheit der Kölner. Von ihr hört man im Karneval der ersten
preußischen Jahrzehnte wenig. Auch von den »ekelhaften« Masken ist nicht mehr die Rede. Vielleicht waren sie
durch die Lustbarkeitsabgaben ohnehin von den Straßen
verdrängt, vielleicht erübrigte aber auch der Triumph des
neuen Karnevals, von dem nun überall in den besseren
Kreisen die Rede war, die aufgeregte Kritik an ihnen.
   Köln war weiterhin eine paradoxe Stadt. Einerseits
zählte sie nach dem Reichtum ihrer wohlhabendsten
Bürger zur zweitreichsten preußischen Stadt gleich nach
Berlin. Andererseits war die Verarmung in Köln größer
als anderswo. Die extreme soziale Spaltung setzte sich im
Karneval fort. Im organisierten Karneval gab die städ-
tische Elite den Ton an, der nicht-organisierte Karneval
scheint sich dagegen zu einem großen Teil in geschlosse-
ne Räume zurückgezogen zu haben. Wie Stadtschreiber
Fuchs mitteilt, waren in diesen Jahren die Kneipen und
»Schöpchenshäuser« an Karneval regelmäßig »gut« bis
»außerordentlich« besucht oder gar »gedrängt voll«. Das
Feiern hatten auch die ärmsten Kölner nicht verlernt – im
Gegenteil. In Krisenzeiten stieg in Köln der Verbrauch von
»Genussmitteln« wie Kaffee, Tabak, Bier und Branntwein.
Wie Ayçoberry ermittelte, hatten die Armen daran einen

erheblichen Anteil. Vor allem beim Konsum von Bier und alkoholischen Getränken. Die preußischen Beamten registrierten schockiert, dass im Gegensatz zu den östlichen Provinzen, wo der Bauer und Handwerker trank, das Trinken in Köln besonders in den Unterschichten verbreitet war, bei »Tagelöhnern, Handlangern und Fuhrleuten«. Ayçoberry schließt daraus nicht auf Trunksucht, sondern auf das gewachsene »Bedürfnis nach Geselligkeit« in schlechten Zeiten. Das »Gelage« scheint gerade bei den Armen inflationär geworden zu sein. Begünstigt wurde das durch die vielen Kleinhändler, die ihre Arbeit verloren hatten und nun in den Armenvierteln zu Schankwärtern geworden waren. Sie bildeten mit den anderen Armen eine Schicksalsgemeinschaft, die gleichzeitig das hergebrachte kölsche Nachbarschaftsgefühl konservierte und auch das alte Feiern im Karneval.

Die Trennung zwischen einem Karneval »von oben« und einem Karneval »von unten« hielt noch fast 20 Jahre an. Es gab jedoch Versuche, die Grenzen zu durchbrechen. Vor allem in der Karnevalsgesellschaft nahmen die Spannungen wieder zu. Die Revolutionen in Paris und Brüssel 1830 hatten die Bürger politisiert, auch in Köln gab es Unruhen. Unter den Karnevalisten kam die Forderung nach einem demokratischeren Karneval erneut auf. Die alten Freunde des Volkskarnevals erhielten zum ersten Mal Unterstützung, diesmal vom »Volk«. In den Generalversammlungen saßen jetzt auch Handwerker, die den hohen Mitgliedsbeitrag bezahlen konnten und Mitsprache verlangten. Gemeinsam mit der früheren Opposition kritisierten sie den despotischen Stil der Festleitung, die Zensur der Büttenrede, die mangelnde Freiheit bei der Gestaltung des Rosenmontagszugs. Aus der spontanen »Gemütlichkeit« des Karnevals war für sie »Zwang« geworden. 1834 musste das Komitee zurückstecken. Das

Festprogramm schlägt völlig neue Töne an: »Nach der alten Revue wird die neue Ära proklamiert und das Zeitalter der reitenden und fahrenden Kleiderfahrt für geschlossen erklärt. Handelnd und in lebendiger Lust sollen die Einzelnen auftreten wie das Ganze.« Das war eine Absage an einen gemeinsamen Zug. Die alten Bände tauchten wieder auf und wollten »zum schönen Zweck, der Herstellung der alten Volkslust, mitwirken.« Wie Fuchs berichtet, schlossen sich einzelne Gesellschaften als Bände zusammen und zogen als Bauernkirmes, Bauernwirtshaus, Menagerie, Kirmeskarren, Schuster usw. durch die Straßen. Sie hatten ihren Spaß, »trieben ihr Wesen, sangen und tanzten.«

Die »neue Ära« war jedoch bald wieder zu Ende. 1836 gab es wieder eine »glänzende Karnevalsfeier« mit »vielen Reitern« in »allen erdenklichen Kostümen«. Die Festkompetenz des »Kleinen Rats« schien wiederhergestellt. Aber das kölsche Sprichwort »Nix bliev wie et es« sollte zum Motto der nächsten Jahre werden. Die Unruhen im Karnevalsverein waren Zeichen einer größeren Veränderung. Die vorrevolutionäre Dynamik nahm zu, und nach der Revolution von 1848 sollte der Kölner Karneval anders sein als vorher. Das Festkomitee war einem doppelten Druck ausgesetzt: dem zunehmenden Bedürfnis der Mitglieder nach demokratischer Teilnahme und der seit 1830 verschärften Kontrolle der Zensur. In dieser Situation reagierte der »kleine Rat« wie der städtische Rat früherer Zeiten: er schloss sich ab. Und es trat ein, was Schlegel an der Komödie der griechischen Polis gezeigt hatte: die »Freiheit des Witzes« verschwand, denn sie gibt es nur da, wo jeder das Recht hat, an dieser Freiheit teilzunehmen.

Dabei hatte alles mit dem Kampf gegen die preußische Zensur begonnen. Als der Kölner Polizeipräsident

1830 die »Offizielle Karnevals-Zeitung« wegen liberaler Tendenzen und anstößiger Anspielungen verbieten ließ, entschlossen sich die Komiteemitglieder zur politischen Aktion. Sie trugen im Theater die inkriminierten Texte vor, sagten Sitzungen und Zug ab und zogen mit einem Harlekin in Ketten zu dem militärisch bewachten Karnevalstreffpunkt an den »Vier Winden« und verteilten Totenzettel mit ihrem Protest. Das war mutig. Als die Karnevalszeitung jedoch trotzdem verboten blieb, wurde das Komitee selber zum Zensor. Wittgenstein hatte die freiwillige Selbstkontrolle der Karnevalszeitung angeboten, die er im Namen der Gesellschaft übernehmen wollte, um ein Verbot zu verhindern. Als das scheiterte, wurde er automatisch zum Zensor der Lieder und Büttenredner und schließlich auch zum Kontrolleur der Vereinsmitglieder. Wie das funktionierte, hat der Schauspieler Eduard Jerrmann in seiner Schrift »Das Wespennest oder der Kölner Karneval« (1835) geschildert. Jerrmann, der als »Zugereister« aus Berlin Anfang 1835 Mitglied der KG geworden war, hatte sich zweifach unbeliebt gemacht. Er hatte es gewagt, die »Divertissementchen«, die Theaterstücke der Karnevalisten, öffentlich zu kritisieren, und als er damit Empörung auslöste, im Frankfurter »Conversationsblatt« das Kölner Karnevalskomitee wegen »Missbräuchen« angegriffen, die nicht »aus der Sache«, sondern »aus Personen« entstünden. Anschließend kam es zum Skandal, als Jerrmann im Theater durch »Lärmen« der Karnevalisten an seinem Auftritt gehindert wurde. Eine kölsche Büttenrede, die Jerrmann »beleidigte«, wurde von Wittgenstein zugelassen, während er selber keine Möglichkeit zur Gegendarstellung erhielt. Jerrmanns Resümee: »Wer nicht der Meinung des Komitees ist, der ist im Mund seiner Redner ein Esel.«

Jerrmanns Bericht mag einseitig sein. Er erwähnt auch,

dass eine frühere Rede von ihm einen »Tumult« ausgelöst hatte, die Redefreiheit aber von der Mehrheit und von dem kleinen Rat verteidigt worden war. Aber die Tendenz, Kritiker mit karnevalistisch verkleideten Mitteln fertig zu machen, hatte Methode, sie ist dieselbe wie in den 20er Jahren. Im selben Jahr 1835 gerät noch ein anderes Mitglied in die satirische Schusslinie, diesmal ein angesehener Kaufmann, der Großhändler Max Hölterhoff. Der Anlass ist unbekannt, aber die Praktiken sind wieder die gleichen. Hölterhoff wird auf einem Liederbogen als »gefallener Narr« mit der Zeile »Der Teufel hölt den Hof« karikiert, und im Rosenmontagszug ziehen mehrere Esel mit, an deren Schwänzen Buchstaben hängen, die den Namen »Hölterhoff« ergeben. Hölterhoff wandte sich empört an Wittgenstein, er sah seinen Ruf in der Stadt geschädigt. Wie Jerrmann verließ er bald darauf Köln. Die Erschütterung in der anfangs so idealisierten Karnevalsbruderschaft ging tief und hatte eine unerwartete Folge: Wittgenstein gab sein Amt als »Erster Sprecher« des Festkomitees auf. Er, der mit seinem gemeinschaftsstiftenden Charisma immer um Ausgleich bemüht gewesen war, sah sich überfordert. Seine eigentliche Leistung aber blieb. Die von ihm geschaffene, von altem und neuem Geist inspirierte Institution des Karnevals funktionierte – auch ohne ihn. Sie überstand alle Zerreißproben der kommenden Jahrzehnte und hielt den Kölner Karneval auch im ständigen Wandlungsprozess zusammen.

Was aber war aus der kölschen Jeckerei, dem gegenseitige Necken, dem Lachen über sich selbst in der Zentrale des Karnevals geworden? Aus der »unsäglichen Lust«, die Johanna Schopenhauer im Straßenkarneval 1828 beobachtete, der »harmlose(n) Heiterkeit, mit welcher selbst der persönlich werdende, mitunter kecke Scherz aufgenommen und, ohne Erbitterung zu erzeugen, durch einen ähnlichen erwidert« wurde? Auch im Theater, wo die Fastnachtsspiele aufgeführt wurden, war ihr das aufgefallen: »Jeder lachte sich selbst wie seinen Nachbarn aus«, und zwischen Publikum und Laiendarstellern »entstand ein lustiges Hinüber- und Herüberreden«. Jecke Rede und Widerrede, diese Gleichheit der Jecken, war in der Karnevalistengesellschaft gestört. Einige »Wenige« aus den »angesehensten Familien der Stadt« dominierten nach Jerrmann das Fest-Komitee. Das alte politische Kränzchen, der Klüngel, hatte sich wieder eingeschlichen und machte mit heimlicher Regie den Scherz zur Intrige.

Die verschärfte Zensur förderte das noch. Die Organisatoren mussten neben ihren elitären Empfindlichkeiten fürchten, dass jede Kritik am Karneval die KG gefährdete. Seit Ende der 1820er Jahre stand der Kölner wie der rheinische Karneval überhaupt unter preußischer Beobachtung. Nach dem Verbot der »Offiziellen Karnevals-Zeitung« musste dem preußischen König erneut die Existenzberechtigung des Kölner Karnevals nachgewiesen werden, diesmal durch einen langen schriftlichen Beleg der jahrhundertelangen Kölner Tradition. Von 1832–1840 schickte der Polizeidirektor Schnabel in Aachen regelmäßig Spitzelberichte über den Karneval nach Berlin. Das machte die Komiteemitglieder vorsichtig, weckte bei einigen aber auch die Neigung, selber die Obrigkeit zu spielen. Die aufrührerische Stimmung in der Bevölkerung rückte sie den Behörden noch näher. Prinzen und Behördenvertreter, 1831 auch Prinz Wilhelm, als Generalgouverneur eigens in die unruhigen Rheinprovinzen geschickt, nahmen weiter an den Generalversammlungen teil. Das bewährte sich. Als Wittgenstein 1833 in der Generalversammlung mit seinem Lob der Kölner Bürgerwehr von 1830 bei Schnabel in Verdacht geriet, um die »Volksgunst« zu werben, war es die preußische Prominenz, die den Karneval rettete, indem sie Wittgenstein verteidigte.

Grundsätzlich hielten die führenden Karnevalisten für sich selber am Prinzip der freien Meinungsfreiheit fest, wenn es ihnen passte. Auch die »Freiheit des Witzes« nahmen sie für sich in Anspruch, tarnten sie jedoch für ihre Interessen und gestanden sie anderen nicht zu. Offiziell sprach sich Wittgenstein 1834 »auf das kräftigste gegen allen Unfug persönlicher Verunglimpfung« aus – ganz nach den preußischen Anweisungen. Auch beim Maskenumzug der Bände im gleichen Jahr nannten sich einige Gruppen »Späße ohne Chicanen.« Dem alten Jeckenwitz, der im Karneval sonst jedem offen gestanden hatte, war der Biss genommen. De Noël macht sich schon 1830 über die neue Regulierung in einer seiner letzten Lokalpossen »Schema zu einer im Jahre 1830 ausgeführten Maskerade« lustig. Kootungoot, das »wortführende Mitglied des Brauerei-Vereins«, tritt darin mit folgender Einführungsrede auf: »Mer wollten uns gän esu get vermaskeeren, Doch mööß et get adich sin, öhntlich un nett / … Un nicks vun Schikanen un derglichen Saachen / … Auch nicks vun gewöhnlichen Altgrävereien, / Vum Hechelen nicks un vun Stechelereien.« Der Maskengesellschaft fällt keine Maskierung ein, die »nümmes (niemand) an Ehr und Respekt lädeet« und einigt sich schließlich darauf, nur noch kölsche »Spröch« vorzutragen: »Dann dohrüvver kann ens kein Mensch sich beklagen.« Es war sozusagen die Grabrede für die Lokalpossen. Sie hatten ihre Freiheit, über sich selbst wie über die anderen zu lachen, verloren.

1842 brach die Karnevalsgesellschaft auseinander. Die Generalversammlungen waren mehr denn je von Handwerkern besucht, die »lebhaften Anteil« nahmen. 1840 hatte es »freien Spielraum« im Zug gegeben, »jeder konnte vorstellen, was ihm beliebte«. 1841 ging auch der kölsche Bauer, über Jahre vergessen, wieder mit, und auch Bestevater und Hänneschen waren dabei. Der Anpassungsdruck scheint dem Festkomitee Ende 1841 zu viel geworden zu sein. Mit einem Trick versuchte es, die Last des »Volkes« abzuschütteln. An Heiligabend gab der Vorstand seinen Rückzug bekannt, angeblich, um den Weg für eine »jüngere Generation« freizumachen. Am 30. 12. hatte er sich jedoch bereits selber wieder als kleiner Rat ernannt und lud zur Ratsversammlung ein mit der offenen Absicht, diejenigen fernzuhalten, »die nach ihren Verhältnissen wohl nicht dahin gehörten.« Das war der Anfang einer Spaltung, die schließlich das Monopol der Ersten Karnevalsgesellschaft auflösen sollte. Die Opposition, angeführt von einigen Bildungsbürgern, nahm die Herausforderung an und gründete 1842 eine eigene Gesellschaft: die »Eisenritter«. Ein Name, der sich nicht nur auf den neuen Treffpunkt im Eiserschen Saal bezog, sondern auch auf die Kaufmannsgaffel Eisenmarkt, die im 14. Jahrhundert treibende Kraft in der bürgerlichen Revolution gewesen war. Es war Vormärz, das Revolutionsjahr 1848 bereitete sich durch eine zunehmende politische Sensibilisierung vor. So wurde das Festkonzept des Gegenkarnevals zum ersten Programm des politischen Karnevals. Es kritisierte den »geistlosen Pomp«, die »Plattheiten« der bisherigen Züge und forderte ein »Volksfest«, das »das Leben des eigenen Volkes abspiegeln« müsse. Die karnevalistischen Reden und Maskenzüge sollten »vom Urteil« des Volkes lernen und umgekehrt das Volk »bilden«, um »die öffentliche Meinung in heiterer Weise zu verstärken«. Gedacht war dabei an die Satire der »Verkehrtheiten der Zeit … insbesondere aus dem Gebiet der Politik.« So ganz wurde das Volk allerdings auch von den »Eisenrittern« nicht in die karnevalistische Freiheit entlassen. Die Festleitung behielt sich vor, Festelemente »zu fremdartiger Natur« zu verhindern. Aber man wollte auf das Volk »hören«, um es dann karnevalistisch und politisch zu »bilden«.

Zur Umsetzung des Volks-Programms kam es jedoch nicht. Der preußische König selbst, seit 1840 Friedrich Wilhelm IV., soll bei einem Januarbesuch in Köln zwischen Vertretern der beiden Karnevalsgesellschaften vermittelt haben. Die »Eisenritter« seien hart geblieben. Erst ein zweiter Vermittlungsversuch von Oberbürgermeister Steinberger und Wittgenstein habe die Kontrahenten wieder zusammengeführt. Wahrscheinlich waren es aber eher praktische Gründe, die zu gemeinsamem Handeln zwangen. Die alte KG hatte nur noch 285, die neue 171 Mitglieder. Damit ließ sich kein attraktiver Gürzenichball, der das meiste Geld brachte, und folglich auch kein Zug bestreiten. So musste man notgedrungen Ball und Zug gemeinsam organisieren.

Es war ein Friede auf Zeit. Die Stadt befand sich in einem Umwandlungsprozess, der in alle Schichten eindrang. 1842 war ein markantes Jahr, nicht nur für den Karneval, sondern für die ganze Stadt: die »Rheinische Zeitung« wurde gegründet und das Dombaufest gefeiert. Beide Ereignisse waren der Oberschicht zu verdanken, aber bedeutend wurden sie vor allem für die Mittel- und Unterschicht. Es waren liberal und demokratische gesinnte Kölner Bürger, die sich zu einem Aktionärsbündnis zusammentaten und die »Rheinische Zeitung« gründeten. In einer kurzen Phase der Zensurlockerung signalisierten sie damit den entschiedenen Wunsch der Bürger nach Pressefreiheit. Das junge Redaktionsteam, dem u. a. der Sozialphilosoph Moses Hess, der Richter Georg Werth und der Publizist Friedrich Engels, später auch als Chefredakteur der 24-jährige Karl Marx angehörten, legte zusammen mit dem Kleinen Rat der Aktionäre, unter ihnen auch Wittgenstein und Borchardt, der Anführer der »Eisenritter«, das Programm fest: ein vielstimmiges Forum vom Liberalismus bis Sozialismus.

Es sollte, wie Marcel Seyppel schreibt, das »bedeutendste Faktum« für die »Entwicklung der demokratischen Richtung« werden. Obgleich die Zeitung schon im März 1843 verboten wurde, entstand in dieser Zeit ein Ideenpotential, das sich anschließend in vielen Debattierklubs, sogenannten »Kränzchen«, und schon bestehenden, bisher unpolitischen Vereinen ausbreitete. Vorformen von Parteien entstanden: Liberale, Demokraten, Sozialisten, Kommunisten. Die demokratisch-sozialistische Tendenz entdeckte das »Volk«, nicht nur als Objekt gesellschaftlicher Veränderung, sondern auch als Diskussionspartner und Teilhaber am gesellschaftlichen Geschehen. Was sich 1842 in der Karnevalsgesellschaft als Präludium abgespielt hatte, setzte sich in den Jahren bis 1848/49 in der ganzen Stadt fort. Das Volk, der »Pöbel«, Handwerker, kleine Händler und Besitzlose, wurden in die politische Entwicklung einbezogen. Und es war sicher auch das alte Erbe der bürgerlichen Freiheit, dass sich dabei auch der »unterste« Bürger engagierte.

In diesen Jahren entstanden Zusammenhänge zwischen den neuen Vereinen und Gruppen und dem Karneval. Karnevalisten wurden Mitglieder in den Vereinen und politisch Engagierte traten in die Karnevalsgesellschaft ein. Der Karneval lieferte mit dem Kleinen Rat ein Modell für das Aktionärsbündnis der »Rheinischen Zeitung«. Umgekehrt probierten die Vereine Ideen und Formen aus, die für den Karneval Folgen haben sollten. Beispielhaft dafür war die Entwicklung des Dombau-Vereins und seine Planung des Dombaufests. Das Projekt, den Dom zu Ende zu bauen, war schon Jahrzehnte alt. Sulpiz Boisserée hatte als erster davon geträumt. Mit den wiederentdeckten,

von ihm gekauften »Rissen« (Grundrissen) des mittelalterlichen Doms und Entwürfen für die Vollendung des
Doms, die er in seinem »Dom-Werk« auf eigene Kosten
publizierte, hatte er bei den Königen, dem Hochadel und
der Prominenz in ganz Deutschland für den Weiterbau
geworben. Unterstützt u. a. von Joseph Görres, der nach
dem Sieg über Napoleon 1813 mit publizistischem Einsatz
die Vollendung des Kölner Doms als nationales Denkmal
forderte. 1823 gab der preußische König Friedrich Wilhelm III. seine Zustimmung zu dem Plan und förderte
ihn auch finanziell. Fast 20 Jahre lang kam es jedoch nur
zu zögerlichen bauerhaltenden Maßnahmen. 1840 wagten
einige reiche Kölner Bürger Kölns einen neuen Vorstoß.
Friedrich Wilhelm IV., ein Befürworter des Dombaus,
war König geworden, und jetzt erlaubte er, was sein Vorgänger verweigert hatte: die Gründung eines Dombau-
Vereins. Gleichzeitig sagte er die Schirmherrschaft für den
Dombau zu.

Schon 1841 gründeten die Kölner ihren Dombau-Verein, und für 1842 wurde das große Fest der Grundsteinlegung im Beisein des Königs geplant. Alles sollte einen exklusiven Zuschnitt haben. Die Initiatoren verstanden sich
auch in ihrer liberal-nationalen Gesinnung immer noch
als die »Besseren« in der Stadt. Die Vereinssatzung sah
einen Mitgliedsbeitrag von mindestens 1 Taler vor, aber
zur Wahl des Vorstands sollte nur der berechtigt sein, der
5 Taler zahlte, für noch höhere Beiträge waren die Ehrenmitgliedschaft und Namensnennung auf Ehrentafeln im
Dom vorgesehen. Dagegen empörten sich die Demokraten im Verein, zu denen auch einige militante Karnevalisten gehörten. Es kam zum öffentlichen Meinungsstreit in
Zeitungen, auf Flugblättern und in den Versammlungen –
die beste Publicity, um die Bürger in der ganzen Stadt auf
die Beine zu bringen. Schließlich gab der Vorstand nach:

jeder, der 1 Taler zahlte, sollte auch wahlberechtigt sein, von Ehrenmitgliedschaft und Ehrentafeln war nicht mehr die Rede. Der Dombau-Verein öffnete sich für »breite bürgerliche Mittelschichten«. Bei der ersten Generalversammlung am 14. 2. 1842 im Gürzenich erschienen bereits 4832 Mitglieder.

Am Beispiel des Kölner Dombaus hat Thomas Nipperdey festgestellt, dass die »Denkmalsbewegungen dieser Jahrzehnte ein erhebliches Stück zur Politisierung der Bürger beigetragen haben.« Und was er an anderer Stelle über die Vereine dieser Zeit schreibt, trifft exemplarisch für den Dombau-Verein zu: dass er nämlich »zunächst und vor allem ein Faktor der Mobilisierung im Übergang von der ständischen zur bürgerlichen Gesellschaft« war. In Köln löste die Dombaubewegung eine erste Demokratisierungswelle aus, die alle Bürger, alle Viertel ergriff. Die Sprecher der Vereinsopposition, die sich wöchentlich im Lokal Klütsch trafen, gründeten als erstes einen Zweigverein: die »Dombaufreunde«, und sorgten dafür, dass an dem städtisch-nationalen Ereignis der Grundsteinlegung das ganze »Volk« teilnahm, auch der, der keinen Taler Beitrag zahlen konnte. Das Dombaufest wurde so zu einem hochbrisanten Thema, das keinen in der Stadt unberührt ließ. Als bekannt wurde, dass der Oberbürgermeister mit dem Stadtrat und einigen Vertretern der städtischen Prominenz ein Festessen im Overstolzenhaus plante, an dem nur teilnehmen sollte, wer 50 Taler zahlen konnte, kam es zu einem »geradezu revolutionären Zustand« in der Stadt. Volksversammlungen forderten »gebieterisch« eine Feier für die ganze Bürgerschaft. Der Stadtrat musste die Vorbereitungen an ein »Festkomitee« abgeben, das von einer Bürgerversammlung gewählt wurden war. Und so wurde aus einem »geldaristokratischen Fest« ein »wahres Bürgerfest«: mit einem Zelt auf dem Neumarkt für das Königsdiner, bei dem 500 Personen anwesend sein durften, mit »Wein, Fleisch, in Brot gebackener Wurst« und Volksbelustigungen für alle Bürger. Wer 5 Taler zahlen konnte, zahlte, wer nicht, durfte trotzdem mitmachen, wenn er »anständig gekleidet« war.

Das Volksfest brachte den demokratischen Durchbruch in Köln. Es löste einen jahrelangen Einsatz auch der mittleren und unteren Volksschichten für den Weiterbau des Doms aus. Erst mit dem Hungerjahr 1846 sollte er ein Ende finden. Mit dem Eigelsteinviertel, wo auch die Altgräver zu Hause waren, begann es: Dombauvereine entstanden in den Nachbarschaften, andere Viertel folgten, auch die ärmsten. Überall bildeten sich »gesellige«, »freundschaftliche«, »fröhliche« Dombauvereine, deren Mitglieder überwiegend Handwerker und Tagelöhner waren. Sie trafen sich wöchentlich, gewöhnlich am Samstagabend, in einem Wirtshaus. Wer den Jahresbeitrag von 1 Taler nicht aufbringen konnte, zahlte in Raten oder auch nicht. Jeder wollte dabei sein, als Bürger aktiv werden in einem Moment, der die Stadt zum Mittelpunkt nationalen Interesses machte und die lokale Geschichte bedeutender erscheinen ließ. Im Dombau fand die gesamte Kölner Bürgerschaft eine neue Identität.

1843 war die Stadt also nicht mehr dieselbe wie 1841. Die Bürger waren politisch wacher geworden, und das wirkte auch auf den Karneval zurück. Als Franz Raveaux 1843 Mitglied der Karnevalsgesellschaft wurde, war er in der vorrevolutionär aufgeheizten Stimmung der richtige Mann zur richtigen Stunde. Er brachte alle Motivationen und Fähigkeiten mit, um im Karneval eine führende Rolle zu spielen. Er war als Sohn eines französischen Militärs in Köln geboren und aufgewachsen, hatte aber Jahre im Ausland verbracht, 1830 die Revolution in Brüssel erlebt und im spanischen Karlistenkrieg auf Seiten der Bürgerlichen gegen die Königstreuen gekämpft. Als er 1843 in seine Heimatstadt zurückkehrte und ein Tabakgeschäft eröffnete, trieb ihn auch der Wunsch nach einer bürgerlichen Existenz. Gewinne aus Grundstücksspekulationen machten ihn gleichzeitig frei für die politische Arbeit, die er in verschiedenen politischen Vereinen und schließlich im Stadtrat fand. Sein Rednertalent wurde bewundert, die überlieferten Texte überzeugen auch heute noch durch ihre Klarheit und Schnörkellosigkeit. Außerdem war er schlagfertig und witzig in der Bütt und schrieb selber karnevalistische Stücke, die leider nicht erhalten sind.

Raveaux ging sofort in die Offensive. Er wusste die aufrührerischen »Eisenritter« auf seiner Seite und griff die »Klüngelei« des Komitees an, die jede echte Wahl des Vorstands sabotierte. Raveaux und seine Mitkämpfer hatten von der Strategie des Dombau-Vereins gelernt – sie machten die Diskussion öffentlich. Mit Anzeigen in der »Kölnischen Zeitung« informierten sie über die Streitpunkte in der KG. Am 23.12.1843 luden sie die Kölner zu einem Vortrag über »Klüngel und freie Wahl« im Festkomitee in das Lokal Klütsch ein, wo auch die Statuten-Kampagne der Dombaufreunde begonnen hatte. Schon bei der ersten Generalversammlung der Karnevalsgesellschaft am Neujahrstag 1844 hatte Raveaux genügend Anhänger gewonnen: 98 Mitglieder – darunter die »Eisenritter«, Handwerker und Künstler – wählten ihn in den Kleinen Rat. Ein Affront für das übrige Festkomitee, das aus Protest den Saal verließ. Eine Einigung kam nicht mehr zustande. Zu eindeutig waren die Forderungen der Raveaux-Fraktion: Senkung des Mitgliederbeitrags auf 1 Taler, teilweiser Wechsel des Vorstands in jeder Sitzung, mehr politische Satire in den Büttenreden, freie Diskussion über Angelegenheiten in der Gesellschaft, öffentliche

Rechnungslegung. Das alles wie überhaupt die politisch-demokratische Unterwanderung des Karnevals lehnte das Festkomitee ab. Am 9. Januar war die Spaltung perfekt. Raveaux wurde Präsident eines neuen Karnevalsvereins, der »Allgemeinen Karnevals-Gesellschaft«. Die alte KG setzte sich pointiert mit dem Namen »Große Karnevalsgesellschaft« davon ab.

Diesmal war der Erfolg der Abspalter eindeutig. Schon bei den ersten sonntäglichen Versammlungen erschienen 700 Teilnehmer, eine Mitgliederzahl, die die »Allgemeine« in ihrer Festgestaltung unabhängig machte. Man war nicht mehr auf den Gürzenich angewiesen. Alle halfen mit, durch Spenden von Geld und Materialien oder eigene Arbeit einen neuen Saal für den Nachtsball in der Ehrenstraße zu bauen. Er wurde pünktlich fertig und hatte an Karneval doppelt so viele Besucher wie der gleichzeitige Gürzenichball der Großen KG. Auch die Honoratioren kamen und die so begehrten »vornehmen Fremden«, unter ihnen Prinz Friedrich aus Düsseldorf. Ein volkstümlicherer Karneval war allerdings nicht entstanden, auch wenn die Mitglieder jetzt aus verschiedenen Gesellschaftsschichten kamen und nach der Satzung gleichberechtigt waren. Die »Allgemeine« überraschte mit einer Festkonzeption, die in vielem eine Kopie der alten Karnevalsgesellschaft war. Das Literarische Komitee als Kontrollorgan des Festkomitees wurde ebenso übernommen wie das höfische Zeremoniell des Hanswurst. Im Festzug 1844 ging »Hanswurst als Emanzipierter« auf »Brautschau« mit »Ehrenwagen, Adjutanten und Leibgarde«. Auch die Einladungen der hohen Militärs und Beamten blieben erhalten und bewährten sich. Immer wieder war es der Regierungspräsident, der den Raveaux-Karneval vor der Zensur rettete. Die »Allgemeine« inszenierte den subversiven Karneval in bildungsbürgerlicher Verkleidung,

hinter der sich die politische Satire oft bis zur Unkennt-
lichkeit verbarg. Auch das hatte man von den Karnevals-
vorgängern gelernt. Die Mimikry schützte vor einem
Verbot, wie es die »Düsseldorfer Karnevalsfreunde« ereilt
hatte, weil sie in der Vorkarnevalszeit laut und direkt
gegen die polizeiliche Überwachung protestiert hatten.
Das »Volksfest« blieb also, wie es schon die »Eisenritter«
gewünscht hatten, »in den gehörigen Schranken«. Stadtschreiber Fuchs notierte beruhigt, dass in der »sehr gemischten Gesellschaft« die »größte Ordnung, Ruhe und
Anstand« herrschten und nichts politisch Anstößiges zu
erkennen war. Regierungspräsident Gerlach glaubte zwar,
»entfernte Anspielungen« auf den preußischen Strafge-
setzentwurf bemerkt zu haben. Aber die ordnete er, wie er
später in einem ähnlichen Zusammenhang argumentierte,
den »ungezogenen Späßen« des Karnevals zu, die »auch
früher keineswegs … gespart worden.«

Trotzdem gab es immer wieder Beschwerden bei Behörden über den Karneval der »Allgemeinen«. Raveaux
wusste, dass er bespitzelt wurde, und entwickelte sich
zum Taktiker. Als die Düsseldorfer Karnevalisten zu einer
Kölner Sitzung eingeladen waren und sich über die Auflösung ihres Karnevals empörten, winkte Raveaux ab und
brachte einen Toast auf das Wohl des Königs aus. Ebenso
demonstrativ entzog er dem Sozialisten Karl Grün bei einer Sitzungsrede das Wort, weil der Text nicht vom Literarischen Komitee geprüft worden war. Erst im zweiten Jahr gab es Anzeichen, dass sich die Handwerker zu
Wort meldeten. Zugthema 1845 war die »Hanswurstliche
Kirmes«, das Lieblingsfest der Kölner Bürger. Die ganze
Bevölkerung sollte in die Gestaltung einbezogen werden.
Wurfzettel forderten auf, »Straßen und Plätze kirmesartig
auszuschmücken«. Ob es dazu gekommen ist, lässt sich
nicht feststellen. Laut Fuchs ging der »Kirmes«-Zug am

Rosenmontag vom Neumarkt aus, aber eine Beschreibung fehlt. Vielleicht war der »Allgemeinen« auch nur das Geld für einen pompösen Zug ausgegangen. Der Ball in der Ehrenstraße war diesmal nicht gut besucht. Eine neue wirtschaftliche Krise im Mittelstand, die sich 1846 zuspitzte, kündigte sich an. 1846 und 1847 gab es weder einen Zug noch einen Maskenball im Raveaux-Verein. Er beschränkte sich auf den Sitzungskarneval.

Der machte allerdings in den folgenden Jahren von sich reden. Raveaux war neben anderen Demokraten und Sozialisten in den Stadtrat gewählt worden, was ihm mehr Rückhalt bei der Bevölkerung gab. Im gleichen Jahr, 1846, kam es zu einem folgenschweren Einsatz des preußischen Militärs auf der beliebten Brigittenkirmes von St. Martin. Nach altem Brauch hatten Jugendliche Feuerwerkskörper gezündet und randaliert, was die Preußen in ihrer vormärzlichen Hysterie erschreckt hatte. Es gab einen Toten und 5 Verletzte, darunter völlig unbeteiligte Bürger. Die Stadt war in Aufruhr. Eine Bürgerversammlung forderte, die »Mörder« zurückzuziehen und eine Bürgerwehr aufzustellen. Wieder war es Wittgenstein, der – wie 1830 – im Einverständnis mit dem Oberbürgermeister die Bildung von 6 Bürgerkompanien übernahm. Unter den von ihnen selbst gewählten Führern war auch Raveaux. Nach wenigen Tagen war die Ordnung in der Stadt wiederhergestellt, die Spannung zwischen Bürgern und Militär aber blieb. Jetzt kamen die Theater-Satiren von Raveaux, die in den Sitzungen aufgeführt wurden, richtig. Wie sein erster anonymer Biograph 1848 schreibt, waren diese »kleinen Stücke« ein »neues Anziehungsmittel für das lachlustige Kölner Publikum und füllten die Räume der Allgemeinen-Carnevals-Gesellschaft mit Zuhörern.« Besonders erfolgreich waren sie, wenn Raveaux selber eine Rolle übernahm. Als er 1847 einen betrunkenen Unteroffizier spielte, der als Lehrer die Schüler zu disziplinieren versuchte, brauchte er keine verdeckten Vieldeutigkeiten – jeder im Saal wusste, was gemeint war: eine Parodie auf die Vorfälle bei der Brigitten-Kirmes. Die Satire, jetzt direkter und wirklichkeitsnäher, war beim Publikum angekommen. Allerdings waren die Kölner auch zum ersten Mal in den Sitzungen wieder unter sich. Das Band zwischen den preußischen Regierungvertretern und dem Karneval war gerissen. Obrigkeit und Militär hatten beschlossen, den Karnevalsveranstaltungen fernzubleiben, und beide Gesellschaften verzichteten darauf, sie einzuladen.

In mancher Hinsicht war die »Allgemeine« Episode. Ihre Bedeutung stieg und fiel mit dem Vormärz und dem Schicksal ihres Präsidenten Raveaux. Schon 1848 war sie keine eigene Kraft mehr im Karneval. Den Zug, der mitten in die erste Erregungsphase der Revolution fiel, führte sie wieder gemeinsam mit der Großen KG durch. Und schon Anfang April wurde Raveaux als Deputierter für das Vorparlament der Frankfurter Nationalversammlung gewählt. Er sollte seine Rolle als Karnevalspräsident nur noch selten wahrnehmen, und mit ihm und anderen Demokraten und Sozialisten, die in die Parlamente in Frankfurt und Berlin abberufen wurden, schwand das Profil der »Allgemeinen«.

Was hatte der politische Karneval dem »Kölschen Fastelovend« also gebracht? Auf den ersten Blick nicht viel. Auch die »Allgemeine« gestaltete den Karneval überwiegend »von oben«, auch wenn jetzt Kohlenhändler und Anstreicher mit im Vorstand saßen. Es gab Ansätze, bodenständigere Elemente in den Festplan aufzunehmen, aber zur Weiterentwicklung kam es nicht. Der politische Karneval hat keine eigene Tradition begründet. Aber er ließ etwas anderes zurück: das Selbstbewusstsein der Mehrheit der Bürger, am organisierten Karneval, der als wichtiges Stadtereignis nicht mehr wegzudenken war, mitbestimmend teilzunehmen. Im Karnevalsverein von Raveaux lernten sie, wie vorher schon im Dombauverein, sich als verantwortliche Bürger der Stadt zu fühlen und ihre alte Identität in die neuen Verhältnisse einzubringen. Raveaux hatte dazu wesentlich beigetragen, nicht nur im Karneval, sondern auch außerhalb in seiner politischen Arbeit. Kein anderer der damals politisch Agierenden in Köln hat sich so auf die Mentalität des Mittelstands, an dem sich ja auch die Unterschicht orientierte, eingestellt wie Raveaux. Er verstand sich, aus Überzeugung oder Kalkül oder einer Mischung aus beidem, als einer der Ihren. »Ihr wählt einen schlichten Mann des Volkes«, dankte er seinen Wählern nach dem überragenden Wahlerfolg 1848, »und nicht einen der Reichen oder Gelehrten oder des Adels – nein, einen Mann aus eurer Mitte, der die Eigenschaften besitzt, die den Kölner charakterisieren: treu, ehrlich und bieder.« Ein solches Lob biedermeierlicher Tugenden aus dem Mund eines Mannes, der den demokratischen Aufbruch wollte, mag seltsam klingen, doch traf Raveaux damit das Selbstbild der Kölner, die ihn gewählt hatten. Sie dankten ihm mit einem »lauten Hoch«. »Treu, ehrlich und bieder«, das waren, leicht abgewandelt, schon die Tugenden, mit denen das Städtelob im »Dornenkrantz von Collen« im 15. Jahrhundert die Bürger der Stadt beschrieb: »verstendlich, kloik, vorsichtig, eyrsam.« Mittelalterliche Bürgerwerte, in denen sich christliches »Maß« mit zünftisch-kaufmännischer Verständigkeit mischte, Eitelkeit und Hoffart ausgeschlossen waren. So sahen sich die einfachen Kölner selbst, so wollten sie gesehen werden. Ihre »Eigenart« musste ihnen nicht bestätigt werden, und ihr bürgerliches Selbstbewusstsein war nicht gering. Aber durch Raveaux bekam sie jetzt eine öffentliche Geltung, die Kölner wurden mitsamt ihrem alten

Bürgerverständnis für politisch mündig erklärt. Das war wichtig für die weitere Entwicklung des Kölner Karnevals. Genauso wie die Tatsache, dass durch Raveaux das mehr als 20-jährige Monopol der Ersten Karnevalsgesellschaft durchbrochen worden war. Schon 1846 bildete sich neben der Großen und der Allgemeinen KG eine weitere Karnevalsgesellschaft, das »Bürger-Komitee«, dem 1847 das »Rosenfarben Blau-Montags-Kränzchen« und die »Cäcilien-Gesellschaft«, ab 1849 »Kölner Carnevals-Convent« genannt, folgten, und 1849 das »Hanswurstliche Casino«.

Raveaux scheint im Revolutionsjahr 48 von allen politischen Führern die Kölner in ihrer Mehrheit am richtigsten eingeschätzt zu haben. »Die Leute wollen keine Revolution«, antwortete er dem Düsseldorfer Karnevalisten und Demokraten Hugo Wesendonck, als dieser ihn Anfang März für ein gemeinsames Vorgehen gewinnen wollte. Tatsächlich sprach jedoch einiges dafür, dass in Köln die Revolution beginnen würde. Am 3. März 1848, eine Woche nach dem Aufstand in Paris, zogen Tausende von Kölnern aus der Mittel- und Unterschicht zum Rathaus und übergaben dem Stadtrat unter Führung des Armenarztes Andreas Gottschalk eine Petition mit den Forderungen r.ach allgemeinem Wahlrecht, Volkssouveränität, Arbeitsschutz und kostenloser Bildung. Sie setzten damit als erste in einer preußischen Stadt ein revolutionäres Zeichen. Karl Marx, durch Mitstreiter in Köln herbeigerufen, kehrte mit Anhängern und einer Neuauflage der »Rheinischen Zeitung«, jetzt »Neue Rheinische Zeitung«, in die Stadt zurück. Der revolutionäre Akt der Kölner war jedoch kein »Sturm auf die Bastille«, sondern wohlüberlegt und diszipliniert. Die Beteiligten kamen in »Sonntagskleidung«, und ihr Verhalten erinnerte an die Deputationen in reichsstädtischer Zeit, die ihre Forderungen bei Kaiser und Reichsgericht auf dem Rechtsweg vorbrachten. Aufschlussreich waren die Parolen der Volksmenge vor dem Rathaus an diesem 3. März. Sie hatten vor allem ein Thema: den Schutz der Arbeit vor der Konkurrenz durch fremde Arbeiter und Maschinen. Man protestierte gegen die Gewerbefreiheit und den technischen Fortschritt, die Arbeitsplätze vernichteten. Es sind die gleichen Sorgen und Ängste der Handwerker, die auf dem Handwerker- und Gewerbe-Kongress in Frankfurt wenige Monate später geäußert wurden. Die Handwerker wollten die politischen Freiheiten, aber für die Sicherung ihrer Arbeit gleichzeitig das Eingreifen eines schützenden Staats. In Köln leuchtete das Ideal der Zunftordnung wie zu Zeiten der Lokalpossen noch immer besonders hell. Freiheit war für die Kölner Handwerker nach wie vor nicht zu trennen von Gleichheit und Selbstverwaltung. Die Seiler wollten wieder eine vorgeschriebene Zahl von Arbeitern in ihren Betrieben, die Maurer und Zimmerleute beschlossen eigene Innungen, um die öffentliche Arbeit untereinander aufzuteilen und so dem Wettbewerb mit den Reichen zu entgehen, die vom Stadtbauamt bevorzugt wurden. Es ging dabei nicht nur um einen Überlebenskampf, sondern vor allem, wie Ayçoberry richtig bemerkt, »um Hilfe zur gesellschaftlichen Rehabilitation«.

Die Kölner Demonstranten waren nicht das Industrieproletariat, das Marx im gleichen Jahr in seinem »Kommunistischen Manifest« zur Revolution aufforderte. Die Industrie war in der Stadt noch immer schwach entwickelt, aber auch in den wenigen industriellen Betrieben verstanden sich die Kölner nicht als »Fabrikarbeiter« und nur selten als »Tagelöhner«. Wie Heirats- und Geburtsurkunden belegen, bezeichneten sie sich überwiegend als Handwerker mit den vertrauten Berufsbezeichnungen, auch wenn sie abhängige Lohnarbeiter waren. Die frühere Zunft- und Gewerbehierarchie war vielfach nahtlos in ein, wie Ayçoberry es nennt, »kleinkapitalistisches Unternehmertum« übergegangen. Der Schneider war zum Flickschneider geworden, der Schuster zum Flickschuster. Der Gemüsehändler, der sein Geschäft verloren hatte, verkaufte jetzt freitags gewässerten Stockfisch in seiner Wohnung. Der Anschein eines sozialen Rangs wurde nach außen aufrechterhalten, die Deklassierung in der Stadt war jedoch noch weiter fortgeschritten.

Das Revolutionsjahr schuf in Köln keine Revolutionäre. Wohl aber eine gewachsene soziale und politische Selbstachtung bei allen Bürgern. Die Arbeitslosenzahl war im Frühjahr 1848 noch einmal gestiegen, aber ausgegrenzt wurde niemand. Selten war der »einfache« wie arme Bürger so umworben wie jetzt. Er wurde gebraucht. Zunächst von den Vereinen, die ab Anfang April aus dem Boden schossen: dem »Arbeiterverein«, der »Demokratischen Gesellschaft«, dem »Verein der Arbeiter und Arbeitgeber«, auch dem »Bürgerverein«, in dem sich die Liberalen versammelten. Der Arbeiterverein, am 13.4. von Moses Hess und Andreas Gottschalk gegründet (später stießen Marx und Engels dazu), hatte im Mai schon 5000 Mitglieder, überwiegend Handwerksgesellen, Tagelöhner und Lohnarbeiter. Er war damit einer der größten Arbeitervereine der damaligen Zeit. Die ganze Stadt schien in den ersten Wochen nach den Märztagen zu einer »ununterbrochenen Volksversammlung« geworden zu sein (Ayçoberry), so zahlreich waren die politischen Aktivitäten der diversen Vereine, aber auch der Bürger selbst.

Die folgenreichste Veränderung, die schließlich den letzten Rest von Ständeherrschaft oder besser Ständeverständnis in der Stadt beseitigte, fand jedoch anderswo statt: in der Bürgerwehr. Die Bürgerwehr war schon 1830 und 1846 als vermittelnde Kraft zwischen Militär und

Bevölkerung eingesetzt worden, immer mit Missbilligung der preußischen Regierung. Im März 48 kam das Signal dazu vom König selbst. Friedrich Wilhelm IV. hatte nach einem blutigen Aufstand in Berlin die Bürgerwehr legalisiert, indem er sie mit Waffen aus dem Zeughaus versorgte und ihr die Schlosswache überließ. Als eine Bürgerversammlung in Köln anschließend die Volksbewaffnung forderte, folgte die Genehmigung durch den Stadtrat zügig. Wieder entstand eine Bürgerwehr aus 6000 Mann mit 28 Kompanien, eingeteilt nach Wohnbezirken. Zwei der damals beliebtesten Kölner wurden mit absoluter Mehrheit der Wehrmänner an die Spitze gewählt: Wittgenstein als Kommandant und Raveaux als sein Stellvertreter.

Für alle beteiligten Bürger war die Bürgerwehr eine intensive politische Schulung. Gewohnte Hierarchien waren in ihr aufgelöst, soziale Schichten und Parteirichtungen gingen quer durcheinander. Nach der Bürgerwehrliste des Stadtviertels St. Martin und Sternengasse waren neben überwiegend ärmeren Bürgern auch wohlhabende Kaufleute, Beamte, Fabrikanten und Rentiers aufgestellt. Das gab Probleme. Die demokratische Struktur der Bürgerwehr forderte die Wahl der Führer durch die Kompanien, und mancher besser gestellte Bürger weigerte sich, dem Befehl eines sozial unter ihm stehenden Offiziers zu folgen. Andererseits waren in einigen Kompanien die Wehrmänner der Unterschicht schwer oder gar nicht zu disziplinieren. Trotzdem war der Einsatz der Bürgerwehr ein Erfolg. Sie schuf Ordnung in der Stadt, und ihr Ansehen bei der Bevölkerung war groß. Plötzlich hatte die Stadt wieder ein Symbol ihrer Einheit. Anders als in den beiden vorhergehenden Bürgerwehren waren diesmal alle Bürger, ungeachtet ihrer sozialen Herkunft, vertreten. Die Feste der Bürgerwehr wurden zum gesamtstädtischen Ereignis. Die Musikvereine »Concordia Colonia« und »Agrippina« spielten auf, wenn sich die Kölner mit »ihrer« Bürgerwehr auf den Rheinwiesen trafen und das von Jacques Offenbach komponierte Lied »Grüß Gott dich, Bürgerkamerad« sangen. Und die Kölner Bürgerwehrmänner bejubelten sich wie heute die Karnevalisten: »Alaaf Kölle, Alaaf die Commandante, Alaaf die Bürgerwehr!«

Altes und Neues waren auch in der Bürgerwehr eng verbunden. In ihr lebte eine alte kölnische Institution wieder auf. Zur Freiheit hatte in Köln jahrhundertelang die städtische Wehrverfassung gehört, das Recht jedes wehrfähigen Bürgers, bei Aufruhr und Krieg unter dem Kommando des Stadtrats militärische Aufgaben zu übernehmen. Ein altes Recht, das Kaiser Heinrich IV. schon 1106 den Kölnern gegeben hatte. Die Wehrordnung baute zunächst auf den Sondergemeinden auf, dann, nach dem Verbundbrief 1396, auf den Gaffeln und Zünften, schließlich, ab 1583, wieder lokal auf den Stadtbezirken, den Colonellschaften. In den letzten Jahrhunderten der Reichsstadt, als die Stadt eigene Stadtsoldaten bezahlte, war das bürgerliche Wehrrecht mehr und mehr zu einem ideellen Wert geworden. Wie sehr, lässt sich noch an dem gesellschaftlichen Rang erkennen, den der »Bürgerhauptmann« und »Bannerherr« auch in französischer Zeit behielten, als die städtische Wehrverfassung gar nicht mehr bestand. Nicht nur die Lokalpossen zeugen davon. Franz Kasper Rhodius, der Betreiber einer beliebten Wirtschaft mit Tanzsaal in der Schmierstraße, fügte seinem Namen im Kölner Adressbuch noch 1797 als stolze Werbung hinzu: »Bürgerhauptmann in der 5. Colonellschaft«.

Auch 50 Jahre später war die alte Wehrordnung noch nicht ganz vergessen. Das Bürgerheer war nach wie vor in 5 »Banner« eingeteilt, der »Bannerführer« hatte eine herausgehobene Stellung, er konnte Stellvertreter des Kommandanten sein. Der alte städtische und der neue nationale Stolz zeigten sich demonstrativ im Aufmarsch des Bürgerheers zum 600-jährigen Dom-Jubiläum im August 1848. Selbstbewusst paradierten die Bürgerwehrmänner vor dem König und 30 000 Gästen, die Garnison musste mit ihrem Vorbeimarsch warten. Der König atmete auf – die Düsseldorfer hatten ihn und seine Delegation wegen der verzögerten Reformen mit Protest und Straßendreck empfangen, es war zu radikalen Auseinandersetzungen gekommen. In Köln jedoch schien die Revolution überwunden.

Aber Triumph und Krise lagen bei der Kölner Bürgerwehr nah beieinander. Drei Wochen später kam es zu einem gefährlichen Zwischenfall, bei dem wie 1846 Bürger und Militär aneinandergerieten. In einem »verrufenen« Viertel war es zwischen einem betrunkenen Soldaten und einem Wirt wegen eines Mädchens zu einem Streit gekommen, der eskalierte. Andere Soldaten kamen hinzu, zogen die Säbel und verletzten wieder einmal unbeteiligte Bürger. Zuletzt verschwanden die Soldaten unerkannt in die Kaserne, und die Bürgerwehr hatte die ungeliebte Aufgabe, die Kaserne vor den aufgebrachten Bürgern zu schützen. In diesem explosiven Moment beging Wittgenstein, gerade erst zum Regierungspräsidenten ernannt, einen verhängnisvollen Fehler. Er wandte sich unmittelbar an die Führung der Garnison und sorgte für die Verlegung der am Skandal beteiligten Einheit aus der Stadt. Die Bürgerwehr war zum Stillhalten verdammt, und die Tat der straffällig gewordenen Soldaten konnte nicht mehr verfolgt werden. Das Vorgehen Wittgensteins löste im Bürgerwehrhauptquartier eine beispiellose Wut aus. Wittgenstein hatte die Befugnisse des Bürgerwehrkommandanten eigenmächtig überschritten, ohne Rücksprache und Konsens mit der Bürgerwehr und dem Stadtrat gehandelt und war als Regierungsrat im Alleingang zum langen Arm der

Berliner Regierung geworden. Das demokratische Selbstverständnis der Bürgerwehr war verletzt, das, worum es in diesen Revolutionstagen ging. Wittgenstein wurde abgewählt und trat kurz darauf auch von seinem Amt als Regierungspräsident zurück.

Wahrscheinlich begann hier der »Niedergang des Honoratiorendenkens« (Seyppel) in Köln, der sich im nächsten Jahr bei den Wahlen bemerkbar machte. Die bisher führenden Persönlichkeiten der Stadt verloren an Einfluss. Eine direkte Folge war, dass die Bürgerwehr ihre stabile Orientierung verlor und in den Septemberturbulenzen zwischen verschiedene Fronten geriet. Sie sollte das Volk vor der Polizei schützen und die Polizei vor dem Volk. Die Polizei drang in die Wohnungen von einigen wortführenden »Radikalen« ein, die auch Mitglieder der Bürgerwehr waren, und forderte die Wehrmänner auf, ihr bei den Verhaftungen zu helfen. Statt dessen besannen sich die Kölner auf ihr eigenes Rechtsempfinden, wie sie das schon im Mittelalter gemacht hatten, wenn sie in Zweifelsfällen Verurteilten vor der Hinrichtung zur Flucht verhalfen. Sie befreiten die Verfolgten aus der Polizeigewalt und ließen sie weiter bei Kundgebungen reden, auch als sie verboten worden waren. Die Geschlossenheit der Bürgerwehr löste sich auf. Einige Kompanien versuchten die Ausschreitungen von Demonstranten zu verhindern, andere Bürgerwehrmänner demonstrierten mit und halfen den Jugendlichen beim Barrikadenbau. Am nächsten Tag, dem 25. September 1848, besetzte das Militär die Stadt, der Belagerungszustand wurde verhängt. Die Kölner leisteten keinen Widerstand. Größere Versammlungen, politische Vereine und die demokratische Presse wurden verboten, die Bürgerwehr musste innerhalb von 3 Tagen ihre Waffen abgeben und blieb aufgelöst.

Die Revolution in Köln war zu Ende. Die Liberalen

spotteten anschließend über den »politischen Karneval« mit seinem »Revolutiönchen«. Karl Marx zog sich in der Folge von den »kleinbürgerlichen Demokraten« zurück, mit denen keine Revolution zu machen sei, und konzentrierte sich auf das Potential des Proletariats. Was für die Kölner blieb, war Enttäuschung, die sie allerdings mit vielen Deutschen teilten. Sie zogen daraus ihre eigenen Konsequenzen. Bei den ersten Wahlen nach der von Preußen oktroyierten Verfassung, die allen Bürgern das Wahlrecht zugestand, sofern sie nicht von der Armenfürsorge abhängig waren, wählten sie keine »Führer« mehr, sondern ihre eigenen Leute, die sie kannten: einfache Handwerker und Händler. Die »reichen«, kommentierte die »Neue kölnische Zeitung«, wurden von den »kleinen Leuten« geschlagen. Marx lobte damals noch das »gewachsene politische Bewusstsein« in der Stadt, das die Wahlen zu »Parteiwahlen« gemacht habe. Die »Linke« hatte dominiert. Aber das »gewachsene politische Bewusstsein« der Kölner wandte sich weniger den überregionalen Parteien zu als dem eigenen »Milieu« mit seinen ungelösten sozialen Problemen. Als Raveaux zur Wahl kurzfristig nach Köln zurückkam und für einen gesamtdeutschen demokratischen »Centralmärzverein« warb, konnte er seine alten Anhänger nicht mehr begeistern. Er verlor dramatisch an Wählerstimmen und kehrte frustriert nach Frankfurt zurück. Die Kölner aber hielten sich an das, was ihnen in Krisenzeiten immer Halt gegeben hatte: an den engsten vertrauten Lebenskreis, die Nachbarschaften.

# 12.

»Mer stonn op uns eige Föss«.
Der Veedelskarneval.

## 1850–1900

Nach der Revolution war die Karnevalsorganisation in
Köln verändert. Die Oberschicht der wohlhabenden und
gebildeten Bürger hatte ihre Führungsrolle im Karneval
verloren und sollte sie in der früheren Form auch nicht
wieder zurückgewinnen. Alte Bräuche waren in der Re-
volutionszeit wieder aufgekommen und hatten Zeichen
gesetzt. Die Enttäuschung über Wittgenstein war von
Katzenmusik begleitet, die vor seinem Haus veranstaltet
wurde. Dasselbe widerfuhr Ludolf Camphausen, der im
Mai 1848 mit Enthusiasmus in die Berliner Nationalversammlung gewählt worden war und dort als preußischer
Ministerpräsident die Erwartungen der Wähler nicht er-
füllt hatte. Man sang gehässige Lieder vor seiner Wohnung
und bewarf das Haus mit Steinen. Das waren Vorboten
eines Charivari, das sich im Karneval 1849 radikalisierte.
Unter dem Titel »Schattenseiten des Karnevals« beschrieb
die »Kölnische Zeitung« die »Pöbelherrschaft« auf der
Straße und in den Häusern. »Banden« waren in die »von
Männern verlassenen Wohnungen« eingedrungen und
hatten die gedeckten »Tafeln« leergeräumt und »zertrüm-
mert, was sie nicht verschlingen konnten«. Das war kein
bloßer Vandalismus, sondern die alte karnevalistische
»Heimsuchung«, die sich gegen missliebige Personen der
Gemeinde richtete. Die »Zimmersche Chronik« berichtet,
wie so etwas 1513 im Schwäbischen ablief. Damals hat-

ten junge Gesellen einem verhassten Mitbürger das »hus durchgeloufen«. Sie stürmten die Wohnung, zerschlugen einen Kessel mit gesottenen Hühnern und machten einen »Hof« (Gelage) mit »sieden, mit braten, mit juchzen und mit schrien.« »Keller und Speicher aufzubrechen, den Wein auszutrinken und allerlei Schabernack« anzurichten, gehörte nach Karl Meuli allgemein zu solchem Hausfriedensbruch. Jahrhunderte hatten die Städte gebraucht, um mit diesem anarchischen Maskenrecht fertig zu werden. Köln hatte ein bemerkenswertes Beispiel befriedeter Karnevalskultur bis ins 19. Jahrhundert hinein gegeben. Die Heimsuchung war in Gastfreundschaft umgewandelt wurden. De Noël lässt das noch 1831 erkennen, wenn er schreibt, dass die Kölner die sie »heimsuchenden Gäste herzlich und gastfrei« aufnahmen. Jetzt war der Karnevalsfrieden gebrochen. Das Charivari markierte eine Dissonanz, eine Zäsur, aus der eine Neuordnung des Karnevals hervorgehen sollte.

In den 1850 er Jahren breiten sich Karnevalsgesellschaften in der ganzen Stadt aus. 1857 zählte man bereits 31 Gesellschaften, die nicht mitgezählt, die entstanden und inzwischen wieder verschwunden waren. Man hat das oft eine Zersplitterung des Karnevals (oder ähnlich) genannt. Aber die Einheit der Ersten Karnevalsgesellschaft war durch Exklusivität erkauft, sie hatte nie die Gesamtheit der Kölner repräsentiert. Das änderte sich jetzt. Die Erneuerung des Karnevals ging diesmal von den Veedeln und Nachbarschaften aus. Vereine entstanden in den Wirtshäusern und Kneipen, da, wo die Mehrheit der Kölner, der Mittelstand und die Unterschicht, ihren Fastelovend schon immer gefeiert hatte und wo man mit den Dombaugesellschaften die ersten Vereinserfahrungen gesammelt hatte. Der Vormärz und die Revolution hatten die Kölner moderner gemacht. Sie waren »vereinsreif« geworden und schufen so die Kontinuität in der Geschichte der Kölner Karnevalsgesellschaften. Auch die neuen Karnevalisten übernahmen das Vereinsmodell, das Wittgenstein mit seinen Mitstreitern vor 30 Jahren geschaffen hatte. Die neuen kleinen Gesellschaften hatten wie die KG von 1823 einen Vorsitzenden, einen Rat, Lieder und Büttenreden, ja, sogar ein Literarisches Komitee. Sie wollten keinen Alternativkarneval, sondern in den bewährten Formen des reformierten Karnevals ihren eigenen kölschen Fasteleer.

Die oktroyierte Verfassung vom Dezember 1848 hatte bei aller Einschränkung eine neue Freiheit gebracht: Vereinsgründungen waren im Gegensatz zur Restaurationszeit grundsätzlich erlaubt. Die Bedingungen wurden allerdings schon ab Februar 1850 verschärft. Aus Angst vor neuen Unruhen entstand ein strenges preußisches Überwachungssystem. Öffentliche Versammlungen mussten von der lokalen Polizei genehmigt werden, Spitzel schleusten sich in karnevalistische Veranstaltungen ein. Die Große, die 1850 den Karnevalszug noch organisiert hatte, sagte ihn für 1851 ab. Mit Ausnahme schwacher Wiederbelebungsversuche blieb die Tradition mit Zug und hauptverantwortlichem Festkomitee der Großen KG für mehrere Jahre unterbrochen. Erst 1858, als unter Wilhelm I. die Versammlungsgesetze gelockert wurden, wagten frühere Mitglieder der Großen einen Neuanfang mit einem eigenen Verein »Train de plaisir« und einem gleichnamigen, von ihnen gesponserten Zug.

Der Rückzug der führenden Karnevalisten hatte freilich schon früher begonnen. Einige Lieder der Großen KG in der Session von 1850 geben ein genaues Bild der Lage. Da wird in »Et Kummitee Söns un Jitz« geklagt: »Doch wat eß jitz der Fasteleer? / Wat eß et Kummitee? / De Mietzte gevven nicks dervör, / Dröm süht mer se nit he.« Die »Häre« in der »Klick« sind »dönn gesieht«. Statt dessen machen sich »Weeth« und »Cunditor«, »Tapezeerer« und Zimmerlück« neben dem »Handwerksmann« breit, alle auf der Suche nach Arbeit, denn der Gürzenich muss restauriert werden. Auch Hanswurst sieht sich von seinen alten Getreuen verlassen: »Ha, wo ist mein alter Rath? / Wo steckt Feldherr und Zaldat? / Doch kein Mäuschen regt sich dort, / Alle, alle waren fort.« Er weiss: sein »Glück … brach das Genick / Durch die Revolution«. Ein »Narrenreich zu gründen fällt jetzt schwer, denn die freie Preß' un Red / Strafte neu un alte Sünden«. Nur ein »kleiner Zug, Kämpen jung und bieder« hält zu ihm. Mit diesen »Dreiunddreißig« beginnt er neu.

Die Erste Karnevalsgesellschaft war jedoch nicht nur nach innen geschwächt, sondern auch nach außen. Die alte Kritik an der Alleinherrschaft der KG und dem fehlenden Volkscharakter des Rosenmontagszugs flammte wieder auf, auch unter den Altkarnevalisten selbst. Als die Große 1850 den Stadtrat um die Überlassung des Gürzenichsaals für den Maskenball (und damit auch für die Finanzierung des Zugs) bat, wurde der Antrag von den Stadtverordneten mit einer Gegenstimme abgelehnt. Unter ihnen waren auch drei Karnevalisten der KG: Benedikt Nückel, Arzt am Bürgerhospital, Everhard von Groote, Präsident der Armenverwaltung, und der Herausgeber der »Kölnischen Zeitung«, Joseph DuMont. Nückel war schon 1824 Mitglied der Karnevalsgesellschaft gewesen, hatte aber auch, wie von Groote, noch 1830 in den Lokalpossen von De Noël mitgespielt. Er lehnte den Rosenmontagszug grundsätzlich ab, der sei in der letzten Zeit nur noch ein »Vorbeiführen alter Garderobe« gewesen. Nach seiner Meinung sollte der Maskenzug verschwinden, damit das Fest »sich wieder auf eine originale Weise anderweitig Bahn brechen« könne. Er hoffte auf die Regeneration des Karnevals vor 1823. Früher habe das »ganze Volk mitgespielt« und den Karneval »auf die lustigste Weise in kleinen Banden« auf den Straßen und in den Häusern gefeiert.

Es gab also eine allgemeine Stimmung für einen karnevalistischen Wechsel in der Stadt. Auch die Veranstaltungen an den Karnevalstagen 1850 machten das deutlich. Am Samstagabend fand im Stollwerck-Theater ein »Karnevalskonvent« statt, an dem 400 Personen teilnahmen. Im Stollwerck hatten sich in revolutionärer Zeit die Demokraten getroffen, unter ihnen auch die Kritiker der KG. Auch diesmal werden sich hier die Mitglieder der »Allgemeinen« zusammengefunden haben, die für 1850 wie im Jahr zuvor alle Vereinsaktivitäten abgesagt hatte. Statt dessen unterstützte man den inzwischen im belgischen Exil lebenden Raveaux, der in Abwesenheit zum Tode verurteilt worden war, nachdem er nach der Auflösung des Frankfurter Parlaments am badischen Aufstand teilgenommen hatte. Raveaux selbst hatte für die tollen Tage ein Karnevalsstück, »Drei Tage im Gasthof zum roten Ochsen oder 1848, 1849, 1850« geschickt, das an Karnevalsdienstag ebenfalls im Stollwercksaal von Mitgliedern der »Allgemeinen« mit Erfolg aufgeführt wurde. Der Erlös ging an den offiziell immer noch amtierenden Präsidenten, der jedoch schon im folgenden Jahr starb. Fuchs berichtet außerdem von einigen Vorkommnissen im Stollwerck, die oppositionellen Charakter verraten. Es seien »mancherlei anstößige und anzügliche Sachen »vorgetragen worden. Ein »Herr«, der eine Rede des Königs anlässlich des Eids auf die Verfassung parodiert habe, sei vom »Polizeiinspektor« verhaftet, von seinen Freunden aber wieder befreit worden. Im Stollwerk war die revolutionäre Stimmung offensichtlich immer noch nicht abgeklungen. Die Große fiel dagegen mit ihren Karnevalsunternehmungen ab. Ihre Generalversammlung war »sehr lau« (Fuchs), der Gürzenichball, den der Stadtrat schließlich doch noch genehmigt hatte, war nur »halb so besucht« wie sonst und der Rosenmontag nicht »so brillant« – eigentlich, meint Fuchs, fand er nur statt, weil man »die Sache nicht untergehen« lassen wollte.

Der organisierte Karneval hatte für den Moment seine erste und vornehmste Heimat, die Große KG, verloren. Das war die Stunde der »Kleinen«. 1852 gründeten die Eigelsteiner Kappesbauern einen eigenen Karnevalsverein, der als einziger neben der Großen und den Roten Funken seit dieser Zeit überlebt hat. Die »Greesberger«, wie sie sich nannten, waren Stadtbauern, die ihre Felder vor den Toren der Stadt, auf dem Greesberg, einem Nippeser Gelände, hatten. Das Zusammengehörigkeitsgefühl der alten Bauernbank, der sich selbst verwaltenden Genossenschaft, war in ihnen lebendig geblieben. Jetzt fand es Ausdruck in einem neuen karnevalistischen Veedelsbewusstsein. »Mer stonn op uns eige Föss«, sangen die »Greesberger Mötze« 1855 in ihrem Wirtshaus »Em halve Mond«. Eifrig wird in ihren Liedern die Abgrenzung gegenüber den »Anderen« betrieben: »Drömm, doo Greesberger, lohs nit noh / Lohs de andere laufe … kümmert no öm keiner üch, / Dä noor immer üch belüch / Un am Engk noch gar bedrüch.« Dagegen ist der Greesberger »dä ächte Stamm vun Kölle«, »Dä kennt kein Falschheit un kein Leß, / Hä kennt nor dä Humor.« Das Lied »Einigkeit« beschwört das »echte« Kölschsein der »Boore«: »Wat mer meine, dun mer sage / Zunder vill Geschwätz, / Dann echte Kölsche hann un drage / Op der Zung et Hätz.« Das klingt wie ein Programm gegen die Welt der Großen KG, wo der einfache Kölner nicht sagen durfte, was er meinte, wo man im »Geschwätz« seine Meinung verbarg. In der eigenen Karnevalsgesellschaft findet der Eigelsteiner Boor eine

neue feste Orientierung: »Dröm halt no faß, Greesberger-
boor, / Un bliev der immer glich, Un fällt et söß ov fällt
et soor, / Halt faß an Dingem Rich.« Der kölsche Boor,
den De Noël vom Reichsstadtsymbol zur Leitfigur der
Karneval feiernden Stadtgemeinde gemacht hatte, wird
nun als »Greesberger« zum Statthalter des Eigelsteinvier-
tels. Sein Reich ist im Karneval noch einmal geschrumpft,
zum Viertel geworden, in dem sich der Stadtbauer als der
wahre Kölsche erkennt.

Auch in den gemischt-bürgerlichen Vierteln der Stadt
entsteht ein neues karnevalistisches Wirgefühl. Das dokumentiert ein Liederheft der Gesellschaft »Unger uns«,
die sich im »Engel« am Pählepohl (Perlengraben) traf.
Schon der Name betont die nachbarschaftliche Intimität.
Aber das allein begründet bei ihnen nicht die Aufbruch-
stimmung der Jecken. Sie verstehen sich als Nachfahren
der Revolution. Im Lied »Der neue Carneval« geht es
um ihr Credo der Gleichheit: »Der Carneval gehört uns
Allen, / Ist keiner Kaste Eigentum« und noch präziser in
»Die Mitglieder der Unger uns«: »Ob er Kaufmann, ob
Beamte, / Handwerksmann, du bist ihm gleich, / Hier
kennt keiner den verdammten / Rangstolz aus dem Men-
schenreich. / Hier ist keiner Hochgeboren, / Man fragt
nicht nach Eleganz, / Jeder hat sich hier verschworen /
Gegen solchen Firlefanz.« Die Unger uns – Karnevalisten
sind aufgeklärter als die Greesberger Bauern. Sie berufen
sich nicht allein auf die Nachbarschaft und das »kölsche
Hätz«, sondern auf das Naturrecht des Menschen, das
die Revolution populär gemacht hatte: »Doch in unseren
lust'gen Reihen / Herrscht die Stimme der Natur, / Und
dies bringt den Mann, den freien, / Immer auf die rechte
Spur, / In dem Mensch den Menschen ehren, / Reicht
sich jeder hier die Hand, / Kann man wohl noch mehr
begehren, / »Unger uns«! du schönes Band«. Hinter dem

Pathos der Unger uns steckt aber auch der alte Kölsche, der sein »Maß« selbst bestimmt. Wie die Greesberger setzen sie sich ab von den »Anderen«, die sie offen benennen: »Uns schere nit die Großen / Un nit die ›Dat sin mer‹ / Mer drinken he met Moßen / Uns Pinkges Gläser Beer.« Man will die enge genügsame Trinkgemeinschaft der Gleichgesinnten im Karneval. Da mag ringsum noch so viel Bemühen und Geschrei um Wiederherstellung des früheren größeren Karnevals sein, die Unger uns wehren jede Einmischung von außen ab: »Wat schad (kümmert) uns dä Farina, / Dä uhß jiz weed gewihß (empfohlen). / Wat kümmert uns et Stina, wenn dat sich bützen ließ?« Offenbar gab es Versuche, zwischen der Großen und den kleinen Gesellschaften zu vermitteln. Die Zeitungen und einige Wirtsleute wünschten sich den vertrauten Prominenten-Karneval zurück. Doch die Unger uns zeigen sich unbeeindruckt: »Die Zeitungsschmierereien, / Die gonn uns all niks an, / Dä »decke Kopp« (J. L. Dickopf, Besitzer des Eiserschen Tanzsaals) mag schreien / Nohm Göz'nich, wat hä kann.« Und am Ende der Strophe folgt die Begründung für den »Eigensinn«: »Dä Senf weed nor am besten, / Eß Essig bei der Hand.« Mit den Greesbergern sind sich die Unger uns einig: der Karneval braucht wieder einen freieren Witz, offen, direkt und auf kölsche Weise verständlich.

Die Greesberger setzen gegen »Falschheit« und »Leß« ihren kölschen Humor, die alte Lachgemeinschaft, in der nichts übel genommen wird: »Och kölsch un häzzlich got gemeint, / Dä Spaß uns he vereint, / Un wer ne Kölsche nor versteiht, / Weiss dat nicks drüvver geiht.« Bei den Unger uns hört man »neu Wetze un keine ahle Quatsch.« Sie fordern Aktualität: »Dröm sitt mer nor räsch wetzig / Stoff eß dit Johr genog, / Fresch immer scharf un wetzig / Gebesse wat üch plog.« Die Zensur wird nicht vergessen,

manchmal ist es besser zu schweigen: die »bleche Botz«
(Gefängnis) »kureert den Magen, / Dröm schwigg mer
wahl am besten still.« Aber auf jecke Art läßt sich doch
manches sagen, wie in dem schönen, auch heute noch
(oder wieder) gültigen Vers: »Nit wohr? Wat hammer
nit e Leffen, / Et weed kei Minsch jiz mie bestöört, / De
Geld han dun kein Arbeit geffen / Dröm weed vun Arbeit
keiner mie möd.«

So sehr die einzelnen Veedelsvereine auf ihre Unabhängigkeit bedacht waren, der Kontakt der Vereine untereinander brach trotzdem nicht ab. Die Greesberger, die
so aufmüpfig singen: »Lohs de andere laufe«, erwähnen
doch mit (leicht ironischer) Genugtuung: »Sälvs vum große Kummite / Wohr der Präsident ald he, / Un vum Unger
uns hät och / uns der Vörstand ald besooch. / All hann se
et nett gefungen / Un gesaaht et Beer wöhr goot … Dat git
fosche Mooth.« Auch die Unger uns haben durchaus den
Überblick über das karnevalistische Vereinsleben in der
Stadt und seine Treffpunkte. Das Lied »Carnevalstischer
Adreß-Kalender« gibt Auskunft über »all'de Cumites«,
die sich in der Session 1855 »ald lang berode«, »wat't
Schöns zu machen es.« Es sind 15, über ebenso viele
Stammkneipen in der Stadt verteilt. Die Große steht unter
ihnen immer noch auf dem ersten Platz, weil sie »et längs
besteiht.« Aber die Unger uns fühlt sich als der »Bahs«
und »am schönsten doll.« Dann folgen 'Et Kränzge«, die
Greesberger mit ihrem »Overdöhm« (dem Präsidenten,
benannt nach dem früheren Vorstand der Bauernbank),
der »Püngel«, die Freudenhall«, »Mer sinn de Ahle«, »De
Revalent Arabica«, »De Pöckvüggels« usw. Kölsche und
hochdeutsche Vereinsnamen sind bunt gemischt, aber die
kölschen überwiegen. Und über aller Vereinsindividuali-
tät steht der gemeinsame Fasteleer, von dem die letzten
Zeilen singen: »Wenn jeder no deit / watt hä kann, / wat

han mer dann Pläseer. / Mer rofe all we eine Mann, / Alaaf der Fasteleer!«

Der Karneval brach mit dem Niedergang der Großen nicht endgültig auseinander. In der Vielfalt wuchs er neu zusammen. Die Rückkehr zur alten Veedelsstruktur stärkte den regionalen Charakter des Stadtfestes. Die Mehrheit der Kölner Karnevalisten war jetzt in den nachbarschaftlichen Vereinen sichtbar vertreten. Daraus entstand bei aller Beibehaltung der Traditionen des organisierten Karnevals etwas Neues: das Kölner Milieu bekam eine eigene dauerhafte Stimme. In den Liedern und Büttenreden des Veedelskarnevals schufen sich die Kölner eine zweite Heimat, die sich bis heute behauptet. Sie war die Antwort auf die Veränderungen, die unaufhaltsam in die Stadt eindrangen. Noch bevor 1880 die Stadtmauer fiel, hatte die alte Stadtgemeinschaft eine neue jecke Öffentlichkeit aufgebaut, die ihr Kölschtum mit Klaaf und Witz immer wieder neu erfand.

Joseph Roesberg, Besitzer der Wirtschaft »Em Hahnen« in der Minoritenstraße, machte mit seinem Milieu-Lied »Et Schmitze Nettche« 1857 den Anfang. Zum ersten Mal wird im Karnevalslied der vertraulich-familiäre Ton angeschlagen, der von innen, aus dem Zentrum der »Nohberschaff«, kommt. »Et Schmitze Nettche« kennt doch jeder. Es könnte der Klatsch am Stammtisch sein: »Et Schmitze-Nettche, sapperlot, / Wie staats kütt dat eran: / En Krinolin un Schäferhoot, / Morjü, dat mög ich han! / Französch un Englisch sprich et fix, / Doch en der Köch, do kann et nix.« Bewunderung und Ressentiment, alte und neue Werte, geraten in dem Gefühlsmix der Männerschelte durcheinander. Mitfühlend wird »dä Ahl« besungen, der Vater, der im »wölle Mötzge steiht« und »Kies« verkauft, um für die Tochter »mänche Stüver Geld« zu »spare«, während sie dem Herrn Schmitz noch nicht mal »nen Brei vun Hafergrütz« kochen kann. Das ist der Klaaf der Fastnachtsspiele, 30 Jahre später. Der »hovvädig« gewordene Neffe von De Noëls Juffer Schlotter taucht im »Schmitze-Nettche« wieder auf. Die Emanzipation ist vorangekommen: die Tochter hat Höheres im Sinn, und »dä Ahl«, der kleine Ladenbesitzer, macht mit. Das macht den Skandal noch schlimmer. Theatralisch ruft der Sänger aus, dass er »Nettche« nicht »zum Ehewievge nöhm«: »Ehr reß ich mir de Hooren us, / De Hooren us, / Blevv Junggesell – mie Leed eß us.«

Das Lied muss die Stimmung in der Stadt getroffen haben. Der Erfolg war nicht nur groß, sondern ungewöhnlich – er leitete eine neue Epoche des Karnevalslieds ein. Von jetzt ab konnte jedes beliebte treffsichere Sitzungslied zum Volkslied oder, wie man es damals nannte, zum Gassenhauer werden. Die vielen Veedelsvereine waren die neuen Verstärker. Das Lied blieb nicht mehr Eigentum einer einzigen KG, die es zum Rosenmontag auch für die Straße freigab, sondern es breitete sich innerhalb wie außerhalb der Vereine viel schneller in der ganzen Stadt aus und wurde auch nach der Session weiter gesungen. So kam es zu der Freundschaft zwischen Roesberg und dem Drehorgelspieler Johann Joseph Palm. Nicht nur »Et Schmitze Nettche«, sondern auch viele der folgenden Roesberg-Lieder gehörten in den nächsten Jahrzehnten zum Standardrepertoire des »Urgels-Palm«, der in den Straßen der Viertel zu einem der beliebtesten Stadtoriginale wurde. Aber auch in der »Ewigen Lampe«, dem feinsten Lokal der Stadt, waren Roesberg-Melodien zu hören. Der »alte Warburg«, auch er ein Kölner Original, trug sie auf seiner Flöte vor. Als ehemaliger Verwalter des Gymnasial-Fonds hatte er Kontakte zu den oberen Kreisen der Stadt, war mit Roesberg befreundet, aber auch mit Professor Kreuser, einem bekannten Karnevalisten, der für die Erste KG viele hochdeutsche Texte geschrieben hatte. Die »Nachbarschaft« im Roesberg-Lied hatte eine neue umfassendere Karnevalsgemeinde hergestellt, in der die Standesunterschiede verschwanden. Dem Schmitze Nettche ließ Roesberg bald ein männliches Pendant folgen: »Pitterche, dat Mutter-Söhnche«. Auch Pitterche ist ein Produkt moderner Verwöhnung. Von seiner Mutter mit ehrgeiziger Liebe bedacht, wird er mit Ach und Krach in die Akademiker-Laufbahn geschubst und »stolzeed« nun »täglich zur Parad / Em helle Sonneschein … em Aug et Glas, gewichs de Baat / un Sporren an de Bein.« Für Roesberg mit dem »schälen« Nachbarschaftsblick ist der »noble Fant« der richtige Heiratskandidat für »et Nettche«. Außer dem Doktor-Titel hat er zwar nichts zu bieten, aber: »Sin Ädäppel och nor zo Hus, / Wat mäht dat us! wat mäht dat us! / Dä Mann führt dich doch staats erus!«

1859 rundet Roesberg mit »Schnüssen-Tring oder eine moderne Dienstmagd« den Typen-Zyklus ab. Im Ansatz ist das Lied ein Duett, ein Auftritt mit Kostüm und Wechselrede. Zur Einführung ist eine Regieanweisung vorangestellt: »Nachdem Frau Müller, eine geborene Schmitze Nettche, durch die Kölnische Zeitung ein reinliches Mädchen für Küche- und Hausarbeit gesucht, präsentiert sich in »Tring« ein solches Individuum.« Nettche, Pitterche und Tring sind für Roesberg ein jeckes Trio, alle drei Aufsteiger der jungen Generation, über die das Veedel lacht. Tring ist eine Nachfahrin von Juffer Schmuddel, wahrscheinlich war das De Noëlsche Lied Vorbild für Roesberg. Aber während die Juffer sich noch im Schmuddel abmühte, die bürgerlichen Normen zu erfüllen, fordert Tring mit neuem Ehrgefühl und ihrer »Schnüss« einen Katalog von Privilegien von ihrer Herrschaft ein. »Windlewäsche« geht ihrer »Ehr zo noh«, »de Stroß zo kehre … eß« für sie »kein Schicklichkeit«, für »Wasser holle un dat

Greeß un och de Kolle…mutt…se nen Husknäch han« und fürs Putzen »de Putzfrau«. »Et Schmitze Nettche« erweist sich als Frau Müller, die neue Madam, auf der Höhe des Kölner Humors und setzt noch eins drauf: »Do häß jo noch vergesse, / Wat's do jeden Tag wells fresse; / Zor Bedeenung, Boore-Tring, / Holl'n ich deer en Waatsbeging (Aufwartefrau)«.

»Et Schnüsse-Tring« übertraf noch den Erfolg von »Et Schmitze-Nettche«. Das Lied erschien noch im Entstehungsjahr als illustrierte Einzelausgabe und wurde für Jahrzehnte zum Evergreen. Der Jeck war mit dem Veedelslied in den Karneval zurückgekehrt. Erst jetzt hatte er hier seine Basis gefunden. Jeder konnte in seinem Verein den gelebten Humor der Stadt im Lied öffentlich machen, jeder fühlte sich im Mitsingen und Mitlachen in seinem Kölschtum gestärkt. In dieser Aufbruchsstimmung des Volkskarnevals begann mitt Roesberg eine Tradition, die ganze Serien von Nachfolgeprodukten anregte, eine nicht abreißende Geschichte von Brechungen und Neudefinitionen des Kölschen.

Das gilt auch für die Rede. Wie Roesberg Motive aus De Noëls Lokalpossen weiterentwickelte, setzte Maria Heinrich Hoster fort, was in »Schnüsse-Tring« angelegt war. Zwei Jahre nach Roesbergs Tod trat Maria Heinrich Hoster 1873 als »Tilekatessenhändler« Antun Meis in die Bütt. Er griff die Kostümrolle von »Schnüsse-Tring« auf und entwickelte sie weiter zur Typenmaske, einer gleichbleibenden Maske, die er »Kuraktermaske« (Charaktermaske) nannte. In Wahrheit ist es die Jeckenmaske. Mit dem Gespür für die Widersprüche der Jeckennatur machte Hoster den Antun Meis zum alten und neuen Bürger in einer Person. Der Tilekatessenhändler aus »d'r Spitz« (Spitzengasse im Severinsviertel) will »nach oben«, er sucht den Anschluss an die »fein Lück« und zählt sich selbst zu »de gebild'te Häre«. Ständig sieht man ihn sich »afplacke, for mit der Nobeleß Umgang zu bikommen«, und ständig verrutscht ihm dabei die Maske, und die alte »Klut«, der grobe Kölsche, kommt zum Vorschein.

Er geht ins Gürzenichkonzert, tritt in einen Sparverein ein, wird Präsident der KG »Nasse Föß«, gibt ein »feines Abendsuppehchen« usw. Aber im Gürzenich veranstaltet er ein kleines Gelage mit »wat zu trinken un Blutwurß«, auf dem Weg zum Sparverein trifft er einen alten Freund und verjubelt beim Biertrinken und Bauchredenlernen drei »Daler«, hat aber eine »Kreuz-Komödie« wie »mizzen im Fastabend«. Schlimmer sind die »Biestereien«, in die er auf seinem Bildungsweg immer wieder gerät. Die alte »Klick« aus der Nachbarschaft kommt ihm ständig in die Quere und verwickelt ihn in vertraute Freuden und Gewohnheiten, die schließlich in Schlägereien enden. »Ija, lieben Freunde, bei Menschen, wo die Bildung fehlt, da fehlt alles«, klagt der »feine Här« Antun Meis über die »ordinäre Gesellschaft«. Aber an anderer Stelle erinnert er sich, der selber »e beßje hetzig is«, seufzend an die »Rabauen« und »Neumaatsherren«, bei denen die »Knuuze« und »Wammännche« (Ohrfeigen) zu den »Unterhaltunge« gehörten, als »einem de Leut noch nit die Bildung schwer machten«.

Hoster machte regelmäßig Recherchen in der Stadt. Jeden Montag, am »blauen Montag«, dem früheren Zunfttag, zog er durch die Veedel und schrieb auf, was er sah und hörte. Er war wie De Noël ein verhinderter Maler und schließlich Fotograf und »Retuscheur« geworden. Das mag seine Wahrnehmung für das verborgene Bild hinter der »Verschönerung« geschärft haben. Auch wenn er übertrieb, so ganz fern von der Realität war seine Satire nicht. Was man sich unter einem »Tilekatessenhändler« aus »d'r Spitz« vorstellen muss, macht eine Anekdote anschaulich, die man sich damals über den Armenlehrer Wilmius erzählte. Wilmius arbeitete an der Pfarrarmenschule von St. Peter (übrigens derselben Schule, an der auch Hosters Vater Lehrer war), und sein Gehalt war so dürftig, dass seine Frau einen »Tilkatessenlade« aufmachen musste, in dem er in seinen freien Stunden aushalf. Seine Schüler nannten den Laden, vor dem ein Fass mit Rübenkraut und ein »Büttche« mit Stockfischen stand, nur »Büdchen«. Eines Tages spielten sie Wilmius einen Streich: sie warfen die Stockfische in die »Soot« (Gosse) und meldeten dem Lehrer, seine Fische könnten wieder schwimmen. Die »Soot« war damals, als die Stadt noch keine Kanalisation hatte, eine stinkende Kloake. Für Wilmius jedoch kein Problem: er wusch die Fische schnell ab und legte sie wieder ins »Büttche«. Bei Hoster findet sich eine ähnliche Geschichte vom verdorbenen »Schillfisch«, von dem der Tilekatessenhändler schnell noch »e gut Portiönche« an seine »Leut« bringt, den Rest aber – nicht ohne Folgen – mit seinem »Grietchen« selber verzehrt, damit »das Kapitälche mit sammb die Zinsen nicht zum Deubel« gehen sollte.

Die Komik einer kruden Normalität, die sich mit den hochtrabenden Ansprüchen der Bürger nicht vertrug – Hoster spürte sie überall auf. In »Drei Könige oder die Weisen aus dem Morgenland« verwandelte er drei Jahrzehnte angestrengter Kölner Maskengeschichte in eine entlarvende Rüpelszene. Wieder tritt ein »Schmölzche« aus »d'r grosse Spitzgass« auf, diesmal als »Dreikönige« verkleidet mit dem Schäl als Kamel und den »Mädcher« (den Ehefrauen) als »Schäferinne«. Man weiss, was sich gehört, wenn man zum »Ahle Kohberg« will, wo die Veedels-Gesellschaft »Nasse Föß« auf ihrem »feine Maskenball« einen Preis für die »schönste Kuraktermaske« vergibt. Und den sieht der Antun Meis schon für die »Dreikönige«

gewonnen. Er selbst trägt nämlich eine Prunkkostüm aus »koßspilligem ... Glanznessel« mit »Silberfranzele«, an der »Sonndagsbotz zwei golde Striefe«, und seine »Wasserstiefel – de wore ganz Gold«. Auch als König denkt er immer an die Höflichkeit, deshalb hat er sich an seiner »Kron« einen »Kappenschirm ... angenieht«, um »bequäm größe« zu können. Aber der Schäl macht ihm, wie schon so oft, einen Strich durch die Rechnung. Er fängt an, ein Lied zu singen: »No soll dem Hahn ...« – offenbar etwas Unanständiges, denn der Antun Meis, auf die Würde seiner »Kuraktermaske« bedacht, tadelt ihn: »Dat passt sich nit für die Weisen aus dem Morgenland.« Der Schäl beharrt auf seinem Karnevalsrecht: »... als Kamel kann ich singe, wat ich well« und macht sich über den »Dreikönig« Meis lustig: »Do met dingem glanznessele Schützel – do däts mer noch lang nix!« Es kommt, wie es kommen muss, alle geraten sich in die Haare, auch der »Nakswächter«, der Ordnung schaffen will, wird nicht verschont, und schließlich landen die »Kuraktermasken« im »Tippo« (Polizeiwache). Empört bringt der Här Antun Meis anschließend eine »Beschwärniß« beim Präsidenten der Gesellschaft vor: »... auf wat für 'ne unerlaubte Art mer uns Maskenfreiheit nich respekteeren hat gedan« und »dass dat avgeändert werden mög«, denn »de Behörde muß anständige Maski's respekteere – wo soll dann der Fastelovend hin?«

In keinem anderen Karnevalstext des 19. Jahrhunderts ist das Dilemma der Kölner Masken so auf den Punkt gebracht worden wie hier. Die Botschaft vom verfeinerten Karneval ist beim Kölner angekommen, aber er versteht sie auf seine Art. Zur vornehmen »Charaktermaske« nimmt er wie eh und je billige Materialien oder solche, die gerade zur Hand sind, er improvisiert, stoppelt zusammen. Das hat nicht nur mit den bescheidenen Lebensverhältnissen zu tun. In München z. B. legten im gleichen Jahrhundert die Dienstmädchen jeden Pfennig beiseite, um sich das teure Kostüm einer Königin ausleihen zu können. Als »anständig« gewordene »Kuraktermaske« läuft der Kölner jedoch immer noch in einer Aufmachung herum, die seine Rolle parodiert. Aber sein Bewusstsein hat sich geändert. In den »döre, kostspillige Anzög« fühlt sich der Antun Meis nicht mehr als Jeck, sondern als unverzichtbarer Bürger im Vereinskarneval. »Wenn mer klein Gesellschafte et Fess nit haben däte«, appelliert er an den »Här Präsident«, wenn die »in der Spetz« und der »Löhrgass« keine Kuraktermaske »machen däte … als da sinn Türke, Ritter, Könige, Schäfer, Fischer und Tiröler beiderlei Geschlechts«, was würde dann der Präsident mit seiner Gesellschaft allein anfangen – »Se können doch nit alles machen!« In diesem neuen Karnevalsstolz versteht er auch die alte Kölner Maskenfreiheit neu. »Kuraktermaske« darf man »nit anfasse«, fordert er und betont noch einmal, die muss »mer respekteere«, immer, einschließlich »Biesterei«.

Hoster verstand sich auf das Spiel mit der »verkehrten Welt«. Sein Antun Meis ist nirgendwo mehr richtig zu Hause, darum müht er sich ab, die verschiedenen Identitäten unter einen Hut zu bringen, bis alles auf dem Kopf steht. Und die Obrigkeit soll dabei helfen. Auch als er in der Bechergass in eine Schlägerei verwickelt wird – »Freunde, de Bechergass is for gewöhnlich als was eng« – erwartet er von dem einen oder anderen »Här Stadtrat«, dass »de Bechergass doch was breider gemach wird, dass wann mer sich emal zerschlage muss« es nachher nicht so teuer wird. Bei Hoster konnte der kölsche Jeck endlich mal wieder alle Register ziehen: von der »unsittlichen« Vitalität bis zur biedermännischen Rechthaberei, von der Kunst des Schängens bis zum Knubbel-Hochdeutsch bürokratischer Floskeln. Und die ganze Stadt lachte mit. Hoster hatte seine Antun Meis-Reden zuerst in der Gesellschaft »Karnevalistischer Reichstag« vorgetragen, deren Mitglied und späterer Präsident er war. Bald trat er auch in anderen Vereinen auf, u. a. in der wiedererstarkten Großen KG. 1880 gründete er mit großem Erfolg die heute noch bestehende »Kölner Narren-Zunft«, deren Sitzungen er als Zunftgelage gestaltete mit kostümierten Amtsmeistern und Bannerherren. Auch die Frauen durften daran teilnehmen. Mit seinem »Antun Meis« wurde er schlagartig berühmt, zuerst nur in der Stadt, dann aber auch als »rheinischer Humorist«. Verstärkt wurde der Erfolg noch, als Hoster auf Anraten von Freunden die Reden publizierte. 1878 erschienen die ersten beiden Bändchen »Kölsch Levve«, dann folgten die »Kölsche Krätzcher« und Ende der 1880er Jahre »Stückelcher aus dem ländliche Leben des Antun Meis«. Zusätzlich unterhielt Hoster sein Publikum als »Ridaktur« Antun Meis des »Kölsch Käsblättche for das gebildete Volk«, das er von 1881–1884 herausgab.

Mit Hoster war ein Tabu gebrochen, das seit dem reformierten Karneval auf dem Kölner Volksleben in seinen gröberen Varianten lag. Ansätze dazu hatte es seit De Noël und den Lokalpossen immer wieder gegeben, aber sie konnten sich nicht auf Dauer durchsetzen. Einer der gewagtesten Verstöße gegen das »Reich des Schönen«, das die Karnevalsgesellschaft der Zeit überwiegend vertrat, war 1839 das »Fastelovendshöchgen« (Fastnachtsspiel) von Johann Matthias Firmenich »Dä Bevva un et Hänneschen om Gözenich«. Firmenich gehörte damals zum Kleinen Rat der KG, 1842 war er einer der Gründer der »Eisenritter« und auch hier im Kleinen Rat vertreten. Als Philologe, der später Professor in Berlin wurde und eine mundartliche Sammlung von Sagen, Märchen und

Volksliedern herausgab, hatte er den romantischen Blick für die wilde Originalität der kölschen Sprache, die sich besonders prall in den Schimpfreden entlud. Die setzte er ungeschönt in seiner Hänneschen-Komödie ein, die das »Unterste«, die kölschen Bauern, mit dem »Obersten«, dem Gesellschaftsball im Gürzenich, kontrastiert. Mariezebell, deren Mann Bevva mit Sohn Hänneschen heimlich auf dem feinen Gürzenichball feiert, folgt den beiden und erwischt ihren Mann beim Schäkern mit einer weiblichen Maske, das er als »Schängen« über seine Frau versteht: »Dat eß en Kragkapp, aal Schateek, / wormstichig, rostig wie en Peck. / Dat eß mie Krütz, dat Schrumpelwiev, / De quatsch am Kopp wie en Urgelspief«. Wütend wirft Mariezebell »et Domino un de Flabes« ab und »kritt« ihren Mann »mit der Pürck«: »Do Nestekopp, nicksnötzige Pen!« Die Verwandlungskomödie wird zur Burleske. Am Ende geraten alle, auch »et Hännesche«, dessen »Drückche« mit »nem Trajaner« angebändelt hat, in eine Schlägerei und werden rausgeworfen.

Firmenichs Hänneschen scheint Schule gemacht zu haben, auch wenn nichts davon überliefert ist. 1845 musste Carl Cramer, einer der führenden Demokraten und Vorstandsmitglied der »Allgemeinen«, 3 Taler Strafe zahlen, weil er sein Fastnachtsstück »Hänneschen und Bestevader suchen ein Engagement« unzensiert vorgetragen hatte. Die Hänneschen-Figuren waren als Repräsentanten des Volks im Vormärz populär, auch wenn Cramer als Wuppertaler sie wahrscheinlich nur Hochdeutsch sprechen ließ. Dagegen schöpften die Greesberger 1855 wieder ungeniert aus der Quelle des Kölschen Schängeleers. Im Duett »Liebesansprache bei einem Greesberger Mädchen« zeigt die Greesbergerin gegenüber dem höflich werbenden Bürgersohn die ganze kölsche Klaviatur ihres strotzenden Selbstbewusstseins. Der »Anmache« in Goe-

the-Manier: »Schöne, darf ich's wagen, / Um Sie anzufra-
gen« setzt sie ihren Greesberger Stolz entgegen: »Hör ens
dä lange Därm / Beeht mer an he singen Ärm, / Of dä
fahle Kähl wohl meint – / Dat ich wör op ihn benäut (angewiesen)«. Der zweite Versuch: »O, laß dich erweichen, /
Mir die Hand zu reichen« macht das »kölsche Mädche«
noch kreativer: »Soll mer nitt kaputt en gonn, / Wann mer
süht de Latz do ston, / Steiht im jeder Knoch erus – /
Quetsch sich och von Lieb noch uhs – / Hör wat ich der
jitzen sage: / Komm mer nit mieh an et Liev; / Denn do
Schmeck (Pferd) vum Duudewaage / Bes doför nit rief.«
Das ist Originalton nach Kölner »Kappesbooren-Aat«,
für den die Marktfrauen auf dem Altermarkt berühmt
waren, über die Ernst Weyden schrieb, dass Shakespeare
von ihnen »noch manches hätte lernen können«.
Erst mit Hosters Antun Meis kam jedoch die Akzeptanz für die Stimme der unteren Volksschichten in die
Bütt. Die Klutenrede eroberte alle Ränge des Sitzungskarnevals, wurde Mode bis in die 1890er Jahre. Noch in
den zwanziger Jahren des nächsten Jahrhunderts bevöl-
kerten Nachkommen des Antun Meis die Bütt. Wie der
»Piccolo« von Ludwig Freiberg (1925), der von seinem
ehrgeizigen Vater, der »Zappjung in 'ner kölschen Wirtschaft« ist, auf den richtigen Weg ins »öffentliche Leben«
gebracht wird. Damit »dä Jung« sich nicht immer »mit so
enem gewöhnliche Bürgerpack erum schlage« muss, »die
doch bloß 10 Prozent Drinkgeld gebe«, wird er »erster
Piccolo« in einem »furchtbar fein eingerichteten Lokal«
aus dem Schiebermilieu. Hier lernt er nicht nur, die Preise
auf der Wein- und Speisekarte jeden Abend zu ändern,
sondern kriegt auch »Privatunterricht« in der doppelten
Buchführung »un im Rechnen mit unbestimmten Zahlen«. Das Bildungspathos hat die »Klut« der Weimarer
Jahre abgelegt. Aber mit ihrem emsigen Aufsteigerwahn

ist sie wie Antun Meis Produkt ihrer Zeit, ein »schräger« Pionier in einer durcheinandergeratenen Welt.

Die Jeckenrede Mitte der 20er Jahre war jedoch nur kurzes Nachspiel. Längst hatten sich andere modischere Redeformen in den Sitzungen durchgesetzt. Der Jeck, Lieblingsfigur des Veedelskarnevals in Lied und Rede, verschwand wieder von der Karnevalsbühne.

# 13.

»Nä, wo eß dann der Humor?
Dä ging üch jo juss zum Troor.«

Ende des 19. Jahrhunderts bis 1933

1929 wurde Wilhelm Schneider-Clauss, Gymnasiallehrer, Mundartdichter und engagierter Karnevalist, gefragt, was er vom kommenden Fastelovend 1930 halte. »Nix, garnix«, antwortete er, »wann hä su bliev wie en de letzte Johre: Geschäff, Geschäff un nix als Geschäff!« Und dann legt er los: dass die Büttenredner »mem Auto durch de Stroße rose«, um ihre Reden »op sechs, sibbe Plaze an der Mann un zo Geld zo bränge«, dass die »Krätzchessänger, Kummedemächer«, sogar die Ratsherren und – was er nicht glauben wolle – auch Präsidenten »blos an der Rebbes (Geld) denke«, den sie mit dem Fastelovend machen können. Er kritisiert die Geltungssucht der Karnevalisten, die »bileidig« sind, wenn der Präsident nach ihrem Auftritt »nit genog geloov un geloge« hat. »Un wie bileidig! Keine Schauspiller un kein Sängerin kann esu 'n Schnüss schnigge wie ne bileidigte Karnevaliß.« »Spaat!«, ruft er den Karnevalisten zu und erinnert an die Einfachheit des Festes. »Spaat an allem, och an Seid un Bechergassengold. Halt de Festöngcher (Kostüme) einfach, ävver genöglich un kölsch … Halt uns Feß schön bürgerlich un altkölsch!«

Schneider-Clauss (1862–1949) war ein unermüdlicher Kämpfer für den volkstümlichen Karneval, den er in seiner Substanz bedroht sah. Hoster war sein Vorbild, an ihm nahm er Maß und befand schon 1909 anlässlich ei-

169

ner von ihm herausgegebenen Hosterschen Werkauswahl: »(Hoster) ist der einzige kölsche Klassiker, der wirklich Echtes, Gutes, Originelles geschaffen hat.« Neben ihm fällt für ihn die übrige »kölsche Literatur« ab, sie »besteht … leider meist aus Anlehnungen, Übertragungen, Travestien, kurz aus Unechtem, Minderwertigem.« Prüft man sein Urteil an der damaligen Büttenrede, muss man ihm recht geben. Seit Anfang der 1890er Jahre begann die von Hoster inspirierte Klutenrede zu verschwinden, mit ihr übrigens auch die kölsche Krätzchenballade, die Fritz Hönig in den 70er Jahren in die Bütt gebracht hatte. Die hochdeutsche Rede dominierte. Die Einflüsse kamen von außen, von den sich ausbreitenden Vergnügungsstätten, den Revuen, dem Varieté. Nach dem Abriss der mittelalterlichen Stadtmauer 1881 war die Einwohnerzahl Kölns sprunghaft nach oben geschnellt, bis 1910 auf 260 000 Einwohner. Köln war damit die zweitgrößte Stadt Preußens. Viele verstanden sich jetzt als Teil einer Großstadtgesellschaft. Auch der Kölner Karnevalist gab sich als »Mann von Welt«, offen für die Witze und Vorurteile, die »modern waren«. Professoren-Reden wurden beliebt (Professor Bubbelatius, Professor Kalmus, Professor Säuerlich), Adels-Reden (Baron von Schneidewitz, Leutnant von Versewitz) und die »karnevalistischen Plaudereien« über alle möglichen Gegenstände – die später sogenannte Themenrede. Die Themen waren so weit gefasst (die Jagd, das Fenster, der Branntwein, der Gesang, das Papier usw.), dass eine lockere witzelnde Konversation entstand, die den Humor durch Anzüglichkeit ersetzte. Das Ressentiment grassierte. Die Frau, Thema Nr. 1, wird zum tückischen Phantom, das dem Mann »Fallen und Schlingen legt«, den Ehemann zum »Waschlappen« macht und zu den gefährlichen Tierarten gehört. »Die Boa«, doziert Professor Kalmus, »wird von den Damen um den Hals getragen, und so hat man mitunter das seltene Natur-schauspiel, dass eine Schlange die andere um den Hals trägt.« Auch politisch wird das Vorurteil mit dem Gestus der Überlegenheit in eine betont ästhetische Form ge-bracht. So kommt Professor Säuerlich in seiner Rede über die »Hose« beiläufig auch auf die Franzosen zu sprechen: »70 trugen die Franzosen / In dem Kriege rote Hosen, / Diese liessen sie sehr schön / Meist von hinten uns be-sehn. / Als vom Krieg nach Haus sie kehrten, / Mußten sie gereinigt werden.«

Die Klutenrede hatte es daneben schwer. 1893 beginnt Carl Klönne, einer ihrer Vertreter, seinen Auftritt mit den Worten: »Die Kluterei muss aufhören. Der Carneval muss veredelt werden! Dem Publikum soll was Reelles geboten werden.« Dabei beruft er sich auf seine Frau Plünn: »Wenn et jet Reelles sein soll, dann zeig denne Häre ens de Aap.« Und dann erzählt er die Geschichte von der Aap Hermine, dem Haustier, das nach dem Be-schluss Plünns auf denselben Namen hört wie die unge-liebte Nachbarin – was zu Verwicklungen führt, die vor Gericht enden. Noch wirkt das Hoster-Modell nach, al-lerdings ist von den jecken Verwerfungen im Milieu nur noch das »Reelle«, die »Biesterei« übriggeblieben. Trotz-dem gibt es in diesen Jahren noch eine genaue Vorstellung vom Kölner Humor: »Dä Kölsche, och dat Leevche, / Mäht klein die grötste Saach, / Un uus em Knallbung-bönche / Mäht he nen Donnerschlag«, heisst es in einem Sitzungslied. Und die Rede »E neu ABC« beschreibt den »Orden« wie folgt: »... weed am Botzenbein, Knopploch, op der Bruß un öm der Hals gedrage / un deent derzo, meeschtens unverdienter Wiß / gedrage oder gekauf zo wede.« Karl Küpers, der 1905 für seine Kölsch-Ballade »Tant Fränz« die Fastenrath-Medaille bekommen sollte, trägt 1894 als »Schohmächer Schmitz« das Krätzchen von dem Esel auf dem Theater vor, mit dem er noch einmal den Büttenredner selbst auf den Arm nimmt. Der Esel »wirft sich« auf der Bühne »in die Brust«, »stipp sie baure Maul en de Hüh« und schreit den »Kunstfreunden« ein Iaah, Iaah, Iaah »schauerlich süß en de Ohre«, seitdem hat ihn der »Künstlerstolz … als gepack.« Andere Redner haben die Nuancen des Antun Meis-Hochdeutsch noch stilsicher im Ohr. In »Ein Tag in der Stadt« (1893) trifft ein Arbeitsloser der Bismarckzeit in der Kneipe einen anderen Arbeitslosen und fragt ihn: »Un wovunn denns sin Sie derheim?« Auf die Antwort: »Aus Breslau« entgegnet er mit der typischen Kölner Lokalarroganz: »Ja, liebe Mann … wann Sie keine Kölsche sinn, dann könne mer nix für Sie duhe! Dann müssen Se der Staub von ihre Schuhe schütteln un auswandere.«

In der zweiten Hälfte der 1890er endet die doppelbödige Veedelsrede ziemlich abrupt. Ab 1897/98 haben sich auch Klönne und Küpers dem neuen Rollen- und Themenmodell angepasst. In einem Gemisch von Kölsch und Hochdeutsch, das sich wechselnde, nicht mehr ins Milieu gehörende Themen sucht, reden sie über Allgemeines: »Allerhand über Musik« (Klönne), »Der Geschmack« (Küpers). Das Lachen wird nicht mehr auf Kölns Straßen gefunden, der Humor nicht mehr aus der Philsophie des Lokalen entwickelt. Formgebend ist das im Varieté so beliebte Couplet-Lied, das mit seinem Pointenwechsel von Strophe zu Strophe nicht nur die hochdeutsche Büttenrede verändert, sondern jetzt mit seinem Witze-Potpourri auch auf die Mundart-Rede durchschlägt. Sie wird flacher, beliebiger, ja, ohne die traditionelle Hintergründigkeit vulgär. Der Kölner verlernt in der Bütt die Distanz zu sich selbst. Peinlich sind die Pöbeleien von Hubert Ebeler, einem der Stars der damaligen Rede, wenn die Frau ihren Mann, der nach einer Begräbnisfeier zu spät nach

Hause kommt, empfängt: »Beß do ald fädig met Begrave, do versoffe Ferke?« oder wenn er dem »Herrn Rat«, der ungewollt »pensioneet weed«, nachruft: »E Glöck, dat dä ale Plaatekopp ne Trott vor de Podex hät kräge!« Da ist es nur ein Schritt zu dem plump-aggressiven Nationalismus bei Willy Pfaffenholz in seiner Rede »Auf dem Rade um die Welt«. Als der Radler an der französischen Grenze von dem Grenzbeamten gefragt wird, ob er Preuße sei, gibt er zur Antwort: »Mach, dann schlon ich dich vor ding Schnüß, do 25 Johr nit avkammesölte (verprügelter) Jubiläumsfranzos zo Foß: mie Vatter hätt bei de Veeziger gedeent.« Der Größenwahn des Kaiserreichs hatte das Lachen der Kölner in Häme verwandelt.

Die Gefahren dieser Entwicklung wurden früh erkannt. Schon 1886 hatte es beim Stadtrat Proteste gegen die »guten Sitten und das Anstandsgefühl« in den Vorträgen der Großen KG gegeben. Hubert Ebeler warnte seinen Sohn Gerhard, der ihm 1905 als Büttenredner folgte, vor dem »Litschpulver«, dem Ausbuhen durch das Publikum, das er oft erlebt hatte. 1904 erscheint im »Kölner Karnevals-Ulk« eine Rede »Fastelovend en aler Beleuchtung«, die den Geist von Edmund Stoll, des Karnevals-Kenners in der Mitte des 19. Jahrhunderts, beschwört: »Edmund Stoll begänt mer letz, / Frog: Wat maht ehr Kääls för Krätz? / Wat maht ehr mem Fasteleer, / Dä doch Köllens schönste Zeer?« Der Geist des Edmund Stoll kritisiert, wie später Schneider-Clauss, das Reden »för Geld«. Die »Wanderquante«, die an einem Abend in 5 Lokalen dieselbe Rede halten, haben »dat Feß verhunz«: »Wat ich sohch, gefeel mer nit, / Hätt vum Fasteleer kein Kitt! / Nä, wo eß dann der Humor, / Dä ging üch jo juß zom Troor ... Tingeltangel, Reutespill (Künstlichkeiten), / Dovunn hät mer bahl zo vill.« Zaghaft klingt der Einwand gegen Stolls strenge Kritik: »... andre Zigge, ander Aat.« Aber am Schluss

wird eingeräumt: »Mänchein denk wohl noch em stelle /
Wie der Edmund Stoll.«

Der Protest äußerte sich schließlich auch öffentlich. Es
kam zu vielfältigen Initiativen der Bürger und der Stadt,
die lokalen Traditionen und das historische Bewusstsein
in Köln zu retten. 1906 wurde der Heimatverein Alt-
Köln zur Pflege der Mundartdichtung gegründet, 1907
der Kölnische Geschichtsverein. Schneider-Clauss hatte
schon früh auf seine Art versucht, der Kölner Volkskultur
einen größeren Raum zu verschaffen. Seit 1894 erschienen
seine kölschen Volksschauspiele, die 1912 auch auf dem
Stadttheater aufgeführt wurden. 1906 ließ die Stadt 15 000
Exemplare seines Karnevalslieds »Fastelovend kütt eran«
auf Straßen und in Schulen verteilen. Denn auch beim
Lied machte sich der Niveauverlust bemerkbar. 1912
nahm sich der Oberbürgermeister Max Wallraf persönlich des Karnevals an. Er regte einen Bürgerausschuss zur
Förderung des Rosenmontagszugs an und bemühte sich
1913 mit einem Preisausschreiben für die beste »Kölner
Hymne« um einen stärkeren Heimatbezug.

All diese Anstrengungen drangen jedoch auf der Straße
und auch im Sitzungskarneval kaum durch. Hier hatte sich
die Hierarchie, die von Anfang an im Sitzungskarneval
angelegt war, wieder verstärkt. Der Vereinskarneval war
zu einer Gesellschaft innerhalb der städtischen Gesellschaft geworden, mit eigenen Regeln, eigenen Empfindlichkeiten und Vorurteilen. Von außen war da so schnell
nichts zu bewegen, und eine innere Opposition, wie es sie
früher gegeben hatte, fehlte. Die Demokratie der vielen
kleinen Veedelsvereine hatte ihren Einfluss weitgehend
verloren. Seit 1888 bildeten die beiden wichtigsten Gesellschaften, die Große KG und die Große Kölner KG, ein
gemeinsames Festkomitee, dem auch Vertreter kleinerer,
am Zug beteiligter Vereine angehörten. Es entstand eine

umfassende Organisation, die in der Praxis effektiv, für Veränderungen aber wenig offen war. Ein politischer Stimmungswechsel kam hinzu. Die Kölner waren nicht mehr demokratische Opposition im Preußenstaat. Spätestens seit Preußens Sieg über Frankreich 1871 und dem Beginn des Kaiserreichs war auch der offizielle Karneval allmählich immer nationaler und preußen-treuer geworden. 1893 sang man inbrünstig die Hymne zu Kaisers Geburtstag: »Zu dem Kaiserthrone blickt mit Stolz das Volk empor, / Wenn zum Wiegenfest des Kaisers klingt Alldeutschlands Jubelchor ...«.

Entsprechend war man auch in den Sitzungen »staats« geworden. Der Karneval bemühte sich wieder, gesellschaftsfähig zu werden. Hohe und weniger hohe Militärs nahmen an den Sitzungen teil, Stabstrompeter komponierten Büttenmärsche, das Militär stellte Pferde für den Zug. Auch der Rosenmontagszug bekam immer mehr militärischen Schliff. Die Roten Funken waren schon 1867, nach dem preußischen Sieg über Österreich, entgegen ihrer traditionellen Selbstparodie, in »stolzer Haltung« über die Straßen gezogen. Seit 1872 begleiteten sie die »Blauen Funken« in den schmucken Dragoner-Uniformen von Ansbach-Bayreuth, ein Fantasiekorps mit militärischem Zeremoniell, weit weggerückt von der urspünglichen Persiflage der Stadtsoldaten. Auch der Hofstaat des Helden Karneval, der nach 1870/71 Prinz hieß, hatte sich erweitert: 1902 kam die Ehrengarde für Bauer und Jungfrau, 1906 die Prinzengarde für den Prinzen hinzu. Befremdet registriert das Karnevalsgewissen aus dem Mund von Edmund Stoll die Reflexe dieser »Verfeinerungen« in der Sitzung: »Edelpage, we geleck, / Ston beim Vorstand en de Eck, / Dä em Wöpche knallig staats, / Bovve trunt op singer Plaaz. / Alles fing eß dekoreet, / Gold un Silver, Flitterkrom ... / Un dann all dat Militär! / Sag mer,

175

Mann, wo kütt dat her? / Ältste Geck krüff (kriecht) an de Wand / Vör dem jüngste Leutenant ... / Sit ehr Kölsche doll geworde? / Weßt ehr nit, we et fröher wor?«

Der engagierte Karnevalist selbst war zum »Aufsteiger« geworden. Ränge und Ehrenprotokolle schufen ein Prestigedenken, das nicht mehr zum Lachen reizte, sondern ernst genommen wurde. Die Ordensverleihung, seit den 1830er Jahren für besondere Personen und Verdienste vorgesehen, wurde zum heimlichen oder offenen Anspruch jedes Karnevalisten, der etwas auf sich hielt. Mit den Ambitionen kamen auch die Abgrenzungsgedanken. Aufschlussreich ist ein Referat, das 1912 in der »Karnevalisten-Vereinigung Bütt 1911 e. V.« von Christian Witt (Professor Säuerlich) gehalten wurde. Der Ruf nach Erneuerung der Büttenrede war in den Vereinen durchaus gehört worden, und man versuchte, das Problem mit der Bildung eines weiteren Vereins anzugehen, der sich speziell der Büttenrede annehmen sollte. In seinem Referat schildert Christian Witt eine düstere Situation: die Zahl der »guten Vortragsleute« ist in den letzten Jahren auf ein »erschreckendes Minimum« zurückgegangen. Die »sogenannten gutsituierten jungen Leute« wollen keine aktiven Karnevalisten mehr werden, sie finden ihr Vergnügen bequemer anderswo, fürchten auch das »Litschen«. Deshalb gab es »viel Unreifes und Unmögliches« in der Bütt der letzten Jahre. Zitiert wird eine kritische Bemerkung aus dem Publikum: »Dat soll der Kölner Karneval sein? So'n Quatsch, dat sin Auszüge aus de Fliegende Blätter un nich mal de Besten.« Die sicher treffende Bemerkung löst bei Witt keine Kritik am Witzelverschleiss der Büttenrede aus, sondern eine Polemik gegen »einige Büttenredner«: »Menschen, über deren Existenz und Lebenswandel die starkdufensten (sic!) Gerüchte in Umlauf sind. Menschen, die Mein und Dein nicht unterscheiden können. Menschen, deren Leben mehr als zigeunerhaft ist … abgesehen von ungewaschenen Ohren, schiefen Absätzen und gänzlichem Fehlen von Umgangsformen, das alles ist unter die Karnevalisten gegangen und wird bei gänzlichem Fehlen von gutem Material dem Publikum vorgeführt.«

Der Karnevalist als wohlsituierter Bürger entwirft hier das Negativbild seiner Wertevorstellungen. Zwar weiss Witt, dass unter der bunten Mütze »alle Stände gleich sein« sollen, aber, betont er, »es ist nicht zuviel verlangt, wenn wir wünschen«, dass die karnevalistischen Mitarbeiter »rein und wohlanständig« sind, »körperlich wie moralisch.« Wer wirklich gemeint ist, bleibt im Dunkeln. Nur eines ist klar: »zigeunerhafte« Existenzen sollen nicht in die Bütt, sie haben die Rede verdorben. Man will unter sich bleiben: »… alle geistig schaffenden, alle mit Vortragstalent begabten, alle in der Organisation bewanderten Karnevalsfreunde« sollen sich vereinigen und durch gegenseitige Aussprache und Belehrung die karnevalistische Vortragskunst »erweitern« und »verbessern«. Neulingen kann »auf die Strümpfe geholfen« werden, wenn sie die ersten Versuche in den Versammlungen machen und »wir gemeinsam und belehrend ihnen auf den Weg helfen.« Ob bewusst oder unbewusst, die Forderung nach einer dem Kölner Karneval angemesseneren Rede wurde missverstanden, das Urteil des Publikums überhört, Selbstkritik nicht geübt. Immerhin: es gab auch positive Ansätze in dem Referat. Man machte sich grundsätzliche Gedanken über die Büttenrede, wollte über vieles diskutieren: über den Humor, wie er im Karneval sein soll; über Witz, Satire, Zote, die Grenze des Erlaubten; über Varieté, Kabarett, Karneval, ihre Verschiedenheit; über Couplets, Krätzchen, Duette u. a. Die Probleme waren erkannt, aber ob die Erörterungen in diesem Kreis, der sich als Elite und

Vorbild verstand, weitergeholfen hätten, bleibt offen. Es kam nicht dazu.

Mit dem Ausbruch des Ersten Weltkriegs 1914 geriet die Kritik der Büttenrede wieder in Vergessenheit. Der Krieg erlaubte keinen Karneval, und nach dem Krieg blieb der offizielle Karneval durch die Besatzungsmacht bis 1924 verboten. Gefeiert wurde jetzt wieder an den Stammtischen in Brauhäusern und Weinstuben. In gewisser Weise wiederholte sich die Situation vom Anfang der 1850er Jahre. Der organisierte Überbau des Karnevals brach weg und mit ihm auch der gesellschaftliche Druck. Die Kontakte der Vereine untereinander bestanden dabei weiter, es gab internen Austausch, Planungen, inoffizielle Veranstaltungen. In den Vereinen selbst spiegelte sich die veränderte Sozialstruktur der Stadt. Durch die Folgen des Kriegs und der Inflation war die Zahl der Arbeitslosen wieder stark gestiegen und auch das etablierte Bürgertum von der Armut unmittelbar betroffen. 1923 konnten bei den Roten Funken 70 Vereinsmitglieder, darunter viele Kaufleute, die Mitgliederbeiträge nicht mehr bezahlen und wurden aus dem Verein ausgeschlossen. Die Zurückbleibenden beschlossen, nur noch »bescheiden zu feiern, wenn der Nachbar rechts und links darbt, hungert, friert.«

Vorübergehend war das eine Chance zur Erneuerung des Karnevals. Nicht zufällig stand von 1920–1924 Wilhelm Schneider-Clauss an der Spitze des Familienkreises, den die Roten Funken als Vereinsersatz gegründet hatten. In einem Statut schrieb er die »Pflege altkölnischer Art und echt kölschen Wesens« fest. Vieles, was vor dem Krieg verpönt gewesen war, lebte in den Jahren des verbotenen Karnevals wieder auf. So, wie schon erwähnt, die Klutenrede. Auch im Lied konnte mit den Autoritäten der Stadt wieder auf kölsche Art umgegangen werden. In bester Jeckenmanier sang das Duett Schnitzler und Everhards vom »Kunrad« (Adenauer) und seiner Ausgaben- und Steuerpolitik, unter der die Kölner stöhnten: »Die Stör, die weed jitz avgeschaff, / Die ald bizahlt han, solle / Om Rothuus murge fröh öm zehn / Ehr Grosche widderholle. / Un wä ne Wechsel laufe hät / Un söns noch eß em Dalles / Dä kann hück räuhig schlofe gon, / D'r Kunrad bizahlt alles! ... / Ich weiss et vun d'r Ackermanns (sozialdemokratische Abgeordnete), / Där hät d'r Kunrad et gesaht ... / Un wat dä säht, dat eß gesaht.« Auch für die Stadtratssitzung hatten die beiden Sänger einen Vorschlag. Die soll jetzt offen auf dem Neumarkt tagen, denn im »Rothuus« kann man »dä Stunk nit mieh verdrage«, und das Polizeipräsidium »eß prächtig dann geläge / un och et Bürger-Hospital / för die, die Knuze kräge.«

Mit so viel Freimut in der Bütt war es vorbei, als der organisierte Karneval nach der Aufhebung des Verbote langsam wieder anlief. 1928 gab es zum ersten Mal wieder das volle Programm einschließlich Rosenmontagszug. Joseph Klersch, der damals Augenzeuge war, kam zu einem kritischen Urteil. Er beschreibt den Karneval als »festgefahren«, der Zug schien ihm »in einem operettenhaften Militarismus erstickt«, die vielen »Aufzüge« drohten in den Sitzungen »das Programm zu sprengen«. Die Weltwirtschaftskrise 1929 beschleunigte den Niedergang. Der Zug blieb ohne Zuschuss von der Stadt, die Sitzungen waren schlecht besucht, die Zahl der Mitglieder sank erneut – 1931 und 1932 fielen die Züge ganz aus. In dieser Situation fanden sich erneut Kölner Bürger zusammen, um den Karneval und vor allem das Kölsche am Karneval zu retten. Neue Ideen entstanden im Heimatverein Alt-Köln und dem katholischen Verein »Kölsche Sippschaft«. Sie planten, den Karneval wieder in die Veedel, die Pfarrgemeinden, zu tragen und die Nachbarschaften ihre eigenen Züge organisieren zu lassen. Joseph Klersch, Vorsitzender des Heimatvereins Alt-Köln von 1931–1965, sorgte dafür, dass die Idee Wirklichkeit wurde. Ein neuer Bürgerausschuss, der sich 1932 bildete, stellte das Geld zur Verfügung und setzte sich für die Gesamtorganisation der »Zög« ein. Auch das Festkomitee und die Wirtschaft unterstützten den Plan, und die Stadtverwaltung spielte im Hintergrund mit, indem sie Vertreter des Verkehrsvereins, der Polizei und der Reichsbahn in den Zugausschuss schickte. 1933 zogen die ersten Veedelszög durch die Straßen: »Poller Milchmädchen«, »Maatwiever vum Heumarkt« »raffinierte Schieber« und andere Gruppen erinnerten an Bandenelemente des alten Karnevals. Wieder sah es so aus, als sei man dem Volkskarneval ein Stück näher gekommen. Klersch lobte anschließend das »Echte, Ungekünstelte und Ursprüngliche« der Veedelszög, die Presse entdeckte bei ihnen »wirkliche karnevalistische Ideen«. Doch schon im nächsten Jahr wurde die Volkstümlichkeit den Veedelszög zum Verhängnis. Gerade sie war es, die von der Volkstumsideologie der Nationalsozialisten vereinnahmt wurde. 1934 fuhren in den Veedelszög erste antijüdische Wagen mit, die dann auch Bestandteil des Rosenmontagszugs wurden.

Mit den öffentlichen Sitzungen kehrte nach der Aufhebung des Karnevalsverbots auch die Büttenrede der Vorkriegszeit zurück, allerdings begleitet von einigem Unbehagen in den Vereinen. Thomas Liessem, der damals schon zum engeren Kreis der Karnevalisten gehörte, berichtet, dass seit dem Ende der 20er Jahre die Büttenrede kritisiert wurde. Einige erschienen »zu simpel«, andere »zu gewagt«. Die Ursachen sieht er in den Folgen der Kriegs- und Nachkriegszeit, die das Rednerpotential geschwächt hätten. Manche Redner waren aus dem Krieg nicht zurückgekehrt, andere hatten sich zurückgezogen, der Nachwuchs war schwach, die zurückgebliebenen »Kanonen« fühlten sich »vereinsamt«. Eine »Rednerschule«, die sich aus den Mitgliedern des Literarischen Komitees zusammensetzte, sollte helfen. An geeignetem Nachwuchs schien kein Mangel zu sein, und Thomas Liessem betont, dass die »Auslese hart, aber lohnend« war.

Das Ergebnis der Schulung ist jedoch enttäuschend. Festgeschrieben wurde offenbar nur das, was schon seit der Kaiserzeit Mode gewesen war. Der Verlust der städtischen Karnevalssubstanz hatte nicht zur Debatte gestanden. Betreut wurde der Nachwuchs von bekannten Rednern der Vorkriegszeit. Christian Witt ist wieder dabei, Gerhard Ebeler und Franz Chorus, der, wie er selber sagte, sich bemühte, seinen Reden eine »gewisse literarische Note« zu geben. Alle drei waren »Nummern«-Texter für die Revuen, zu denen seit 1913 auch die Karnevalsrevue gehörte, ab 1919 beliebt als Ersatz für die jahrelang verbotenen öffentlichen Karnevalssitzungen. Den Einfluss der Revuearbeit nahmen die Redner mit in die Bütt und gaben ihn an den Nachwuchs weiter. Es blieb bei der nun schon zur Gewohnheit gewordenen Büttenrede, die zwischen »freigeistigen« Witzen, naivem bis anrüchigem Blödeln und billigsten Pöbeleien schwankte. Das Repertoire aus der Vorkriegszeit wiederholte sich, war aber teilweise noch enger und plumper geworden. Der Eheschimpf ist immer noch Spitzenreiter, jetzt aber überwiegend zum Klischee »prügelnde Frau« – »besoffener Mann« abgesunken. Insgesamt sind der Häme gegenüber der Frau keine Grenzen mehr gesetzt. Die Frau ist die »Xantippe«, »das weibgewordene Bügelbrett … gefärv un kalt« wie »e Osterei«, »immer gereiz un auch ganz überflüssig« wie »der Blinddarm«. Auch die Milieureden, oft mit dem immer noch beliebten Hosterpersonal, erschöpfen sich in einem Dauerregen von platten bis ördinären Witzen.

Politisch ist die nationale Siegerpose der Wilhelminischen Zeit dem verletzten Ressentiment des Besiegten gewichen. In der Rede »Völkerbundspräsident Schinderhannes« von Aloys Hoegen sind die Mitglieder des Völkerbunds »Ganoven, Genossen und Konsorten«, die vom Präsidenten Schinderhannes, der gegen deren Niedertracht ein »Waisenknabe« ist, der Reihe nach kleingemacht werden.

Die Definition der Büttenrede hatte sich grundsätzlich geändert. Thomas Liessem, der den Karneval seit Mitte der Zwanziger bis in die 60er Jahre hinein begleitete, hat sie formuliert. Für ihn ist das »vornehmliche Ziel des Kölner Büttenredners, politische und unpolitische, städtische und weltweite Themen zu karikieren ...«. Vom Kölner Humor ist da nicht mehr die Rede. Auch nicht von der Herkunft des Kölschen aus einem Milieu, das Kritik und Lachen über sich und den anderen als Fundament der Solidarität versteht. Die Karikatur kennt keine Bodenständigkeit, sie ist überall verfügbar und macht sich alles und jedes gefügig. Als Material stellt sie die überregionale unermüdliche Witzeproduktion bereit, die passend gemacht wird. Von dieser Technik lebt die Büttenrede zum größten Teil bis heute.

Neben den Bemühungen um die Veedelszög und die Büttenrede gingen auch die Reformvorhaben von Schneider-Clauss weiter. Seit 1930 gehörte er zum Vorstand der Roten Funken. Es hatte, laut Vereinsprotokoll, »verworrene Verhältnisse im Verein« gegeben. Christian Witt, der vorher Vorsitzender des Vorstands gewesen war, hatte mitsamt dem Vorstand und anderen Mitgliedern die Roten Funken verlassen und einen eigenen Verein gegründet, die »Kölner Funken-Infanterie«. Zurück blieb der Unmut vieler Funken, weil Witt Tanzvorstellungen der Funken gegen eine persönliche Provision vermittelt hatte. Außerdem stellte sich heraus, dass er jährlich 1000

RM aus einer »Reservekasse« bekommen hatte – heimlich, um dem Ruf eines bezahlten Präsidenten zu entgehen. Schneider-Clauss sah seinen Verdacht bestätigt, dass es Präsidenten gab, die »bloß an de Rebbes« dachten. Jetzt sprach er ein Machtwort: für Geld sollten die Roten Funken nicht mehr zu haben sein. 1930 formulierte er die neuen Ziele der Funken: »Dem vaterstädtischen Fest wieder seine alte Schlichtheit, Reinheit und geistige Vertiefung zu geben«, »einen starken Bund Kölner Bürger« zu schaffen und der »altkölnischen Art« den gebührenden Platz auch »in der heutigen Großstadt zu sichern«. Mit ersten Vorschlägen packte er die Umgestaltung an. Das Programm für 1931 lief noch nach der Zusammenstellung des alten Vorstands ab. Für 1932 plante man aber, den Rosenmontagsball unter das Motto »Ech kölsche Fasteleer« zu stellen. Statt auf »Prunk und Pracht« wollte man auf »Witz, Humor und Satire« setzen. Während des Balls sollte ein Maskenzug durch die Straßen ziehen, der zeigte, »was wir Altkölner unter Fastelovend verstehen«. Auch die »Inaktiven« sollten daran teilnehmen. Die Gruppenfolge, an die gedacht war, liest sich wie eine Vorwegnahme der Veedelszög: Brieftauben-Verein »Kehre wieder« von der Sektion Krahnenbäumen, Kegelklub »Bliev am Brett«, Turnverein »Zo möd«, Carnevalsgesellschaft »Gesocks«, »Antun Meis und Genossen« (De hellige Drei Künige) usw. Wahrscheinlich ist es aber nicht dazu gekommen, denn das Protokoll vom 4.2.1931 notiert auch, dass die Kölner »der öffentlichen Maskerade entfremdet« seien.

Das Sitzungsprogramm 1932, das erste unter der Leitung von Schneider-Clauss, weist für die Büttenrede die bekannten Namen auf. Hoegen mit seinem »Schinderhannes« findet viel Beifall beim Publikum, auch Hans Jonen mit einer »hochpolitischen Rede in künstlerisch feiner Form«. Nach der Kritik im »Kölner-Lokal-Anzeiger« wirkte Schneider-Clauss in dem Ensemble nicht gerade glücklich. »In feiner Weise« tadelte er die Redner, dass sie »in ihren Darbietungen« nicht immer die schon seit Jahren vorgezeichnete »saubere Linie« des Karnevals eingehalten hätten. Das Wort »sauber«, von verschiedenen Seiten bis heute immer wieder im Karneval gebraucht, auch missbraucht, muss man hier wohl im Sinne eines Statuts verstehen, als die »alte Schlichtheit und Reinheit« des »vaterstädtischen Festes«. Sein Anspruch hatte sich in der Bütt offensichtlich nicht durchgesetzt, was aber nach dem Sitzungsentwurf durch den alten Vorstand auch nicht zu erwarten war.

Anders sieht das 1933 aus. Die Funken feiern ihr 111. Jubiläum, und die Presse ist nach der Jubiläumssitzung voller Lob. Schneider-Clauss scheint ein erster Durchbruch gelungen zu sein: »So ein Funkenjubiläum hat sich der Gürzenich nicht träumen lassen. Schneider-Clauss ist es doch höllisch ernst mit der geistigen Wiedergeburt des Kölner Karnevals.« Mit »bewundernswertem Feuer« hat er die Sitzung geleitet und auch den Büttenrednern Mut gemacht, einmal »von überkommenen Themen abzuweichen und mit herzhaftem kölschem Witz an die jüngste deutsche Geschichte heranzugehen.« Die Redner sind wieder überwiegend die gleichen, aber Themen und Vortragsweise haben sich bei vielen geändert. Da wagt man sich an die Turbulenzen im Reichstag heran und endlich auch wieder an die Jeckereien in der Kölner Stadtverordnetenversammlung. Hans Broich als Stadtverordneter gibt auf Kölsch eine so »gepfefferte Satire«, dass Schneider-Clauss den Oberbürgermeister, der im Publikum sitzt, um eine Antwort bitten muss. Und der »Kunrad« erwidert »knapp, aber eindeutig: Hä hät rääch.« Der Karneval scheint auf dem Weg, die Stadt im kölschen Lachen wieder zusammenzubringen.

Einen Monat später, am 13.3.1933, übernehmen die Nationalsozialisten die Macht in Köln. Vier Tage danach tritt Schneider-Clauss von seinem Amt bei den Roten Funken zurück. In seinem Abschiedsbrief beruft er sich auf die »Zänkereien zwischen Vorstandsmitgliedern«, die »Zerrissenheit der Funken« und darauf, dass er das »ideale Ziel der Satzung« nicht erreicht habe. Ausschlaggebend aber war wohl »das Geschrei der Partei«, das er erwähnt. Es hatte, zusammen mit den »Zuflüsterungen stiller Widersacher«, seine Person in Misskredit gebracht, ihm den Rückhalt für seine Reformen genommen. Einer, der die Büttenredner ermutigte, über politische Institutionen zu lachen, war für die Nazis untragbar. Am 13.4.1933 bekennt sich der Funken-Vorstand »voll und ganz zur heutigen Regierung«. Konrad Adenauer wird neben anderen Ehrenmitgliedern wie dem Regierungspräsidenten, dem sozialdemokratischen Polizeipräsidenten und dem Juden Grünbaum (Vorstand der Tietz AG) aus den Vereinslisten gestrichen. Dem Kölner Karneval stehen die schlimmsten Jahre seiner jahrhundertealten Geschichte bevor.

# 14.

## Widerstand und »völkischer« Gleichmarsch im NS-Karneval.

### 1934–1939

Die nationalsozialistische Machtergreifung im Karneval verlief in Köln komplizierter als anderswo. In den meisten Städten, vorneweg in München und Frankfurt, war die Eingemeindung der Fastnachtsvereine in das NS-System durch KdF (NS-Gemeinschaft »Kraft durch Freude«) oder lokale, von der Partei kontrollierte Institutionen schon früh abgeschlossen. In Köln geschah dagegen das Unerwartete: die Karnevalisten wehrten sich gegen die Gleichschaltung. Und sie schienen, zum Erstaunen im In- und Ausland, Erfolg zu haben – die Kölner Karnevalsvereine blieben formal unabhängig. Gleichzeitig drang die NS-Herrschaft jedoch in alle Strukturen und Traditionen des Karnevals ein, besetzte die hierarchischen Schaltstellen, die der organisierte Karneval seit jeher geboten hatte, und führte eine Symbiose der nazistischen Volkstumsideologie mit dem Ideal des altkölnischen Volkskarnevals herbei, die die Kölner Karnevalisten glauben ließ, sie selber führten Regie. Daraus entstand eine diffuse Verstrickung, von deren Folgen sich der Kölner Vereinskarneval auch nach der Nazi-Diktatur nicht ganz befreien konnte, weil eine klare Auseinandersetzung mit der Vergangenheit unter den Karnevalisten nicht stattgefunden hat.

Die sogenannte Kölner »Narrenrevolte« im Mai 1935 war ohne Zweifel eine mutige Aktion, auch ein Beweis, dass geschlossenes Handeln selbst in der NS-Zeit bei den

Herrschenden Wirkung zeigen konnte. Dass Thomas Liessem, Präsident der Prinzengarde und Hauptakteur, als Parteimitglied seit 1932 »alter Kämpfer« war, hat dabei sicher keine unwesentliche Rolle gespielt. Aber die Chancen für die Karnevalisten standen zunächst schlecht. Wieder einmal hatte die Partei, diesmal in Gestalt von Wilhelm Ebel, des Leiters des Kölner Verkehrsvereins, einen ihrer bewährten Putsche geplant, eine Nacht- und Nebelveranstaltung, die die KG's entmachten sollte. Hinter dem Rücken der verantwortlichen Karnevalisten hatte Ebel eine neue Zentralorganisation des Karnevals geschaffen, den Verein »Kölner Karneval e. V.« im Verkehrsverein. Ihm sollten nach Münchener Vorbild alle Kölner Gesellschaften unter Aufgabe ihrer bisherigen organisatorischen Rechte beitreten. Federführend bei allen Veranstaltungs- und Finanzfragen war jetzt der Verkehrsverein. Er übernahm künftig die Planung und Durchführung des Rosenmontagszugs und stellte den Gesellschaften die Wagen zur Verfügung. Für den inhaltlichen Teil sollte ein »Literat« eingestellt werden, eine »Persönlichkeit, die auch politisch durchaus zuverlässig« sei. Die Veranstaltungen müssten eine bestimmte »künstlerische Höhe« bewahren. So könne der Kölner Karneval zu einer »repräsentativen Angelegenheit« werden und der Fremdenverkehr im Karneval den »ersten Rang« einnehmen. Ein »Ausschuss Kölner Karneval« mit Vertretern aus Wirtschaft, Behörden und Institutionen, angesehenen Bürgern und Förderern des Kölner Volkstums, unter ihnen Joseph Klersch, war zur Kontrolle vorgesehen.

Diese Neuigkeiten erfuhren die Karnevalsfreunde am 24.5.1935, einen Tag nach der Gründung des Vereins »Kölner Karneval«, aus den Tageszeitungen. Einige Argumente Ebels, die vordergründig zur Rechtfertigung des Machtwechsels dienten, müssen den Karnevalisten bekannt vorgekommen sein. Sie stammten aus dem jahrzehntelangen Kampf um die Erneuerung des Volkskarnevals. Da wurde die »Geschäftemacherei« der Vereine kritisiert, ihr Konkurrenzdenken, das die Preise im Karneval in die Höhe trieb, ihr schlampiger Umgang mit dem Geld, das »versiebt« wurde. Die »geschmacklosen Witze«, so Ebel, müssten ein Ende haben, vor allem, wenn sie »auf Kosten anderer Staaten und politischer Persönlichkeiten des Auslands« gemacht würden. Scheinheilig wurde auf die Witze über Dollfuß, den österreichischen Kanzler, hingewiesen, über dessen Namen sich die Kölner lustig gemacht hatten, den die Nazis selber aber 1934 in seinem Kanzleramt erschossen hatten.

Die »Kölnische Zeitung/Stadt-Anzeiger«, die den Bericht über den Ebel-Coup »Planwirtschaft im Fastelovend« titelte, wagte es, in einer Spalte gleich daneben eine kurze Notiz zu bringen – »Nebenbei bemerkt«. Sie erinnerte an Jacob Venedey, am 24.5., dem Erscheinungstag der Zeitung, 1805 in Köln geboren – einer der »hervorragendsten Köpfe in der Frankfurter Nationalversammlung«. Venedey war im Vormärz wegen seiner revolutionären Schriften in Preußen verfolgt worden. Nach dem Scheitern der Revolution lebte er als Dozent in Zürich. Die beiden letzten Zeilen der Notiz lesen sich wie ein Appell: Venedey habe in seinen Reden und Schriften bis zuletzt »verbissen« gegen die preußische Spitze »gekämpft«, »selbst als der Dualismus 1866 zugunsten Preußens endgültig entschieden war.« Dass die Erinnerung an Venedey kein Zufall war, bestätigt ein weiterer Text in derselben Ausgabe des »Stadt-Anzeigers«: »En Fastelovendsräd met Hindernisse (vör 40 Johr)« unter dem Pseudonym Köbes von Stotzem. Es ist ein »Verzällche« über den Mundartdichter Wilhelm Räderscheidt (1865–1926), bekannt als »Ohm Will«, einen der entschie-

188

densten Verfechter der echten kölschen Mentalität. Köbes erzählt, wie Räderscheidt und er, damals junge Lehrer, bei der Narrenzunft in die Bütt stiegen und als »Schulinspektor met Spetzbaat« (Räderscheidt) und »Lehrer« (Köbes) kölsche Witze »verzappten«. Anschließend wurden beide vom Schulinspektor ins Rathaus bestellt und mit einer niederschmetternden Rede, »die durch Kappes und Tubak« ging, fertig gemacht. Räderscheidt aber blieb unbeeindruckt. Er hielt ein unerschrockenes Plädoyer für den Kölner Humor und das Kölschplatt, auch für den Gebrauch an Schulen. Das Ergebnis: der »Preuße« wurde bekehrt, las die Texte der beiden und soll, wie sie später erfuhren, »Tränen« gelacht haben.

Beide Artikel waren heimliche Botschaften an die Kölner, sich von den Nationalsozialisten, die damals manchmal noch naiv mit der preußischen »Fremdherrschaft« verglichen wurden, die Freiheit und den Jeck nicht nehmen zu lassen. Ob die diskreten Hinweise von den Karnevalisten gelesen und verstanden worden sind, mag dahingestellt sein. Auf jeden Fall konnten sie sich der Unterstützung durch die Presse, soweit das möglich war, sicher sein. Als Thomas Liessem sich, gekränkt und empört, mit den anderen Vereinspräsidenten zusammenschloss und eine Protestschrift gegen die Pläne und das Vorgehen Ebels entwarf, wurde sie von allen Kölner Zeitungen ganz oder – nach Einschreiten der Partei – in Teilen veröffentlicht. Die ganze Stadt wusste jetzt Bescheid. Und tatsächlich schien die Szenerie am nächsten Tag den Bürgerversammlungen alter revolutionärer Zeiten zu gleichen. Der Saal der Lesegesellschaft, in den die Präsidenten die Vertreter aller Vereine geladen hatten, war »vollkommen überfüllt«, die Menschen »standen auf den Treppenaufgängen und in den Fluren bis auf die Straße in der Langgasse.« Aber die Partei war vorbereitet. Gauleiter Grohé reagierte, noch bevor die Versammlung begann. Er distanzierte sich von dem Vorgehen Ebels und löste den gerade erst gegründeten Verein »Kölner Karneval« wieder auf. Die Drohung der Karnevalspräsidenten, bei weiterer »Diskriminierung« in der Session 1936 »ihre Gesellschaften zum Ruhen zu bringen«, hatte unmittelbaren Erfolg. Nachdem Liessem die Denkschrift vorgelesen und einen neuen Festausschuss angekündigt hatte, in dem die Karnevalisten wie früher über Fragen der Organisation entscheiden sollten, stimmten die Versammelten begeistert das Lied mit dem Spruch der alten freien Stadtgemeinschaft an: »Halt faß am Rich, do kölschen Boor, / Maach et fallen söß ov soor.« Dankbar stellten die Bürger der Stadt Thomas Liessem anschließend ein Diplom aus: »Kölns Bürgermeister Gryn 1262 mit dem Löwen rang, Thomas Liessem einen Eber(l) siegreich bezwang.« Der Karnevalistenaufstand bekam seinen stadthistorischen Rang und rückte in die Nähe der Legende vom erfolgreichen Kampf der Bürger gegen den Erzbischof. Äußerlich schienen Kompetenz und Vereinsheimat des Kölner Karnevals gerettet zu sein. Man musste zwar den Oberbürgermeister als »Treuhänder« akzeptieren, der Motto und Ausgestaltung des Rosenmontagszugs zu genehmigen hatte. Und auch den »Ausschuss Kölner Karneval« im Verkehrsverein, der jetzt »Ehrenausschuss« hieß und eine gewisse Kontrollfunktion hatte. Dass darin auch Joseph Klersch als Repräsentant der Karnevalisten vertreten war, mag beruhigend gewirkt haben. Auch wenn er neben Winkelkemper, dem Hauptverantwortlichen des »Westdeutschen Beobachters« und Verfechter eines ideologischen Karnevals, saß. Man glaubte sich immer noch autonom.

In Wirklichkeit hatte jedoch die innere Gleichschaltung bei vielen Akteuren des Karnevals schon längst begonnen. Während sich die Denkschrift Liessems darauf berief, dass der Kölner Karneval »bis auf den heutigen Tag frei von politischen Tendenzen oder gar hetzerischen Absichten« geblieben sei, sprach die Session 1935 eine ganz andere Sprache. Da konnte Aloys Hoegen in der Bütt als »Mann von der Presse« sich des Juden- und Emigrantenthemas annehmen: »Emigrantenlümmel entsetzlich toben, / Weil ihre Genossen abgeschoben. / In Paris, da werden sie stark bemitleidet, / Weil sie verhungern, dürftig bekleidet. / Schickt sie doch nach dem Süden, wo heiss das Klima, / Möglichst per Einbahn nach Palästina.« Michael Hollmann, Präsident der Großen Karnevalsgesellschaft, hatte, auch ohne äußeren Druck, die Leitung der von »Kraft durch Freude« organisierten »Bomben-Fremdensitzung« übernommen, dankte dem Gauwart für diese »Ehre« und sprach aus aktuellem Anlass mit Emphase zum »großen Jubeltag, dem Tag der Saar« (Rückkehr des Saargebiets). Und auch Karl Berbuer jonglierte in seiner als Fabel verkleideten Büttenrede »Revolution im Hühnerstall« mit einigen Klischees von der außen- und innenpolitischen Situation. Hitler erschien darin als »ne stolze Hahn«, der Ordnung in den zerstrittenen »deutschen Höhnerschwarm« bringt, was die ringsum lauernden Tiere – den »russischen Stier«, die »tschechische Katz, die falsche«, den »gallischen Hahn« mit »de spitze Kralle« und die »englische Bulldogg« – beeindruckt. Berbuer riskierte einiges, wenn er in der Rede des Hahns auch Bedenklichkeiten streifte: »Un schafft üch düchtig Küchelcher an. / Denn wer vill Eier kritt dä weed prämiert. / Wä nix wie fule läht, / weed sterilisiert.« Aber das Fazit war eindeutig, wie die letzten Zeilen zeigen: »Ävver alles sohch mit Respekt op die Farm, / Op dä stolzen deutschen Höhnerschwarm, / Dä kein Zänk mieh kannte noch Strick, / Wo einig wor

191

die ganze Klick, / Weil einer do wor, dä jet kunnt. / Nen Hahn, dä wirklich jet verstund.«

Bei so viel Gleichmarsch konnte auch der »Westdeutsche Beobachter«, das Organ der Partei, Ruhe in den Konflikt zwischen NS-Funktionären und Karnevalisten bringen. Er äußerte Verständnis für den Widerstand gegen eine Zensur der Büttenrede – Zensur, das sei eine »Sünde gegen den Geist des Kölner Karnevals«. Statt dessen sollte man auf das »gesunde Volksempfinden« vertrauen, das die »schwarzen Schafe« schon »von selbst aussondern« werde. In der Frage der politischen Witze ging die Zeitung einen Schritt weiter als die Denkschrift: Politik solle »ruhig in den Witz einbezogen werden«, »Partei und Staat brauchten den gesunden Volkswitz nicht zu fürchten«. Eindeutig bekennt sich der Artikel auch zum Karneval der Veedelszög mit ihrer »lebendigen volksverbundenen Art« im Gegensatz zu den »akademischen und gekünstelten Anschauungen des offiziellen Karnevals«. Mit der politischen Instrumentalisierung dieser Züge hatte man ja inzwischen schon gute Erfahrungen gemacht.

Für das NS-System hatte der Karneval zwei wesentliche Funktionen: als Machtdemonstration und Wirtschaftsfaktor und als völkischer Brauch mit der mythisierten Vergangenheit eines altgermanischen Kults. Seine Pflege sollte das deutsche Gemeinschaftsgefühl stärken. Eine dritte Funktion war darin eingeschlossen: Frohsinn als Steigerung der Leistung. Folgerichtig war die Betreuung der Fastnacht bei »Kraft durch Freude« untergebracht, deren Reichsorganisationsleiter Robert Ley der Begründer und Führer der »Deutschen Arbeiterfront« war. »Wo Freude herrscht, da geht man wieder mit frohem zufriedenem Herzen an sein Tagewerk«, übersetzte der »Westdeutsche Beobachter« das karnevalistische Leistungsprinzip für den einfachen Volksgenossen. Die verschiedenen Aufgaben des Karnevals konnten je nach Interesse unterschiedlich gewichtet werden.

So war es Thomas Liessem möglich, in der Denkschrift einen Protest zu formulieren, der durchaus systemkonform klang. Gegen das Vorhaben Ebels, den Kölner Karneval nach dem Vorbild des Münchener Faschings zu einer »repräsentativen Angelegenheit« zu machen, betonte er die volkstümliche Schlichtheit des Kölner Karnevals. Auf den Kölner Maskenbällen gebe es keine Besucher mit »Frack und großer Toilette«, sondern nur »urwüchsige Masken«, um »höhere Kunst« sei es den Karnevalisten nie gegangen, sondern nur um die Vermittlung »naturkräftigen und urwüchsigen Volkstums«. Fastelovend sei zunächst einmal eine »eigene Angelegenheit der Kölner« und dann erst »Zweckmittel für den Fremdenverkehr«. Und Humor ließe sich ohnehin nicht »auf Befehl und Anordnung« entwickeln. Nur die »Wahrer der alten Tradition« seien eine »Garantie für die Neugestaltung des Karnevals« in »wirklich volkhaftem Sinn.«

Auch hier klingt die frühere Debatte über den Kölner Volkskarneval nach. Daneben gibt es aber auch neue Töne. »Urwüchsig«, »naturkräftig«, »volkhaft« das ist die Sprachregelung eines neuen Volksmythos. Fasteleer nicht mehr vorrangig als stadtgeschichtliches Produkt, sondern als elementarer Ausdruck eines aus ethnisch-biologistischer »Tiefe« kommenden Volkstums. Die »völkische« Wende hatte den Karneval erfasst und ihm selbst in seinen harmlosen Äußerungen eine politische Bedeutung gegeben. Dem »Westdeutschen Beobachter« scheint bei der ideologischen Neuformulierung des Fastelovends eine entscheidende Rolle zugekommen zu sein. Er war der »praeceptor carnevalensis«, der die vor 1933 entworfenen Pläne zur Erneuerung des altkölschen Karnevals aufnahm und sie in das Fahrwasser des Nationalsozialismus trieb. Im Vorspann zu einer Rundfrage bei Karnevalsprominenten in der Session 1935 betont der WB seine Vorreiterfunktion: »Wir als Zeitung haben alles darangesetzt«, den diesjährigen Karneval zu einem »wahren Volksfest« zu machen. Sein Erfolg werde den von 1934 noch übertreffen. Im vorigen Jahr sei schon alles, was einer »volklichen Bestimmung« des Kölner Karnevals abträglich war, ausgemerzt worden. »Wir«, betont das Blatt, »haben immer den echten Volkskarneval unterstützt. Unser Motto ›Alt-Kölle muss levve!‹, das wir dieser Session voranstellten, fand bei allen Freunden des alten Kölner Fasteleer ein freudiges Echo und ist heute zu einem Begriff geworden.«

Alle befragten Karnevalisten, unter ihnen die Präsidenten der Großen KG's, äußern sich zustimmend bis begeistert zu dem Karnevalsengagement der Zeitung. Einige wollen das nur als Unterstützung des alten Karnevals verstehen. Wie Jupp Morher, Präsident der Roten Funken, der sich mit dem WB in der Ablehnung der Kabarettnummern, der »modernen Kabarettistik«, im Karneval einig war. Zwei Präsidenten bekennen sich aber auch zum politischen Charakter der Zeitungsinitiative. Enthusiastisch dankt Michel Hollmann »unserem Führer, dass er unserem Volke die Lebensfreude wiedergegeben« habe. »Jetzt sind wir in der Lage, die tiefen Quellen unseres Volkstums, die jahrzehntelang zu verschütten drohten, mit aller Kraft zu erschließen.« Das vom »Westdeutschen Beobachter« ausgegebene Motto »Alt-Kölle muss levve!« sei auf die Karnevalsorden der Großen KG geprägt worden. Auch Thomas Liessem war sich »bewusst«, dass durch die »gelungene deutsche Politik seit dem 30. Januar 1933« gerade für die »alte Tradition« des Kölner Karnevals eine »Entwicklungsmöglichkeit« gegeben sei, sich »zur vollen Blüte emporzuarbeiten und Verwirrungen abzustreifen«.

Man könne nur wünschen, dass unter dieser Parole (Alt-Kölle muss levve!) der Kölner Karneval wieder das werde, was er sein müsse: »das größte kölnische Heimatfest, das kulturellen und volklichen Wert in sich birgt.« Von dem »volklichen Wert« des Karnevals ist Liessem auch zwei Jahre später noch überzeugt. Nach dem Internationalen Karnevalskongress in München 1937 äußert er sich zustimmend zu der Rede des Münchener Oberbürgermeisters, der von der »wahrhaft hohen Sendung des Karnevals im Leben des einzelnen Volkes wie im Zusammenleben der Völker« gesprochen hatte. Die Karnevalisten seien sich einig gewesen, das »alte Volksbrauchtum« vor »Verflachung und Entartung« durch den »Zweckkarneval« der Verkehrsvereine zu schützen.

Was aber war konkret mit der »Neugestaltung (des Karnevals) in wirklich volkhaftem Sinne« gemeint? Schon 1933 hatte der WB dazu einige Grundsätze umschrieben. Er lobte den Rosenmontagszug, der damals aus Geldmangel einfacher und mit den ersten Veedelszög auch volkstümlicher war, weil er nichts »Improvisierendes, Volksfremdes« hatte, »wie das in den Nachkriegsjahren unter den mannigfaltigen Einflüssen liberalistisch marxistischer Strömungen der Fall war. Kein überladener Prunk, sondern urwüchsiger Humor … Der Kölner Karneval war wieder ein echter Volkskarneval« und »keine Massenfabrikation, eine Konfektionsware aus dem jüdischen Warenhaus«. Der »echte Volkskarneval«, einst von vielen Kölner Karnevalisten und Bürgern als Erneuerung kölscher Lebensart angestrebt, war für die NS-Regierung von Anfang an Waffe in der politischen und rassistischen Kampagne. Die Formulierung »nichts Improvisierendes, Volksfremdes« deutet noch eine andere versteckte Drohung an. Der Karneval sollte berechenbar bleiben. Solange er sich im Lokalkolorit lustiger Gruppen und Stadtfiguren zeigte, war das Volkstum »gesund«. Der improvisierende Jeck, der sich jeder Rolle und Autorität entzieht, war dagegen gefährlich, ein trojanisches Pferd für zersetzende Einflüsse. Für ihn galt seit dem 21. 9. 1933 das Heimtückegesetz – zur »Abwehr heimtückischer Angriffe gegen die Regierung der nationalen Erhebung«. Es schützte die nationalen Symbole: Titel, Embleme, Uniformen, Gruß- und Redeformen vor Missbrauch und Satire. Den »Deutschen Gruß« zu veralbern, war strafwürdig. Als Karl Küpper in der Bütt die Heil Hitler-Geste mit der Frage und entsprechender Mimik begleitete: »Es et am rähne?« und dann die Faust ballte: »Nä, su e Wedder«, wurde er 1939 nach dem Heimtückegesetz verurteilt und durfte nicht mehr auftreten. Der »urwüchsige Humor«, den man dem Kölner Karneval einräumte, war amputiert, Satire nur erlaubt – und dann auch gefordert – wenn sie den Zielen des Systems diente.

Unübersehbar war der antisemitische Affekt, der aber so dargestellt wurde, als gehöre er zum Selbstreinigungsprozess des »Volkes«. 1934 rollte der erste Veedelswagen mit Kölnern in Judenmasken unter dem Motto »Die Letzten ziehen ab« im Rosenmontagszug. Wenige Tage später, an Aschermittwoch, applaudierte der »Westdeutsche Beobachter« in einer Glosse »Meckernde Spießer« dem »ulkigen Palästinawagen mit der Gruppe abziehender mauschelnder Jüdden« als einem der »besten Stücke« im Rosenmontagszug. Gleichzeitig äußerte er seine Verwunderung: »Man sollte es kaum glauben, dass es in Köln Menschen gibt, die daran etwas auszusetzen hatten«. »Bester Beweis, wie gut der Witz verstanden wurde, war der rasende Beifall, der gerade diesen Wagen umtobte, wo er sich auch zeigte. Die gestikulierenden Gestalten aus dem Osten gehören doch wahrhaftig nicht in unsere Volksgemeinschaft. Trotzdem … haben einige verkalkte

Spießer Anstoß genommen. ›Wie muss das die in Köln lebenden Juden wieder aufregen … kaum glaubt man, eine Beruhigung sei eingetreten, schon geht es wieder los.‹ Diese und ähnliche Redensarten fielen zum Schutz der Kölner Mischpoke im Brustton wohlwollenden Mitleids aus ehrsamem Bürgermund … Es ist dumm und zeugt von Unverständnis der Volksgemeinschaft gegenüber, sich über einen solchen Scherz künstlich aufzuregen. In dieser Beziehung wird nie eine ›Beruhigung‹ eintreten. Das mögen sich die ›Mitleidsvollen‹, die sich vielleicht bei anderer Gelegenheit als Nationalsozialisten aufspielen, gesagt sein lassen.« Das war eine klare politische Ansage. Die »Volksgemeinschaft« selbst wurde im Karneval zum Büttel des Staates, sie pfiff mit ihrem »rasenden Beifall« die »verkalkten Spießer« zurück. Darüber schwang der Staat seine Keule für die »Mitleidsvollen«: eine »Beruhigung« würde es nie geben.

Die Polarisierung zwischen dem nationalsozialistisch idealisierten »Volk« und dem Feindbild des »Volksfremden« zieht sich wie ein roter Faden durch die Verlautbarungen des WB zum Volkskarneval. Dabei wurden sämtliche Veränderungen des Großstadtkarnevals dem jüdischen Einfluss zugeschrieben, »Konsum«, »Materialismus« und »jüdischer Geist« ununterscheidbar miteinander vermengt. »Selbst Karneval … ist vom jüdischen Geist der Vorkriegszeit nicht verschont geblieben«, heisst es 1935 in einem Artikel »Karneval einst und jetzt. Vom wahren Sinn der närrischen Tage«, »… der wachsende Materialismus war der närrischen Unbefangenheit und dem volksverwurzelten Humor abträglich«. »Hemmungslose Gefallsucht«, »wildes Bedürfnis, sich auszuleben« und »egoistisches Genießen« hätten sich ausgebreitet. Jetzt aber würde sich der Karneval vom »Artfremden reinigen«, der »goldene treffende Volkshumor wieder wachsen«, »steife Pracht und Schlemmerei«, »schwüle Luft und süßlich sinnlicher Klang« würden »in den Hintergrund treten«. Statt dessen würde die »fröhliche« Karnevalsgemeinschaft nun wieder eine »echte Volksgemeinschaft«. Und die Zeitung erläutert auch, was darin erlaubt oder nicht erlaubt ist. Dem »Spießer« darf im Karneval mit »Witz« eins ausgewischt werden. Auch das Necken zwischen den Geschlechtern gehört zum Frohsinn, nicht aber das »Verlieben«, denn das verlangt »Zweisamkeit«, und die steht der fröhlichen Volksgemeinschaft im Wege.

Viele Karnevalisten mögen bei so viel obrigkeitlicher Zuwendung zum Kölner Fastelovend und seinem »goldenen Humor« ihren Heimatstolz gespürt haben. Die politische Botschaft blieb undeutlich, solange ihre Folgen sie nicht selbst betrafen. Tiefer drang die neue Karnevalslehre mit ihrem Gemisch aus sentimentalen, moralischen, mythischen und politischen Bestandteilen in das Bewusstsein einflussreicher Vertreter des Karnevals ein. Noch Jahre nach dem Krieg sind ihre Spuren bei Thomas Liessem und Joseph Klersch zu finden. 1953 ist für Liessem das Leistungsprinzip des NS-Karnevals immer noch gültig. Als Präsident des Bundes Deutscher Karneval wählt er es, leicht abgewandelt, zum Leitwort des Bundes: »Der fröhliche Mensch leistet mehr!« 1956 spricht er auf einer Versammlung des BDK von der »staatspolitischen Aufgabe« des Karnevals und stilisiert die »echte Fastnacht« zur »Volksversammlung«, in der die »Liebe zur angestammten Heimat und damit zum Vaterland« ihren stärksten Ausdruck finde. »Vaterländische« Politik und Karneval sind immer noch eine untrennbare Symbiose. Joseph Klersch fügt dem den mythischen Nazi-Aspekt des Karnevals hinzu, wenn er 1952 als Brauchtumspfleger der Stadt Köln schreibt, dass das »Volk« eine »naturhafte Erscheinung auf der Grundlage des ihm zugefallenen

Raumes« sei und die »deutschen Stämme« sich »bis auf den heutigen Tag als natürliche, aus vorwiegenden Erbmassen entstandene Einheiten erhalten« hätten. Die Kölner zählen für ihn 1961 in seiner Karnevalsgeschichte zum »innerlich gesunden« Volksschlag, der allein das richtige Brauchtumsfeiern garantiere, wobei allerdings eine »dauernde Erziehungsarbeit des Volkstums an sich selbst« notwendig sei. Das nationalsozialistische Wort- und Ideengut wucherte im Karneval weiter wie – das sei hinzugefügt – damals noch in der gesamten Deutschen Volkskunde. Wie stark es in den NS-Jahren die prägenden Karnevalisten und die Parteifunktionäre verband, lässt sich daraus ableiten.

Vom »Volkskarneval« ist im NS-Karneval zwar viel die Rede, aber in der »Neugestaltung« spielte er keine große Rolle. Die ständig behauptete Erneuerung das Karnevals blieb im wesentlichen Rhetorik. Im Rosenmontagszug 1935, der Teil des so vollmundig angekündigten »wahren Volksfestes« war, traten neben dem Bellengeck und zahlreichen Klutengruppen die üblichen Reiter- und Musikgruppen auf. Eines der Hauptthemen war der Film, ein durchaus großstädtisches Phänomen. Ihm war eine ganze Wagenkette gewidmet. Herausragend war vor allem der »Fest in Rot«-Wagen mit den »prachtvollen Germanengestalten«, der vom »Westdeutschen Beobachter« als ebenso »prunkvoll wie unkvoll« gelobt wurde. Auch das keine Innovation des »Volkskarnevals«, sondern nur des Nazi-Kults. Thomas Liessem wird recht gehabt haben, als er in seiner Denkschrift kritisierte, »an Humor« hätten die vielen Züge der Vor- und Nachkriegszeit die beiden letzten bei weitem übertroffen. Umgekehrt war es wohl nicht so leicht, alte Unsitten völlig »auszumerzen«. Statt »exotischen Frauen und halbnackten Negern« wünschte sich der WB 1936 für den Zug Originale wie Tünnes und

Schäl, Maler Bock u. a. Und musste doch 1937 für die Vee-delszög wieder »prächtige Indianer« notieren sowie »ech-te schwarze Wieße« und sogar ein »Schulmädchen« von gut 3 Zentnern mit »bläulichem Bartschimmer«, das sein »Flügelkleidchen« schwenkte. Letzteres widersprach der NS-Moral, die wegen des Verdachts der Homosexualität die weibliche Verkleidung für Männer zum Tabu erklärt hatte. Seitdem wurden das Tanzmariechen und die Jung-frau im Dreigestirn nur noch von Frauen dargestellt.

Neu waren volkspädagogische Maßnahmen, um die Kölner für die »fröhliche Volksgemeinschaft« zu mobi-lisieren. Der Verkehrsverein sorgte dafür, dass die Stra-ßen, durch die der Zug zog, mit langen Wimpeln in den Stadt- und Karnevalsfarben Rot-Weiss und Gelb-Grün geschmückt wurden. Die alte Sitte des Straßenschmü-ckens, die den Kirmesprozessionen der Veedel abgeguckt war, hatte schon Raveaux auf den Karneval übertragen, damals allerdings als freiwillige Teilnahme der Nachbar-schaften. Jetzt wurde daraus ein Disziplinierungsakt. An-wohner sollten den Straßenschmuck durch eine Spende für den Zug honorieren, kamen sie dieser Aufforderung nicht nach, wurden ihre Häuser durch eine »Warntafel« markiert. Häuser mit großer Spendenfreudigkeit erhielten dagegen eine »Alarmtafel«, ein Signal für die Zugteilneh-mer, sie mit Kamelle und Strüßjer zu belohnen. Offen-bar rechnete man auch mit Straßen, die sich »böswillig« verweigerten. Ihnen drohte der Ausschluss vom Zugweg. Zur Formierung der Feiergesellschaft sollte auch das Kappentragen dienen. Nach dem eigentlich demokratisch gedachten Gleichheitsprinzip der ersten KG »Gleiche Brüder, gleiche Kappen« sollte jeder an Karneval eine für alle entworfene »Kapp« tragen. Post und Bahn, die staats-eigenen Betriebe, riefen ihre Mitglieder eigens dazu auf. Als Heinz Steguweit, ein durchaus linientreuer Schriftsteller, das als »Zwang zur Lustigkeit« kritisierte, beschwerte sich Thomas Liessem beim Gaupresseamt. Von nun an war es Steguweit verboten, sich weiter öffentlich zum Karneval zu äußern.

Nach dem Aufstand der Karnevalsvereine scheint das Engagement des »Westdeutschen Beobachters« für den »Volkskarneval« nachgelassen zu haben. Trotz der Niederlage Wilhelm Ebels ging die Festgestaltung stärker auf den Verkehrsverein über. Nicht umsonst hatte die Protestschrift Thomas Liessems »aus Liebe zum Volksfest und zur Vaterstadt« die Mitwirkung der Karnevalsgesellschaften beim »Neuaufbau« des Karnevals zugesagt. Und der ging seit 1936 eindeutig in Richtung Fremdenverkehr, verbunden mit stärkerer Repräsentation von Staat und Partei, Prunk und Großartigkeit im Karneval. Mit geradezu kapitalistischem Management wurde eine gewaltige Werbemaschinerie im In- und Ausland in Gang gesetzt. Devisen wurden gebraucht. Deshalb sorgten Plakate, Masken, Pritschen, Zugfiguren für eine internationale Schaufensterkampagne in Holland, Belgien, Frankreich, Schweden, Italien, sogar in Jugoslawien. Waren es am Anfang 10 000 Veranstaltungskalender in verschiedenen Sprachen, die verschickt wurden, wuchs die Zahl in den nächsten Jahren auf 60 000. Werbefilme folgten und eine multimediale Innovation: das »Erste tönende Städtebuch« zum Karneval, ein »Dreiklang von Bild, Text und Ton«.

Dem mussten andere Anpassungen folgen. 1936 gingen zum ersten Mal Großfiguren, eine Anleihe aus dem Nizzaer Karneval, im Zug mit. Die Prinzenproklamation wurde zur Großveranstaltung in den Messehallen, zu der NS-Führungspersönlichkeiten eingeladen wurden, genauso wie zum von der Partei organisierten Karnevalsfest in der Oper oder zum Rosenmontagszug. Auch wenn Thomas Liessem später, auf der Tagung des Bundes Deutscher Karneval 1956, behauptete, »Männer der Partei« wären nach der Karnevalistenrevolte »der schimpflichen Lächerlichkeit« verfallen (womit vor allem Ebel gemeint war), so klappte doch von 1936–1939 die Zusammenarbeit zwischen dem Verkehrsverein und dem Festausschuss, dem Liessem vorstand, sehr gut. 1937 hob Liessem in einem Interview neben dem Dank an den Gauleiter, den Oberbürgermeister, den »Westdeutschen Beobachter« und andere Institutionen für die »große Stütze« des »vaterstädtischen Fests« die »vorbildliche Werbearbeit« des Verkehrsvereins hervor. Sein Bekenntnis zum Kampf gegen die »Verflachung und Entartung« des alten Volksbrauchtums durch den »Zweck-Karneval« des Verkehrsvereins, einige Monate vorher in München auf dem Internationalen Karnevalskongress geäußert, war da schon wieder vergessen. Die Fakten sprachen für sich: die Zahl der Fremden an Karneval konnte von 40 000 im Jahr 1933 bis 1939 um ein Vielfaches gesteigert werden.

In den Widersprüchen des NS-Karnevals und der eigenen zweideutigen Position bediente sich der Festausschuss verschiedener Doppel- oder Multistrategien. Ab 1936 war es trotz der betonten Unabhängigkeit für die Vereine selbstverständlich, die Fremdensitzungen der Organisation »Kraft durch Freude« durchzuführen. »Ausersehen« wurden sie dazu von den KdF-Veranstaltern, die eine hervorragende Vermarktung anzubieten hatten. 1936 fiel die Wahl auf die Kölner Narrenzunft, eine »Riesensitzung« in der Messehalle durchzuführen, die von allen deutschen Sendern übernommen und zum Teil auch ins Ausland gefunkt wurde. Eine andere KdF-Sitzung mit 5000 Besuchern in der gleichen Session leitete Thomas Liessem. Nach dem Krieg distanzierte er sich von diesen »Feierabendveranstaltungen« der berüchtigten »Vermassungsmühle KdF« und sah es als Symptom einer »töd-

lichen Gefahr« für den Kölner Karneval, »als die Männer
des tausendjährigen Reichs ihn organisieren und verall-
gemeinern wollten.« Damals jedoch trugen die Massen-
veranstaltungen erheblich zur Popularität des Kölner
Karnevals und ihrer Protagonisten bei. Menschen aus
der tiefsten Provinz des »Gaus« wurden vom Verkehrsverein mit Sondertarifen und Übernachtungsgutscheinen
in die Stadt gebracht. Das stärkte die Machtposition der
Karnevalisten. Als Robert Ley 1937 und 1938 weitere
Versuche machte, die Kölner Karnevalsvereine der KdF
einzugliedern, konnte Thomas Liessem sie erfolgreich
abwehren. Im Bewusstsein, dass der Kölner Karneval als
»Lebensfreude«- und Wirtschaftsfaktor für das kulturelle
NS-Programm unverzichtbar war, drohte er erneut den
Boykott aller Kölner Karnevalsgesellschaften an. Die
Partei gab nach. Mitmachen garantierte die Freiheit der
Vereine – so konnte der Festausschuss das Ergebnis für
sich interpretieren.

Was aber brachte die partielle Unabhängigkeit wirklich? Sicher gab sie den Karnevalsfreunden die Illusion
der Nestwärme im vertrauten Verein. Längst aber waren die Vereine selber nationalsozialistisch unterwandert.
Ideologische Überzeugungstäter gab es in den eigenen
Reihen oder wurden »von oben« eingeschleust. Funktionäre wurden selber Karnevalisten, wie Ebel in Liessems
Prinzengarde, oder Präsidenten, wie Hans Molitor, Chef
der Kölner Bühnen, bei der Ehrengarde. In der Rede Mo-
litors wurde der stadtkölnische Spruch »Halt faß am Rich,
do kölschen Boor, mag et falle söß ov soor« zum Schwur
auf die Treue des Kölners zu seinem »geliebten Vaterland
und seinem Führer«. Mit diesem »weichen« Terror, zu
dem auch die regelmäßige Anwesenheit von NS-Hono-
ratioren und -Gästen gehörte, waren die Sitzungen unter
ständiger Kontrolle. Wieviel Spielraum hatte da noch die

Programmgestaltung der »Literaten« in den Vereinen, die man doch der Parteiregie des Verkehrsvereins abgetrotzt hatte? Und welche Chance hatte das Publikum in einer Diktatur, über »gute und schlechte Reden« selber zu entscheiden? Auf diese Freiheit der Kritik hatte sich Liessems Denkschrift berufen und hinzugefügt, die Besucher der Herrensitzungen seien bekannt als »scharfe Kritiker und unerbittliche Zuhörer«. Aber die Zeiten des »Litschens« waren vorbei. Im Zeichen des allgemein verordneten Frohsinns hatte es keine »Meckerer« zu geben. Dafür sorgten einige Büttenredner schon selbst. So Matthias Wüst 1937 in seiner Rede »Der Pessimist«: »Seht, dat sin so die Gestalten, / Die sich leider noch erhalten, / Die da meckern nur und stöhnen, / An nichts Neues sich gewöhnen … / Aber diese Sorte Leut / Paßt nich mehr in unsre Zeit. / Darum, Leute, seht es ein, laßt uns Optimisten sein.« Andere wurden deutlicher – vielleicht auch als untergründige Warnung: »… Un för die Andere han mer am Nümarkt e Krematorium gebaut, / dat eß d'r Untergang för die Pessimisten«. Das »Krematorium« war wohl das Polizeipräsidium Ecke Schildergasse / Krebsgasse, der Ort, wo einem »eingeheizt« wurde.

Insgesamt gab es für die städtische NS-Führung wenig Anlass, in das Sitzungsgeschehen einzugreifen. Die Büttenreden, ein sensibler Teil des ideologischen Karnevals, liefen gewöhnlich von selbst nach Plan. Sie hatten schon vorher die richtige Passform gehabt für die harmlose Unterhaltung, die dem Propagandaministerium als politisches Mittel der Ablenkung und Volksbelustigung diente. Es gab also weiter die Typen- und Themenreden mit ihren Witzeketten, die jede Pointe ins Grobe und Nichtige abbogen. Änderungen im NS-Alltag wurden betont niedrig gehängt. Gasmasken, ein neues Requisit in jedem Haushalt, traten übertrieben oft in Verbindung mit Limburger

Käse auf – als Schutz vor üblem Geruch, vor dem, was »stinkt«. Ehefrauen prügelten immer noch, aber der Mann hat nun eine andere Einstellung dazu: »Wenn ming Frau mich am Zerschlage eß, / wehren ich mich nit, / ich han Achtung vor der deutschen Frau«. Der Hauswart, bei einer Verdunkelungsübung von einem Schupo aufmerksam gemacht, dass im 2. Stock noch Licht brennt, wiegelt ab: »Do mütt ihr üch nit dran störe, dä Mann, dä do wonnt, dä süht nix, dä eß blind«.

Politisch wurde der großmäulig-auftrumpfende Ton, den die Büttenrede seit der Kaiserzeit entwickelt hatte, zum propagandistischen Verstärker der Diktatur. Toni Ebeler trat 1938 als »Weltausstellungs-Bummler« ( in Paris) auf und stellte beim Anblick des Originals vom »Versailler Vertrag« und der »14 Punkte Wilsons« befriedigt fest: »Bei uns git et statt 14 Punkte nur noch zwei Hauptpunkte: 1. Die wiedergewonnene Freiheit! – 2. En eige starke Wehrmacht – unger der Devise: »Uns kann keiner !!! – dröm künne se uns all – der Naachen däue!!« Als er auf der Ausstellung im »Polnischen Haus« durch den »langen, langen Korridor« geht, warnt er den Polen, der ihn hindurchführt: »Den Korridor nennt ihr »eige polnisch Haus«? Maht nit, dat mer üch der Gerichtsvollzieher schecke!«. Folgerichtig schrieb Toni Ebeler 1940 den Text für das Kriegslied »Mer halde Pol – mer halde Stand«: »Ja, wenn der Feind ens kütt eran / Dan ston mer all parat! / Ein jeder feste Saures git / Im öntlich vor de Schwat! / Un wie et veezehn – achtzehn wor, / Su gon mer dran genau! / Et gilt für Führer und et Reich! / Mer han jet en d'r Mau!« Wie die Rede von Toni Ebeler wurde auch das Duett »Engländer und Dienstmann« von Kramer und Brambach »in den großen Karnevalsgesellschaften vorgetragen«, wie der Untertitel im »Kölner Karnevals-Ulk« jeweils vermerkt. Der Dienstmann, ein Repräsentant des

»gesunden Volkswitzes«, zeigt dem begriffsstutzigen Engländer, wo es langgeht: »Di.: Weßt ihr wat dat he eß? (zeigt Knüppel) – E.: No! – Di.: Dat eß die Achse Berlin–Rom, do kanns do ens dran ruche! – E.: Warum nicht Achse London–Berlin? –Warum? – Di.: Mer bauen esu en Achse, us Stahl un nit us Käugummi wie ihr die gän hät, die interesseet uns nit! Un an der Achs he hat ihr üch jo och ald de Zäng usgebesse!« 1940 war dann England der Kriegshetzer in dem im KKU abgedruckten Lied »England ist keine Insel mehr«: »Wer hetzt die Völker in den Krieg? / Wer bläht sich auf durch fremden Sieg … / Das tust nur du: England!« Die Agitationsbühne Karneval brachte die Volksgemeinschaft auf Linie je nach der opportunen politischen Position im »Frohsinn« und im »Ernst«.

Zum NS-Karneval gehörte, wie gesagt, vor allem der Antisemitismus. Die Frage nach der Verantwortung für die antijüdischen Wagen im Rosenmontagszug stellte nach dem Krieg zuerst der Entnazifizierungsausschuss 1948, vor dem sich Thomas Liessem verantworten musste. Liessem wies damals darauf hin, dass der Festausschuss an der Entstehung solcher Wagen nie beteiligt gewesen sei. Im Gegenteil, er und Karl Umbreit hätten die Forderung der Gauleitung, Judengruppen und -wagen in den Zug aufzunehmen, mit »schärfstem Protest« zurückgewiesen. Die Wagen seien dann gegen ihren Willen »von der Gauleitung verfügt« worden. Fotos, Zeitungsberichte und andere Unterlagen belegen jedoch, dass die großen Vereine durchaus solche Wagen auch selber stellten. Auf einem von ihnen, der Litwinow-Finkelstein, den jüdisch-sowjetischen Volkskommissar, zusammen mit einer ihn begleitenden Gruppe »Die Weisen von Zion« karikierte, war 1937 Fritz Maaß, Präsident der Großen KG, »Strüßjer« werfend zu sehen. Das war kein Ausrutscher. Ein Jahr später greift Toni Ebeler das Thema des Juden Litwinow-Finkelstein in seiner »Weltausstellungs-Bummler«-Rede erneut auf, diesmal in den Sitzungen, für die – zumindest formal – der Festausschuss die Verantwortung trug. Die Diffamierung Litwinows ist für Ebeler kein Problem: »En der Döör vum Russische Pavillon stunt d'r Litwinow-Finkelstein un wor met de Häng am spreche. Domet kütt ne deutsche Schäferhungk, hiev am Finkelstein en Bein op, mäht an dem sing Botz ›en Dreifuß-Affäre‹. Dat eß jo nett, – sagen ich bei meer – do hält dä deutsche Schäferhungk d'r ›Finkelstein‹ vör ne ›Pinkelstein‹«. Nach dem Krieg mahnte Thomas Liessem vor dem BDK in einem Appell an die »Sänger und Büttenredner«: »... denkt daran, dass der echte Geist der Fastnacht in der feinen Pointe lebt. Plattheiten sind Glatteis der Rednerbühne und niemals wurde die Rostra (römisches Rednerforum, hier die Bütt) missbraucht, um platte Angriffe zu starten oder Persönlichkeiten herabzusetzen.« Vielleicht eine Einsicht, die aber die Erinnerung an die Judenverhöhnung im Karneval dem Dunkel der Geschichte überlässt. Und auch verkennt, dass die »feine Pointe« sich durchaus mit der »Plattheit« verbünden kann. Bei Ebeler ist die Dreyfus-Affäre, in der Emile Zola 1898 den in Frankreich zu Unrecht angeklagten jüdischen Offizier Dreyfus erfolgreich verteidigt hatte, auf den Hund gekommen und macht klar: der »deutsche Schäferhund« kann den Juden Litwinow ungehindert anpinkeln – Rechte und Menschenwürde der Juden gelten nicht mehr. Die »feine Pointe« gibt hier der Primitivität erst ihren perfiden Zug. Auch Jean Schmitz als »Dienstmann Schmitz« glossiert im Gespräch mit einem Engländer die Judenvertreibung »durch die Blume« und betont gerade dadurch die menschenverachtende Arroganz: »Dann fing er (der Engländer) an zu renommieren, was für schöne, wohlriechende Blumen es in Amerika gäbe. Ich sage: Ja, die Pflänzchen, die dort gedeihen, die haben wir hier entwurzelt, die Veilchenduft, Mandelblüth, Tulpenthal, das ganze ›Rosenthal‹ riecht nach Knoblauch.«

Es sind bekannte Redner, die antisemitische Pöbeleien in ihre Vorträge aufnehmen. Liessem zählt sie auch nach dem Krieg noch zur Prominenz in der Bütt. Es scheint im Festausschuss keine Proteste oder Einwände gegen die Judenprovokationen gegeben zu haben. Das ist aufschlussreich. Denn hier ging es nicht um Regulierungen der Macht von außen wie beim Zug, bei dessen Gestaltung der Oberbürgermeister und die Gauleitung das letzte Wort hatten. Selbst in der NS-Diktatur konnte normalerweise niemand gezwungen werden, Judenwitze in der Bütt zu erzählen. Wer es dennoch tat, gehörte zum Kreis der NS-Ideologen oder der Mitläufer. Die Karnevalsspitze hat dazu solidarisch, zustimmend oder taktierend geschwiegen. Vielleicht war es manchem Präsidenten oder Literaten sogar recht, so das erforderliche Quantum an nationalsozialistischer Haltung vorweisen zu können, das den Status quo des Kölner Karnevals garantierte.

Auffällig sind zwei Beispiele von Rednern, die der Kollaboration mit den Nazis unverdächtig sind: Karl Küpper und Jean Schlösser. In der Rede »Berichterstatter aus Abessinien«, die Karl Küpper 1939 eine Strafe und Redeverbot einbrachte, gibt es einen Judenwitz, der sich im Gegensatz zu der in skurriler Verpackung eingeschleusten Nazi-Kritik offen zu erkennen gibt: »Kaum saß ich em Kupe un hat ming Bein en et Gepäcknetz gelaaht, stund einer vör mir un säht: ›Gestatten, Isaak Veilchenduft!‹ Ich sage: ›Dat rüch mir. Ich hätt dich vör ne Limburger gehalde.‹ Do säht hä: ›Ochse!‹ Ich sage: ›Angenehm, Küpper.‹ Do wird hä freundlich. Hä meint: ›Stimmt das, Herr Küpper, dass in Deutschland die Juden wieder bei Gericht zugelassen sind?‹ Ich sage: ›Ja, dat stemmp, beim Eintopfgericht.‹« Schwer zu glauben, dass es Küppers freie Entscheidung war, diesen zynischen Kalauer in seine Rede aufzunehmen. »Ich han en Krakehlkopfentzündung«, fängt er seine Rede an, die er mit dem schon erwähnten jecken Hitler-Gruß eröffnet hatte. »Fünf Zäng, die mohten erus. Die han ich mir durch de Nas trecke loße! Ich mache de Muhl nit mi op.« Ein Hinweis auf seine Vorladungen, auf den Druck, den Mund zu halten. Andere Sticheleien gegen das System sind nicht immer so leicht zu verstehen. Eine Szene im abessinischen Dschungel scheint die Situation einer ständigen Bespitzelung wiederzugeben. Als »Küpper« sich dort abends mit einer Abessinierin trifft, beobachtet ihn »en Brillenschlang«. »Ich schlagen der tireck d'r Brell us de Augen, do kunnte die jo nix mih sin. Do wor dat nor noch en Blindschleich.« An einer anderen Stelle wird er in einem Kessel gebraten, und ein Menschenfresser ruft: »… schwarz braten, schwarz braten!« , worauf er brüllt: »Halt Alemang, Journalist. Braun genug!« Dieses Spiel mit dem Wörtchen »braun« war ein weiterer Grund für seine Verurteilung.

Die Judenhäme wirkt im Kontext von Küppers Rede wie die Faust aufs Auge. War sie ein Schutzschild für ihn? Wurde er von den Karnevalsorganisatoren bedrängt, sich und seine Reden mit dem »Zugeständnis« freizukaufen? Von rassistisch oder politisch verfolgten Schauspielern, die durch Fürsprache Prominenter einen Sonderstatus genossen, ist bekannt, dass sie in Nazi-Propagandafilmen eingesetzt wurden. Sie waren gezwungen, Kröten zu schlucken, die andere, »Unbescholtene«, nicht schlucken wollten. Auch Liessem hatte einen guten Draht nach oben. Nach den verschiedenen gescheiterten Gleichschaltungsversuchen war der nationalsozialistische Landeshauptmann Heinrich Haake zum Vermittler zwischen

Partei und Festausschuss geworden – ein Rheinländer, mit dem sich Thomas Liessem, wie er selbst schreibt, bis zuletzt gut verstand. Vielleicht hat es einen Kompromiss zwischen den beiden gegeben: Küpper, der beim Publikum beliebt war, durfte weiter seine Reden halten, wenn er sich gleichzeitig an anderer Stelle der Nazi-Propaganda anpasste. Seit 1937 hatte Liessem seine Meinung gegenüber politischen Witzen im Karneval geändert. Er findet sie nun notwendig, denn »Ernst und Schwere der Zeit« brauchten »entsprechende Ventile«. Der »Kölner Karnevalszug« solle keinen »Maulkorb« mehr tragen, sondern nach innen und außen »stark gepfeffert« sein. Damit war sicher kein Karneval des Widerstands gemeint, sondern vor allem systemkonformer »Witz«. Mit dieser Wende hatte Liessem auch einen politischen Auftrag übernommen, dem er sich als Verantwortlicher für die Sitzungen nur schwer entziehen konnte. Der moralische Spagat hat Küpper nicht vor einer Verurteilung bewahrt. Aber vielleicht hat er Schlimmeres verhindert – Küpper hätte nach den mehrfachen Verhören auch das KZ drohen können. Wie alles wirklich war, darüber haben die Beteiligten auch nach dem Krieg geschwiegen. Die Fragen aber bleiben.

Auch bei Jean Schlösser muss man Zweifel haben, ob er die üble Judenpersiflage in seiner Rede »§ 51« zur Karnevalssession 1939/40 freiwillig aufgenommen hat. Sie markiert einen absoluten Tiefpunkt im Kölner Karneval. »Wie minge Großvatter em Landjohr en Melkpaus hat«, witzelt die Rede, »do han ich mer dä Zoschlaghammer geschnapp un han op der Huhstroß dänne Jüdde de Finstere geputz un et Rebekka säht för d'r Isidor: ›Ich gläuv, jetz fängk et ahn, gemötlich zo wäde.‹« Da wird der Terror der Reichskristallnacht zur »Gemütlichkeit« veralbert, das Leiden der Verfolgten zum bloßen Jux gemacht. Beim genaueren Lesen der sonst höchst verschlüsselten Rede stellt man fest, dass andere Stellen subversiv sind und nicht zu diesem Antisemitismus passen. Vom »Krematorium«, der Chiffre für das Polizeipräsidium, ist da die Rede: »Am Samsdag wor ich em Krematorium op nem löstigen Ovend, un wie ich mer do en Brandblos gesesse hat, do säht dä Direktor, ich wör ärg pingelig, ich soll mich leever begrave losse.« Ob Schlösser sein eigenes Verhör meint oder das anderer, lässt sich nicht sagen. Schon 1933 war bei ihm in seiner verdrehten Sprache als »Mann mit dem Paragraphen 51« Distanz zur Nazi-Begeisterung angeklungen: »Vor lutter Langwiel hann ich mer dr Blinddarm erus genomme un han däm ne Brill ahngedonn. Wie dä mich sooch, sprung dä mer op de Scholder un reef: ›Deutschland erwache!‹« Auch später versteckte Schlösser in seinen Reden Ausfälle gegen die nationalsozialistische Kultur- und Rassenpolitik. Man muss den Code kennen, um in seiner »§ 51«-Rede weitere Hintergründigkeiten zu verstehen. So in der Bemerkung über das »Opernhuus«: »... un wie am Opernhuus dat rude Leech anging, do wood et mer grün un gähl vör de Auge, un dä wieße Verkehrsschupo säht: ›Wo dat rude Leech eß, do git et keine verkehrte Verkehr mieh!‹« Hinter dem kuriosen Farbenspiel verbirgt sich eine Kritik an der Unterwanderung des Karnevals durch die NS-Funktionäre. Mit dem »rude Leech« am »Opernhuus« ist das »Fest in Rot« gemeint, das fest in der Hand der Nazis war. Hans Molitor, Chef der Bühnen, war der Organisator und gleichzeitig Präsident der Ehrengarde. Deshalb wird es dem Redner »grön un gähl vör de Auge« (grün/gelb – die Farben der Ehrengarde). Das »Fest in Rot« war noch 1935 wegen des »starken jüdischen Einflusses« dem WB ein Dorn im Auge. Jetzt »git et keine verkehte Verkehr mieh« – das war auch eine Anspielung auf das Thema »Rassenschande«.

Jean Schlösser kam unbehelligt davon, gehörte aber

sicher wie Küpper zu den observierten Rednern. Warum er den »Witz« über die Judenverfolgung zuließ, wird
sich wie im Fall Küpper nicht mehr klären lassen. Sicher
ist, dass es im Einverständnis mit dem Festauschuss geschah: die Rede erschien im »Kölner Karnevals-Ulk«
1940. Im selben Heft findet sich unter den Kriegsliedern
die Strophe aus »Athenia« von Rudolf Roonthal: »So
krachten dann auf Churchills Geheiss / Der Donner der
Detonationen / Und grinsend rief das Judengeschmeiß: /
Großdeutschland, man wird's dir lohnen!« Seltsam klingt
daneben das Stimmungs-Walzerlied »Löstig geläv« von
Hubert Ebeler: »Sonn drag em Hätze un em Geseech /
Un lach dabei jeden Dag fott un fott / Dreimal dich halv
kapott.« Refrain: »Löstig geläv met Singe un Laache, /
Dat heisch, op Äde de Himmel sich maache! / Fleut op de
Sorge, – mach der nor Freud! Denk nit an Morge, – dat eß
gescheit!« Auch angesichts des Kriegs und der Judenhetze
verlor sich der Kölner Karneval noch in wirklichkeitsver-
leugnender Harmonie. »Dat kölsche Hätz«, von Hubert
Ebeler als »löstige« Maske beschworen, war zur Farce
geworden.

# 15.

»Allen wohl und keinem weh«.

## Büttenrede 1946 bis heute

In den letzten Jahren veröffentlichte der »Kölner Stadt-Anzeiger« zur Karnevalszeit in seiner Rubrik »Kölle Alaaf!« jeweils einen »Witz des Tages« aus der Bütt. Hier einige Proben: »Ich mache derzeit drei Diäten auf einmal:« – »Ist das nich was viel?« – »Wieso? Von einer wird man doch nicht satt.« (Zwei Schlawiner) – »Was ist der einzige Unterschied zwischen Männern und Schweinen?« – »Ganz einfach: Schweine können sich, auch wenn sie total betrunken sind, nicht in Männer verwandeln.« (Schnäuzer Duo) – »Ich habe eine nervige, alte Tante. Bei allen Hochzeiten sagt sie: Na, Jung. Du bist ja auch bald dran. Bist sicher der Nächste. Jetzt hatten wir eine Beerdigung. Da hab ich mich revanchiert.« (Guido Cantz) – »Männer verfahren sich ja lieber drei Stunden, als einmal nach dem Weg zu fragen. Frauen fragen zuerst – und verfahren sich dann.« (Ne Husmann).

Eine Blütenlese, wie man sie in jeder Witzeecke einer Zeitschrift finden kann oder, einfacher, von den Witzeseiten im Internet runterlädt. Die Witzerede, seit Wilhelminischer Zeit auf dem Vormarsch, ist zum Standard geworden, zur Pseudotradition. Die Jeckenrede dagegen fast verschwunden. Viele Gründe mögen dabei mitgespielt haben. Zwei Weltkriege haben die Weiterentwicklung der kölschen Büttenrede unterbrochen, Einflüsse von außen das lokale Selbstverständnis der Redner irritiert. Nach dem Zweiten Weltkrieg war den Kölnern das öffentliche Lachen über sich selbst zunächst mal vergangen. Überall war vermintes Gelände. Wie die meisten Deutschen sehnten sie sich nach einer heilen Welt, nach intakter Nachbarschaft inmitten der Trümmer, nach Solidarität, die die Nazi-Vergangenheit verdrängte oder verharmloste. »Persilscheine«, im Entnazifizierungsprozess von Freunden, Nachbarn, Verwandten, Arbeitgebern, Kollegen ausgestellt, machten, wie Horst Matzerath in dem von ihm herausgegebenen Buch »Versteckte Vergangenheit« schreibt, »eine ganze Generation zu Mitläufern«. Die Frage nach dem Grad der Verantwortung wurde nicht oder nicht genau gestellt. Außerdem musste es weitergehen. Das fanden auch die Besatzungsmächte und ließen zu, dass in Köln wie anderswo belastete PG's in der Verwaltung eingestellt wurden. Industrie und Wirtschaft stellten aus demselben Grund »Unentbehrlichkeitsbescheinigungen« aus.

Auch die führenden Karnevalisten der Nazizeit kehrten nach kurzer Suspendierung wieder in ihre alten Positionen zurück, allen voran Thomas Liessem. Seine Erfahrung, seine Beziehungen, sein Einsatz wurden gebraucht. 1949 organisierte er, als politisch Belasteter noch mit Rede- und Auftrittsverbot belegt, auf Bitten des Festausschuss-Präsidenten Albrecht Bodde den ersten Karnevalsumzug nach dem Krieg: die »Erweiterte Kappenfahrt«. Ab 1954 bis 1963 war er selber wieder Präsident des Festkomitees, von 1953–1962 Präsident des Bundes Deutscher Karneval. Seine Präsidentschaft in der Prinzengarde war offiziell seit 1929 nie unterbrochen worden.

Mit Thomas Liessem kehrte auch der Mythos von der erfolgreichen »Narrenrevolte« in den Kölner Karneval zurück. Liessem wurde zum Symbol einer von den Nazis unberührten Karnevalskontinuität. Die Doppelrolle der

Karnevalisten als Widerständler und Mitmacher lud dazu ein, den belastenden Teil der jüngsten Geschichte wegzublenden. Ganz ohne Druck scheint das jedoch nicht gegangen zu sein. 1948 eröffnete der KKU den neuen Jahrgang mit folgendem »Prolog zum neuen Narrenjahr«: »Drum Mucker, kauf dir einen Strick / Und bind ihn ruhig ums Genick. / Wo wir zur Freude uns versammeln, / Kannst du von uns aus baumeln! … Die Vergangenheit war ein böser Traum / In einem langen Schlaf – / – Öffnet die Herzen – Rheinland Alaaf!« Der Autor war Hans Jonen, altgedienter Büttenredner, als Revue-Autor mit einem frechen Lied selber zum Verfolgten des Nazi-Regimes geworden. Er war politisch unverdächtig und konnte sich gerade deshalb zum Befürworter eines Neuanfangs machen, der die Kritik in den eigenen Reihen massiv unterdrückte. Der Sprachgebrauch der Nazis hatte sich noch nicht verändert. Der »Mucker« war wie der »Pessimist«, der »meckernde Spießer« der Spaßverderber und Unruhestifter, der durch Drohungen mundtot gemacht werden musste – und sei es auch nur durch Ächtung im eigenen Verein.

Kölner Humor, der die Menschlichkeiten der Bürger, ihre Schwächen, Überheblichkeiten, Blindheiten aufdeckte, war im offiziellen Karneval nach dem Krieg nicht gefragt. Gleichzeitig wurde der Stadtregierung schon früh bewusst, dass der Karneval und die Pflege der »kölschen Eigenart« wesentlich zur Heilung des städtischen Selbstbewusstseins beitragen konnten. 1946 richtete sie das »Amt für kölsches Volkstum« ein, wahrte aber auch hier den bruchlosen Übergang, indem sie Joseph Klersch als Leiter berief. Klersch brachte für diese Aufgabe die meiste Erfahrung mit. Seit 1931 war er Vorstand des Heimatvereins Alt-Köln. Als Brauchtumskenner im »Ehrenausschuss des Kölner Karnevals« hatte er ab 1935 allerdings auch die Nazifizierung des Kölner Karnevals an entscheidender Stelle mitgetragen.

Kurz nach dem Krieg gab es wenig Bereitschaft, über solche Verbindungen nachzudenken. Statt dessen konnte Klersch nun seinerseits der Stadt einen »Persilschein« für die vergangenen Karnevalsjahre ausstellen. In der Festschrift zum 50-jährigen Jubiläum des Heimatvereins Alt-Köln 1952 machte er einen feinen Unterschied zwischen »Volkstumspflege« und »Volkskunde«. Der Volkskunde ordnete er die Kompetenz für die kritische Aufarbeitung der »inneren und zeitlichen Zusammenhänge« des Brauchtums zu. Die Volkstumspflege dagegen solle sich »ausschließlich auf die Gegenwart und Zukunft« konzentrieren. Mit dieser scheinwissenschaftlichen Begründung waren Stadt und Vereine sozusagen »amtlich« von der belastenden Aufgabe befreit, ihre eigene Verstrickung aufzuarbeiten. Ermuntert durch die verbrämende Feststellung Klerschs, dass der »in moderner Zeit wurzellos gewordene Mensch … in den kleinen heimatlichen Kreis« zurückgeführt werden müsse, um »in den Stürmen der Zeit … neue Sicherheit« zu finden, wandte man sich deshalb zunächst der Gegenwart des regionalen Volkstums zu.

Um die Büttenrede, die schon lange ein Sorgenkind war, bemühte man sich auch jetzt wieder. Aber die Versuche, ihr ein neues Gewicht zu geben, muten von Anfang an diffus und unentschieden an. Albrecht Bodde als Festausschuss-Präsident nahm 1949 im ersten Heft des KKU das Thema Büttenrede noch unbefangen und zuversichtlich auf. Er kündigt eine neue Folge von Karnevalsreden an mit Hinweis auf ihre bisherige Qualität: »Die besten Reden und Lieder der bekanntesten Karnevalisten sind durch den »Ulk« der Nachwelt erhalten geblieben. Der »Ulk« ist die gewissenhafteste Chronik der Zeitereignisse.« Doch schon bald gab es Hindernisse. In Heft 4 / 1949 bekennt der KKU sein Scheitern, Büttenredner zur Veröffentlichung ihrer Texte zu bewegen. Sie befürchten, dass »Unberufene« sich ihre »Pointen« bei kleineren Karnevalsveranstaltungen außerhalb Kölns »aneignen«. Tatsächlich hatte nach dem Krieg die Zahl der Karnevals-vereine und -veranstaltungen auch im Umland stark zu-genommen. Andere Bedenken mögen hinzugekommen sein. Der KKU enthielt u. a. auch politisches »Belastungs-material«, das Erhalten für die »Nachwelt« erschien als ein Problem, dem man sich gern entzog. Zunehmend zeigte sich auch ein Mangel an neuen Büttenrednern. »Seit Jahren klafft in den Reihen der vortragenden Kräf-te eine Lücke«, heißt es 1950 im KKU. Vor allem fehlen »originelle und humorvolle Prosareden aus dem Kölner Milieu«. Man hoffte aber auf die Arbeit des neu gebilde-ten Literarischen Komitees. Es fahnde schon nach »neuen Kräften« und biete »alle Gewähr dafür«, dass »neues, gu-tes Blut in die Adern der närrischen Darstellungen fließen wird.« Bald darauf aber stellt der »Ulk« sein Erscheinen ganz ein. Bis heute hat er es nicht mehr aufgenommen. Seitdem fehlt die schriftliche Überlieferung, was auch zur Folge hat, dass eine bewusste Auseinandersetzung mit dem Bestand und eine Weiterentwicklung Kölner Motive nicht mehr stattfand.

Trotzdem – die Bemühungen, neue Redner zu finden, die Reden insgesamt zu verbessern, gingen weiter. Nicht nur im Literarischen Komitee, sondern auch im Bürger-ausschuss Kölner Karneval, der sich 1950, zum dritten Mal nach 1912 und 1932, gebildet hatte. Der Oberbürgermeis-ter selbst nahm diesmal die Initiative in die Hand. Anfang 1950 lud Ernst Schwering Vertreter der Stadtregierung, der Wirtschaft, Presse und des Festkomitees zur Grün-dung des Bürgerausschusses ein. Seitdem diskutierte und kontrollierte ein Arbeitsausschuss die »Vorbereitung und Durchführung des Kölner Karnevals«. Die Klage über die Büttenrede ist allgemein und zieht sich in den folgenden Jahren durch die Sitzungsberichte. Zunächst überwiegt – nach dem Rat von Klersch – das Bestreben, den Karneval »mehr auf den Heimatboden zurückzuführen«. Man will an die früheren Fastnachtsspiele anknüpfen und Preise für das beste »Krätzchen«, für die »beste Büttenrede« aussetzen. »Es sei falsch«, meint 1952 der Stadtverordnete Schaeven, »(dem Fremden) allgemeinen Humor, Witze und Bänkelsang vorzusetzen.« Wenn das »Gebotene« völlig kölsch bleibe, hindere das nicht den Zustrom der Fremden, sondern fördere ihn sogar.« Er plädiert dafür, dass Witze, die seit 30 Jahren wiederholt würden, wenigstens für 1 Jahr unterbleiben sollten. Auch Theo Burauen kritisiert die »abgedroschenen Witze«.

1953 kommen jedoch völlig neue Motive in die Argumentation. Schaeven warnt jetzt davor, in den Reden »die Einrichtungen unseres staatlichen Lebens mit billigen Witzen herabzusetzen.« Burauen ergänzt, man dürfe die »Ehre und das Ansehen anderer Völker und Staaten nicht antasten.« Und ein weiterer Stadtverordneter bekräftigt: »… auch das eigene Parlament nicht.« So sähen das die Fremden. Diese Ansicht verfestigte sich. Konsens wurde, dass nur »eleganter politischer Witz« erlaubt sei. Albrecht Bodde erklärte, die Präsidenten würden jeden Redner zur Ordnung rufen, der Persönlichkeiten des öffentlichen Lebens, die sich Verdienste um die Allgemeinheit erworben hätten, angreife. Die jungen Redner würden im literarischen Ausschuss »geprüft«, die alten würden von selbst nichts bringen, wovon sie wüssten, dass sie damit »hereinfielen«.

In dieser Diskussion gab es nur eine Gegenstimme – die von Hans Jonen. Die Reglementierung des Karnevals, die er selber unter den Nazis erfahren hatte, ging ihm wohl inzwischen zu weit. Er verteidigte die »närrische Kritik« und verwies auf die Hofnarren, die ihren Despoten in aller Öffentlichkeit die Meinung sagten. Das Publikum könne ablehnen, was ihm nicht gefalle und was es als ungehörig betrachte. Von dem, was laufend im Kabarett geschähe, spreche niemand. Dagegen werde jede kleine Entgleisung im Karneval als Kapitalverbrechen angeprangert. Er konnte sich nicht durchsetzen. Abschließend wurde festgehalten, dass auch auf die Präsidenten der kleineren Gesellschaften eingewirkt werden solle, »damit sie nötigenfalls den Mut zum Eingreifen hätten.«

Vielleicht war diese Wende Nachwirkung eines Skandals, den Karl Küpper ausgelöst hatte. Auch in der Nachkriegszeit konnte Küpper »de Muhl nit halde«. An Neujahr 1952 hatte er eine Büttenrede gehalten, die 3 Tage später zu einer Sondersitzung des Arbeitsausschusses führte – Thema: »Anstößiges in Karnevalsreden«. Es hatte »Entgleisungen politischer und sonstiger Art« in Küppers Rede gegeben. Stadtverordnete, unter ihnen Bürgermeister Görlinger, hatten empört die Karnevalssitzung verlassen. Die inkriminierten Stellen wurden nicht festgehalten. Dunkel ist nur die Rede davon, dass »führende Politiker des In- und Auslandes« herabgewürdigt worden seien. Dadurch habe die »junge Demokratie« Schaden genommen, namentlich bei dem erwarteten Besuch von »Fremden und Ausländern«. Die Stadtverordneten betonen, dass es sich nicht um eine »Zensur« der Büttenrede handle. Man kritisiere nur in »gutgemeinter Absicht, um dem Fastelovend seine Freunde in den kultivierten Schichten unserer Stadt Köln zu erhalten.« Gleichwohl betont der OB am Schluss, dass die Stadt keine Vertreter mehr in die Sitzungen entsenden werde, »wenn Küpper weiter die Rede halte.« Und der Festausschuss beschließt, dass Küpper mit seiner Rede in den angeschlossenen Gesellschaften nicht mehr auftreten darf. Die Kontrolle Küppers ging jedoch weiter. 1954 werden die »Entgleisungen« von Küpper erneut im Arbeitsausschuss beanstandet. In Köln war er zwar mit seiner Rede nicht mehr aufgetreten, dafür in Oberhausen. Dorthin schickte ihm die Leitung des Festausschusses nun eine »Rüge«. So ganz wohl scheint Thomas Liessem dabei nicht gewesen zu sein, denn er weist darauf hin, die Rede sei in einer Sitzung mit über 30 Bundestagsabgeordneten und in einer anderen, die von klerikalen Kreisen gefördert wurde, nicht beanstandet worden.

Der Vorgang erscheint heute grotesk und verrät viel von der Verunsicherung der Kölner Stadtverordneten und Karnevalisten. Hinter der Empörung und den Maßnahmen des Festkomitees mögen sich verschiedene Empfindlichkeiten verborgen haben. Küpper hatte sich schon vorher bei vielen in der Karnevalsszene, die nicht an die jüngste Vergangenheit erinnert werden wollten, unbeliebt gemacht. Ein kleiner Dialog konnte bei ihm wie ein Nadelstich sein: »Einer säht für mich: En Kölle süht et ever us ... Doll. Do kann mer sich ohne Führer ever nit mieh zerääch finge. – Ich sage: Häß do dann immer noch nit de Nas voll? Eß doch wohr: Ich han keiner nühdig gehatt.« Aber es war wohl nicht nur die Angst vor dem unberechenbaren Provokateur in alter und neuer Zeit, die den Arbeitsausschuss umtrieb. Es war auch die Sorge der Stadtoberen um das eigene Ansehen und das der Stadt, die sich jetzt mit der Sorge der Karnevalisten um die eigene Reputation verband. Mit doppelter Kontrolle strebte man ein bereinigtes Karnevalsbild an, forderte von den Rednern »Feingefühl«, »Esprit«, »Geschmack« und jagte dabei einem Phantom nach, das mit dem Wesen des Kölner Karnevals nichts zu tun hatte.

Auch in den nächsten Jahren blieb die Büttenrede in

der Kritik. Ohne wirklich überzeugendes Gegenmodell dümpelte sie weiter vor sich hin. Die Jeckenrede wurde als Alternative gar nicht erst diskutiert, geisterte als Angstgespenst aber weiter umher. Wie sehr, sollte sich zeigen, als Trude Herr von 1955–1958 die Sitzungsbühne betrat. Ihr Erfolg als Typenrednerin war von Anfang an durchschlagend. Schon ihr Debüt als »Wunderkind« verriet das unverkennbar kölsche Gespür für die Verkehrtheit der aktuellen Verhältnisse. Mit den Prahlereien eines dicken Mädchens, das von einer Blitzkarriere beim Film fantasiert, traf sie den neuen Aufstiegsfimmel im Veedel. Umgekehrt holte ihr Auftritt als farbiges »Besatzungskind« das »Malöhrchen« aus der verpönten Ecke und stellte es in die sich immer mehr nach unten abschließende Gesellschaft. Trude Herr verkörperte ihre Typen mit der ganzen Wucht ihres komischen Talents. Sie kombinierte Sprechen mit Gesang, trat aus der Bütt heraus und setzte ihren Körper, der mit dem des »Wunderkinds« identisch war, als groteskes Element ein. Damit folgte sie ihrer großen Vorgängerin, der Couplet-Sängerin und Revue-Komikerin Grete Fluß (1892–1964), die seit Jahrzehnten auch im Karneval aufgetreten war. Als echtes Kind von Unter Krahnenbäumen hatte sich »et Flusse Griet« einige Jeckereien bewahrt. Mit kariertem Rock, Dutt und Riesenlatschen trat sie auf die Bühne und durchbrach ihre Rolle, indem sie ihre gesetzte Statur posieren ließ und dem Publikum zurief: »Hier, is dat vielleicht en klassische Stellung oder kein?« Trotz des improvisierenden Blödelspiels hielt sich Grete Fluß an die vorgegebenen Couplet-Texte, die die Revue-Autoren Franz Chorus, Hubert und Gerhard Ebeler und Hans Jonen für sie geschrieben hatten. Damit blieb sie innerhalb der Regie des Festkomitees. Der kritische Jeck war ihr fremd.

Trude Herr war anders. Der Erfolg war ihr nicht alles,

sie wollte vor allem ihre eigenen Vorstellungen durchsetzen. Auch bei der Büttenrede. Sie war in einem rechtsrheinischen Arbeitervorort aufgewachsen, hatte, 1927 geboren, früh die Arbeitslosigkeit ihres Vaters erlebt und anschließend seine 12-jährige Inhaftierung als Kommunist durch die Nazis. Das gab ihr einen scharfen Blick für den Dünkel und die Geschäftemachereien in der zunehmend prosperierenden Kölner Gesellschaft. Mit ihren Auftritten im Karneval machte sie auf sich aufmerksam und wurde anschließend von Funk, Fernsehen und Film und auch von den Kölner Karnevals-Revuen im »Kaiserhof« engagiert. Grete Fluß sah sie bereits als ihre Nachfolgerin. Aber 1958 begannen die Irritationen. Trude Herr erschien im Karneval als »Jüngsterbraut vom Eigelstein« und machte das kölsche Milieu zum Jeckenspiegel der wohlstandsbesessenen »Lück«. Am Eigelstein wohnte, wie zu De Noëls Zeiten, noch immer das »Pack«, mit dem die »besseren« Kölner nichts zu tun haben wollten. In den 50er Jahren hatte sich die Gegend teilweise kriminalisiert, und Trude Herr taucht nun ganz in die Perspektive der »Jüngsterbraut« ein, für die Kriminellsein »Nachobenkommen« bedeutet. Am Schluss parodierte sie den Schlager aus dem damals berühmten Gangsterfilm »Rififi«, indem sie sich über das Scheitern ihres »Bräutigams« empörte: »Jetz setz de Jeck e Johr em Knaß, / Dat kütt, hä hät nit opjepaß, / Dat Rindvieh-vieh-vieh / wor för ze arbeide ze möd / un för ze klemme vill zu blöd / Dat Rindvieh-vieh.«

Die Karnevalisten waren schockiert. Das Image der Handels- und Touristenstadt war angetastet, das »kölsche Milieu«, ohne die Verkleidung des Lustig-Biederen, fragwürdig geworden. Aufgeschreckt stellte man fest, dass die eigenwillige Trude Herr nach alter Jeckenart mit der neuen Kölner Bürgerlichkeit, die sich im Wirtschaftswunder einzurichten begann, ihren Spaß trieb. Trude Herr aber plante weiter Verwegenes. In der nächsten Session wollte sie als »Karnevalspräsidentengattin« auftreten, ins Herz des organisierten Karnevals vorstoßen, den Präsidenten verulken und – doppelt schlimm – auch seine Frau. Energisch wurde sie gewarnt: mit dieser Rede wäre sie »vom Fenster weg«. Trude Herr reagierte prompt – sie wandte sich vom Sitzungskarneval ab. Einige Jahre später verwirklichte sie dann doch noch ihre Idee in der von ihr geschriebenen Klamoteske »Auftakt zur Session«, die vom Fernsehen ausgestrahlt wurde. Man sieht sie da im Spitzenkorsett in der hektischen Vorbereitung kurz vor Eröffnung des Karnevals. Ihr Mann, der Präsident und Spirituosenhändler Hugo Laberitz, muss die Rede halten, und sie übt schon mal mit ihm. Als er beginnt: »Liebe fröhliche Weingeister, ich freue mich ...«, unterbricht sie ihn: »Halt, erst mal ne kräftige Tusch auf die Gesellschaft!«, und sie macht ihm die Rechnung auf: wenn 700 Mitglieder 1 Schluck Wein trinken, macht das – 93 Flaschen! Er beginnt also noch einmal: »Wir trinken zunächst einen kräftigen Schluck auf die Gesellschaft ...« Das war, jeder Karnevalskundige wusste das, ein jecker Seitenhieb auf den Karnevalspräsidenten von 1959, Thomas Liessem, der als Weingroßhändler die Vereine in der Karnevalssession mit Wein belieferte. Die Karnevalisten wussten, was sie verhindert hatten. Schließlich galt es zu verteidigen, was sie im Sitzungsbericht des Arbeitsausschusses vom 19. 10. 1953 beschlossen hatten: »jeden zur Ordnung (zu) rufen, der »Persönlichkeiten des öffentlichen Lebens, die sich Verdienste um die Allgemeinheit erworben hätten, angreife.«

Der Weggang von Trude Herr bedeutete eine Zäsur im Sitzungskarneval. Eine Chance der Erneuerung war vertan, und sie sollte nicht wieder aufgegriffen werden. Nicht nur, dass danach nie wieder eine Frau eine bedeutende Rolle in der Bütt gespielt hat. Auch der Sprung des Jeck in das Hier und Heute der Stadt und der Karnevalsgesellschaft wurde nicht mehr gewagt. So blieb die Rede, wie sie war: Karikatur und Witzelei, ohne den Geist, den »genius loci«, der Stadt. 1960, ein Jahr nach dem Ausscheiden von Trude Herr, wurde Horst Muys Star der Bütt. Auch er war ein Außenseiter, der nicht vorhatte, sich den etablierten Bürgern anzupassen. Er kam aus dem Ruhrgebiet und war als Mitglied des Eilemann-Trios über das Revue-Theater bekannt geworden. 1960 trennte er sich von der Gruppe, die ihn wegen seines fragwürdigen Lebenswandels nicht mehr für tragbar hielt. Seitdem trat er als Alleinunterhalter im Kölner Karneval auf und begeisterte das Publikum. Horst Muys kannte wie Trude Herr das Leben der von der Gesellschaft Abgedrängten. Er verkehrte unter Homosexuellen, Zuhältern, Prostituierten, Kriminellen, saß selber wegen geringfügiger Delikte im Gefängnis. Im Karneval war er nicht der Jeck, sondern er gab den authentischen »Kenner«, der die Ausgegrenzten wie das Publikum mit seinem einschlägigen Witzerepertoire vorführte. Routiniert spielte er mit der Exotik des Anrüchigen. Wie Grete Fluss trat er auf der Bühne in direkten Kontakt mit den Zuschauern, deren Neugier er in verspielten Dialogen reizte und gleichzeitig verspottete: »Nä, das kann ich Ihnen wirklich nicht erzählen, dafür sind Se noch zu jung« und, nachdem er »das« natürlich doch erzählt hatte: »Na, da bin ich ja froh, dass ich euren Geschmack getroffen habe.« Die Kölner liebten ihn als »ene Jung us em Levve«, einen Boten der Unterwelt, der man zum Glück nicht angehörte, weshalb es erlaubt war, ungehemmt über die Menschen »da unten« zu lachen. Der Jeck war pervertiert. Nicht den Macken der eigenen Gemeinschaft galt das Lachen, sondern den Deformationen der »Anderen«. Spaß war, die eigenen Vorurteile zu bestätigen.

In dieser Zeit verlor der Bürgerausschuss noch ein Stück weiter die Kontrolle über die Büttenrede. 1968 kam es zu einem Aufstand unter den Sitzungsbesuchern gegen Horst Muys. Seine Zoten, die man hinter der Bühne gerne anheizte, indem man ihm zuflüsterte:»Dun jet Pfeffer dran«, hatten ein Niveau erreicht, das ein Teil des Publikums ablehnte. Darunter Theo Burauen, der Oberbürgermeister selbst, der den Saal verließ, sobald Muys auftrat. Der Festausschuss sah sich schließlich gezwungen, Horst Muys ein Auftrittsverbot zu erteilen. Allerdings nicht lange. Denn jetzt rebellierten die Anhänger von Muys und hatten Erfolg. Das ohnmächtige Spiel hatte schließlich ein Ende, als Muys 1970 unerwartet starb.

1972 wurden die »trivialen Entwicklungstendenzen« des Karnevals zum ersten Mal offen diskutiert. Die Kritik kam aus dem »Förderkreis der Schull- und Veedelszög«, den Burauen 1961 unter dem Dach des Bürgerausschusses Kölner Karneval gegründet hatte. Ihr Vorsitzender, Jan Brügelmann, bezog 1974 auch den Rosenmontagszug in die Kritik ein. Er nahm einen Film vom Zug der Session 1973 zum Anlass, die Entwicklung des Kölner Karnevals zu debattieren. In seiner Begrüßungsansprache stellte er Fragen, die lange nicht mehr gestellt worden waren:»Sind die Formen fastnachtlicher Rituale, die Zeremonien, das Drum und Dran noch zeitgemäß? – Wie weit muss Karneval organisiert werden? – Wie verträgt sich Ordnung mit der Freiheit des Humors?«. Zusammenfassend stellte er fest: »Tradition verpflichtet. Jedoch: sie kann ebenso belasten wie einengen.« Das war ein Anstoß zur innovativen Auseinandersetzung. Aber die Fragen wurden vom Publikum nicht nur positiv aufgenommen. Der Kölner Karneval war, so wie er war, zu einer liebgewordenen

Institution geworden. Die Präsidenten, die Ordensver-
leihungen, die vielen ehrenamtlichen Pöstchen, die Zug-
gruppen mit den schönen Uniformen wollte man nicht
missen. Auf das Statement eines Podiumsteilnehmers, der
Karneval sei »nicht mehr der Spiegel der Zeit …, sondern
eine große Show ohne persönliche Korrespondenz«,
reagierte das Publikum »eher missmutig«. Zu einem
produktiven Gespräch über die Reform des Karnevals
kam es nicht. Statt dessen wurde 1975 ein neuer Verein
gegründet: der »Verein der Freunde und Förderer des
Kölnischen Brauchtums«. Sein Aufgabenbereich umfaßte
das gesamte Brauchtum. Dazu gehörten auch die Pflege
und Unterstützung des Hänneschen-Theaters und anderer Theatergruppen wie der Altermarktspielkreis und die
»Kumede« des Heimatvereins Alt-Köln sowie die Veröffentlichung mundartlicher Texte. Der Karneval selbst
stand nicht mehr im Mittelpunkt.

Zur Erneuerung der Büttenrede kam es nicht. Es gab
aber einige Ausnahmen, die heute zu den »Klassikern«
der Bütt gehören. 1974 begann die Zeit des Colonia Duetts, dessen Auftritte bis 1991 Höhepunkte der Sitzungen
waren. Hans Zimmermann und Hans Süper führten vor,
was die kölsche Typenrede immer noch hergab. Zimmermann, der 15 Jahre ältere, hatte das Konzept entworfen. Er
selbst mit Anzug, karierter Jacke und Hut und Süper mit
Hosenträgern, ausgewachsener Hose und langen Haaren
verkörperten die zwei Seiten des zum Typus gewordenen
Kölners, die bei Hosters »Antun Meis« zusammengefallen
waren: den biederen Kleinbürger und die immer wieder
ausbrechende kölsche Klut (vermengt mit clownesken
und pubertären Zügen). Beide brachten die Milieu-Erfah-
rung aus dem Severinsviertel mit: Zimmermann, der ge-
lernte Hufschmied, und Süper, der Sohn von Hans Süper,
einem der Straßensänger der »Vier Botze«. Neben dem

bierernsten, die unerschütterliche Kölner Gemächlichkeit und Einfalt personifizierenden Zimmermann entdeckte Süper mit seinen »Biestereien« die Rolle des Jeck für sich noch einmal neu. Er wurde zum wirbelnden Harlekin, zum Akrobaten, zum listigen Provokateur. Wenn Zimmermann seine »Verzällcher« vortrug – auch nur Witze, die aber zum Spielmaterial im jecken Dialog wurden – stellte sich Süper dumm, wiederholte einzelne Sätze oder Worte als penetrante Fragen, vibrierte vor heimlichem Lachen, hüpfte, tanzte, neckte – mit Sticheleien der Pop-Generation: »Du Ei, Zimmermän, Livverpuul (lieber Paul)«. Er wurde zur fleischgewordenen Parodie, um schließlich doch nach tadelnden Blicken und Worten seines Kompagnons wieder einzuhaken in das gemeinsame Lied oder sein virtuos närrisches Spiel auf der »Flitsch«, der Mandoline, die er auch verkehrt herum, mit den Händen auf dem Rücken, beherrschte. Intuitiv brachte Süper mit seiner Körpersprache den Jeck auf seinen anarchischen Ursprung zurück. Sein Lachen war total und musste mit dem ganzen Körper ausgedrückt werden. Die Harlekine in Frankreich haben es vorgemacht. Sie waren die Komödianten, die mit jedem Körperteil lachten. Ein Bild aus dem Archiv der Pariser Oper zeigt sie im 17. Jahrhundert bei einem Ballett mit vorgestreckten wibbelnden Hinterteilen, die Arme und Beine gespreizt, die Köpfe mit den Masken und Narrenkappen verrenkt einander zugewandt – das Vorbild für den Stippeföttchen-Tanz, den die Roten Funken berühmt gemacht haben. Süper war der Meister-Wibbler. Er brachte alles in Bewegung von den Füßen bis zu den Haaren. Beim Lied von der »Frau Immergrön« mit ihrem entzückten Ausruf: »Enä, wat is dat schön!« wibbelten sogar seine Lippen in einem besessenen Tremolo, das nicht nur sein Lied, sondern den ganzen Rhythmus des Duetts durcheinanderbrachte.

Das Colonia-Duett war das Jeckenpaar, das die Kölsch-Kultur des Veedels in ein Stück meisterhaftes Komödiantentum verwandelte. Da der konkrete Bezug zur gesellschaftspolitischen Realität sich im reinen Typenspiel auflöste, war sein Jeckentum kein Stein des Anstoßes für das Komitee. Das gilt in anderer Weise auch für den »Jeck« von Hans Hachenberg: die »Doof Noss«. Mehr als 40 Jahre hat Hachenberg unbeirrt und erfolgreich eine längst vergangene Form der Büttenrede geboten. Als »ne echt Gläbbijer Jong«, im rechtsrheinischen Bergisch-Gladbach geboren, war es ihm möglich, in der Nachkriegszeit die Maske der »Doof Noss« unberührt von neueren Kölner Einflüssen in rechtsrheinischen Vereinen aufzubauen und zu erproben. Als er Anfang der 50er Jahre vom Präsidenten der Lyskircher Junge für den Kölner Karneval entdeckt wurde, war die »Doof Noss« schon fertig und sollte auch in den folgenden Jahrzehnten unverändert bleiben. Mit Hachenberg blieb bis zu seinem Bühnenabschied vor einigen Jahren im Sitzungskarneval ein Stück Alt-Köln erhalten, das so in Wirklichkeit nicht mehr existierte. Interessant an Hachenbergs Typ ist der von ihm wiederbelebte »Labes«, die Kölner Spottfigur des jungen Tölpel, der noch nicht im bürgerlichen Schema angekommen ist und in seiner Naivität versteckte Wahrheiten aufdeckt. Vielleicht eine Grundform des »Flabes«, der alten Kölner Bezeichnung für die Maske schlechthin. Als Produkt des Kölner Milieus ist die »Doof Noss« Kind einer armen Veedelsfamilie, aus deren Nähkästchen sie plaudert. Das Redematerial hat allerdings kaum noch Bezug zum aktuellen Kölner Leben, sondern basiert vorwiegend auf den Witzen der 20er und 30er Jahre. Man lacht über den nostalgischen Reiz von alten Kinderwitzen, die trockene Ungelenkheit der Maske, deren Wirkung Hachenberg in genauem Kontakt mit seinem Publikum umzusetzen verstand. Legendär ist sein Kommentar zu den schrägen Familienwitzen: »Ärm Mama, ne?«, der ein »Bombenerfolg« war und durch das Fernsehen zu einem geflügelten, vielfach variierten Wort nicht nur in Köln, sondern bundesweit wurde.

Quereinsteiger aus dem Rechtsrheinischen ist auch Willibert Pauels, bekannt als »Ne bergische Jung«. Die Schule der Kölner Büttenrede im Literarischen Komitee hat er nie durchlaufen. Mitte der 90er Jahre wurde er von Dieter Steudter, einem der »Drei Colonias«, in einer Hans-Meiser-Talkshow entdeckt und ist seit 1996 unverzichtbar in der Kölner Bütt. Eine 20-jährige Erfahrung als Karnevalsredner brachte er da schon mit. Trotzdem ist unter den heutigen Büttenrednern keiner dem Kölner Jeckentum näher als er. Als erster hat er es gewagt, ein Tabu zu brechen: über die katholische Kirche im Kölner Sitzungskarneval zu lachen. Heinrich Böll hat einmal zu Recht festgestellt, die katholische Kirche sei im Kölner Karneval »fast nie zum Gegenstand des Spottes gemacht« worden. Bei Pauels passiert das, er darf das, und er weiss, dass er es darf. Denn als Diakon ist er ein Kind der Kirche und mit ihrer alten Lachkultur gründlich vertraut.

In der Bütt gibt sich Pauels als eine Mischung von Jeck und Clown. Er tritt mit Hosenträgern, roter Pappnase und weißen Handschuhen auf, manchmal auch mit einem kirchlichen Barrett, und versteckt seinen Schalk hinter einem halb pastoralen, halb gemütlich-beschwichtigenden Ton. Einige Eigenheiten hat er sich von seinem Vorbild, dem Büttenredner »Botterblömche«, abgeguckt, der eine große Plastikblume schwenkte und seine eigenen Witze bekicherte. Auch Pauels kichert über seine Scherze – mit dem Zusatz: »Es dat nit herrlich?« Aber solche Albernheiten haben bei ihm System. In dem Wort »herrlich« schwingt die Verulkung des Kirchenpathos mit und in dem Kichern die jecke »Verkündigung einer frohen Botschaft«: dass das Lachen Teil der Religion ist. Er weiß, dass das Osterlachen, das die Prediger auf der Kanzel mit ihren Witzen beim Kirchenvolk auslösten, bis ins 16. Jahrhundert hinein zur Liturgie gehörte, als befreites Lachen gegen den Tod zur Feier der Auferstehung Jesu. Und verweist auf Gregor den Großen, der die heidnischen Frühlingsfeste mit ihrem Lachen über die Totengeister nicht verbot, sondern ihnen einen neuen christlichen Sinn gab. Lachen ist für Pauels der Beweis für die Freiheit eines Christenmenschen. Wer über den Tod lacht, überwindet seine Angst – auch die vor den Autoritäten. Diktatoren fürchten und verfolgen das Lachen über ihre Person und Macht. Für Pauels ist der Mächtige nur dann in der Gemeinschaft integriert, wenn er es aushält, dass man über ihn lacht.

Die Prediger des Osterlachens sieht Pauels als »die ersten Büttenredner«, die ersten, die in der »Bütt« der Kanzel die Gläubigen gezielt zum Lachen brachten. Gestärkt durch diesen närrischen Teil der Kirchengeschichte, tritt er ihre weltliche Nachfolge an. Die Kirche mit ihrem höchsten »unfehlbaren« Glaubens- und Moralanspruch liefert ihm dazu reichlich Material. Auch »Witze«, vorgeformt in der kirchlichen Gemeinde. Er erzählt sie nicht einfach nach, sondern rückt sie in einen Kontext, der die Kirche in ihrer Abgehobenheit auf die Erde zurückholt. Wie in dem Witz von der Taube: Der Domprobst, mit seinem richtigen Namen eingeführt, möchte seine Pfingstpredigt durch das leibliche Erscheinen des Heiligen Geistes in Gestalt einer Taube zu einem »Event« gestalten. Der Küster wird informiert, die Taube bei dem Stichwort »Der Heilige Geist möge erscheinen« durch die Kirche fliegen zu lassen. Als das Timing nicht klappt, wiederholt der Domprobst seinen Satz, worauf der Küster die

Sakristei-Tür öffnet und ruft: »Er kann nich kommen, de Katz hat'n jefresse.«

Das erinnert an die blasphemischen Scherze der kirchlichen Narrenfeste, die in Köln noch im 17. Jahrhundert gefeiert wurden – vornehmlich von den Diakonen und Subdiakonen des Doms. Auch diese Tradition wird dem Diakon Pauels nicht unbekannt sein. Und so kann er sich auch an das höchste geistliche Oberhaupt wagen: den Papst. Den schickt er mit Joseph Ratzinger (damals noch nicht Papst Benedikt XVI.) in die öffentliche Sauna. Der Besuch gefällt dem Papst, und er möchte ihn am nächsten Tag wiederholen. Ratzinger macht ihn darauf aufmerksam, das ginge nicht, am nächsten Tag sei »gemischte« Sauna. Der Papst (entsetzt): »Gemischte Sauna?« ... So etwas gibt es – mit Evangelischen?!« – ein Satz, vom Stimmenimitator Pauels mit dem ganzen Pomp päpstlicher Empörung gesprochen. Gern nimmt sich Pauels auch der Vermischung von Weltlichem und Kirchlichem in der Papstzentrale selbst, dem Vatikan, an. Z. B. bei der Papstwahl. Das kirchliche Zeremoniell wurde für ihn zu einer anderen Art von Prinzenproklamation, der Aufzug des Dreigestirns zum »Aufzug von 150 Kardinälen«. »Gut«, räumte er als Vertreter des päpstlichen Zeremonienmeisters ein, »das Funkenmariechen fehlte, aber da arbeiten wir noch dran.« Natürlich tritt auch Kardinal Meisner in Pauels Büttenreden auf. 2007, als Meisner seinen Unmut über das neue abstrakt farbige Domfenster von Gerhard Richter äußerte – mit bundesweitem Echo –, trat der »bergische Jung« im bunt gescheckten Kostüm als Lappenclown auf und stellte gleich am Anfang klar: »Dieses Kostüm ist nicht Lappenclown. Das ist Domfenster.« Und er zögert auch nicht bei dem Scherz: »Der Meisner schläft in einem Doppelbett. – Damit er sich auch nachts querlegen kann.« Auch der Kardinal kennt die Lachgeschichte der Kölner Kirche – und hält das Lachen aus. Bis vor kurzem war er damit, neben dem Domprobst, der einzige unter den Kölner Honoratioren, über den im Sitzungskarneval gelacht werden durfte.

# 16.

## »Karneval instandbesetzt«.
## Die Rückkehr des Jeck in der Stunksitzung.

### 1984 bis heute

1984 wurde der Jeck an einem ganz anderen Ort unbefangen und vorbehaltlos wiedergeboren. In diesem Jahr fand in der Studiobühne die erste Stunksitzung statt mit dem Titel »Karneval instandbesetzt«, ein »Sponti«-Unternehmen von 30 Leuten, überwiegend Studenten der Sozialpädagogik. Der Legende nach hatte Jürgen Becker, damals selber Student, während eines Brainstormings der Wohn- und Arbeitsgemeinschaft einen auf zwei Beinen stehenden Ordensstern mit Karnevalsmütze skizziert. Damit war die neue Arbeits-Idee ins Bild gesetzt: dem offiziellen Karneval sollte in einer Gegen- oder Parallelveranstaltung die Narrenkappe aufgesetzt werden.

Der Jeck ist seinem Wesen nach ein Übergangsgeschöpf. Er ist aus dem Heidentum ins Christentum übergewechselt, aus dem Alten ins Neue, immer mit dem Lachen über die menschliche Unzulänglichkeit, das in Krisenzeiten besonders gedeiht. Auch die »Stunker« kamen aus einer jecken Zeit. Sie waren frühe Opfer des Sozialabbaus, gegen den sie mit der Besetzung der Fachhochschule protestiert hatten – vergeblich. Aber sie wurden kreativ. Sie nutzten die Besetzungswochen, um mit einem Dozenten Alternativen für prekäre Zeiten zu entwickeln. So entstand der Spiele-Zirkus für Kinder, mit dem sie die erste Tournee machten, unterstützt von einer BAFöG-Starthilfe. Als sie sich für den Stunkkarneval als »Überwinterungsprogramm« entschieden, hatten sie sich schon im Spiele-Zirkus freigespielt und wussten: »Da muss nicht alles perfekt sein und professionell.« »Besetzt« wurde von ihnen das ganze Modell der Karnevalssitzung: mit Präsident, Elferrat, Nummern, Reden, Liedern, Musik. Es war eine späte Würdigung der Erfindung von Wittgenstein und seiner Freunde. Denn die Form der Sitzung fanden die Stunker »genial«, mit der Betonung allerdings: »weil sie alle Möglichkeiten offen lässt.« »Genial« war aber auch, dass die Stunker die Sitzung für sich und ihre alternativen Absichten entdeckten. In ihr hatten sie nämlich ein Kleinformat der bürgerlichen Gesellschaft gefunden, ein besonderes Narrennest, das in seiner stolzen traditionellen Gebundenheit noch rückständiger erschien als die bundesdeutsche Wirklichkeit, somit eine Quelle unerschöpflicher Satire. Gleichzeitig setzten sie dem streng hierarchisch organisierten Vereinskarneval ihre bunte Truppe entgegen, die ohne lange Vorbereitung, ohne Geld, ohne Hierarchie improvisierte, eine »Nachbarschaft« wie das Veedel mit der Lust am Nicht-Perfekten und am Sticheln gegen die Autoritäten.

Natürlich ist die Stunksitzung mit dem »kölschen Jeck« zu eng beschrieben. Sie ist Kabarett, Show, Sketch. Mundartliches spielt in ihr nur eine Nebenrolle. Narrheiten findet sie nicht nur in Köln, sondern überall. Sie überschreitet Grenzen, sie wirft bewusst die bürgerliche Zähmung ab. Und doch – im Spiel mit dem Kölner Karneval sind auch die Stunker, die überwiegend keine Kölner sind, bis zu einem gewissen Grad »kölsch« geworden. Jürgen Becker, der »Oberkölner« (in Köln geboren und aufgewachsen), brachte gleich in der ersten »instandbesetzten« Karnevalssitzung den Jeckenton ins Ohr mit der folgenden Büttenrede: »Einmarsch. Tusch. – ›Neulich han ich dä jetroffe, do säht dä doch für mich …‹ – Tätäh! –

›Do saren ich für den …‹ – Tatäh! – ›Nä, säht dä für mich, wie kanze sujet sare …‹ – Tätäh! – ›Ja, saren ich, ich sach et wie et es‹ – Tätäh! – …« Das geht so weiter bis zum »Abmarsch« mit dreimal Tätäh. Dann kommt er nochmal zurück und sagt: »Ach so, ich han noch jet verjesse: Do säht der doch für mich: Sach bloß!« Das ist Jeckenrede pur. Becker spitzt den kölschen Dialog, der bekanntermaßen zu einem großen Teil aus dem ständigen Hin- und Herwenden von Versatzstücken besteht, auf seine Hohlform zu. Der Inhalt ist verschwunden, dafür das »Tätäh« als Bedeutungsträger eingeschmuggelt. So steht die Büttenrede »nackt« da, auf den behäbigen Laberton und den Feiertusch reduziert. Becker nahm damit bewusst die Jeckentradition auf, und zwar an ihrem radikalen Ende. Wahrscheinlich hatte er ein Vorbild. 1950 erschien im 4. Heft des KKU die Tünnes und Schäl-Rede »Gesaht is gesaht« von einem unbekannten Autor. Sie fängt so an: »Tünnes: Nä, däm han ich vielleich e beßchen Bescheid gesaht. – Schäl: Wat häß do im dann gesaht? – Tünnes: Wat ich däm gesaht han? Dat kann ich deer sage! …« und endet genauso: »Schäl: Wie, dat häss do däm all gesaht? – Tünnes: Natürlich han ich dat däm gesaht …« usw.

»Gesaht is gesaht« war die einzige Jeckenrede im Nachkriegs-»Ulk«. Ihre Tradition lebte also fort, aber sie wurde nicht mehr aufgegriffen. Jürgen Becker gab ihr dagegen von Anfang an ein Comeback. Immer wieder dringt in den Einfällen der Stunksitzung der Jeckenhumor bis »auf den Grund« durch. Das wirkt anstößig und wurde als Skandal auch schon mal vor den Staatsanwalt gebracht. 1993 hatte ein Staatsanwalt, der die Stunksitzung besucht hatte, Strafanzeige wegen Gotteslästerung beantragt. Auf der Bühne war ein Kreuz aufgestellt worden, auf dem statt INRI »Tünnes« zu lesen war. Die Polizei hatte das Schild sofort beschlagnahmt, eine Überwachung der Sitzung war von der Staatsanwaltschaft angedroht. Die Stunker machten daraufhin die ganze Veranstaltung zur Jeckennummer. Das Tünnes-Schild war nun durch ein anderes ersetzt: »Welcher Tünnes hat dat Schild?« In die Gästeliste wurde zusätzlich »ein Staatsanwalt und ein Gesetzbuch« eingetragen und ein Tisch frei gehalten: »Reserviert: Staatsanwaltschaft Köln. Stammtisch zur letzten Instanz.« Der Eingriff »von oben« ließ die Einfälle prasseln, das Publikum war begeistert. Vor Gericht schlief das Verfahren ein, weil der Hauptbelastungszeuge nicht mehr erschien. Der Regisseur der Stunksitzung wurde freigesprochen.

Hinter all dem »Unsinn« der Stunksitzung steckt gewöhnlich auch »Sinn«. Was dem Staatsanwalt entging, hatte Hans Mörtter, Pfarrer der Lutherkirche in Köln, erkannt. Die Provokation am Kreuz enthielt auch eine alte christliche Deutung: Jesus, der »Tünnes«, ist der Narr, der glaubt, die Welt durch Liebe verändern zu können. In diesem Sinn bekennt sich auch Mörtter als »Tünnes«. »Gott hat beschlossen, durch die Torheit die Welt zu retten«, heißt es bei Paulus, und Erasmus hatte sich in seinem »Lob der Narrheit« darauf berufen. Jesus und Tünnes, der oberste und der unterste Narr, der höchste und der niedrigste Mensch, der heiligste und der lächerlichste, wurden in dem Tünnes-Kreuz auf die jeckste Manier zusammengelacht.

Jürgen Becker selbst ist schlitzohrig genug, sich als »Büttenredner mit Abitur« ständig selbst zu demontieren. Als moderner »Bildungsbürger« setzt er das Hostersche Modell des Antun Meis fort, der in der Maske des »feinen Här« die »Klut« rauslässt. Becker gibt sich als »Aufklärer«, der in jovial belehrendem Ton die Vorurteile durcheinander wirbelt und in eine neue bekloppte Logik bringt. Wenn er historisch oder soziologisch doziert, mixt er das Nächste mit dem Fernsten, die europäische

Politik z. B. mit der Stunksitzung: »Wichtigstes Ziel der Stunksitzung war von jeher die Osterweiterung der EU«, grielächert er in »Zwei Jahrzehnte Qualen mit Polen, Türken und Westfalen« über die nichtkölschen Mitglieder der Stunksitzung. »Es begann vor 20 Jahren mit der Integration von rechtsrheinischen Migranten wie Reiner Rübhausen aus Heisterbacherrott, Martina Bajohr aus Uekerath oder Doris Dietzold, die aus Ex-Jugoslawien stammt.« Der offizielle Karneval bekommt bei ihm seine närrischsten Züge im Vergleich mit anderen Hierarchien: Preußen, DDR. Das hört sich dann so an: »... es geht preußisch zu im Karneval! Der ist nämlich eine ernste Sache. Da hört der Spaß auf. Bestes Beispiel: der Präsident vom Festkomitee Kölner Karneval, Hans Horst Engels. Der Mann ist völlig humorfrei, deshalb ist er für den Job bestens geeignet« – und, geht es weiter: »Man kann auch sagen, der Festkomiteepräsident ist der Erich Honecker im Zentralkomitee des verwalteten Frohsinns.« Becker philosophiert über die »fundmentalistischen Grundzüge« des organisierten Karnevals, über die »Idee« des Humors, die im Sitzungskarneval nur noch geglaubt und zelebriert wird. Aber von diesem Höhenflug steigt er schnell wieder runter in die Niederungen des Publikums, zu der Frage »Wie hält der Kölner so viel Kacke aus?« Da weiss er auch die Antwort: »Es ist einfach nur die Idee, es könnte lustig sein. Und weil die Idee da ist, sind die Leute schon zufrieden und unterhalten sich untereinander. Der Rheinländer hört sowieso nicht zu. Der redet lieber selber. Unabhängig vom Inhalt ... Deshalb ist das Geschehen auf der Bühne egal. Das ist die Idee Bühne, da passiert jedes Jahr dasselbe, und gelacht wird, wenn getuscht wird.«

Die Stunksitzung hat sich nach mehr als 20 Jahren nicht nur behauptet, sondern neben und im »normalen« Karneval etabliert. Seit 1984 sind die Zuschauerzahlen ständig gewachsen, von 900 auf heute über 40 000. In Funk und Fernsehen hat sie seit 1985 ihren festen Platz. Der Intendant des WDR lobt die Stunksitzung zum 20-jährigen Jubiläum wegen ihrer »Treue zur einmaligen Vision« und dem »Spaß! Genau an der richtigen Stelle.« So viel Erfolg hat die Karnevalsprominenz teils verärgert, teils nachdenklich gemacht. Präsident Hans-Horst Engels kanzelte die Stunker 1999 ab: »Das sind keine Karnevalisten, sondern geldgeile Profitgeier …« Vorausgegangen war allerdings eine Einladung an die »Alternativ-Jecken«, auf einem Wagen im Rosenmontagszug mitzufahren. Das hatten die Stunker abgelehnt.

Einer der überzeugtesten Anhänger der Stunksitzung ist dagegen sein Vorgänger Gisbert Brovot, Präsident des Festkomitees von 1989–1994. Er war jahrzehntelang Mitglied der Roten Funken, seit 1985 ihr Vizepräsident, und hatte wie ein anderer Funken-Vordenker, Schneider-Clauss, ein Gespür für die Notwendigkeit von Veränderungen im Karneval. Schon 1969 ließ er als Karnevalsprinz im Dreigestirn der Roten Funken durch seine »Redegewandtheit und die geistreiche Schlagfertigkeit … die karnevalistische Fachwelt aufhorchen«, wie es im Jahresbericht der Roten Funken heißt. Noch mehr horchte sie auf, als er als Festkomitee-Präsident Sympathie und Neugier für die Stunksitzung verriet. Von Anfang an war Brovot auf der Suche nach neuen Ausdrucksformen im Karneval und aufgeschlossen für »Anregungen von außen.« »Vom Volkskarneval und der Stunksitzung«, fand er, könne man »Spontaneität« und »Ideenreichtum« lernen. Ihm gefiel die »spielerische Leichtigkeit« und »Liberalität« der Stunksitzung, die er während seiner Präsidentenzeit selber auch besuchte. Die »Persiflage« war für ihn ein »schwerer, aber bleibender Anspruch« auch für den offiziellen Karneval. Gerne hätte er die Karnevalisten dazu gebracht, einiges davon in ihre eigenen Veranstaltungen zu übernehmen, auch wenn er wusste, dass der »kabarettistische Biss« nicht übertragbar war. Stattdessen gab es zunehmend Probleme mit den Offiziellen des Karnevals, die das »Fremdgehen« des Präsidenten misstrauisch begleiteten. Ein gemeinsamer Fernseh-Auftritt Brovots mit Jürgen Becker provozierte schließlich ein besonderes Jecken-Stück aus der Reibung zwischen Traditions- und Alternativ-Karneval. Brovot hatte es gewagt, mit Jürgen Becker die Karnevalsmützen zu tauschen! Die Hierarchie, die ihr Traditionssymbol, »de Mötz«, degradiert sah, reagierte empört. Mutig ging Brovot trotzdem noch im gleichen Jahr wieder zur Stunksitzung, »offiziell« und natürlich mit Festkomiteepräsidentenmütze. Seine Präsidentenlaufbahn war damit freilich zu Ende. Heute ist er Ehrenpräsident des Festkomitees und nach wie vor beeindruckt vom »Mut und Können« der Stunksitzungsveranstalter.

Einige Jahr später gab es noch einmal einen »bemerkenswerten Zwischenfall auf der traditionellen karnevalistischen Bühne«, wie Brovot sich erinnert. Nach einer Manöverkritik am Karnevalsdienstag machte der Oberbürgermeister, damals Norbert Burger, den verantwortlichen Karnevalisten den Vorschlag, das Gespräch mit den Stunkern zu suchen. Eine derart erfolgreiche Veranstaltung, die zur Karnevalszeit von so vielen Bürgern besucht werde, könne vom offiziellen Karneval nicht ignoriert werden. Es gab eine kontroverse Diskussion, aber die meisten Karnevalisten lehnten die Anregung ab.

Trotzdem bleibt die Stunksitzung der Stachel im Fleisch des »vaterstädtischen Festes«. Die Konkurrenz, die ja bekanntlich das Geschäft belebt, nützt vor allem den »Alternativen«. Mit dankbarer Ironie erweisen sie anlässlich des 20-jährigen Jubiläums den Karnevals-Offiziellen ihre

Reverenz: »Es gibt keine gesellschaftliche Institution, die die Stunksitzung so vorbehaltlos und tatkräftig über all die Jahre unterstützt hat wie die ›alte Herrenriege‹ des ›offiziellen Kölner Karnevals‹.« 2004 musste auch Hans Horst Engels, Nachfolger von Gisbert Brovot, bekennen: »Wir haben nur einen einzigen Büttenredner und sonst nur Witzeerzähler«. Wer dieser »einzige Büttenredner« war, verriet er nicht, aber die Charakterisierung der übrigen als »Witzeerzähler« ist ein ungeschminktes Urteil. Für Markus Ritterbach schließlich, seit 2005 Präsident des Festkomitees, steht die Büttenrede ganz oben auf der Förderliste. Kritisch in einem Interview befragt: »Der traditionelle Karneval vermittelt vor allem ein Gefühl: Dass er auf keinen Fall anecken will. Vor allem in seinen Büttenreden …«, verweist er selber auf die Stunksitzung, wenn auch Distanz wahrend: »Das ist ein schwieriges Thema. Ich will auch keine Stunksitzung …« und fügt dann hinzu: »Aber es gibt in dieser Stadt ein Riesenpotential.«

Inzwischen hat das Festkomitee unter seiner Leitung »11 Leitsätze des Kölner Karnevals« formuliert. Einige davon sind ein klares Bekenntnis zu einem kölscheren Karneval. Danach soll der Kölner Karneval »volksnah, verbindend und integrativ« sein und »Brauchtum und Kultur« aktiv fördern. Die beiden letzten Leitsätze gehen auch die Büttenrede an: »Der Kölner Karneval hat eine Spiegelfunktion: gesellschaftskritisch, werteorientiert, unabhängig« und »Der Kölner Karneval hat Humor und Leichtigkeit.« Im Karneval 2007/2008 durfte Marc Metzger, der »Shootingstar« unter den Nachwuchsrednern, zum ersten Mal über den Elferrat lachen: »Elferrat? Schauen Sie sich doch einfach einmal die alten Männer hinter mir an. Die sind doch aufgebahrt hinter Blumengestecken …« Das starre Reglement der Vereins-Aktivisten wird zum Thema – und die Betroffenen lachten mit. Auch Oberbürgermeister Schramma wurde von einem Tabu befreit, als Marc Metzger mit einem Witz über ihn debütierte. Wieder ist es ein »Migrant« aus dem weiteren Umland, der das Eis bricht. Metzger kommt aus Remagen, aber er weiß, worauf es ankommt, wenn man kölsch im Kölner Karneval sein will. Wie Hoster geht er unters Volk, sitzt gern in einem Nippeser Lokal und hört und guckt zu. »Fast alle Sachen, über die ich auf der Bühne witzele, hab ich so oder ähnlich erlebt oder gehört.« Nur das Idiom fehlt noch, der Humor der kölschen Sprache (den Marc Metzger als Sänger schon perfekt beherrscht). Aber vielleicht gibt das neue »Selbstverständnis des Kölner Karnevals«, wie es in den 11 Leitsätzen erscheint, auch der Büttenrede wieder eine Chance, das »Riesenpotential« in dieser Stadt voll und ganz zu nutzen.

# 17.

## Köln als Mythos und Parodie.
## Das kölsche Karnevalsslied.

### Ende des 19. Jahrhunderts bis 1914

Das kölsche Karnevalslied hat im Unternehmen Karneval die originellste und konsequenteste Geschichte. Es war und ist das Bürgerlied schlechthin. Auch das hochdeutsche Lied war z. T. sehr erfolgreich, aber es war ein Produkt von Außeneinflüssen. Das kölsche Lied jedoch blieb Eigentum der Kölner, es war ihre Intimgeschichte im Wechsel der Zeitläufe und -stimmungen. Generationen von Bürgern haben daran mitgewirkt, zum größten Teil anonym, aber immer wieder angespornt von den Leistungen Einzelner, die das Lied über die Stadt hinaus bekannt machten und es zum Markenzeichen des »Kölschen« überhaupt werden ließen.

Die Rolle, die das Publikum in diesem Prozess hatte, sollte dabei nicht unterschätzt werden. Von vornherein waren die Lieder ja »für unsere Festfreunde und die Kölner überhaupt« bestimmt, wie es im Vorwort zur ersten umfassenderen Liedersammlung 1823–1828 heisst, zum praktischen Gebrauch also, zum Mitsingen. Das schuf sehr schnell eine Tradition, eine schriftliche »Übersicht«. Schon 1824 gab die neu gegründete Karnevalsgesellschaft das erste begleitende Liederheft heraus, sieben weitere folgten bis 1836. 1828 erschien die oben erwähnte erste »Vollständige Sammlung der kölschen Karnevalslieder« mit 96 Liedern, 1835 kamen die »Bellen-Töne« mit 236 Texten. 1839 plante Edmund Stoll bereits die nächste

242

Neuauflage, die jedoch nicht zustande kam. Sie war auf 642 Seiten mit inzwischen 409 Liedern veranschlagt. Die Produktion vervielfältigte sich noch, als die Abspaltungen begannen und neue Vereine entstanden. Die »Unger uns«, die »Greesberger«, der »Train de plaisir«, die Große KG und die Große Kölner KG brachten eigene Lieder heraus. Allein die Liederhefte der Großen KG, einschließlich der frühen, von der KG herausgegebenen, umfassen bis 1911 2000 Texte, wie Paul Mies nachgerechnet hat. Reinold Louis schließlich konnte sich für seine Vorstudien zum Kölnischen Liederschatz (1986) in seinem Liederarchiv auf eine Datenbank von 10000 Kölner Liedern stützen. Die Zahl dürfte inzwischen noch einmal erheblich angestiegen sein.

Das Publikum, das waren zunächst die Vereinsmitglieder. Sie entschieden über Akzeptanz und Ablehnung, über Vorlieben, Wiederholungen, kurz, über ihre Begeisterung beim Mitsingen. Was nicht ankam, wurde schnell fallen gelassen, was gefiel, immer wieder neu variiert. Lieblingsmotive hielten sich so über Jahrzehnte, manchmal sogar über Jahrhunderte hinweg. Der fast 200-jährige Liederfundus ist bis heute noch nicht erschöpft. Dabei stellte das Mundartlied in den ersten Jahrzehnten des neuen Karnevals nur einen Bruchteil der Liedproduktion. Im ersten Liederheft 1824 fehlte es ganz, in den »Bellen-Tönen« gab es immerhin von den 236 Texten schon 17 mit »kölsche Tön«. Aber erst das Revolutionsjahr 1848 brachte den Umschwung. Während noch 1844 von den 55 Liedern der Großen KG nur 10 kölsch waren, stieg ihre Zahl im Liederheft 1848 auf über 50 %. In den 1850er Jahren lief das kölsche Karnevalslied mit den Erfolgen von »Et Schmitze-Nettche« und »Et Schnüsse-Tring« und vielen anderen dem hochdeutschen Lied endgültig den Rang ab. Es wurde populär und in der ganzen Stadt gesungen.

Mit dem Veedelslied wuchs das kölsche Karnevalslied in die Breite. In den verschiedenen Vereinen konnte jeder, der wollte, seine Liedentwürfe einbringen. Sie wurden vom Literarischen Komitee der Vereine sortiert, eventuell auch bearbeitet und herausgegeben. Auf diese Weise entstand im Karneval ein demokratischer Bildungsprozess, der das Kölsche an der Basis erfasste. 1857, als sich das kölsche Lied im Karneval immer kräftiger zu entwickeln begann, erinnerte Leonhard Ennen in seinen »Zeitbildern aus der neueren Geschichte der Stadt Köln« an die »Olympische Gesellschaft«: »Ohne es selbst zu ahnen oder zu beabsichtigen, waren diese Freundeskreise die eigentlichen Retter eines originellen Kölner geistigen Lebens«. Durch sie habe der »echte Kölner Humor Aufnahme und Ansprache« gefunden, sei der »Bürgerstolz des Kölner Volkes« geweckt und »die poetische Handhabung des platten Kölner Dialektes in sorgsame Pflege« genommen worden. Die »frische Belebung« und den »pikanten Witz« habe der Kölner Karneval ihnen »zu verdanken«. Besonders hebt er die Leistung von De Noël hervor, er sei »das genialste und tätigste Mitglied dieser Gesellschaft« gewesen. Erst jetzt wurde das Erbe der »Olympier« erkannt. Sie hatten als erste mit der Neufundierung des Kölschen im Karneval begonnen. Darauf ließ sich mit dem gewachsenen Bürgerbewusstsein in den Veedelsvereinen aufbauen.

De Noël hat in seinem ersten Lied »Alaaf de kölsche Kirmessen« im Grundriss das Köln entworfen, das in der weiteren Entwicklung des kölschen Karnevalslieds zum Mythos der Stadtgemeinschaft werden sollte. 20 Jahre später begründete sein Zuglied »Alaaf et kölsche Drickestum, / Alaaf de kölsche Junge« das neue Gemeinschaftsgefühl der Kölner im Karneval. Der »Drickes« (kölsche Kurzform von Hendricus, Henderich) war das Urbild, das der Kölner von sich hatte. Ein Sprichwort sagt es genauer: »Der Drickes es ene jode Kääl – / Hä süht met einem Aug jet schäl.« Der »jode Kähl«, der gemütliche Kölner, erscheint mit dem verrutschten Auge in der Maske des Jeck. Er ist »schäl«, d.h. nicht perfekt, mit schrägem Blick. Das macht seine Eigenart aus, sein Lachen über sich selbst. Mit dieser Mischung aus Gutmütigkeit und »schälem« Humor kam das Karnevalslied De Noëls direkt aus dem Selbstverständnis des Kölners. Es setzte die »gemütliche Satire« fort, wie Ernst Weyden 1839 das Kölner Volkslied genannt hat. Zu ihm gehörte nach Weyden auch, dass »jede Erscheinung im gewöhnlichen Leben, was nur immer Auffallendes geschieht und die Volksklasse in etwa berührt«, »Stoff zu einem Lied« hergeben konnte, »nach irgendeiner Lieblingsmelodie des Tages gebildet«. Nach diesem Muster hatte De Noël seine Lieder gemacht. Es war den Kölnern vertraut und konnte mit dem ihnen eigenen Humor fortgesetzt werden.

In den Lokalpossen hatte De Noël aber auch schon einen neuen Ton vorgegeben: die Jeckenklage über die Veränderungen in der Stadt. Die Fastnachtsspiele sind voll davon. Inzwischen hatte sich die Welt weiterbewegt – die Stadt wurde modernisiert. Die Jeckenklage schwoll jetzt zum Lied an. In den letzten Jahrzehnten des 19. Jahrhunderts entsteht ein eigener Typus des Karnevalslieds, den Paul Mies in seiner Darstellung »Das kölnische Volks- und Karnevalslied« das »humoristische Abschiedslied« genannt hat. Es setzte 1868 mit dem Seufzer des »Domkrahne« ein, dem Baukran, der jahrhundertelang den unvollendeten Dom geziert hatte. Der Dom ging damals machtvoll seiner Vollendung entgegen, und die Kölner, die soviel dazu beigetragen hatten, hätten allen Grund gehabt, das im Lied zu feiern. Statt dessen trauerten sie auf ihre Art mit dem Symbol der alten, ziemlich heruntergekommenen Stadt nach einer damals populären Weise »Lebewohl, du treues Lieb«: »So muß ich dich, do ahlen Dom, verlohße, / Ich muß he fott un weiss noch nit wohin. / Ich kann vun der eraf nit mieh de Strohße, / Nit mieh de leeve Kölsche drenn sinn.« Die Grielächerei hatte ihr zeitgemäßes Thema gefunden, das sich bis zum Jahrhundertende und darüber hinaus fortsetzte. Als die Stadtmauer und viele Tore abgerissen wurden, sang man 1882 mit einem weinenden und einem lachenden Auge: »Adjüs, Stadtmoor, adjüs ehr goode Geister, / De ehr bis jetz et hellge Köln beschötz …« Man grämte sich um die »Bänk för de Pooz«, wo sich die Pärchen »gebütz« hatten, um die »Prummenaad«, wo sich die Jungen prügelten und der Maler Bock, das städtische Original, »et Bett sich mahte«. Und lachte doch gleichzeitig über den »Altertümler«, der »kresch: dat Schönste geit uns all zum Troor«. »De veete Pooz« wollte man ihm »ganz ömesöns gään schenke, / Dat hä se drög als Bommel an der Ohr.« Auch das »Bechergäßche«, als engste Gasse Kölns immer schon ein Lieblingsthema im Karneval, durfte 1888 seinen »Stoßseufzer« singen: »Ne weise Stadtrot, dä hät jo beschlosse, / Dat mer ming bess're Hälft genomme wäd … Ich soll am Engk noch Neustadtsglanz enthalde / Ming Düsterkeit, die eß bahl ganz zum Troor«.

Mit der »Zerstörungsloß« in der Stadt nahm die Zahl der Abschiedslieder zu, wobei der Einschlag des Sentimentalen wuchs. Beim Café Sülzchen, von dem sich die Kölner 1905 trennen mussten, steigerte sich der Wehmutsgesang zum komischen Pathos. Dem »Unikum en unser Hafegaß« – mit »hölze Bänk« und der »Äd«, mit »wießem Sand / Immer proper deck bestreut, / Weil als mallich (jeder) ens drop speit« – »kriesch … dat ganze kölsche Schmölzche« nach: »Do geiß uns zum Leid / En et Meer der Iwigkeit‹.« Mehr Gefühl als Humor war schon im

»Kölsch Fiakerlied« von 1892 zu hören, einem der beliebtesten Karnevalslieder dieser Zeit, das stilbildend für viele spätere Sehnsuchtslieder werden sollte. »Pädsbahn« und »Omlenbuß« begannen die Droschken zu verdrängen und ließen den Kutscher klagen: »Wat wor dat doch en Kölle för e Levve, / als sei noch stunt, die ahl, die schön Stadtmoor! / Ming beste Schmeck, die hätt' ich dröm gegevve, / Wör noch dat ahle Köll'n en singem Flor, / Doch hück, o jömmig nä, jedwedes Kutscherhätz, dat kriesch ...« Diesmal ist das »Krieschen« ernst gemeint, löst sich nicht mehr im Lachen über die jecke Übertreibung auf. Nur noch der Refrain singt ein angehängtes »Tra-la-la-la-la« mit dem trotzigen Zuspruch »Löstig immer trotz all dem Tingelingeling«. Aber das bloß Gefühlvoll-Nostalgische im Karnevalslied war eingeleitet und sollte nie mehr ganz daraus verschwinden.

Ein Jecken-Kunststück der besonderen Art gelang den Kölnern jedoch mit der dauerhaften Verklärung der städtischen Originale. Als in der größer werdenden Stadt die Kölner Originale, die innerhalb des Mauerrings jeder gekannt hatte, buchstäblich »ausstarben«, wurden sie von den Kölnern im Karnevalslied wenn nicht heilig, so doch in Kölscher Manier selig gesprochen. Im Karnevalszug von De Noël hatten sie schon früh eine Rolle gespielt als Leitfiguren des städtischen Lebens, über die sich nicht nur die Veedels-Nachbarn, sondern alle Kölner verstanden. Die Kinder und Jugendlichen waren ihnen mit Neckereien nachgelaufen, die Erwachsenen hatten über sie gelächelt, aber als »Sonderlinge«, »halv jeck, gescheit, och üvverspannt«, hatten sie eine besondere närrische Zuneigung als Spielart des Jeckentums erfahren. Das erste Original, das eine Würdigung im Karnevalslied erlebte, war 1840 der »Zebingemann«. Mit seinem Ruf »Hatt ehr gett zo binge?« führte der Topfflicker, der damals noch lebte, aber schon zu Lebzeiten ein Relikt der Vergangenheit war, den Zug der Narren an. In dem Lied »O weint um sie« ist 1869 ihre Zahl schon um ein Vielfaches gestiegen und das Weinen um sie, die aus dem Straßenbild verschwunden sind, jeckes Ritual. Der »Zebingemann«, der »Freßklötsch« und der »Maler Bock« gehören jetzt schon zum festen Bestand. In den 70er Jahren kommen die »Böckteröck« und der »Fleuten-Arnold« hinzu, die wie der Maler Bock in dem bekannten Lied von Karl Berbuer »Un et Arnöldche Fleut« (1950) bis heute weiterleben.

Die spätere Verewigung im Jeckenhimmel war allerdings von den Betroffenen z.T. teuer erkauft. Schon der Kirmesgänger bei De Noël droht dem »krumme Urgeless«, der bei der Konkurrenz aufspielt: »Un wann do uns nit schrumpe küß, / Dann schrump ich deer de Keß (Puckel).« Vom Maler Bock sang man: »Alles lachte, wenn spazeere / Gingk der Bock en singem Lack, / Doch dä däht sich nit schineere, / Schant: Gemeines Bürgerpack!« Reue packt schließlich den Sänger beim Tod der »Böckteröck«, als er sich erinnert, wie sie als »Lotterboove« dem »Fräuche« mit dem Krückstock und der »Fläsch Schabau« im »Korv« den Schmähvers »Böckteröck wau wau« nachriefen und sie am Arm und Mantel rissen, bis sie »schante« (schimpfte) und um sich schlug. Es war wohl auch ein Akt der Wiedergutmachung, dass die Kölner im Laufe der Jahre die »Letzten« zu den »Ersten« machten und ihnen einen Ehrenplatz im Himmel gaben. Vor allem aber war es ein Triumph der »verkehrten Welt«. 1879 widmet Peter Prior dem Maler Bock ein jeckes Andachtslied: »Maler Bock, dich will ich lovve, / Bes mien Hätz höt op zo schlonn, / Bes ich ens met Dir do bovve / Met de Engele spille gonn. / Sökt em Fägföör – en der Hölle, / Sökt em Himmel – op der Äd, / Jo zo Neppes un

zo Kölle / Keiner, dä im glichen dhät.« Und zum Schluss
macht er den »ärme Jeck« zum segensreichen Beschützer
des Karnevals, indem er ihn in den Rang eines Lokalhei-
ligen erhebt, der wie früher der Hlg. Severin Wetter machen kann: »Kanns wahl jitz och Wedder maache, / Beß jo
bovven in der Lehr, / Lohß der Himmel bläulich laache /
Zo der Rosenmondags – Feer«. 20 Jahre später ziehen zu
den »Letzten« auch die »Ersten« in den Himmel ein. Im
»Jubiläumsleedche« von Jacob Dreesen zum 75. Jahrestag
des Karnevals von 1823 wird der Himmel, präsidiert von
»Zint Pitter«, zur Fastelovendssitzung mit De Noël, Wittgenstein, den Liedermachern von Radicati, dem ersten
Karnevals-Kapellmeister, bis zu Roesberg. Karl Berbuer
hat dann die kölsche Demokratie im Himmel wiederhergestellt und die »letzten« und die »ersten« Jecken bunt
gemischt mit Ostermann, dem Fleute Arnöldche, dem
Schneider-Clauss, dem Schäl und Antun Meis, dem Maler
Bock, der Böcteröck usw.

Vielleicht war die »löstige Klick« im Karnevalshimmel
aber auch ein später Abglanz der alten Kölner Heiligen-
verehrung, die immer schon ein wenig anders war als
anderswo. Am Ende des 18. Jahrhunderts wunderte sich
ein durchreisender Franzose über die »Religionsschwär-
merei« in der Stadt: die Heiligenlegenden dienten hier
nicht der »Unterhaltung des Pöbels«, der Kölner würde
durch sie »erhitzt« und »begeistert«, er betrachte »seine
Vaterstadt als den vornehmsten Wohnsitz der Heiligen«.
Für den Kölner waren die Heiligen »Nachbarn«, zu ihnen
hatte er einen persönlichen, direkten Kontakt. Die alte
kölsche Vertrautheit mit denen »do bovve« scheint die
»seligen« Originale und den himmlischen Karneval mit-
begründet zu haben. Die »verkehrte Welt« der Jecken als
Dauersegen für den Fasteleer hier unten.

Im raschen Wachstumsprozess der Stadt änderte sich

noch etwas anderes: der »kölsche Jung« selbst. Der Köln-Mythos veränderte auch ihn oder besser das Bild, das der Kölner von sich hatte. Mehr und mehr wurde der »Dri-ckes«, Synonym für den »kölsche Jung«, zum »goode Kääl«, das »schäle Aug« verschwand. Wie der Kölner Humor sich überhaupt zum »goldenen« Humor verwan-delte, der sein mildes Licht über den Kölner und seine Stadt warf. Während die Stadt ringsum explodierte, 1888 mit über 11 000 ha zur flächenmäßig größten Stadt im Deutschen Reich wurde und die Zahl der Einwohner auf 260 000 stieg, schuf sich der Kölner ein Zuhause nach dem Ideal seines »Herzens«.

Heinrich Hoster war einer der ersten, der 1892 in dem Lied »Et Hätz es good« das »gute Herz« der Kölner mit dem Refrain populär machte: »Hurrah en Huh dem köl-schen Blood, / et Hätz, et Hätz es good!« Liest man die Strophen dazu, wird allerdings die Schlitzohrigkeit im Format des Antun Meis schnell klar. »De Kölsche«, heisst es da, »sind Rabaue, verdüfelt schlau un luhs (listig), / doch darf mer inne traue, schreev Tacitus noh Huhs. / Un wat dä schreev, gilt noch, no nüngzehnhundert Johr.« Und dann folgen mehrere Strophen, die nur eines be-weisen: dass die Kölner »luhs« sind. Ob in französischer Zeit, als sie gegenüber der fremden Kontrolle des »Jux … nit möd« wurden, oder auf dem »Tippo«, wo der Neres, den die Polizei nachts »kardaunevoll« in »singe Liebes-schmätze … bälkend« aufgegriffen hat, mitleiderregend »kriesch«: »Et Hätz, et Hätz es good.« Der Refrain, den die Kölner mit Begeisterung sangen, war aber nun mal in der Welt, und das »gode Hätz« wurde im Karnevalslied zum Stereotyp.

Wenige Jahre früher, 1888, war das Lied vom »Schmit-ze Hen« mit dem Text von Gerhard Schnorrenberg ent-standen. Wahrscheinlich war Hosters Lied eine Gegenreaktion darauf. Bei Schnorrenberg wird der »Drickes« durch den »Hen« oder »Henderich« ersetzt. Er ist jetzt mit »Krätz em Kopp« der »echte kölsche Stropp«, dem die Herzen der Mädchen entgegenfliegen, die Freunde, wenn er »kummen dheit«, ein »Hurra« zurufen und nach dem sich selbst die Tochter vom »Schmitze-Nett« verzehrt. Der »Hen« ist, kurz gesagt, ein Idol: »Ov Freier hä, ov Ehemann, / Ov Bürger, ov Zaldat, / Hä eß un bliev ne ganze Mann, / Dä Kölschen All zum Staat.« Am Schluss verrät Schnorrenberg, wen er mit dem »Schmitze Hen« meint: »Ich wollt en im besinge schön / Jedwede kölsche Jung!« Und folgerichtig schließt sich daran der »Jubelchor«: »Hurrah dä kölsche Jung, / Hurrah dä gode kölsche Jung!«

Es war leicht, sich mit dem »staatse« kölsche Jung zu identifizieren. Da fiel auch nicht der Hauch eines Makels auf den zum »Hen« gewendeten »Drickes«. Als »Hen« war der »Drickes« ein Mitglied der Großstadt und des Wilhelminischen Zeitalters geworden. Er ist das korrekte bürgerliche Vorbild, wie es die Zeit verlangt. Gleichzeitig ist er immer noch der »kölsche Stropp«, der Sympathieträger mit dem kindlichen Herzen, bei dessen Erscheinen die Freunde wissen: »jitz si mer bovve op«. Das macht ihn zu einem Produkt der Nostalgie-Phase, die die Vergangenheit verklärte, zu der nicht nur die alte Stadt, sondern auch die eigene Kindheit gehörte. Seit der Mitte des 19. Jahrhunderts bildeten die Karnevalslieder zum Thema Kindheit und Jugend eine jahrzehntelange Tradition aus. Es gab eigene Leitmelodien wie »Kindermelodie« oder »Kinderkräzzcher-Melodie«, die den entsprechenden Texten zugrunde gelegt wurden. Ernst Weyden hat mit dem Kapitel »Kinderspiele« in seinem 1862 erschienenen Buch »Köln am Rhein vor 150 Jahren« viel Material dazu geliefert. Deutlich spricht sich in seiner Einleitung die

Romantisierung aus, in der das alte Köln und die Kinderspiele zu einer poetischen Einheit zusammenwuchsen. »Des Lebens höchste Poesie«, schreibt er, »blüht in den Jahren der Kindheit, des Erdendaseins seligster Traum, den wir, leider!, nur einmal träumen.« Scharf wendet er sich gegen den »herzlosen Dünkel« des »Fortschritts« und die »Treibhauserziehung« der Gegenwart. Wie war es dagegen damals! – »… auf allen Plätzen und Plätzchen der lauteste Kinderjubel, die spieltollste Kinderfreude, in den engen Straßen selbst das heiterste Kinderleben mit seiner reichen Poesie.«

Auch die Autoren der »Kinderkräzzcher-Lieder« sind Romantiker. Sie schwärmen von der »herrliche Zick« mit »Knöchelspill und Stippeföttche«, mit »Müscher fange« und »Pattevugel«, mit »Blänke« (Schwänzen) und »Kreeg« unter den Jungen. Bei Edmund Stoll werden 1873 die »Jugenderinnerungen zweier Kölner« zum Duett zwischen Drickes und Neres, der eine ruft die Erinnerungen auf und der andere sekundiert in wehmütigem Ton: »Drickes: Sag, weiss do noch, we mer met Ömmer spillten / Un op dem Domhof schmeckten unsen Dopp? / We mer uns op der Bahn e Föößche hillten, / Dat mer ald dückes stunte piel om Kopp? … Neres: Oh, we hätt ich wahl künne vergesse, / Wo ming Hätz noch so gänzlich an hängk, / Doch de herrliche Zigge ungerdesse, / Och, de schöne Zick, de eß jitz am Engk …« Ein bißchen jeck ist das noch, wenn die Großen klein werden und wie Veteranen über ihre kindlichen Abenteuer schwadronieren. Aber das Jecksein ist mit Abschiedsschmerz verbunden und mit der Weigerung, erwachsen zu werden. Als Erwachsener lacht der »Kölsche Jung« nicht mehr über sich, sondern er schmunzelt. Im Karneval sucht er die schützende Nische, wo er weiter »spille« kann. Davon singt schon ein frühes Lied 1853: »Un so spille mer met Kinder, / Weil mer selbst noch Kinder sind, / Die wie Narren och nit minder / Wahrheit sprechen en der Wind –. / Vivat dröm, wer vun uns Allen / noch am besten spillen kann / Lohd ein Huh im dröm erschallen / … Dann hä es däh beste Mann.« Jahrzehnte später ist der »Hen« die kölsche Perfektion: der Mann mit dem Kindercharme, der von »Allen noch am besten spillen kann«, und dazu ein Ausbund aller bürgerlichen Tugenden der »Kölner«, auf den die Stadt stolz sein kann.

Die Harmonisierungstendenz ergriff auch das Liedmotiv »Köln und die Kölner«. Auf das veränderte Milieu legte sich die Aura des geliebten »Alt-Köln« und machte Köln zur heilen, »gemütlichen« Welt. Lied-Traditionen, die mit jeckem Blick die Zustände in der Stadt kritisiert hatten, wurden spärlicher oder »humoristisch« übermalt. Noch in den 60er und 70er Jahren nahm man kein Blatt vor den Mund, wenn es um Missstände in der Stadt ging. »Immer langsam voran!« spottete ein Lied 1867 über die fehlende Wasserleitung: »Johr un Dag hann se geschrewen, / Wasserleitung de wöhr good; / Wo eß se bis jitz geblewe? / Se driev he bloß durch de – Soot (Gosse).« 1874 ist »Köllens Dreck« das Thema: »Nirgends lieht ne Stein sich blecke / Durch dä Dreck, dä foßhuh litt … / Wöhd doch ei Gesetz gemaht / För dä Stadtroth ganz apat, / Woreen im befolle wöhd, / Dat zo Foß hä laufe möht.« Auch in dem Klagelied »Lohß mich klagen, klagen, klagen, un deer sagen, un deer sagen, / wat mer he för'n Wirtschaft hann« ist 1870 vom Schlendrian der Stadtverwaltung die Rede: »Zunder Mohßen, Mohßen, Mohßen / Sinn de Strohßen, sinn de Strohßen, / Löcher hann se, deef un wick«, und das Wasser in den Straßen wird »nasser, nasser, nasser« und »de Röhren blieven drüg«. Der Refrain des Lieds: »No, wat sähste no dazu?« war sehr beliebt und wurde noch bis zum Ende des Jahrhunderts gesungen.

Ab den 80er Jahren, zeitgleich mit der Vergrößerung der Stadt, begann sich das Köln-Bild im Karnevalslied zu ändern. Man hört nichts mehr von dem »Gekühm« der Kölner über die Mängel der Stadt. Köln wird zur Idylle. Exemplarisch zeigt sich das 1905 in dem Lied »Ov krüzz oder quer«, dessen Refrain noch heute gern gesungen wird. Köln hebt sich darin vorteilhaft von allen anderen Ländern und Städten ab, wo »em Hus« und »op der Stroß ... gehätz weed, geärgert, gerooß un gekrooß«. Nur »mer zo Kölle han noch Spaß un Freud, / Un uns Parol, die heiß »Gemötlichkeit«. Da wird geprahlt: »Besundersch zo Kölle schmeck Jedem ne Drunk / Weil Freundschaff und Treu doh noch nit op däm Hungk. / Wie häzzlich un graduus sin Mäht, Frau un Mann, / För Falschheit un Lög eß keiner ze han. / Darum wohnt der Prinz Carneval am besten hee, / Denn he eß Allen wohl un keinem weh.«

Vergangenheitsselig werden alte Werte beschworen, die in dieser Reinheit nie gelebt worden waren, aber jetzt ungetrübt besungen werden. Solche Selbstverliebtheit hat gewöhnlich einen doppelten Boden. So auch hier: die Kölner sahen ihren Fastelovend bedroht und gaben im Anschluss an das Köln-Lob die kämpferische Parole aus: »Ov krüzz oder quer, ov Knäch oder Hähr, mer lohße nit un lohße nit vum Fasteleer«. Der Karneval war durch die Überfremdung der Stadt, durch modische Einflüsse und gleichzeitig moralisierende Zeitströmungen zunehmend in Verruf geraten. Darauf spielt die zweite Strophe des Lieds an: »Vill Häre, die komen, et eß noch nit lang, / Noh Kölle un planten un mahten uns bang. / Sie meinten un sähten en Angs un en Nuth: / »Die Welt ist verdorben, nur wir sind noch gut. / Drum muß man beseit'gen den Fasching am Rhein, / Weil Frohsinn un Lachen zu sehr dort gedeihn.« Empört fragt das Lied: »No mööch ich ens wesse, wat han mer gedonn, / Dat grad uns »Beß«

soll zom Kuckuck gonn?« Tatsächlich war die Kampagne gegen den Karneval beängstigend. Die Kirchen, eifernde Protestanten und Katholiken und Sittenvereine versuchten auf allen Ebenen, diesem »verderblichen Volksvergnügen« ein Ende zu machen. Petitionen, den »Mummenschanz« mit seinem Sittenverfall zu verbieten, gingen nicht nur an den Stadtrat, sondern auch an den Regierungspräsidenten, 1904 sogar von Mülheim a. d. Ruhr aus an den Berliner Reichstag. Das Erzbistum Köln gab Empfehlungen an die Pfarrer aus, das 40stündige Gebet an Fastnacht wieder vermehrt in den Kirchen einzuführen. Und die evangelischen Einwohner Kölns fühlten sich durch das Karnevalstreiben »in ihren religiösen Empfindungen gekränkt« und protestierten gegen die Stadt, die mit Steuergeldern das Fest bezuschusste.

Das Mundartlied musste sich allerdings am wenigsten von der Kritik getroffen fühlen. Aufregung lösten vor allem die »unsittlichen Lieder« aus: »Gassenhauer«, die mit zotigen Texten unterlegt wurden und beliebig variiert werden konnten, um der Polizei zu entgehen. Das hatte es natürlich auch früher schon gegeben, wie Hosters Büttenrede von den »hillige Dreikünnige« zeigt. Aber damals waren die Kölner noch weitgehend unter sich, jetzt gab es Kritiker und Aufpasser überall, und außerdem machten auch einige bekannte Karnevalisten, die vom Revue-Theater kamen, beim Produzieren zweideutiger Lieder mit. 1911 wurden Gerhard Ebeler und Christian Witt wegen eines solchen Delikts zu Geldstrafen verurteilt. Von solchen Frivolitäten war das kölsche Karnevalslied frei, nicht aber von der inneren Schwäche, die für den Karneval dieser Jahre typisch ist. Wie die Büttenrede wurden auch die Lieder im Karneval von Kabarett und Varieté, von Patriotismus und Allüren der »großen Welt« beeinflusst. Im »Kölner Kommersbuch« von 1896, das aus dem

Liederarchiv der GKG schöpfte, breiteten sich Lieder zu den Themen »Vaterland« und »Heimat«, »Dem Kaiser«, »Wein, Weib und Gesang« aus. Von den 7 Abschnitten war nur einer dem »Kölsch Levve aus alter und neuer Zeit« gewidmet, und Schneider-Clauss, der Herausgeber, setzt im Vorwort voraus, dass das Karnevalslied an Popularität eingebüßt hat: »Carnevalspoesie! – ich sehe sie schon die Nase rümpfen, die ästhetisch frommen Seelen … wie sie das Büchlein … verächtlich beiseite schieben, ungewürdigt, ungelesen.«

Die Kölner zivilisierten sich, waren bemüht, sich dem zunehmend großstädtischen Anspruch ihrer Stadt anzupassen. Gegen Ende des 19. Jahrhunderts waren die Wasserleitungen endlich gelegt, die Straßen erneuert, 1886 die Ringe, nach Wiener und Pariser Vorbild gestaltet, eingeweiht. 1894 wurde der Hauptbahnhof mit der damals größten Bahnhofshalle Deutschlands eröffnet und im gleichen Jahr die erste Straßenbeleuchtung in der Schildergasse installiert. Mit den gewandelten Erwartungen suchte auch das kölsche Karnevalslied den Anschluss an die moderne Zeit. In den 80er Jahren entstand das Lied »Der Nümaat« nach einer Tingeltangel-Melodie aus den Singspielhallen in Berlin. Der Anfang kokettiert noch mit dem Jeckenton der »Bechergass«: »Vunn alle Stroße, Gasse, Gäßger, Plätzcher, / de mer em ahle Kölle kennen deiht, / es keine Platz, de su en aller Hätzcher / als we de Nümaat angeschrevve steiht.« Aber dann folgt das von aller Jeckerei bereinigte Jubellied: »We prangk hä stolz un fing, we süht'e prächtig us«, »de noble Welt, de mäht ehr Prummenad« mit »Leutnants fein, adrett« und »Kindermädcher, m'em Weckelditz om Ärm«. Die schöne neue Bürgerwelt hatte das Veedel abgelöst, und das alte Köln-Gefühl diente nur noch als Dekor für die moderner werdende Stadt.

Paul Mies hat die Folgen der Modernisierung für das Karnevalslied genau beschrieben. Die alten gewachsenen Grundmotive nahmen deutlich ab, das parodistische Widerspiel von Inhalt und Melodie gab es nicht mehr. Das Couplet wurde auch im Milieullied Mode. Die Texte wucherten, der Humor, der früher die Themen bestimmt hatte, zerfiel jetzt in flache Schilderung und bloße Gefühligkeit. Auf den Straßen dominierte der Schlager, und vor allem der Jugend waren die Karnevalslieder unbekannt. Die Reformbemühungen der Stadt und der Mundartdichter richteten sich deshalb verstärkt auf das kölsche Karnevalslied. 1906 schrieb Schneider-Clauss den Text für das Lied »Fastelovend kütt eran«. Optimistisch malte er darin einen Karneval, der so nicht mehr gelebt wurde: »Jedem klitzekleine Pen op Maskeere steiht der Senn, / un dem allerältste Stätz höpp beim Denken dran et Hätz.« Doch das Motivationslied, auf der Straße und in Schulen verteilt, »um unanständige Lieder verstummen zu lassen«, änderte nichts. Laut »Rheinischer Zeitung« hatte man das Lied »auf Kölner Straßen nicht ein einziges Mal gehört«. Die städtische Obrigkeit war beunruhigt, sie sah das Verhältnis der Kölner zu ihrer Stadt und dem vaterstädttischen Fest gestört. 1913 ließ der Stadtrat noch einmal ein Karnevalsliederbuch in den Schulen verteilen, und der Oberbürgermeister setzte, wie schon erwähnt, einen Preis für die gelungenste mundartliche »Köln-Hymne« aus. Aber auch dieser Versuch schlug fehl.

Dazu trug vor allem ein Regiefehler bei, der das Kölner Publikum aufbrachte. Von allen Kölner Einsendungen wurde keine berücksichtigt. Statt dessen wurde der Hauptpreis auf das jeweils beste kölsche und hochdeutsche Lied verteilt. Beide Autoren wurden vom Publikum nicht als echte Kölner angesehen: der eine, Max Meurer, der das Mundartlied »Engelsurteil« vorgelegt hatte, arbeitete in Düsseldorf, der andere, Max Bewer, kam aus der Nähe von Dresden und war geborener Düsseldorfer. Die Kölner fühlten sich in ihrem Kölschtum verraten. Die Spötteleien in Presse und Zuschriften nahmen kein Ende. Emphatisch wurde Düsseldorf gepriesen: »O Düsseldorf, wie preis' ich Dich, / Du reiche Musenstadt. / Die Du zwei kölsche Mundartdichter uns geliehen hast.« Die beiden Preisträger-Vornamen »Max«, die so schön mit dem Vornamen des OB (Max Wallraf) harmonierten, gaben weiteren Anlass zum Gelächter. Man wollte den »Mäxen« mit dem »schneidigen«, in Köln eher seltenen Namen, »Standbilder« auf der neuen Straßenbrücke errichten. Das Scheitern der von oben gesteuerten Brauchtumsaktion war komplett.

Die sensibilisierten Kölner, die bei Karnevalsliedern aus ihren eigenen Reihen der Idealisierungstendenz längst erlegen waren, nahmen bei den als »fremd« empfundenen Autoren die Absicht wahr und waren verstimmt. Tatsächlich liest sich das Lied »Engelsurteil« auch aus heutiger Sicht in seiner kalkulierten Nettigkeit wie eine PR-Maßnahme, die auf den naiven Lokalpatriotismus der Bürger spekuliert. Der Himmel als höchste Instanz wird zum »Werbeträger«. Der »wohlgesinnte« Herrgott schickt seine Engel als Kundschafter zur Erde, um prüfen zu lassen, was ihnen »für Aug' un Uhr, Nas, Mungk un Hätz et beß gefalle dät«. Natürlich schneidet Köln bei allem am besten ab: »nix Schöneres« in der Welt »als d'r Dom em hellge Köln«, nichts so »söß un traut« wie die »kölsche Sproch«, der himmlischste Duft »dat Odekolong« usw. Der fünfte Engel findet das Richtige für »et Hätz«: »e leev kölsch Weesch« – er will nicht mehr in den Himmel zurück.

Das war viel kölsche Übertreibung, aber es fehlte das Entscheidende: der jecke Hintergrund. Den lieferte Willi Räderscheidt nach. Mag sein, dass er sich als Mundartdichter bei der Preisverleihung übergangen fühlte. Wahrscheinlicher ist, dass er sich über die völlige Einebnung des Kölner Humors geärgert hat. Jedenfalls schrieb er ein Gegenlied, das die Prahlerei wieder auf die kölschen Füße stellte. Er verlegte das »Engelsurteil« in die Hölle, ließ den »Belzebov« 5 »Düvel« nach Köln schicken, um herauszufinden, »wat Aug un Ohr, Nas, Mungk un Hätz / et schläächs gefallen dät.« Da kommt dann die Kehrseite zum Vorschein: der Rievkoocheduft »vun ranzig Öl und Fett« in der »Agrippastroß un Schlemmergaß«, der »Fastelovendswing«, schlimmer als »Essig« und »Ritschesöl« (Rizinus). Der fünfte »Düvel« schickt »en Tepesch« / er liegt im »Spidol«: »Am Baye wollt ich bütze su e Weesch … / Ming Knoche sin mer all kapott, zerkratz mi ganz Geseech.«

Das Lied des »Mythenzerstörers« Räderscheidt erhielt natürlich keinen Preis. Es erschien 1914 mit dem trockenen Zusatz: »Nicht preisgekrönte Hymne auf Cöln« in der Zeitschrift »Alt-Köln«. Das Jeckentum war nach wie vor in der Stadt lebendig. Nur gab es bei den Bemühungen um das Kölner Brauchtum sehr unterschiedliche Vorstellungen, was da eigentlich zu fördern war. Das Publikum hatte entschieden: mit der Imagepflege der Stadt allein war »Heimatliebe« nicht zu gewinnen.

# 18.

## Veedel, Klaaf und Polkaköppcher:
## Willi Ostermann erneuert das Milieulied.

### 1907–1936

Während die Kölner Obrigkeit noch alles versuchte, das »Heimatlied« zu fördern, war der neue Dichter und Sänger, der das kölsche Karnevalslied zu ungeahntem Erfolg auch über Köln hinaus führen sollte, schon seit Jahren bekannt. Willi Ostermann hatte 1907 mit »Däm Schmitz sing Frau es durchjebrannt« die Säle und Straßen erobert und 1908 für »Wä hät dat vun der Tant jedaach« die Kölner Fastenrath-Medaille für das beste Mundartlied erhalten. Seitdem hatte er seinen Erfolg mit immer neuen Liedern fortgesetzt und 1913 mit »Jetz hätt dat Schmitze Billa in Poppelsdorf en Villa« einen weiteren Höhepunkt erreicht.

Ostermann stammte nicht aus dem Kölner Milieu und hatte auch erst relativ spät Kontakt zum Vereinskarneval. Er war 1876 im rechtrheinischen Mülheim geboren und seit 1879 in Deutz aufgewachsen. Beide Orte waren damals noch nicht eingemeindet. Doch die Nähe von Kölns Innenstadt, über die Schiffsbrücke von Deutz aus leicht zu erreichen, faszinierte. Mit 13 Jahren sah Ostermann im Griechenmarkt-Viertel zum ersten Mal ein Hänneschen-Spiel und war sofort angesprochen. Zu Hause bastelte er sich Handpuppen und eine Bühne und führte zusammen mit seinen Mitschülern eigene kölsche Stücke auf. »Pänz« zum Zuschauen aus der Nachbarschaft gab es genug. So lernte er De Noëls »Nationaltheater« kennen und wurde mit dem Kölner Volkswitz gründlicher vertraut. Als Komiker, der Lehrer und Schüler gekonnt parodierte, war er vorher schon aufgefallen, auch als erfolgreicher Gelegenheitsdichter auf Familienfeiern.

Jahre später baute er sich aus diesen frühen Erfahrungen neben seinem Beruf als Drucker eine zweite Liebhaber-Existenz auf. Er trat auf Vereinfesten und Laientheatern mit (u.a.) kölschen Liedern und Gedichten auf. Dabei gelang ihm im Deutzer St. Sebastian – Schützenverein 1899 ein erster bescheidener Durchbruch mit dem Lied »Et Düxer Schötzefeß«. Der Refrain drang bis nach Köln und wurde auch dort gesungen. Ostermann nannte sich jetzt »Humorist«, verstand sich als Kleinkünstler und ließ sich von Agenturen auch ins Umland vermitteln. Sein Repertoire bestand aus parodierten Schlagern und ab und zu einem kölschen Lied. 1905 brachte ihn ein größeres Engagement an Buß- und Bettag in die Mainzer Stadthalle, wo er mit Spitzenkräften der deutschen Varieté- und Kabarettbühne zusammentraf. Diese Begegnung ist als »Schlüsselerlebnis« Ostermanns überliefert. Otto Reutter selbst, der damalige Star unter den Kabarettisten und Couplet-Sängern, soll ihm von der politischen Satire, mit der er sich in Mainz versuchte, abgeraten und ihn auf sein eigentliches Talent aufmerksam gemacht haben: »Guck die Leute aufs Maul und schreib deine Spottverse auf Plattkölsch: da biste jroßartisch.« Viel hatte Ostermann damals noch nicht vorzuweisen, um ein solches Urteil zu rechtfertigen. Aber das Wenige muss Reutter überzeugt haben. Das »Düxer Schötzefeß« wird darunter gewesen sein und das 1905 entstandene »Kinddauf-Feß unger Krahnebäume«, möglicherweise auch »Et Lißge us der Deepegaß«, das nach Liessem zu den Liedern der Ostermann-Auftritte vor 1907 gehörte. Alle drei Lieder zeigen, woher Ostermann seine Anregungen zu den »Spottversen auf Plattkölsch« bezog: aus der Tradition des kölschen Karnevalslieds.

Die Anfänge von Ostermann sind noch unsicher, aber sein Interesse steht von vornherein fest – er will die Motive der früheren und gegenwärtigen Karnevalslieder fortschreiben. Zum Thema »Deutzer Schützenfest« gab es bereits eine Reihe aktueller Lieder, alle im Couplet-Stil mit zahlreichen Strophen wechselnder launiger Eindrücke. Auch Ostermann weicht davon nur wenig ab. Sein Lied ist, wie das der anderen, Couplet, lustiger Überblick über »Radau, Klimbim«: »... hier Mandele, Nöß zum Knacke – auch Moppe, sehr gesund, / met schwazze Seif gebacke – zwei Grosche koß et Pund ...«. Reinold Louis, der die verschiedenen Beispiele zum »Düxer Schötzefeß« vorgestellt hat, fragt mit Recht bei einem Lied von Anton Scheer, das inzwischen vergessen ist: »Ist der Text eigentlich weniger schön als der Ostermannsche?« Es sind die ersten Fingerübungen von Ostermann. Er hört sich in den kölschen Ton ein, macht einige witzige Anmerkungen, legt die Melodie von Paul Linkes »Jahrmarktsrummel« unter und findet einen Refrain, der typisch ist für Kölner Feierlaune: »Jo, nohm Düxer Schötzefeß, do loß mer gonn, / Wenn de Lappe vun de Stivvele fleute gonn, / Jo, om Düxer Schötzefeß, do es et schön, / Do mäht Spaß un Freud sich selvs de ältste Möhn!« Gleichzeitig sieht man ihn auf der Suche. Er sammelt originales kölsches »Personal«: »Harfelißjer, die op der Gitta schrumpele dun«, Exoten, die in Wirklichkeit »uhs der ›große Spitz‹« sind oder »uhs Nippes ankascheet«. Ihn selbst sieht man – wie den Kirmesgänger De Noëls – mitten unterm Volk: »Wo et gitt Radau, Klimbim, / Es der Willi stets zo sinn« und mit ihm auch die »Schwitt«, die ihm zuruft: »Süch ens do, der Ostermann«.

Das sollte sein Markenzeichen werden: die Nähe zum

Milieu. Allmählich arbeitet er sich in die kölsche Szene ein. Er kennt sich aus in der »Nohberschaff«, gehört dazu in »Krahnebäume« und singt mit: »Eß mer op en Kinddauf engelade, / dat kann nix schade, do geiht mer hin, / denn vun Hätze kann mer sich vermache, / et gitt zo lache – un vill zo sin.« Das retouchierte Köln rückt er wieder zurecht. Im Veedel gehört zum »sich vermaache« nach wie vor sich zu »zerschlage – do öm de Wett.« Wie bei De Noël, Roesberg und Hoster sind die Nachbarn vertraute Bekannte in dem Drama, das sich Klaaf nennt. Da spielt »et Lißge us der Deepegaß« mit und seine Mutter, »et Leppenbell« vom »Aldermaat«, das sich am Sonntag im »Dude Jüdd« unter die »Nobeleß« von der »Löhrgass« mischt mit dem »Schäfersch Nett«, dem »Schmitze Plünn«, dem »fussich Julche« u. a.

Noch merkt man, dass Ostermann sich an Texten orientiert, deren Lokalitäten z.T. der Vergangenheit angehören. Die »Löhrgasse«, das Milieu von Hoster, hieß damals schon längst Agrippastraße. Er kopiert die Vorlagen, aber probiert auch schon einen eigenen Stil, eine eigene Perspektive. Das gelingt ihm zum ersten Mal 1907 in dem Lied »Am Dude Jüdd«. Der »Dude Jüdd«, schon früher von den Karnevalisten als Ausflugs- und Festlokal besungen, wird bei ihm zum Schauplatz einer Klick, die aus lauter Frauen besteht: der »Stollwercks-Hotvulee«. Das traditionelle Bild vom Männer-»Schmölzche« ist mit einem Schlag verändert. Die Frauen, die in der Woche auf dem Markt oder in der Schokoladenfabrik arbeiten, sind unabhängig geworden. Sie gehen allein, ohne die Männer, zum Tanzen, ganz modebewusst, mit »Polkaköppcher«, »fußfrei Röckche« und »lila Söckcher«. Das war in dem von Männern dominierten Karneval neu. Bisher hatte man das Thema »Frau« vorwiegend durch die Brille des Mannes gesehen. Da wurde in den ersten Jahren des reformierten Karnevals ein endloses »Frauenlob« gesungen: »Der holden Frauen Lob ertönt, / ihr Reiz ist's, der die Welt verschönt«, »Wogende Busen, un Backe wie Rusen, / Mädcher wie Engel, su nuklich wie schön« oder »Seht die Kölnerinnen, / Trachten ja und sinnen, / Stets euch zu erfreun; / Sind das Schönst und Beste / Bei dem frohen Feste, / Welchem wir uns weihn.« Ein bisschen war das noch verkitschte Studentenschwärmerei, ein bisschen aber auch Abschlagszahlung aus schlechtem Gewissen, weil die Kölnerinnen vom Sitzungskarneval ausgeschlossen waren. Nur einmal hatte Firmenich den Schleier gehoben und 1832 in seinem Lied »De Predigen hinger der Gadding« die Reaktion einer Kölnerin auf das männliche Monopol des Sitzungskarnevals gezeigt: »Küss do endlich, ahle Geck?«, empfängt sie ihren Mann, der vom Karnevalistentreffen zurückkommt, »Schamm dich, met jet Blagen / Dich en dingen Dagen / Noch eröm zo schlagen! / Weesch do en Alliewigkeit / un die Lebdag nit gescheid?« Gewöhnlich aber blieb man im Männerkreis beim schmeichelnden Ausschluss der Frauen von der Kumpanei. Oder auch beim »Frauen-Schmäh«. Mit belehrendem Unterton sang man von den Juffern in der »Girjuhnskeß«, dem Altenstift: »Di de Nas su huh dun drage, Han noch selden Eine krig. / Der en Freud eß Körfger gevve, / keinem Jung jet adig eß, / Eß noch immer setzen blevve – Marsch dann en d'r Girjuhnskeß.«

Auch bei Roesberg werden die »Aufsteigerinnen«, »et Schmitze-Nettche«, un »et Schnüsse-Tring«, noch mit dem pikierten Männerblick gesehen. Um die Kölner Marktfrauen mit ihrer Kunst des »Schängeleers« machte man lange einen Bogen. Das derbe Kölsch der Greesberger Mädchen von 1855 blieb eine Ausnahme. Erst 1895 zeigen die Arbeiterinnen aus Bayenthal in dem Lied von Caspar Müller »Uns Bayen-Amazonen« den alten un-

gebrochenen Frauenstolz des Veedels. »Em kooten Un-
derröckche, / Fleischfarbige Strümp, apaat, / Dä Kopp voll
Köbeslöckcher« treten sie auf als die würdigen Erbinnen
der alten Frauenfreiheit, die mit Frechheit und Witz ihren
Sonderstatus behauptet: »De Muul han got mer setze, /
Wie uns geleht uns Möhn, / Et Häuv voll Utz un Wetze /
Un voller jecke Tön!« Geübt wie die Marktfrauen an Weiberfastnacht, ist das »Schmölzche vum Baye« im Umgang
mit den Männern rigoros: »Un sin'mer op der Strohße, /
Dat es uns Element, / Dann fange mer an rohse, / Juhu!
Zom Takerent! / Well einer Plaatz nit maache, / Kritt hä
ne Schasewitt (Tritt), / Mer platze baal vör Laache, / Wenn
en däm Dreck hä litt.« Macht »hä ... de Muul op«, hört
er die ganze raue Poesie des Schängens: »Du Mondaap,
Schudderhot ... / Verkuurvelt stiefen Abs, / Verdötsch,
verdorven Hirringsbloot, / Komm, Tring un wickel in ens
got.«

Die »Bayen-Amazonen« waren sicher eine Anregung
für Ostermann. Aber bei ihm sind die Kölnerinnen aus
der »Löhrgass« schon einen Schritt weiter. Sie kommen
als »Stammgäß« in das bürgerliche Tanzlokal, wo es immer »friedlich und gemütlich« zugeht. Sie passen sich den
neuen gesellschaftlichen Formen an, aber wirbeln gleichzeitig die Atmosphäre auf. Rausgeputzt mit der »War
vom Tietze Leiennad« und tanzend wie »uhs dem Hü-
sche«, »nor geschweiss un nix im Mage« sind sie immer
noch wie die »Bayen-Amazonen am rohse«, fügen sich
nicht in die bürgerliche Konvention. Ostermann hat jetzt
Fuß gefasst. Er verbindet das alte mit dem neuen Köln,
sieht die durchgerüttelten Verhältnisse, die Komik der
»verkehrten« Rollen. Stoff dazu kam aus den gesellschaftlichen Verhältnissen, aber er gab ihm erst den richtigen
Kick, die überraschende Pointe.

Das erklärt den ungewöhnlichen Erfolg bei seinem ersten größeren Auftritt 1907 mit dem Lied »Däm Schmitz sing Frau eß durchgebrannt«. Thomas Liessem hat das »Schmitze«-Lied als »harmlos« eingestuft, weil es keine Zweideutigkeiten enthielt und so dem Appell des Karnevalspräsidenten Peter Prior »Von Zoten frei die Narretei« zu folgen schien. In anderer Hinsicht war das Lied jedoch ganz und gar nicht harmlos. Hans W. Krupp, der zeitlich spätere Biograph Ostermanns, hat das gesehen, wenn er schreibt, im »Dunstkreis von konventionellem Gepräge« der damaligen Zeit musste allein der Titel des Ostermannschen Liedes »wie ein Tornado wirken«. Wieviel mehr noch der Refrain, der die heile Welt der Ehe lachend entlarvte: »Däm Schmitz sing Frau eß durchgebrannt, tralalalalalala, / wohin, dat eß noch unbekannt, tralalalalalala, / zick gestern Ovend eß se fott, / d'r Schmitz dä lach sich halv kapott, tralalalalalala.« Ostermann provozierte die damalige Karnevalsgesellschaft gleich dreimal: mit der »durchgebrannten« Ehefrau, dem Schmitz, der sich »halv kapott« lacht, und dem frechen »Tralalalalalala«, das die ganze Nachbarschaft mitsingt. Es gab Proteste und Misstrauen gegenüber dem Neuling. Katholiken sahen das Sakrament der Ehe bedroht. Aber wieder zeigte sich, dass der Erfolg eines Karnevalslieds vom Publikum gemacht wurde. Ostermann traf und übertraf die Erwartungen der Kölner. Ihre Bereitschaft, über die Komik des alltäglichen Kölner Lebens zu lachen, auch wenn Tabus dabei verletzt wurden, brach wieder durch. Ostermann wurde für Jahrzehnte der unangefochtene Star der Karnevalsszene. Und Josef Wingender, Präsident der Großen Kölner von 1897–1921 und in dieser Zeit auch Festkomitee-Präsident, erkannte sofort das Talent und auch die Wirkung Ostermanns und setzte sich über alle Bedenken, die aus den Vereinen kamen, hinweg.

Auch das Lied, das Ostermann für die nächste Session schrieb, kehrte die gewohnte Vorstellung von der Familie um. Dass eine Tante ins Gerede kommt wie in »Wer hätt dat vun der Tant gedaach!«, war im Karnevalslied nicht vorgesehen. Die »Tant« im Karnevalslied als Hauptfigur überhaupt auftreten zu lassen, kam schon einer Entdeckung gleich. Diese Novität hatte ein anderer Karnevalist, Karl Wolf, im Januar 1908 mit seinem Tantengesang geboten: »We dät mer sich als Kind doch hätzlich freue, / wenn av un zo kom zo Besöök de Tant. / De hatt' dann en der Täsch jet Gots ze käue / Un däut uns mänche Penning en de Hand.« Diese »gute« Tante kannte jeder, ob als Wunsch oder Wirklichkeit: »Mag et Freud sin oder Leid, / Gitt mer der Tant ne Wink, / Eß se bei der Hand ald flink.« Auch dieses Lied dürfte Ostermann gekannt haben, und es verrät einiges über seine Arbeitsweise, wie er das gewohnte Tantenbild angeht. Er versetzt die »Tant«, die bei Verwandten zu Besuch ist, und nachts nicht nach Hause kommt, ins Zentrum des Klaafs mit dem zündenden Refrain: »Wer hätt dat vun der Tant gedach! / Denkt ens an! – Denkt ens an! / Wo war de blos de ganze Naach? / Denkt üch nor ens an!« Das Veedelslied ist von der Betulichkeit in die brisantere Gegenwart gerückt. Es harmonisiert nicht mehr, sondern arbeitet mit Spannungen, Kontrasten, dem »Unverdauten«, das zum Kölner Humor dazu gehört.

Offenbar hatte Ostermann schon mit seinem ersten »Skandal«-Lied eine neue gesellschaftliche Befindlichkeit getroffen, die auch außerhalb von Köln verstanden wurde. Nicht nur im Rheinland sang man das Lied vom »Schmitz«, sondern auch im Ausland, in Holland z. B. und selbst im fernen Rußland. Aus der tiefsten Provinzialität heraus hatte das kölsche Karnevalslied plötzlich eine überregionale Aktualität bekommen. Ostermann unterstützte das, indem er wie Hoster seine Lieder im Eigenverlag vertrieb. Allmählich ging er auch dazu über, für seine Texte eigene Melodien zu finden, die er von Musikern komponistisch umsetzen ließ. Er ging dabei ganz von der Musikalität des Textes aus, für dessen Eingängigkeit er ein feines Gespür hatte: »Mer muß de Rümcher lötsche künne – dann kütt die Musik janz vun selvs.«

Sein engster Mitarbeiter wurde der Kapellmeister und spätere Filmkomponist Emil Palm, der selber mit dem viel gesungenen Schlager »Regentropfen, die an mein Fenster klopfen« bekannt wurde. Die Freundschaft mit Palm verstärkte Ostermanns Neigung, das alte Köln mit dem Zeitgenössischen zu verbinden. Emil Palm, versiert im modernen musikalischen Geschäft, war der Urenkel von Johann Joseph Palm, dem »Urjels«-Palm, der mit Roesberg befreundet gewesen war und dessen Lieder in allen Vierteln der Stadt bekannt gemacht hatte. Als Ostermann 1911 Käthe Palm, die Schwester von Emil Palm, heiratete, näherte er sich dem kölschen Hintergrund der Palm-Familie noch mehr an. Gleichzeitig unterstützte Käthe Palm, die bis zur Heirat Revuetänzerin gewesen war, seine Karriere als Karnevalsdichter und -sänger. Ganz im Gegensatz zu seiner ersten Frau, die sich mit seinen vielen Tourneen und Auftritten nicht abfinden konnte. Der »Schmitz« war auch ein Teil der Erfahrung von Ostermann selbst und vielleicht auch deshalb so überzeugend.

In den Jahren bis zum Ersten Weltkrieg wurden die Ostermann-Lieder immer wieder Favoriten der Saison, allen voran »Et Stina muß ene Mann han« (1910), »De Wienands han 'nen Has em Pott« (1912), »Jetz hätt dat Schmitze Billa en Poppelsdorf en Villa« (1913). »Et Schmitze Billa«, auch in Frankreich beliebt, schoss den Vogel ab. Wieder war es eine Frau, die die Verhältnisse umkehrte: eine Marktfrau kommt »op ene Knall« zu Geld

und kauft sich »e Rothschildhus« im vornehmen Villen-
vorort von Bonn. Aus dem Marktweib Bell wird »et Billa«. »Wat hückzodag nit üvver Naach – der Mensch sich
verändere kann«, staunt die Nachbarschaft. Die ganze Je-
ckenfantasie entfaltet sich, wenn »beim Bell ›Gesellschaff‹
eß« und »de Maathall« aus Köln zu Besuch kommt – »nit
en Seid – nä, en Kattun – Un m'em Koppdoch ahn«, um die
Villa Poppelsdorf »auf d'r Kopf zu stell'n«. Zum Schluss
wissen alle: »wenn dat Bell su vöran mäht … brängk et …
Koonschloot (Kornsalat) un Andivius (Endivien) – widder ahn d'r Mann.« Aber da hilft die kölsche Philosophie:
»wat später kütt – eß jo egal.«
    Seit langem hatte im Lied das Kölschtum wieder das
Wort. Ostermann knüpfte an Roesbergs Veedelslied an,
gab ihm im Refrain aber noch eine zusätzliche Funktion, an die schon De Noël mit seinem »lärmenden di-
thyrambischen Chor« gedacht hatte. Im Mitsingen der
wenigen prägnanten Zeilen lachte die ganze Stadt über
sich selbst. Diese Pointe des Refrains, die die Verbindung
zwischen Veedel und Publikum herstellte, war Ostermann wichtig. Auch er suchte – wie Hoster – den Kontakt zum Volk. Er zog durch die Viertel der Innenstadt,
kannte sich aus auf Märkten und in Kneipen und notierte
das Gerede, die kleinen und größeren Aufgeregtheiten
der Menschen. Genauso fand er seine Anregungen in dem
reichen Material der Liedtradition. So verdankt das Lied
»De Wienands han 'nen Has em Pott«, das 1912 zum großen Erfolg wurde, seine Entstehung einer ganzen Kette
von Karnevalsliedern zum Thema »Fleischnot«, die die
Kölner 1906 erleben mussten. Damals war wegen einer
Einfuhrsperre der Mangel an Fleisch groß, und viele einfache Kölner machten sich selber auf die Jagd in der Stadt.
Vor allem Katzenfleisch war beliebt. Reinold Louis hat
ein ganzes Bündel von Karnevalsliedern zu diesem The-

ma entdeckt. Wieder zeigt Ostermann sein Geschick, ein schon fast vergessenes Motiv neu zu beleben und zu einer Geschichte für die ganze Stadt zu machen. Während die Lieder seiner Vorgänger umständlich von der »Juffer Gröner« erzählen, die ihr »Kätzche« vermisst, oder Einfälle häufen, was alles bis zum »Insektenfrikassee« als Fleischspeise dienen könnte, singt Ostermann vom unausgesprochenen Verdacht im Veedel: »De Wienands han 'nen Has em Pott / Miau Miau Miau! / Dä Hövvelmanns ihr Katz es fott / Miau Miau Miau! / Dat Diehr, dat sohß noch gester Naach Miau, Miau Miau! / Met singem Bräutigam om Daach / Miau Miau Miau!« Ostermann bürstet die rührende Vorstellung einer städtischen Gemeinschaft von »Fründschaff un Treu«, 1905 in »Ov krüzz oder quer« wortreich beschworen, gegen den Strich. Das Veedel ist Schauplatz von Klatsch, Geläster und Gelächter über die »anderen«. Und der Nachbar ist, wie Hoster es schon vorgeführt hatte, immer noch »luhs«.

Ältere Liedmodelle übernahm Ostermann oft weitgehend unverändert. Er passte sie nur den Eitelkeiten seiner Zeit an und fügte den Klaaf-Refrain hinzu. So wurde 1908 Roesbergs »Pitt-Jüppche«, die männliche Variante von »Et Schmitze-Nettche«, zur Vorlage für »O jömmich, wat han se dem Hermann gedon?«, ein Milieulied auf den Hermann, der mit »Knäbelbaat« und im »kareeten Anzug« über die Straße geht. 1920 variiert er das Motiv noch einmal – witziger und doppelbödiger – in »Chrestian – du beß 'ne feine Mann«. Wieder ist es »der« oder ein »Schmitze Chreß«, der die Aufmerksamkeit auf sich zieht: »Wat sich dä Schmitze Chreß gemaht, / dat eß jo rein zo doll, / dä läuf eröm, et eß en Staat, die ganze Stadt eß voll, / hä treck am Dag sich zweimol öm, Kamasche, weiss wie Schnee, / die hange öm de Föß eröm, hä hät die Täsch voll ›he!‹ (deutet Geld an)«. Es sind die Jahre der

Schieber nach dem Ersten Weltkrieg, und das Veedel setzt dem »Chreß« zu: »Chrestian, du küß su fein eran, / sag, unger uns gesaht, du muß doch Millionen han!«

Manche Liedvorlagen reizten Ostermann zum jecken Widerspruch. Im »schönen Fädenand« (1925) bringt er den perfekten »Schmitze Hen« auf kölsches Normalmaß zurück. Auf den ersten Blick ist der »Fädenand« »ne Kähl, en Allerweltsschenie, / denn suvill Sympathie wie hä hät keine zweite mieh.« Er ist »nit blos en Prümm, em Gegendeil, hä hät Manier ... / Met einem Woht, hä mäht et all, hä eß als feinen Här / genau so wie als Unikum en Kölle populär.« Unter dem dünnen Firniß der Zivilisation kommt dann aber doch der ungehobelte Kölner zum Vorschein: »Des Sonntagsmeddags danze gonn, gehöt zum feine Ton, / Hä met dä »Boa«-Schohn eröm höpp wie en Hohn, / dabei meint hä, hä wör beim Danze ganz allein em Saal, hä tritt de Lück de Zihe avv, dat es im ganz egal.« So aber mögen ihn die Kölnerinnen: »Die Mädchen all zum Schluß, / die welle met im danze, weil dä Fädenand Kurasch, / se wesse jo, se wähde all vun im ens höösch gepaasch.« Und deshalb mögen ihn die Kölner: »Es irgendwo en Schlägerei om Boore-Kirmesball, / Dann hät op jeden Fall dä Fädenand et all ... / Natürlich andern Dags dat halve Dörp litt em Spidol.« Der »Fädenand« ist das wahre Kölner Ideal, deshalb der Refrain: »Jedes Kind en Kölle kennt dä schöne Fädenand ... / Wat hä deiht, dat deiht hä met Gefühl, / Ja, dä Fädenand, dat es en Donnerkiel!«

Das »schäle Aug« des Drickes funktioniert bei Ostermann wieder. Mit ihm blickt er durch die gemütliche oder feine Oberfläche der Kölner hindurch bis auf den derben Grund – eine andere Schicht der Stadtkultur. Auch wenn er sich dem »Loblied« auf die Sprache und die Eigenarten der Kölner zuwendet, breitet er das ganze komische

Spektrum des Kölschen aus. In seinen »Hymnen« auf das heimische Idiom lässt er die Kölner selbst sprechen, vor allem die Kölnerinnen, denen er beim »Schwaade« wohl besonders gern zugehört hat. »Die ächte kölsche Poesie« (vor 1910), wie er sein erstes Lied dieser Art genannt hat, entfaltet sich für ihn erst beim Reden – und das hat es in sich. Hier die Manöverkritik eines kölschen Mädchens an seinem »stiefen« Tänzer in der letzten Strophe des »poetischen« Lieds: »Wenn do nit danze kanns, do hölze Popp, / dann dunn mer der Gefalle un hör op, / dat Wälzge wirklich kein Vergnüge mäht, / do danz grad wie e Karesselle-Päd … / Danz doch m'em Ließ, dat met dä linkse Bein, / denn do un dat paßt besser beienein.« Und dazu der Refrain »Das ist von Goethe nicht, von Schiller kein Gedicht, / so schrieb kein Klassiker und kein Genie, / das ist 'ne Tänzerin, / die zu dem Tänzer spricht, / dat eß die ächte kölsche Poesie.« Das unverfälschte Kölsch, versetzt in den Rahmen ritueller Harmonie, sprengt die Szene. Ostermann liebt diesen Jeckeneffekt und hat ihn in vielen ähnlichen Liedern wiederholt. Wie in »Dat eß dat richtige äch kölsche Platt« (vor 1920). Er beginnt mit der gewohnten Huldigung an die Stadt: »Gemütlich, humorvoll en Kölle et eß, / dröm ben ich och stolz op ming Heimat geweß.« Dann folgt der Dialog zwischen Vater und Tochter, der das »Gemütliche« ins Schlingern bringt, das Kölsche wieder gegen das gesellschaftlich Erwartete setzt und auch die Rollen aus dem Schmitze-Nettche-Lied vertauscht: »Jetzt bin ich es satt, so sagt der Papa, / per Arm ich dich gestern zum vierten Mal sah. / Ich denk, nach 'nem anderen Mann du begehrst, / der hat doch kein Geld, wo du jetzt mit verkehrst / … Loß do mich in Rauh, säht sing Dochter, et Leen, bei dir steiht die Ärmot schon lang op der Steen, / ding Stellung beim Fuhrpark verlangk et doch nit, / dat ein dinger Döchter ne Grafesohn kritt /

Ich blieve dobei, et wehd minge Mann, / Un wenn mer zu esse nur Ähzesupp han.« Im Sprechen tritt das »ächte« Kölsch zutage. Der Refrain bestätigt: »Dat eß dat richtige kölsche Platt / und wer es versteht, seine Freude dran hat.«

Typisch für Ostermann ist, dass er kein »Dreimol Kölle-Alaaf-Tünnes« sein wollte. Er stand quer zu den Illusionen einer Köln-Euphorie, wie sie der Karneval in der Kaiserzeit entwickelt hatte. Alle seine »Loblieder« enden im Lachen. Bewusst knüpft er mit seinem »Loblied auf Köln« (vor 1924) an das idyllische Köln von »Ov krüzz oder quer« an: »e Städtche … wat Köln heisch, / doren wunne friedliche Minsche allerhand« – und blendet dann über zum Altermarkt: »Geiht mer no d'r Maathall – vulgo Aldemaat, / eß dat nit e Bildche ganz apaat, … Wo et Schratels Lena säht dem Herrn Bescheid, / dä sich alles anloht un nix kaufen deiht, / gangk – do käufs jo doch nix, gangk do Pavian! / Gangk – söns gewen ich mich dran …« Und bei den »Eigenarten – die uns Kölle hat« parodiert er im selben Lied pathetisch Goethe: »Wer nie e kölsch Glas Wieß – un dann e Schnittche Kies / Gegesse mit Aptit – / dä kennt dat Levve nit, / och wäm die Name fremb , wie »Früh« un »Schäbens Tünn« / dä muß wohl nit en Köln am Ring bei uns gebore sin.«

Ostermann kannte keine Sentimentalitäten im Karnevalslied. Das Eigenlob des Kölners gab er als närrisches Kontra zurück, das der Wahrheit ein ganzes Stück näherkam. Das große »Krieschen«, das gegen Ende des 19. Jahrhunderts im Lied eingesetzt hatte, war ihm suspekt. 1932 gibt er in »Ich ben vun Köln am Rhing zo Hus« ein Selbstbild des Kölners, das in seiner Robustheit seit jeher typisch war für den Erben eines jecken Lebensgefühls, nebenbei aber auch – und nicht zu knapp – kleinbürgerliche Züge hatte: »Ich bin d'r ganze Dag am Laache, /

wat hät dat Kriesche för ne Zweck. / Woröm soll ich mir
Kopping maache, / sulang mir noch et Esse schmeck. /
Un sin se all am Kühme, Klage, / do maache ich mir gar
nix druhs. / Woröm, dat well ich höhsch üch sage: Ich ben
vun Köln am Rhing ze Hus!« Der Humor, der das »carpe
diem« der prekären menschlichen Existenz abgewonnen
hat, wird hier gar nicht mehr reflektiert. Er ist banal, zur
puren Selbstbehauptung geworden. Ostermann weiss das
und setzt in der nächsten Strophe nach: »Ich losse nie de
Leppe hange, / bei mir do wehd kein Pleuß gemaht; / doch
wer mit mir well Strick ahnfange, / dä kritt se öhntlich vör
de Schwat …«

Gleichzeitig sieht Ostermann die nüchterne Beschrän-
kung der Kölner auf das Elementare auch als Gewinn.
Der unbekümmerte Stoizismus in den Jahren nach dem
Ersten Weltkrieg wird für ihn zum beliebten Thema, am
schönsten in dem Lied von 1923 »Wat litt dann an zehndausend Dahler«: »Minsche gitt et allerhand auf der schönen Welt, / die des Naachs, sugar am Dag, dräume nur
vom Geld. / Loß mer doch vernünftig sin, / Geld dat eß
doch rund, / de Haupsach eß Humor em Liev, / vergnög
dobei, gesund. / Et Geld spillt gar kein Roll, / dröm jeder
denke soll: Wat litt dann an zehntausend Dahler, / mer
han se jo nit, / mer krigen se och nit, / wat litt dann an
zehntausend Dahler, / mer han se un krigen se nit.« Der
Refrain wurde zum geflügelten Wort in Köln, Gelegenheit, ihn zu zitieren, hatten die Kölner genug. Im gleichen
Jahr sang Ostermann »Durch dä ganze Krom mache mer
ne Schrom«. Die Jahre vor dem Krieg waren noch in guter
Erinnerung, doch »hück«, stellt das Lied fest, »es alles jeck
un alles durcheinein.« Wieder ist es die lang geübte Kölner
Gelassenheit, die »durch dä ganze Krom« »ne Schrom«
macht: »Die Welt, die steiht om Kopp, doch dat räg uns
nit op, / dat all schineet uns nit, loß kumme, wie et kütt. /

Statt du dir Sorge mäß, do dir ganz einfach säß, / och bloß jet drop, / denn wat gewäsen, eß gewäs.«

Und doch, auch Ostermann holte die Nostalgie schließlich ein. Die 20er Jahre hatten ihm zugesetzt. Durch das jahrelange Verbot des öffentlichen Karnevals verlor er zunehmend seine Existenzgrundlage als Heimatdichter und Karnevalssänger. Seine Auftritte bei sogenannten »Heimatabenden«, die die Karnevalisten veranstalteten, brachten nicht genug ein. Der Eigenvertrieb seiner Lieder erlahmte. Er musste sich nach einer anderen Verdienstmöglichkeit umsehen und fand sie: er schrieb Lieder zur Rheinromantik, Schlager, die ihn in ganz Deutschland und im Ausland bekannt machten. Der Erfolg beweist sein Gespür als Unterhaltungskünstler, aber sein komisches Talent konnte er in den Rheinliedern nicht unterbringen. Deshalb ging seine Produktion von kölschen Karnevalsliedern unverändert weiter und wird ihm auch den Verlust der alten Karnevals- und Milieuszene immer wieder deutlich gemacht haben.

So schrieb auch er schließlich 1930 sein »humoristisches Abschiedslied«: »Och wat wor dat fröher schön doch in Colonia«. Zunächst nur für die Karnevals-Revue »Die Fastelovendsprinzessin« im »Groß-Köln«, dann, nach der begeisterten Aufnahme durch das Publikum, in einer erweiterten Fassung mit einer dritten Strophe für eine Schallplattenproduktion. Wieder einmal hatte Ostermann die Stimmung der Kölner genau getroffen. Wie damals, als die Stadtmauer abgerissen wurde, war das Eindringen der neuen Zeit im Nachkriegs-Köln unübersehbar. Bewusst greift Ostermann die erste Zeile des beliebten Fiakerlieds auf: »Wat wor dat doch en Kölle för e Levve, als se noch stunt, die ahl, die schön Stadtmoor« und variiert sie im Refrain »Och wat wor dat fröher schön doch en Colonia, / wenn der Franz m'em Nieß nom ahle Kohberg ging, / wenn d'r Pitter Ärm in Ärm m'em Appolonia / stell vergnög om Heimweg ahn zo knutsche fing«. Die alte Vergnügungskulisse mit dem »Kuhberg« wird wehmütig heraufbeschworen, mittendrin die Pärchen mit den kölschen Namen. Im Walzertakt setzt er die Erinnerung an die früheren Tänze gegen die neuen: »Jazz und Steppe« und den »hochmoderne Blues«. Und mit einem Kalauer ist er mittendrin im alten Vergnügen: »Die Blus, die mir gekannt, dren sohch mer höppe / et Bell em Walzertempo lans de Wand«. Früher hatte Ostermann das alte Köln im neuen entdeckt und umgekehrt, jetzt singt er: »Wie hat doch Köln sing Eigenart verlore, / wie wor dat Levve he in Köln su nett, / ... Dä fremde Krom, et eß doch zo bedoore, / als ahle Kölsche schöddelt mer d'r Kopp.« Die »Heimat« ist für Ostermann in der Überfremdung untergegangen, sie »stüß« einem nur noch »op«, »deiht mer sich bloß die Dänz vun hück beloore«.

Dafür hat er ihr in seinem letzten Lied kurz vor seinem Tod 1936 ein Vermächtnis hinterlassen, das alle Sehnsuchtslieder, die die Kölner jemals auf ihre Heimatstadt gedichtet haben, übertroffen hat. Es ist kein gefühliges Lied, sondern eins, das aus der Todeserfahrung die Kraft eines einfachen, unverfälschten Gefühls bezieht: »Wenn ich su an ming Heimat denke / Un sin d'r Dom su für mir ston / mööch ich direck op heim an schwenke, / ich mööch zo Foß noh Kölle gon.« Eingeschlossen ist darin die Gewissheit: »... ich han – un dat litt mir im Senn – ming Muttersproch noch nit verlore, dat es jet, wo ich stolz drop ben.« Dass dieser Stolz berechtigt war, hat die Nachwirkung seiner Lieder bewiesen.

# 19.

## Zwischen den Kriegen.
## Das Karnevalslied der Revuen.

### 1919–1933

Der Erfolg von Ostermann täuscht darüber hinweg, dass in den 20er und 30er Jahren der Jeck im Karnevalslied insgesamt an Originalität eingebüßt hat. Ostermann machte keine Schule. Wohl nutzten nicht wenige Konkurrenten seine Popularität, um mit Ostermann-Parodien und -Varianten ihr eigenes Erfolgsbudget aufzubessern. Den Kern seines Humors trafen sie nie und wollten das wohl auch gar nicht. Gleich sein erstes Lied vom »Schmitze Chress« setzte Christian Thill in der nächsten Session 1908 mit einem Refrain fort, der gut ankam: »Däm Schmitz sing Frau eß widder doh, – tralalalalala. / Die ganze Stadt, die weiss et joh! – tralalalalala. / Dä Schmitz hät sich bahl ömgebraht, tralalalalala! / Jetz hät hä selvs sich dönn gemaht.« Das Lied von der »Tant« nahm Franz Chorus 1909 zum Anlass einer »Nachdichtung«: »Wer hätt dat vun däm Ohm gedaach! / Denkt ens an! – Denkt ens an! / Dä sook de Tant de ganze Naach, / Denkt üch nor ens an! / – Hä leef un sook – doch wodt nix druus, – / Denkt ens an! – Denkt ens an! – / un kom dan ohne Tant noh Huus. / Denkt üch nor ens an!«

Die auffällige Banalisierung mochte notwendig sein. Ostermanns Witz war nicht zu übertreffen, also musste er unterboten werden. Doch spielte wohl auch ein mehr oder weniger bewusstes Bedürfnis mit, die Provokation der Vorlage zu entschärfen und die Normalität der Verhältnisse wieder herzustellen. Die Frau Schmitz kommt zurück, der Herr Schmitz »hätt sich baal ömgebraht« und ist nun selber »durchgebrannt«. Der »Ohm« sucht die »Tant«, wie es sich gehört, und kann bei seiner vergeblichen Suche den aufgeregten Klatschruf »Denkt ens an!« nicht recht steigern. Auch spätere Ostermann-Anleihen werden im konventionellen Sinn umgedeutet. So das beliebte Lied vom »Zillekovens Chress« in den 30er Jahren mit dem schmissigen Refrain von Gustav Kneip: »Saht, hatt er nit minge Mann jesinn, dä Zillekovens, Zillekovens Chress? / Dä hätt sich durch de Koot jemaht, / Kei Mensch weeß, wo er eß.« Eine Frage, die die Ehefrau, die überall, sogar noch am »Himmelspöözche«, ihren Mann sucht, ins vertraute Rollenbild zurückbringt. Oder »Adelheid«, 1935 das Erfolgslied von Hubert Ebeler mit dem Motiv des körperlich ungleichen Paars, das Ostermann 1929 in »Rötsch mer jet, Angenies, rötsch mer jet« so erfolgreich umgesetzt hatte. Während Ostermann mit der Klage des Ehemanns, der »wie en Fluh« neben der dicken Ehefrau um seinen Platz im Bett kämpft, die kölsche Komik provozierend weiterdreht, verflacht sie bei Ebeler zum Klischee. Nicht der Mann, sondern die mobbelig-monströse Ehefrau wird zur Groteske. Ihr gilt am Ende das unverhohlene Gelächter von »Jung und Alt«, wenn sie beim Tanzen »wackelt wie en Ent« und die »Wand, oh wie, waggelt mit dobei.«

Ostermann hatte den Kölner Humor noch vor Ort im Veedel studiert. Als Komiker liebte er den unerwarteten Perspektivenwechsel, wie ihn die alte Köln-Kultur entwickelt hatte. Jetzt gewannen andere Tendenzen, stärker noch als vorher, im Karnevalslied die Oberhand. Nach dem Ersten Weltkrieg entstanden seit 1919 die Karnevalsrevuen in den Varietés, zunächst als Ersatz für die verbotenen Karnevalsitzungen, dann als Dauereinrichtungen. Sie sollten das aus der Kölner Stadtgemeinschaft entstandene Lied mehr als 4 Jahrzehnte lang mitprägen. Hier fanden die Komponisten, Texter und Sänger, die vorher schon für die Revuetheater gearbeitet hatten, reichlich Arbeit. Schallplattenaufnahmen und später der Rundfunk sorgten für Anerkennung über die Stadt hinaus. Der Unterhaltungsmarkt und kommerzielle Überlegungen bestimmten wesentlich mit und trugen »draußen« zur wachsenden Popularisierung des Karnevalslieds bei.

Bis Ende der dreißiger Jahre entstanden hochdeutsche Evergreens, die heute noch im Karneval gesungen werden. Nach Ostermann war Gerhard Ebeler der produktivste unter den Liederdichtern. Zusammen mit der Musik von Hans Otten gelangen ihm Publikumserfolge wie »Aber heut sind wir fidel« (1928), »Du kannst nicht treu sein« (1935), »Du kannst von mir alles, alles haben« (1938), »Wo mag er sein, wo mag er bleiben« (1938). Das Karnevalslied wurde zum Schlager, zum Markenartikel »Rheinischer Frohsinn«, der das Bedürfnis nach Stimmung und Geselligkeit vor der Kulisse der Rhein- und Weinlieder abdeckte, die Ostermann eingeführt hatte. Zum ersten Mal spielte das Kölner Lied in der deutschen Unterhaltungs- und Spaßkultur zwischen den Kriegen eine eigene Rolle und ist seitdem nicht mehr daraus wegzudenken.

Das kölsche Lied war damit keineswegs vergessen. In den Karnevalrevuen wurde es gebraucht als atmosphärisches Lokalelement. Ostermanns »Och, wat wor dat fröher schön« und Engelbert Sassens »Kölsche Mädcher, kölsche Jungen« aus »Der Feldmarschall vom Kümpchenshoff« sind die bekanntesten kölschen Revue-Lieder. Das im kölschen Milieu gewachsene Lied verlor jedoch in dem neuen Umfeld seine lebendige Bodenhaftung. Umso fleißiger und liebevoller wurde sein Motivbestand konserviert und als Reserve für die Revuen und Vereinslieder genutzt. Von diesem Vorrat lebte auch das bekannte »Kölsch Trummeleed« (1928) von Gerhard Ebeler. Der Refrain mit der »verrückten« Feierfreude ist noch ganz »Alt-Köln«: »Jetz weed op de Trumm geklopp, / Bumbum-bum, / Bes mer Jecke ston om Kopp, / Bum-bumbum. / Wenn och dat Trummelfell kapott dovun geiht, / Wat eß dann dobbei, / Dann kaufe mer e neu.« Auch die erste Strophe mit dem »Kinddäuf«-Fest beim Schmitze Franz wirkt noch echt. Der stolze Vater »verjöck« die »decke Trumm … öntlich un met Zimbum, bis der »Husherr« »Schluß« schreit, worauf er von der Nachbarschaft den frechen Refrain (s. o.) zu hören bekommt. Im übrigen aber ist auch dieses Lied Couplet, das seine Motive überallher, auch aus der vom Varieté beeinflussten Büttenrede bezieht. In einer weiteren Strophe kommt der betrunkene »Leienad« nach Hause und wird – ganz nach dem Schema »betrunkener Mann / prügelnde Frau« – von »singem Drache« erwartet, die ihm »me'm Bessenstil … de Krünkele schleiht uhs dem Krüzz.« Der Refrain hat in diesem Zusammenhang mit der kölschen Feierfreude nichts mehr zu tun, er ist nur noch plumpe Schadenfreude.

Das kölsche Lied war zum Versatzstück geworden, dessen Bestandteile hin und her geschoben und mit anderem Material vermischt werden konnte. Manchmal diente es auch nur als Staffage eines Orts, den es nicht mehr gab. In Gerhard Ebelers »En d'r Höhnergaß 204« wird noch einmal das Bild der Kneipe entworfen, »wo se Fierovend nit kenne / un do wie zo Hus glich beß«. Nur – die Höhnergaß 204 hat es in der kleinen Straße nie gegeben, die Wirtschaft ist ins Utopische entrückt. Auch Ebelers Lied »Komm eröm un setz dich jet« (1932) singt von dem, was in der Stadt verloren gegangen ist. Im Refrain scheint die Kneipengemeinschaft im Veedel noch heil: »Kumm eröm un setz dich jet / he bei uns is et su nett. / He lachs do dich kapott, / he geihs do nit mie fott. / Du schons dr'heim ding Bett, / Komm eröm un setz dich jet.« Aber in den Strophen wandelt sich das Lied zum Sehnsuchtsseufzer: »Wat hat doch uns et Levve / för glückliche Stunde gegevve / un wie han mer uns doch vermaat. / Do han mer noch Krätzche gerisse, / do wooten noch Runde geschmisse, / dat wor doch en ganz andre Aat …«. Die »fründliche Daag« der Kneipentreffen gibt es nicht mehr. Vorbei sind die »Kinddäuf«-Feiern und der »Fierovend« der »Korona« beim Bier. Vorbei auch die Solidarität mit dem »Jupp«, der aus dem »Kitchen« kommt und von den »Gesinnungsgenossen« empfangen wird: »Kumm eröm un setz dich jet«. Das Veedelslied hatte in der Karnevals-Revue eine Nische gefunden, aber es war, wie zuletzt bei Ostermann, zu einem Bild der Erinnerung geworden, das die Zeichen der alten vertrauten Gemeinschaft nur noch zitieren konnte. Mit den Verhältnissen nach dem Krieg hatte sich auch die »Nohberschaff« verändert. Karl Berbuer hat das in seinem Lied »Dann go'mer nohm Königsfors mit Kind und Kegel« (1932) drastisch ausgedrückt. Freizeit wurde nicht mehr im Viertel mit der »Klick« verbracht, sondern als Ausflug mit der Familie geplant. Am Sonntag hieß es, »niks wie uß d'r Stuff, / En d'r Bösch, ahn de Frühlingsluff«. Die früheren Sonntagstreffen mit »vill Besuch« sind vergessen: »Dä Besuch kann uns de Naache däue, / Däm halde mer d'r Schneuzer rein. / Dann wenn uns sun Klick besööke well, / Wat maache mer dann vorher schnell: / Dann go'mern nohm Königfors …«.

Im Lied spiegelte sich nur, was die Reformer des Karnevals 1932 veranlasste, einen Bürgerausschuss zu bilden, um den Karneval wieder ins »Milieu« zurückzubringen. Mit der Karnevals- und Vereinskultur war in den 20er Jahren auch das frühere Gemeinschaftsverständnis der Bürger geschwächt. Die Organisation der Veedelszög sollte die Nachbarn wieder im kollektiven Karnevalserleben zusammenführen. Parallel dazu entwickelte sich eine Konjunktur des kölschen Karnevalslieds, das die Mahnung an die Kölner Lebens- und Feierlust unentwegt wiederholte. Der nach Jahren wiedererscheinende »Kölner Karnevals-Ulk« bringt 1931 allein sechs davon. Zwei von Franz Chorus, der die letzten Zeilen des ersten Lieds »Palm-Blädder« zum Titel des zweiten machte: »Wenn de ganze Welt – op d'r Kopp sich stellt« mit dem Refrain: »Wenn de ganze Welt – op d'r Kopp sich stellt, / Meer han trotzdem gode Mot. / Wer nit häzzlich laach – immer kühmp un klag, / Eß ne ärme Schudderhot«. Die anderen Lieder variieren dasselbe Thema. Es ist ein lautstarker Appell an die alten Lebenswerte der Kölner, an das gemeinsame Trinken, die Gemütlichkeit und »Zofriddenheit«, das »Laache« und »Fastelovendsfiere«. Im Karneval gipfelt alles, wird immer wieder beteuert. »Ne richtige Fastelovendsgeck, / Dä freut sich üvver jeden Dreck«, versichert Alfred Heinen, »Mer feere Fastelovend hück – trotz der schlächte Zick … / Un wa'mer och kein Grosche han, / Do blose mer jet drop.« Ein ähnliches Echo bei Jean Homberg: »Bal ha'mer Fasteleer! / Dä gitt et eimol nor em Johr, / Dat mer dä feere, eß doch klor: / Hängk och d'r Schohn am letzte Penn, / Mer han vergnögte Senn.«

Ob das Frohsingen geholfen hat, bleibt fraglich. Die Karnevalisten blieben im kleinen Kreis unter sich, das Volk auf der Straße wurde von den Liedern kaum erreicht. Erst 1933 bereitete man sich wieder auf eine richtige Session mit Zug und Wagen vor. Sofort jubelte Jupp Koch in seinem Lied »Unse Fastelovend kritt mer nit kapott«: »Stolz süht mer de Rheinländer en ehrer Praach, / Se schmieße Kamelle jo dat et su kraach, / Un Wage öm Wage die trecke vörbei / Belade met Jecke, Jung, dat git Buhei.« Tatsächlich war der erste Karnevalszug in diesen Jahren eher bescheiden. Aber das Wunschdenken malte die alten Bilder. Wie im Vorkriegslied von Schneider-Clauss »Fastelovend kütt eran« wurden die Requisiten bemüht, um den Geist des Veedelskarnevals neu zu beleben: »Op Gasse un Stroße do eß jet ze sin – / Do träcken de Puute vergnöglich dohin. / Dä ein hät e Trötche, dä andre e Trumm, / Der Schäng un et Jüppche, die schlon de Lavumm … Jo sälvs dä Griesgram säht: wat eß dat schön / Un bröllt dann met de Quös en alle Tön: Geiht alles bankrott – de Grosche met fott, / Doch unse Fastelovend kritt mer nit kapott.« Mit diesem Traum ging der Fastelovend in seine nächste Epoche: den nationalsozialistischen Propaganda-Karneval.

# 20.

## »Im Dunkeln schunkeln.«
## Das Karnevalslied als NS-Propoganda und
## verschlüsselte Botschaft.

### 1934–1940

Nichts schien dem Karnevalslied der 20er Jahre fremder zu sein als die Politik. Es war sozusagen das Anti-Programm gegenüber allem, was mit den unangenehmen Folgen des Ersten Weltkriegs zusammenhing. Die rheinische Geselligkeits- und Tändelromantik wie auch die kölsche »Eigenart« dienten als Schutzschild, an dem die tägliche Misere der Zeit abprallen sollte. Karl Berbuer mit seinem Gespür für aktuelle Stimmungen hat diese Flucht vor dem Politischen in seinem »Königsfors«-Lied auf den Punkt gebracht: »Wenn Europa sich ahn't Keile gitt, / Wenn d'r Deufel op Stelze kütt, / Wenn de Welt selvs ungergeiht ganz schlemm / Mein Gott, wat gevve mer doröm. / Dann go'mer nohm Königsfors met Kind un Kägel ...«

Die Welt sollte tatsächlich untergehen, aber das Karnevalslied scheint während der NS-Jahre nichts oder nur wenig davon mitbekommen zu haben. Die Fingerabdrücke des Regimes, wie sie die Büttenrede und die Veedels- und Rosenmontagszüge zeigen, fallen beim Lied kaum auf. Von inhaltlicher Gleichschaltung konnte hier auf den ersten Blick nicht die Rede sein. Sie war aus Sicht der NS-Strategen nicht nötig, denn das Lied, das aus Köln kam, brachte alles mit, was man zur Befriedung des »Volks« brauchte: Zufriedenheit und gute Laune bei allen Widrigkeiten und Zumutungen der totalitären Umgestaltung. Unverändert glitt es in den politischen Dirigismus des

Goebbelsschen Propagandaministeriums, das alle bisher privaten Rundfunkanstalten von jetzt ab staatlich organisierte. Goebbels erkannte die Bedeutung der rheinischen Animationskultur, die durch die Westdeutsche Rundfunk AG, seit 1926 mit Sitz in Köln, schon populär geworden war. Der Sender wurde zum »Reichssender« ernannt und mit seinem beliebten Wochenendprogramm »Froher Samstagnachmittag aus Köln« und der Übertragung von Karnevalssitzungen zum »Renner« und wichtigen Stimmungsmacher in der deutschen Unterhaltungskultur.

Anders als die Karnevalisten in den anderen Sparten des Karnevals merkten die Produzenten des Karnevalslieds nur wenig von ihrer Instrumentalisierung. Sie erlitten, wie Gérard Schmidt formuliert, keine »allzu großen Identitätsverluste«. Mit den kleineren arrangierten sie sich, weil ihre Lieder eine vorher nicht gekannte Verbreitung fanden. Nicht nur die vorher schon erwähnten Schlager von Gerhard Ebeler gingen damals in den bleibenden karnevalistischen »Liederschatz« ein, sondern auch die Lieder von Karl Berbuer: »Ja, das sind Sächelchen«, »Husch, husch, ins Körbchen«, »Das kannst du nicht ahnen, du munteres Rehlein du«, »Es dat dann nix, Marie« und natürlich »Heidewitzka, Herr Kapitän«. Auch Jupp Schlössers »Gib acht auf den Jahrgang« war dabei und »Et eß an einem Stöck am rähne« von Jupp Schmitz sowie »Kornblumenblau« von Gerhard Jussenhoven, mit über 10 000 Schallplattenaufnahmen (neuere Tonträger nicht mitgerechnet) der Hit aller Hits im deutschen Unterhaltungsgeschäft. Damals, im »goldenen Zeitalter der kölschen Muse«, entstanden im Umkreis des Karnevals Karrieren, die auch nach dem Krieg noch für Jahrzehnte das Kölner Lied mitbestimmen sollten.

Neben der Prominenz lieferten auch die weniger bekannten Vereinsmitglieder weiter ihre Beiträge zur Vermehrung des Liedbestands. Das Lied zur Feier des Karnevals, der Stadt und der Kölner blieb Favorit. In der nimmermüden Wiederholung gängiger Formulierungen änderte sich lediglich eine Nuance: der Hinweis auf die »schlächte Zick« und das »Kühme un Klage« fehlte. Im »Dritten Reich« gab es keinen Grund zum Klagen. Wer es dennoch tat, war ein Defätist. Von den Zeitumständen so weitgehend abgelöst, kreiste das Karnevalslied vor allen um sich selbst, um die zur Folklore gewordene Welt. Schon die Titel verraten den Verschnitt der Motive vergangener Jahrzehnte: »Fasteleer halt huh in Ehr«, »Kölsche Poesie«, »Et kölsche Hätz«, »Fastelovend en Kölle«, »Die kölsche Eigenart«, »Uns kölsch Sproch, Häz un Gemöt« usw. In diesen Liedern berauschten die Kölner sich an sich selbst. Unverdrossen sangen sie: »D'r Herrgott hätt uns Kölsche doch / Dat Häz su schön gemaht, / Su treu un brav, rein wie Kristall, / Et laach un kriesch un kann et all …« (Uns kölsch Sproch, Häz un Gemöt), »Vun Kölle zum Himmel / Dat eß nor ne Sprung« (Et kölsche Hätz) und »Dröm han ich meer noh echter kölscher Eigenart / En mingem Levve immer Freud gemaht. / Un all mie Glück un minge Sonnesching, / Dat eß un bliev mie Kölle am Rhing« (Die kölsche Eigenart).

Was die Kölner nicht merkten, vielleicht auch nicht merken wollten: je harmloser und illusionärer sich ihre Lieder gaben, umso mehr bekamen sie eine politische Funktion. Das Bekenntnis zum Kölschtum geriet ganz nach den Erwartungen des »Westdeutschen Beobachters«, der 1935 schrieb, dass der Karneval sich jetzt vom »Artfremden reinige«, denn »je mehr wir uns wieder auf unsere eigenen Werte besinnen, umso mehr wird der goldene, treffende Volkshumor wieder wachsen.« Jetzt ging es darum, »die fröhliche Gemeinschaft, wenn sie recht geübt wird«, wieder in eine »echte Volksgemeinschaft zu verwandeln«. Die NS-Ideologen wussten die »volkhaften Werte«, die sie im kölschen Lied zu finden glaubten, für ihre Zwecke zu nutzen. Das Jecksein beschränkten sie aufs harmlos-lustige Feiern. Ausgelassenheit gehörte zur nationalsozialistisch verordneten »fröhlichen Gemeinschaft« dazu. Da durfte man singen: »Ja, im Karneval, da si'mer all / Ladibimmeladibimmeladibimm, / Denn allemolde ha'mer dann / 'nen Hau gekräge met der Pann!«, »De Fastelovendsgecke-Klick / Eß dann us Rand un Band«, (Fastelovend en Kölle), »Alles eß jeck un singk kölsche Tön. / Wie eß dä Fastelovend schön« (Wenn die Spillmannsgaß). Der wirkliche Jeck jedoch war durch das Heimtückegesetz mundtot gemacht. Im Gegensatz zur Büttenrede gab es im Lied auch nicht die vereinzelten geheimen Zeichen jecker Distanz. Andererseits paktierte das Lied auch nur selten offen mit der Nazi-Propaganda und dem Antisemitismus. Beispiele wie das gehässige Lied von Jean Müller »De Jüdde wandern us« mit den Schlusszeilen des Refrains: »Mer laache uns für Freud noch halv kapott. / Der Itzig und die Sarah, die träcke fott« blieben vereinzelt und schafften nicht den Durchbruch zum großen Publikum.

Die Anpassung, auch Anbiederung an die Vorstellungen der Partei war subtiler. Nur wenig genügte, um aus dem Veedelslied ein Abbild der »echten Volksgemeinschaft« zu machen. Das Lied »Bei uns im Veedel« greift 1936 die als urkölsch bekannten Straßen »su zwesche Blaubach un dem Päälegrave« auf – ein Viertel, »grad wie e ›Veilche‹ litt et do vergrave, / E kölsch Juwel – un doch su oft verkannt«. In ideologischer Beleuchtung zeigt es nun die ganze Symbiose Kölscher Heimatveredelung mit dem Nazi-Ideal des »Volks«. Die Nachbarschaft ist eine einzige Solidargemeinschaft: »Un dat got Gemöt, / Wat do in dem Veedel blöht; / Jeder deilt sein Hab un Gut, / Eß he och de größte Klut … / Gemeinschaftsgeist, dä eß bei uns im Veedel / En Selbstverständlichkeit vun jedermann. / Wenn och die Schal jet rauh, dat Hätz eß edel, / Un helfe deit mer, wo mer helfe kann.« Herz des Veedels ist die »Jungfer Fränz«, die »em Huus met fuffzig Pänz … / Fleck un stopp noch ganz getruus / För die Quante us dem Huus; / Wenn die Kinder schulle gon, Süht mer sei em Huusgang ston, / Un dat mäht ehr Spaß, / Putz sei doch de fuffzig Kinder all die Schnuddelnaas!« Eine rührende Szene in einem rührenden Milieu. Die kölschen Kapriolen im Veedel sind »ausgemerzt«. Das Karnevalslied ist, ganz im Sinne des Nazi-Brauchtums, zu einem Stück »Volkserziehung« geworden.

Andere Lieder, die sich völlig unpolitisch geben, lassen verblümt einen Stimmungsreflex auf die gewandelten Verhältnisse erkennen. 1938 trumpft das kölnische Marschlied von Willy Breuer auf: »Och uns geiht et widder got …« Es wird nicht erwähnt, dass die Arbeitslosigkeit gesunken ist, sondern geprahlt: »et Geld litt haufewies en d'r Kommod«. Also singt man aus voller Brust: »Keiner deiht mie klage, / Wo mer geiht un steiht, / Hööt de Lück mer sage: / Fott eß all uns Leid, / Grad wie neugebore / kumme meer uns vör, / En de letzte Johre / löstig singe mer: Och uns geiht et widder got, / Och uns geiht et widder got …« Nach diesem Jubellied sind 1939 die Töne schon etwas gebrochener. Das »Kühme un Klage« taucht wieder auf, allerdings nur, um dagegen anzusingen wie Fritz Knott in seinem Lied »Wir haben allen Grund uns zu freun«: »Was hat man schon vom Leben, / So hört man oft die Leut'. / Um das Geschwätz soll geben man nichts in dieser Zeit. / Ich rate immer wieder / Wer glaubt, dass er Verdruß, / Sing mit uns frohe Lieder, / Mach mit den Sorgen Schluß …« Auch Griesgram, der anonyme Feind des Frohsinns, erscheint wieder: »Laß Griesgram nur beiseite, / Erfreu dich am Humor, / Beginn damit schon heute, / Mensch lach und sei kein Tor.« Einen ebenso kräftigen Tusch gegen das »Kühme« bringt Hubert Porz in »En god Medizing«: »D'r Kölsche hät ne eige Sinn, / Geit imm och ens jet quer, / Dann kühmb hä nit un scheck sich dren, / Hä fleut op dat Malheur …« und als »Medizing« empfiehlt er: »Knall ding Sorge en de Eck, Peng, Peng. / Komm un mach met uns d'r Geck, Peng, Peng. / Dann hät dat Levve Senn un Zweck / Als echte Fastelovendsjeck! Peng, Peng.« Es sind nur Alltagsquerelen, auf die sich das Lied beruft: »d'r Gerichtsvollzieher kütt«, »Knies in der Ehe«. Im ideologischen Umfeld erhält die Intensität des »guten Zuredens« jedoch unversehens eine dirigistische Bedeutung. Auch »Die kölsche Eigenart« verkündet noch 1939 im Schunkeln eines Walzerlieds: »Loß kumme wat kütt, meer eß et egal, / För mich bliv die Moral: Drum han ich meer noh kölscher Eigenart / Em Levve immer Freud gemaht.«

Die Häufung dieser Beschwichtigungslieder unter der Maske des sich betont lustig gebenden »Jeck« ist sicher nicht zufällig. Manchmal entgleitet die Maske aber auch und streift einen hilflosen, fast schon beklemmenden Ernst wie in Jakob Brunthalers Lied »Mag's kommen, wie es will, ich halte ruhig still«. Thema ist: die »Wirren und Tücken des Lebens zu ertragen« und die »Hoffnung für morgen« nicht aufzugeben. Plötzlich wird ein völlig unkarnevalistischer Ton angeschlagen: »Mag's kommen, wie es will, / Ich halte ruhig still! / Tu ich recht nach Pflicht, / Kein Hochgericht / Mir Mut und Hoffnung bricht.« In allen drei Strophen wird die Mahnung wiederholt: »halte ruhig still«, »Ich halte ruhig still«, »Bleib Ruhe die oberste Pflicht«, verbunden mit dem Appell: »Die Treue bewahr deinem Ziel« in all den »Ränken und Possen« und dem Bekenntnis »Nie beug ich den aufrechten Nacken!«

So viel Heroismus wirkt seltsam neben dem Singsang allgemeiner Phrasen in demselben Lied: »Das Leben oft hänselt und kränkt«, »Die Welt ist ein buntes Theater«, »Schier nichts will sich fügen und glücken«. Es lässt sich nur vermuten, dass das Publikum verstanden hat, was unter der Tarnkappe der Klischees in diesem merkwürdigen Karnevalslied gemeint war.

Das Publikum selbst hatte wahrscheinlich einen eigenen versteckten Anteil an der betonten Entpolitisierung des Karnevalslieds in der NS-Zeit. Im Gegensatz zur Büttenrede war beim Lied die Masse im Karneval Akteur, konnte sich beim Singen engagieren oder verweigern. Insofern blieb sie für die Funktionäre eine unberechenbarer Faktor, für die Sänger und Texter aber gleichzeitig ein Komplize, mit dem man sich auf einer scheinbar unverfänglichen Ebene verständigen konnte. In welchem Ausmaß das praktiziert worden ist, lässt sich heute schwer einschätzen. Einige Beispiele sind aber ein Indiz dafür, dass sich das Publikum einen Rest von Stimmrecht bewahrt hat, Anspielungen aufnahm oder selbst in das Lied projizierte.

1938 kam es zwischen den Besuchern der Prinzenproklamation und der Jury der »Fastnachtsspiele«, wie man den Liederwettstreit nannte, der seit kurzem eingeführt worden war, zu einem Eklat. Thomas Liessem hat die Szene in seinem Buch »Kamelle und Mimosen« geschildert: Als Gerhard Ebeler für sein Lied »Do häß dich wirklich fabelhaff gehalde« der erste Preis zuerkannt wurde, Jupp Schlösser für das Lied »Gib acht auf den Jahrgang« nur den zweiten Rang bekam, brach im Gürzenich die Hölle los … Unentwegt brüllten die Menschen: »Schiebung! Schiebung!« Liessem, der damalige Präsident, der das Ergebnis zu verkünden hatte, kannte seine Kölner. »In höchster Not« bekannte er sich zu dem Urteil des Karnevalsvolks und machte Jupp Schlösser zum zweiten »Ersten Sieger«, der ebenfalls den Ehrenpreis, eine bronzene Narrenfigur, erhielt. Als er den Preis Jupp Schlösser überreichte, »stürmten Besucher aus dem Saal auf die Bühne« und »trugen« ihren Sieger »wie im Triumphzug auf den Schultern davon«. Die Jury, in diesen Zeiten wohl nichts anderes als der lange Arm der Partei, war brüskiert. Die »Fastnachtsspiele« fanden nicht mehr statt.

Über die Hintergründe dieser kleinen Narrenrevolte verrät Liessem nichts. Die Lieder, um die es ging, hatten beide keinen politischen Charakter. Schlössers »Gib acht auf den Jahrgang« war populärer. Es stand ganz in der beliebten Rhein-Wein-Mägdelein-Tradition und hatte die eingängigere Walzermelodie von Gerhard Jussenhoven. Ebeler karikierte in »Do häß dich wirklich fabelhaff gehalde« das Verhalten zweier gealteter Freundinnen, die sich gegenseitig für »nen alten Zeisig« halten und trotzdem übertriebene Komplimente machen: »Do häß dich wirklich fabelhaff gehalde, / Su knusprig, et eß en wahre Staat« usw. Das mochte, vor allem für die Zuhörerinnen, geschmacklos wirken, erklärt aber nicht die Emphase des Aufruhrs. Anderes, Unausgesprochenes stand dahinter. Jupp Schlösser gehörte noch nicht lange zur Garde der bekannten Karnevalssänger, hatte aber mit seinen Liedern zweimal, zusammen mit dem versierten Komponisten Jussenhoven, die Herzen der Kölner gewonnen. Schon sein erstes Lied »Die Hüscher bunt om Aldermaat« wurde 1936 ein großer Erfolg. Es knüpfte an das »Abschiedslied« der ersten Modernisierungswelle in der Stadt an. Die »Hüscher« am Altermarkt waren in Gefahr. Die Altstadtsanierung zwischen Rheinufer und Neumarkt, schon 1930 geplant, war Ende 1935 von der nationalsozialistischen Stadtregierung wieder aufgenommen worden. Straßen sollten durchbrochen und Häuser abgerissen werden.

Als Straßenbahnfahrer der Linie 18 kam Schlösser täglich an den bunten »Hüscher« am Altermarkt vorbei, und seine Liebe zur Altstadt inspirierte ihn zu dem Refrain: »Die Hüscher bunt om Aldermaat / Sin Zeuge kölscher Eigenaat. / Et süht grad us em Dunkele, / Als wöre se am schunkele; / Se stonn su krumm un steif, / Als wöre se immer in der Seif.« Bemerkenswert an dem Lied ist die offene Mahnung an die Stadtväter: »Dröm Väter vun der Stadt, paßt beim Saniere op! / Mer Kölsche sin üch dankbar, do verloht üch drop, / Denn jede kölsche Fetz verteidig beß zuletz / Dat ahl Kölle, weil doch doran hängk sin Hätz.« Das war mögliche Kritik an der Führung der Stadt, aus Sicht der Partei auch verkappte Drohung des Widerstands, und hätte das Aus für das Lied bedeuten können. Dem war Schlösser zuvorgekommen, indem er sich auf eine andere Tradition des Karnevalslieds besann und das Lokale ins Vaterländische wendete: »Und fiel mal einem Welschen eine Dummheit ein, / Dann sage mer: Lieb Vaterland, magst ruhig sein! / Mer dulde nit, dat Kölle sich ne Fremde kritt.« So harmlos das klang, das Bekenntnis gegen die »Welschen« war die Ergebenheitsadresse für die Stadtregierung. Die NS-Kontrolleure drückten ein Auge zu, und Thomas Liessem konnte das Debüt loben: »Ein neuer Komet am Karnevalshimmel!«

Ein Jahr später riskierte Schlösser mit »Die hinger de Gadinge stonn un spinxe« mehr, tarnte das Lied aber erneut, so dass seine Aussage zweideutig blieb. Es ist das alte Veedelslied in neuer Sicht. In den Klaaf der »Nohberschaff« hat sich Verrat eingeschlichen. Unter all den normalen Kölschen, die »Skat spille« oder »Lotterie«, die Alkohol trinken oder Spaß »han am Schrebergaade«, taucht plötzlich »ne Minscheschlag« auf, »för däm nemm dich in Ach«: »Die hinger de Gadinge stonn un spinxe, / Dat sinn de schlächste Minsche, / Se dauge nit, do kanns drop gonn, / Die hinger de Gadinge stonn.« Jedem Zuhörer muss klar gewesen sein, dass hier die Praxis der Denunzierung gemeint war. Wie die Entnazifizierungsakten belegen, reichte in den eigenen karnevalistischen Reihen die Bespitzelung bis in den Festausschuss hinein. Karl Küpper, hatte, exotisch verbrämt, von der »Brillenschlang« im abessinischen Dschungel gesprochen. Schlösser wendet eine andere List an. Er lässt das Milieu in der bekannten Besetzung auftreten. Opfer des Klaafs sind wie eh und je die harmlosen Nachbarn von nebenan: »et Müllers Käth«, das »'ne Neue hät«, der »Nubbels Chreß«, der »gän Pädcher wett«, der Schmitz, »der schon hät sing drette Frau«. Das ist der ganz normale Klatsch. Diesmal löst er aber kein Lachen aus, sondern schärfste Verachtung: »Dat Luuschhon an d'r Wand, dat höt sing eige Schand« und wird einer höheren »Gerechtigkeit« überantwortet, »die se all strofen deiht.« Wie in dem Lied »Mag's kommen, wie es will« wundert man sich über den Widerspruch zwischen dem moralischen Pathos und den alltäglichen Anlässen, die es auslösen. Nur in dieser Verkleidung war wohl ein Minimum an Kritik möglich. Das Publikum jedenfalls verstand und nahm das Lied mit Begeisterung auf, obgleich es das geliebte Bild des Veedels auf den Kopf stellte. Den Strippenziehern der Partei blieb es jedoch verdächtig. Verbieten ließ sich das Lied nicht, wohl aber übergehen. Ein Jahr darauf, 1937, nimmt der KKU Schlössers Lied »Gib acht auf den Jahrgang« auf, »Die hinger de Gardinge stonn un spinxe«, eines der damaligen Lieblingslieder der Kölner, sucht man darin jedoch vergebens.

Karl Berbuers »Heidewitzka, Herr Kapitän« (1938) ist ein weiteres Beispiel für die Komplizenschaft zwischen Sänger und Publikum. In diesem Fall gab das Publikum den Ton an. Berbuer hat auch nach dem Krieg versichert, dass das Lied von ihm nicht als politische Anzüglichkeit gemeint war. Es beschrieb einfach nur die Vergnügungslust der Kölner bei ihrer Schiffstour mit dem »Müllemer Böötche« zum Drachenfels »einmol im Johr«. Die Zuhörer verstanden den Refrain jedoch auf ihre Art. »Heidewitzka«, der fröhliche Zuruf der Kölner an den Bötchen-Kapitän, war für sie eine Verballhornung des Führergrußes »Heil Hitler«. Berbuer bestätigte das, nachdem er den Wink verstanden hatte, indem er beim Singen die Anfangssilbe »Hei« pointiert lang zog, das »de« überging und »witzka« nahtlos folgen ließ. Er hatte die Lacher auf seiner Seite, weckte aber auch das Misstrauen »empfindlicher Nazigrößen«. Anhaben konnten sie ihm nichts. Es war alles ein gut gesteuerter Ventilwitz gewesen, der aber die Bereitschaft des Publikums verriet, auf versteckte Botschaften im Lied einzugehen oder sie selber erst zu produzieren.

Insgesamt blieb es im Karnevalslied der Nazi-Zeit bei Reflexen der Gesamtlage. Verharmlosung war das Gebot der Stunde, darin waren sich Parteiführung und Publikum weitgehend einig. Die wahren Ziele der Politik zeigten sich erst in den schon zitierten Kriegsliedern von Toni Ebeler und Rudolf Roonthal im letzten Heft des »Kölner Karnevals-Ulks« von 1940. In den Jahren davor schwankt das Karnevalslied zwischen volkstümelnder Selbstverliebtheit, forciertem »Frohsinn« und ab und zu einem hintergründigen Zusammenspiel zwischen Sängern und Publikum, das aber letzten Endes die Herrschaft der Partei über den Karneval auch nur bestätigte.

# 21.

»Ming herrlich Kölle, wie sühs do us?«.
Trauer, Appell und Humor im Lied
der Nachkriegsjahre.

## 1945–1949

Am Ende des Zweiten Weltkriegs war Köln fast völlig zerstört. Das traf auch das kölsche Lied in seiner Substanz.
In den Parzellen der Innenstadt hatte das Bürgerlied
seinen Ursprung gehabt, hier war es an die Lokalitäten
gebunden, an die Nachbarschaften, an die gemeinschaft-
liche Erfahrung geschichtlicher Veränderung. Jetzt war
die Stadt zur Wüste geworden, eine »Mondlandschaft aus
Geröll, Trümmern, Eisenträgern und Kratern, so gut wie
ganz entvölkert, von Trümmerblumen schwermütig über-
wuchert.« Wer Fotos aus dieser »Steinzeit« Kölns von
1945–1948 sieht, versteht, was Heinrich Böll in seinem
Vorwort zu dem Fotoband »Zeit der Ruinen« schrieb:
»Das zerstörte Köln war nicht die alte, es war eine zweite
Heimat.«
Die Bevölkerungszahl war Ende 1945 drastisch gesunken. Von den 768 000 Einwohnern im Jahr 1939 lebten
nur noch 447 000 in der zerbombten Stadt. Viele davon
in Kellern und Ruinen, ab 1946 zusätzlich gebeutelt von
einer Hungersnot und der Sorge ums Überleben in den
eisigen Wintern. Trotzdem gab es schon 1946 die ersten
inoffiziellen Karnevalsveranstaltungen bei den Roten
Funken, den Lyskirchern, der Ehrengarde u. a. Das
Bedürfnis, über die Vereine die Gemeinschaft wieder-
herzustellen, war groß. Und damit erhielt auch das Karnevalslied wieder seine elementare Aufgabe, die kölsche

Selbstversicherung zu erneuern. Reinold Louis hat die Lieder, die damals entstanden, mit viel Mühe gesammelt und in seinem Liederschatz veröffentlicht. Sie sind ein wichtiges Dokument der Kölner als »Kölner« in dieser Zeit. »Kühme un Klage« war nun nicht nur erlaubt, sondern steigerte sich zum »Hohen Lied« der Klage. Der Anblick der »zerschlagene« Stadt löste einen Schmerz aus, der das frühere Trauern um den Abriss maroder »Altertümchen« weit überstieg und ein Pathos erzeugte, dem die jecke Ambivalenz fehlte. Nur das vertraute Kölsch relativierte den »hohen« Ton, sorgte aber gleichzeitig für reichlich Sentimentalität.

Schon 1943, nach dem ersten verheerenden Bombenangriff auf das Zentrum der Stadt, gab Willy Klett die Gefühlslage für das Trümmerlied an: »Ming einzig Köln, wie han se dich zerschlage, / Uns leev alt Kölle wie gings do dahin. / Us deefem Hätze dun mer dich beklage, / Mer han verlore, wo uns Hätz dran hing.« 1945 ist es Karl Jahn »wie em Draum«, als er Köln wiedersieht: »... einsam un verloße, / De bunte Hüser loge an d'r Ääd. / Och dät vum Rothuus gar kein Lied mieh klinge, / wie fröher vun däm Glockespill die Tön. / Un och Platzjabbeck wor nit mieh zo finge, / Dä uns die Zung erusgestreck su schön.« Es bleibt nur der Trost für die Ruinenstadt: »Dat bliev ming Heimat, Kölle he am Rhing, / Du muß vergesse Sorge, Leid un Ping, / Un wat se dir och immer angedoonn, / Du einzig Kölle darfs niemals ungergonn.« Auch Jupp Schmitz stimmte 1947 nach seiner Rückkehr in die Stadt in diesen Gesang mit ein: »Ming herrlich Kölle, wie sühß do uus? / Wo sin ding Strohße, wo stund ming Huus? / Un beß do och zerschlage, dat ändert janix dran, / Dat mir mit heißem Häzze von neuem fangen an.«

Die Ursachen des Desasters werden in keinem der Klagelieder berührt. Fast hat man den Eindruck, als hätte ein

Erdbeben die Stadt zerstört, wäre da nicht ein Ausweichen in verschleiernde Wendungen und Worte. Köln erscheint als »unschuldige« Stadt und wird damit auch eine Projektionsfläche für das Selbstmitleid ihrer Bürger, für ihr Gefühl, zu Unrecht so verletzt und bestraft worden zu sein. Wenn Willy Klett dichtet: »Ming einzig Köln, wie han se dich zerschlage«, ist das nicht nur klagend, sondern auch anklagend gemeint. Genauso sind die Zeilen bei Karl Jahn zu verstehen, wenn er sich an »Köln« wendet: »Du muß vergesse Sorge, Leid un Ping, / un wat se dir och immer angedonn.« Auch das Wort »Schicksal« dient dazu, von der eigenen Rolle beim Untergang der Stadt abzulenken. So wenn es bei Jupp Schmitz heißt: »En Kölle, wo su vill gelaach, / Wo Freud un dä Humor sing Heimat, / Wer hat dann dat wohl je jedaach, / Dat dich dat Schicksal schlage dät su hatt.« Was das so angesungene Köln an verschwiegenen Gedanken absorbiert, hat ein Kölner, ein »viermal Totalfliegergeschädigter«, in seinem Ostermann-Nachfolgelied »Heimweh nach Köln« direkt angesprochen, wenn er über die Bombardierungen schreibt: »Wat soll dat Ganze nor bezwecke, / Uns triff bestemmp doch gar kein Schuld. / Ich sagen üch, mer ärme Jecke, / Mer han de Kreeg doch nit gewollt.« Noch fragwürdiger aber wird der schön drapierte Schmerz in dem hochdeutschen Lied von Rudolf Roonthal, dem ehemaligen Dichter des Hassliedes auf das »Judengeschmeiß«: »Heimatstadt, was ist mit dir geschehen, / Heimatstadt, was hat man dir getan? / Warum muß ich dich so wiedersehen, / Bitte, schau mich nicht so traurig an. / Ach, wie ist dein Antlitz so zerschlagen, / Grade du warst aller Welt so gut. / Schweigend sah ich dich dein Schicksal tragen, / Aber ungebrochen ist dein Mut.«

Die Kölner »trugen Trauer« beim Anblick ihrer verwüsteten Stadt. Sie flüchteten sich in das Vokabular der

Tragödie und des inbrünstigen Nachrufs, das ihnen das schmerzhafte Nachdenken ersparte. Genauso intensiv war das Bedürfnis, zu vergessen und neu anzufangen. Heinrich Böll hat darauf hingewiesen, dass auch die Kölner wie alle Bewohner zerstörter Städte damals eine Art Heimatvertreibung erfahren haben. Sie war jedoch von Anfang an mit der Vorstellung einer neuen Heimat am gleichen Ort verbunden. Böll, der die Nachkriegsjahre in Köln erlebte, wusste es aus eigener Erfahrung: »Das Wort ›alte Heimat‹ ist voll melancholischer, das Wort ›neue Heimat‹ voll optimistischer Wehmut«. Beides drückt sich in den ersten Nachkriegsliedern aus. Neben dem Schock der Beraubung gab es das dringende Verlangen, »dat mir mit heißem Häzze von neuem fange an«. Das Lied machte den Anfang. Bevor die Trümmerberge weggeräumt wurden, leitete es den ideellen Aufbau der »Heimat« ein. Die Sorge um die kölsche Identität war groß. Es fehlten in der rundum planierten Innenstadt die Räume und Räumlichkeiten für regelmäßige Treffen, Besuche, Kontakte, um ein Zusammengehörigkeitsgefühl als Stadtgemeinschaft zu entwickeln. Außerdem waren die meisten Kölner in den Jahren bis 1948 vor allem damit beschäftigt, mit den Nöten des Alltags fertig zu werden. Und die Überfremdung der Stadt durch den Zustrom ostdeutscher Flüchtlinge sowie die mit der Besatzungsmacht importierten Einflüsse waren zusätzliche Probleme für das ungestörte Selbstverständnis der Kölner.

Das alles bedrückte Albrecht Bodde, als er 1945 sein Lied »Kölle – es war einmal« schrieb. Es beginnt mit dem typischen Nostalgie-Bild des Kölners: »Wat wor dat doch e Levve bei uns in Köln am Rhing, / Als mir noch kunnte hewe mänch lecker Schöppche Wing. / De Stüvvcher all gemütlich, / d'r Weet ne kölsche Här, / Dä Fründlich, immer friedlich drunk met mänch Fläschge leer. / Wann klungen hell de Becher, genoß mer met Verstand, / Dann woren Weet un Zecher em schönste Märchenland.« Es sind die Erinnerungen ans gemeinsame Feiern, die ihn einholen: in der Kneipe, im Fastelovend, im Gürzenich. Bang denkt er an die neue Altstadt. Steine zum Wiederaufbau gibt es genug, aber »wat die maht lebendig, dat Levve is dodruus …« Deshalb schließt er mit einem Aufruf an die »Mädcher un Junge«: »wat en d'r Zukunft ehr maht, / Halt doch em Hätze gebunge däftige, äch kölsche Aat, / doot nit dat Kölsche verdirve, Fremdes eß alles nor schal. / Singt net, wenn mir ens denn stirve: Kölle – es war einmal.«

Die Sorge brauchte er jedoch nicht zu haben. Schon 1946 sangen die Roten Funken auf ihrer ersten Karnevalssitzung »Maht üch Freud«: »Wat mer gewennt vun Alders her, / Dat soll uns keiner nemme, / Sin doch de Zigge noch su schwer, / Mer künne nur gewenne … / Et blieve jung uns Hätze, Humor, dä litt bei uns em Blot, / Verdriev uns all de Schmätze.« 1947 schloss sich die Ehrengarde an mit dem Lied »Gedankensplitter«, das mit einem Blick auf Alt-Köln einsetzte: »Als Köln noch stund, sing Hüser un sing Töön, / Wie mer gelaach, dat waggelten die Sigge«, dann aber einen »Schrom« durch die Erinnerung machte: »Dat eß gewäß! Loßt uns jitz nit dröm troore, / Loß mer uns freue hück, noh alter kölscher Aat. / Am Himmelspöözge loore jitz uns Ahne, / Die fröher su off ihr Freud gehatt. / Se denken stell, mer bruchen nit zo mahne, / Ahl Kölle läv – nie ungergeiht uns Aat.«

Das Karnevalslied wurde schließlich zum Treibstoff für eine neue Solidarität. 1948, pünktlich zur 125-Jahrfeier des offiziellen Karnevals, konnte Hans Jonen vom Schulterschluss der Kölner singen: »Wenn Scholder mer an Scholder ston / Em Glück wie in d'r Nut, / Dann schmeck uns och d'r Muckefuck / Un ohne Woosch et Brut! / Mer dröcke uns nur feß de Häng / Un zeigen dem Geschick de Zäng.« Das war nicht nur Wunschdenken. Die Bürger hatten angefangen, gemeinsam zuzupacken, beim »Schöppen« in der Stadt mitzuhelfen. Die Aufräumarbeiten waren schleppend angelaufen. Deshalb hatte die Stadt Plakate aufhängen lassen, die alle arbeitsfähigen Kölner zu einem »Ehrendienst« aufforderten: »Kölner, denke daran, tu deine Pflicht, Köln bleibt Köln.« Dieser etwas spröde Appell wurde erst zum Erfolg, als die Karnevalssänger das Köln-Gefühl der Bürger ansprachen. Die Karnevalsveranstaltungen waren auch im schlimmsten Hunger- und Kältejahr 1947 gut besucht, und das Mitsingen der Lieder, die das alte Köln lebendig hielten und auf das neue hofften, waren die beste Motivation, sich zu engagieren. Der persönliche Einsatz bei den Entschuttungs- und Aufbauarbeiten setzte sich über Jahre fort. »Opjerümp« wurde zum neuen Thema in den Liedern. »Kölsche sin nit klein zo krigge«, hieß es 1948 bei den Lyskirchern: »Süht mer och he noch in der Stadt / Vill Haufe Dreck un Schrott, / Fählt uns noch villes, wat mer hat, / Eß manche Freund noch fott, / Mer merkt doch, dat et vörangeiht / Me'm Opbau, Schrett vor Schrett … / Mallich dozo et Beste deiht, / Uns Kölle kritt wieder Tritt.« Reinold Louis, der als erster die »Oprüm«-Geschichte des Karnevalslieds erzählt und belegt hat, verschweigt nicht, dass die Hilfe der Bürger beim Entschutten der Stadt in erster Linie »symbolischen Wert« hatte. Die Hauptarbeit leisteten Spezialfirmen. Aber es war wie beim Dombau: der ideelle Beitrag des Einzelnen übertraf den praktischen. Im gemeinsamen Anpacken entstand eine tiefere Verbundenheit mit der sich verändernden Stadt, und das Karnevalslied lieferte dazu das neue Heimatgefühl. Auch wenn es noch Jahre dauern sollte, bis der Gürzenich fertig war, bei dessen Wiederaufbau viele Kölner mitgeholfen hatten, am

Ende stimmten 1956 die Zeilen doch im Lied von Jupp Schlösser »Op der Trepp vum Gürzenich«: »Alle Kölsche freue sich üvver dä Gürzenich / Weil doch Frau un Mann mitgeholfe han.«

Aber was war mit dem Jeck in diesen Jahren? Mehr denn je waren die Verhältnisse in der Stadt selber jeck: kaum ein Stein stand auf dem anderen, alles war »verkehrt«, alles war Improvisation. Das »schäle Aug« musste die Widersprüche nicht lange suchen, schon der Versuch, in dem Chaos zu überleben, war jeck genug. Der gelebte Humor dieser Zeit ist kaum überliefert. Aber das Lied versuchte bald, neben dem Jammern und Hoffen die Kölner über ihre schiefe Existenz zum Lachen zu bringen. Schon im November 1945 stand Karl Berbuer auf der Bühne des neuen Varieté-Theaters »Tazzelwurm« und sang sein »Kartoffellied«, eine hochdeutsch-kölsche Melange zum Thema »Hungern« und »Hamstern«: »An Kottletts, Rumsteaks liegt mir nichts, die tu ich nicht vermissen, / En Pann gebrode Ääpel doch, das ist mein Leckerbissen.« Auch beim Hamstern geraten die gewohnten Verhältnisse durcheinander. Der Bauer tauscht mit dem Städter die Rolle: »Aha, Kartoffeln wollen Sie, / Was bieten Sie, denn Geld well ich nit mieh. / Auch Schmuck und Wäsche, Mann, dat hammer all, / Mir fählt ne Perser nur, em Firkesstall.« Die Situation entsprach der Komödie des Lebens, die die Kölner erlebten. Aber der »Witz«, den Berbuer anschließend »aufsetzte«, war grobes Revue-Theater: »Ich glaube, sprach ich, Ihnen fehlt wohl bloß / Eine Atombomb hinten in der Hos', / Vielleicht wünschten Sie dann beim Krepieren sehr, / Wenn dat doch bloß ne Quallmann wör.« Das Lachen in den Vergnügungsstätten kurz nach Kriegsende hatte oft etwas Gewaltsames. »Komm, do laachs dich kapott« hieß die erste Karnevalsrevue von Gerhard Ebeler, die im Januar 1946 im »Tazzelwurm« zur Aufführung kam. Im dazu passenden Lied wurde der »Pläseer« aufgerüstet: »Sich av un zo ald ens zwei Stündcher freue / noh all der schwere Zick, / Dat darf un soll de Minsche nit gereue, / Dröm paßt op, ehr Lück / Wat mer üch bränge eß nix für de Mucker ...« Der Atombomben-Kracher von Berbuer gehörte zum Programm, das vor allem eins wollte: Lachsalven erzeugen beim lachentwöhnten Publikum »noh all der schwere Zick«. Der Jeck verlor dabei die Balance.

Unter die bekannten Sänger gerieten in diesen unorganisierten Zeiten auch unbekannte, direkte Zeugen des kölschen Humors und Lebensstils. Ungebrochen spricht sich in ihren Liedern die tatsächliche Gelassenheit des Kölners aus, seine Fähigkeit, Komik in allen Lebenslagen umzusetzen. Beispielhaft ist das Lied »Op d'r Iserbahn 1946«, das jenseits aller Rhetorik von »kölscher Eigenart« die Kultur des kölschen Miteinanders in einem überfüllten Hamsterzug findet. Es beginnt mit einer jecken Einladung: »Wells do ens Freud dir maache, / Dich ärgere oder laache, / Dann fahr ens met der Bahn, / Dun ahl Klamotte ahn; / Klemm en dä Güterwage / un fang nit gleich an klage, / Denn in dem Wage sin kein Bänk, / Nor glatte kahle Wäng ...« Drinnen, in der gequetschten Enge, stellt sich die vertraute kölsche Nachbarschaft mitsamt ihrem Humor ganz von selbst wieder her: »Deis räächs un links do loore, / Dann sühs do alles schmoore, / Et rüch noh Dörrgemös, / Och jet noh schweißt'ge Föß, / Un en dä Wagenecke, / Do sin se sich am necke / Met laut un och mit leiser Stimm / Brängk mer sich bei Benimm ... / Et kumme Hamstervüggel, / Vill Krom han sei em Büggel, / Mer däut un stopp sich fott / Un dröck sich halv kapott, / Mer drink direkt us Fläsche, / Et Jüppche kritt gewäsche / Geseech un Hals met Moders Späu / Dat all jitt Krach för drei ...« Das war gelebte »jecke« Wirklichkeit ein Jahr nach dem Krieg. Das Veedel war nicht unterzukriegen. Es lebte da, wo Kölner zusammenkamen, egal, an welchem Ort, auch und gerade in Krisenzeiten.

Ein anderes anonymes Lied macht die Kunst der Kölner, sich mit allem, auch dem »Nichts«, zu arrangieren, zur Jeckenkur gegen den Hunger. In »Ich ben satt« (1947) gibt die Ehefrau ihrem Mann, der hungrig an dem »Köchendüffge (rüch), ov et noch ze esse gitt«, einen Tipp zum Überleben: »All uns Marke sin verfresse, / Doch wenn do noch wells jet esse / Gev ich der ne gode Rood: – Stell dich ens vör de Speegel su vun ungefähr, / Riev met der Hand am Buch ganz langsam hin un her, / Loor dann zum Himmel un ruf aus: ›Wer hat, dä hat!‹ / Un loor dann en der Speegel un sag: ›Ich ben satt!‹.« »Wer hat, dä hat«, das war das Spottmotto für die Akteure auf dem Schwarzmarkt. Als Stoßgebet zum Himmel wird es zur Selbstsuggestion für den, der »nix« hat – keine »Gott« und keine »Pott« – und der beim Blick in den Spiegel nur eines weiss: er ist »ne Jeck em Rähn.«

1946 gehörte August Schnorrenberg, Sohn von Gerhard Schnorrenberg, dem Dichter des »Schmitze Hen«, zu den »Totalfliegergeschädigten«, wie die meisten Kölner um ihn herum. Halt und Zuversicht fand er bei seinen Gängen durch das städtische Ruinenfeld am Dom, der trotz seiner Beschädigung wie ein Wahrzeichen des nicht untergegangenen Köln da stand und ihm beim Glockengeläut den Text eingab: »Am Dom zo Kölle, zo Kölle am Rhing, / Doh klinge de Glocke, su prächtig un fing. / He welle mer blieve, he sin mer zo Huus, / He kritt uns kein Deufel, kein Deufel erus.« Ein weiteres Kölner Heimatlied war entstanden, das erfolgreichste nach Ostermanns »Heimweh nach Köln.« Das Echo nach der ersten Rundfunksendung des Lieds 1947 war groß, auch jenseits der Stadt, und wurde 1948 noch gesteigert, als es zum »Kölner

Dombaufest-Lied« gekürt wurde und der Text auf 10 000 Bildpostkarten in die Welt hinausging.

Andere Lieder, die August Schnorrenberg in den Jahren 1947 und 1948 schrieb, sind weniger bekannt, aber sie gehören zu den authentischsten Zeugnissen dieser Zeit. Im Winter 1947/48 erreichte die Versorgung der Kölner ihren Tiefpunkt. Die Trockenheit im Sommer hatte die Ernte vernichtet, Kartoffeln und Gemüse wurden knapp, Wintervorräte konnten nicht angelegt werden. Das so dringend benötigte Brot wurde auf 3 Pfund pro Kopf und Woche rationiert, Fleisch und Fett gab es nicht, zum Heizen standen drei Briketts täglich zur Verfügung. Alles wurde noch schlimmer, als der Rhein Ende des Jahres Hochwasser hatte und ein großer Teil der Lebensmittel im Hafen vernichtet wurde oder auf den Schwarzmarkt wanderte. Der Klüngel blühte. In diesen Monaten beobachtete Schnorrenberg genau und mit aller kölschen Empathie die Überlebensstrategie der Kölner. In »Nor nit schänge, nor nit brumme« beschreibt er die Mobilmachung, die angesichts der Not auf den Straßen ausgebrochen war: »Et steiht bahl alles op dem Kopp, / Dat weiß hück selvs dä kleinste Sropp. / Et weed gedrängk, gedröck, gepaasch, / De Minsche kumme all en Raasch, / Denn keiner well versühme jet / Un jeder meint: »Wer hät, der hät.« Endlich sind auch die Nerven der Kölner angespannt: »För jedes Strichholz, jede Knoll, / Do hät mer glich sich en de Woll, / Un fährs do met der Stroßenbahn, / Dann fängk dat Kreppchen richtig an, / Mer rennt un läuf un kritt doch nix, / Nit mol e Dösche Wix …« Über all dem Gewusel schwebt jedoch nach wie vor das kölsche Mantra: »Nor net schänge, nor net brumme, / Wat nit eß, dat kann noch kumme. / Wat mer han well, eß nit doh, / Dat gitt et nor em Radio.« Auch das anarchische Selbsthilfeprogramm, mit dem die Kölner schon in früheren Zeiten die geltenden Regeln und Gesetze außer Kraft gesetzt hatten, setzt sich wieder durch: »Un sin mer hück och ärm wie Job, / Mer halde immer huh de Kopp. / Dröm wa'mer ens kein Klütte han, / Dann gon mer noch der Iserbahn / Melm Kärche, Sack, ov klein ov groß. / Su träcke mer nohm Bahndamm loß, / Un kütt der Schutzmann dann eran, / Geht gleich der Singsang ahn.« Es ist kein Zufall, dass ausgerechnet ein Kardinal aus Köln, Joseph Frings, die Absolution für den »Kohlenklau« erteilte und so für das neue Wort »fringsen« sorgte, das bald in ganz Deutschland als Handlungsanweisung verstanden wurde.

Wie sehr gerade das Elend den Geist des Jeck beflügeln kann, beweist August Schnorrenberg in »Kölle bliev Kölle«. Das Lied steht in direkter Tradition von De Noëls »Juffer Schmuddel«. Wieder einmal hat das Kölner Bürgertum alles verloren, aber unverzagt richtet es sich in den chaotischen Umständen ein, redet die Verluste klein und die »Besitztümer« groß: »Mer wonne schön em Keller all, / Grad wie em Koh- un Ferkesstall, / Mer han kein Fenster un kein Dör, / Mer wonne luftig, meint et Klör. / Doch weed bei uns gekoch, gestoch, / Bloß Deck un Wäng, die fähle noch. / Wör doh ne Teppich schön un nett, / Dann wör de Wunnung esch komplett, / Eß och kapott et ganze Huus, / Mer wonnen dren, mer halden uus …«

Von Politik war in den Nachkriegsliedern auch weiter kaum die Rede, schon gar nicht von der 12-jährigen NS-Diktatur. Nur Berbuer wagte es 1946, in »Au yes, Marie« den Verfemdungseffekt in der Gesellschaft anzusprechen. Menschen, die sich längere Zeit nicht mehr gesehen hatten, erkannten sich nicht mehr, sie waren »gezeichnet«, von den Folgen des Hungers und der Besatzung: »Trifft m'r ens einer, dä m'r lang nit gesinn / Dann loht mer off zweimol dohin, / Manchmal, da frög m'r, wenn einer su kütt: / »Bes' det – oder bes' det nit?« So begegnet dem Kölner »uns Marie«, »dat mit dem Jung wor schlank wie noch nie. / It sproch halv englisch: »Have you mich nit gekannt?«, und er antwortet entsprechend: »Au yes, Marie, au yes«, kommt dann aber zur Sache: »Weisste wat verschwunden es? / Dat Büchelche von mer / Un dat Büchelche vun deer / Un dat Büchelche vum Michelche – / Un dat kunnt doch nix doför«. Mit einem halben Satz berührt Berbuer ein Tabu: das Schweigen über die Mitverantwortung der Kölner an der Misere. Erst dann wechselt er zum chronischen Tagesthema: »Au yes, Marie, au yes; / Ganz Germany hät öntlich Schleß.« Das »Bekenntnis« war nur ein kleiner Schlenker, aber es blieb einmalig im damaligen Lied.

Berbuer war auch der erste, der 1948 den Klüngel in der Stadt angriff. Als bekannt wurde, dass städtische Angestellte an Schiebungen mit Lebensmitteln aus dem Kölner Hafen beteiligt gewesen waren und von der Stadt gefeuert wurden, hatte er ein neues Thema gefunden: »Jetz wed opgerümp met all dem ganzen Dreck, / Jetz wed opgerümp met jedem schlächte Jeck, / Jetz wed opgerümp, met allem Küngelskrom …« Es geht nicht mehr um die Trümmer, sondern um »dä ganze Meß« in »mäncherlei Büros«, wo »der Klüngel widder schwer am wöhle« ist. Er weiss, dass das in Köln nichts Neues ist. Neu ist nur die klevere Sprache, mit der sich der Klüngel jetzt tarnt: »Wer ›Vitamin B‹ sich reserveet, / Dä weiß, wie manches hück gemänägt wed.« Er ist skeptisch, was die Zukunft angeht: »Off dat ens ophööt, weiss ich nit«, aber er weiss »got, wat kütt«. Die Zeiten änderten sich, die Stunde der Schieber und Schwarzmarkthändler hatte geschlagen. Am 20. Juni 1948 wurde das Gerücht, auf das Berbuer anspielt, Wirklichkeit: die Währungsreform kam und räumte mit den kriminellen Substrukturen der letzten Jahre auf.

1948 war nicht nur das Jahr der Währungsreform. Gleich zweimal hatte die Stadt Gelegenheit, sich selbst zu feiern: mit dem Dombaufest (700 Jahre Kölner Dom) und dem 125-jährigen Karnevalsjubiläum. Das gab Auftrieb, stärkte das Geschichts- und Kulturbewusstsein der Stadt. Es war der richtige Moment für Berbuers »Trizonesien-Song«, der am 11.11.1948 vom Rundfunk gesendet wurde und die Kölner in und außerhalb der Stadt begeisterte. Auch wenn es ein hochdeutsches Lied war, es war aus Jeckenstoff gemacht und in dieser Maskierung von ungerührter, man kann auch sagen »frecher« Menschlichkeit. Berbuer machte die englische, französische und amerikanische Besatzungszone zu einem neu entdeckten Land und die »Trizonesier« zu Eingeborenen, die sich zu der ihnen zugeschriebenen Primitivität lustvoll bekannten: »Wir sind die Eingeborenen von Trizonesien, / Heidi-tschimmela-tschimmela, / Tschimmela-tschimmela-bumm. / Wir haben Mägdelein mit feurig-wildem Wesien, / Heid-tschimmela-tschimmela, / Tschimmela-tschimmela-bumm. / Wir sind zwar keine Menschenfresser, / Doch wir küssen um so besser ...«

Was dem zugrunde lag, war die alte Erkenntnis der Kölner »Och ärm Lück sin Minsche« und der vitale Gewinn, den sie immer daraus gezogen hatten. Die Trizonesier waren als »total« Besiegte ganz unten gelandet, aber gerade darum bereit, die neue »verrückte« Rolle anzunehmen, die ihnen, so bar jeder Zivilisation, immer noch eines ließ: den »Spaß am Leben«. Das war natürlich auch Provokation gegenüber den Siegern, die Berbuer an anderer Stelle als »fremder Mann« anspricht, dem erklärt wird, dass die Trizonesier genau wissen, wo sie herkommen: »Selbst Goethe stammt aus Trizonesien, Beethovens Wiege ist bekannt.« Der Narrenstreich des »Songs« hatte ungeahnte Folgen. Bei halboffiziellen Anlässen wurde er als Ersatz für das fehlende Deutschland-Lied eingesetzt, so beim ersten internationalen Radrennen 1949 in Köln oder bei einem Fußballspiel zwischen Engländern und Deutschen in einem englischen Kriegsgefangenenlager. Die ausländische Presse war irritiert: »Die Deutschen werden wieder frech!«, schrieb die »Times«.

Noch ein anderes Karnevalslied, das 1948 groß herauskam, zeigte Spuren eines gewachsenen Selbstbewusstseins der Kölner: »Sag ens Blotwoosch« von Jupp Schlösser und Gerhard Jussenhoven. Das Problem der Überfremdung durch die vielen Vertriebenen in der Stadt gingen die beiden offensiv an mit einem kölschen Sprachkurs, den sie als jecke Pädagogen dem »Imi« (imitierten Kölner) anboten: »Mäncher hätt, schon ganz nett, Kölsch geleht bei uns. / Un mer höht, off genog, / Dat eß doch kein Kunst. / Doch e Woot, koot un got / Kritt mer schläch parat. / Dröm weed he, unger uns, ens de Prob gemaht! / Alle Mann, alle Mann, jetzt geiht et ävver eran: / Sag ens Blotwoosch, / Dat eß doch gar nit schwer, / Sag ens Blotwoosch, / Ich garanteere Deer: / Wä nit Blotwoosch sage kann, / Dat eß: Ne Imi, ne Imi, / Ne imitierte Kölsche ganz geweß.« Der Imi wurde in diesem Lied in die Karnevalsgemeinschaft aufgenommen und bekam die Weihen des Dazugehörens, wenn er die Besessenheit für das Wörtchen »Blotwoosch« teilte – diesen »Heimatklang, / Dä ich künnt unbedingt / Höre stundenlang«. Eine solche Zumutung setzte ebensoviel Eigenliebe wie gesunde Distanz der Kölner zu sich selbst voraus. Und das Vertrauen in die Zugewanderten, diesen heimischen Humor zu verstehen und dabei mitzumachen. Der Anfang für die Verwandlung des Imis in einen echten Kölner war gemacht.

# 22.

»Friede-Freude« – Karneval.
Das Karnevalslied im Wirtschaftswunder.

## 1949–1969

Die Wiedereröffnung des Kölner Karnevals begann 1949, nur 4 Jahre nach dem verheerenden Kriegsende, mit einem glanzvollen Ereignis: der Prinzenproklamation im Williamsbau, dem 1947 errichteten Festzelt des Zirkus Williams, das für Jahre Ort der Kölner Großveranstaltungen werden sollte. Anders als nach dem Ersten Weltkrieg gelang die Etablierung des Karnevals diesmal mit einem Schlag. Die Währungsreform gab den nötigen Rückenwind, und der Ehrgeiz des Festausschusses wie auch die Bereitschaft der Kölner, beim Wiederaufbau des Karnevals mitzumachen, waren enorm. Bilder der in der NS-Zeit geförderten Prinzenproklamation, vielen Zeitgenossen wegen ihrer Großartigkeit noch in bester Erinnerung, mögen dabei mitgespielt haben. Man wollte wieder da anknüpfen, wo man aufgehört hatte, und das Signal wurde verstanden.

2000 Zuschauer kamen in das prächtig geschmückte Zelt. Der Oberbürgermeister persönlich leitete die Zeremonie, neben bekannten Büttenrednern und Sängern traten auch die Stars der Kölner Oper auf. Es war der Auftakt für einen »niveauvollen« Karneval, der Zeichen für die nächsten Jahrzehnte setzte. Auch der Rosenmontag sollte in großem Stil wieder aufleben. 7 Ausschüsse waren gebildet worden, um alle Erwartungen zu erfüllen. Aber dann stellte sich heraus, dass es an allen Ecken und

Enden fehlte. So kam es zu der bescheideneren »Erweiterten Kappenfahrt«, die Thomas Liessem allein mit einigen Mitarbeitern organisierte. Aber auch die wurde ein beachtlicher Erfolg. 800 000 Menschen standen am Zugweg. Neben den Kölnern waren auch die »Fremden« wieder da. Der Ruf des Kölner Karnevals, von der Nazi-Propaganda in den 30er Jahren intensiv unterstützt, hatte sich über die Kriegs- und Nachkriegsjahre hinweg erhalten.

Zum anspruchsvollen Konzept des neuen Karnevals passte die »Regierungserklärung«, die Hans Jonen als Hofnarr für den Prinzen Theo I. entworfen hatte. Im Narrenreich des Karnevalsprinzen sollen gesittete Regeln herrschen. Seine »Beamten« ernennt er zu »Dienenden am Publikum«, die »nach dem Grad ihrer Höflichkeit« besoldet werden. Der spaßig-dynastische Stil ist dem Ton des frühen, höfisch orientierten 1823er-Karnevals nachempfunden. Ihm folgt auch das programmatische Lied, das »Unserem Prinzen Theo I.« gewidmet ist: »Und heut besteigt den Narrenthron, / Stolz wie zur Väterzeit, / Prinz Karneval, Colonias Sohn, / Zum frohen Kampf bereit.« Der Kampf geht mal wieder gegen den »Mucker«, dem der Prinz »den Krieg erklärt«. Im übrigen aber lädt er sein »Narrenheer zum Friedensfeste ein, / Denn ›Friede-Freude‹ sein Begehr / Soll die Parole sein«.

Hinter der scheinbar so fröhlichen Kampfansage verbarg sich jedoch eine spezifische Ängstlichkeit. Der angestrebte gehobene Status des Karnevals war auch eine Schutzmaßnahme. Im sittlich-prunkvollen Kostüm schien der Karneval unanfechtbar. Vorlaute politische Anzüglichkeiten, die sogenannten »Entgleisungen«, wie der Bürgerausschuss wenig später formulierte, blieben ausgesperrt. Das Zielpublikum waren nicht die einfachen Kölner, sondern, wie schon an anderer Stelle zitiert, die »kultivierten« Freunde in der Stadt und die Fremden. Wie in der Büttenrede waren damit auch im Lied dem Jeck enge Grenzen gesetzt. Das Prinzen-Lied gibt dafür ein gutes Beispiel. Den 10-zeiligen hochdeutschen Versen folgen lediglich 4 Zeilen, in denen der kölsche »Troß« den Kampfruf des Prinzen bekräftigt: »Dann jage mer met decke Trumme / D'r Griegram an d'r Stadt erus«. Gleichzeitig wird aber der Heimatstolz zur Mission aufgewertet, das »Friedensfest« des Karnevals zum Vorbild für die Nachkriegswelt erhoben. Man sang auf hochdeutsch: »Was Diplomaten nicht geschafft«, das »schafft« der Prinz »mit einem Streich«, und auf Kölsch: »Drum wolle mer de and're zeige / Uns kölsche Aat – uns kölsche Aat / V'leich maache die sich dann zo eige, / Wie et gemaht – wie et gemaht.« Das war ein Paukenschlag der neuen Karnevalsinszenierung, der alles, was in den letzten 16 Jahren gewesen war, übertönte. Bei den Nazis noch als regionales Brauchtum im Kampf gegen das »Artfremde« eingesetzt, bekommt die »kölsche Aat« jetzt eine harmoniestiftende gesamtgesellschaftliche Funktion. Sicher war das auch als Ermunterung für die Kölner gedacht. Aber der Volkskarneval, dem der Jeck ausgetrieben war, blieb zurückgestuft und war vor allem folklorehafte Begleitung des Prinzenkarnevals.

Damit war die weitere Entwicklung des kölschen Lieds vorgezeichnet – es sollte zunehmend an Bedeutung verlieren. Zunächst aber wurde es noch gebraucht. Nach wie vor war es nötig, das Gemeinschaftsgefühl der Kölner aus den eigenen Quellen zu stärken. Die Spannungen in der Stadtbevölkerung waren immer noch groß. Es gab weiter Empfindlichkeiten zwischen Einheimischen und Vertriebenen. Die Kölner fühlten sich in ihrem Heimatrecht und Mundartprivileg bedroht. Reinold Louis berichtet, wie die Kinder 1949 »mit Begeisterung« sangen: »Am 30. Mai geht der Flüchtlingstransport, / Mer laache uns kapott – de Pimocke sin fott.« Nach der Währungsreform kam ein weiteres Problem hinzu: die Ungleichheit hatte zugenommen. Wie in den 20er Jahren gab es die Gewinner, die durch Schiebung, Korruption und Beziehungen reich geworden waren und jetzt beim Start in die neue Wirtschaft die anderen hinter sich zurückließen. Auch die totgeschwiegenen Verletzungen durch die Nazi-Diktatur wirkten untergründig fort. Bei alledem hatte das Veedel, in dem sich die Nachbarschaften erst langsam zu bilden begannen, noch nicht die Kraft, das Wir-Gefühl der Kölner in der Breite zu stabilisieren.

In dieser Situation gab Karl Berbuer den Kölnern, was sie brauchten: »Himmel« und »Ääd« für den Kölner Karneval. Er erinnerte mit den Liedern »Un et Arnöldche fleut« (1950) und »Agrippina, Agripinensis« (1952) an die geschichtliche Dimension des Karnevals und Kölns, in der sich die Kölner früher wie selbstverständlich zu Hause gefühlt hatten. Er tat es weder belehrend noch sentimental, sondern in der Jeckenmischung von »oben« und »unten«. In »Un et Arnöldche fleut« spannte er den Fastelovendshimmel mit den »ärme Jecke« und den berühmten Karnevalisten wieder über die Kölner. Und im Agrippina-Lied machte er die Stadtgründerin zum »äschtem Vämp«, von dessen »Schisselameng« noch »hück de Wäng ... wacklen«, »wenn mit ji-pi-je d'r Tünn Boogie-Woogie danz mem Plünn.« Schräg war die Stadt immer gewesen, sollte das heißen, aber im »Wacklen« ist es auch immer weitergegangen. Er vergaß auch nicht, die Stadtmutter zu loben: »dat Minsch kunnt doch jet«, und jubelte so, ganz nebenbei, den Nachkommen die Mahnung unter, wieder Tritt zu fassen – auch für die Stadt.

Berbuer, 1900 in einem der »mythischen« Viertel, der Agrippastraße, früher Löhrgasse, geboren und später Mitglied im Ensemble des Schneider-Clauss-Theaters, kannte

alle Schattierungen der Kölner Seele. Er wusste auch, was
die ältere Generation, die in der früheren Stadt verwurzelt
war, verloren hatte. Ihr widmete er 1953 das Lied »Nor am
Dreikünningepöözge, do weiss die Oma noch Bescheid«.
Die »Oma« kennt sich in der veränderten Stadt mit den
»motorisierten Nümaatskraade« und der »Huhstroß« mit
der »ganz modern Fassad« nicht mehr aus. Wie die Kölner
in der Wachstumsphase des 19. Jahrhunderts hält sie sich
an das gebrechliche Alte: das »Dreikünningepöözge«, das
mitten in der neuen Umgebung stehen geblieben ist. Es
war eine Variation des »Abschiedslieds«, das das Humoristische abgelegt hatte, aber auch den deklamatorischen
Schmerz. Nüchtern stellt Berbuer fest: »vun manchem
mer sich trenne muß, / dat Ahle geiht, wat kütt eß neu.«
Und blieb auch damit dem Kölschen treu: »Nix bliev wie
et eß.«

Auf andere Weise brachte Ludwig Sebus 1954 die Kölner zusammen mit seinem Lied »Jede Stein en Kölle eß e
Stöck vun dir«. Sebus war 1949 als 25-Jähriger aus russischer Gefangenschaft heimgekehrt und sah nicht nur die
Trümmer in der Stadt, sondern auch die ersten Erfolge
des Wiederaufbaus. Die Freude, wieder in Köln zu sein,
und die Lust am Theaterspielen, die er in der Gefangenschaft kennen gelernt hatte, ließen ihn dem Altermarktspielkreis beitreten. Hier lernte er unter der Leitung von
Franz Goebels den Umgang mit der Mundartdichtung
und den Traditionen des Karnevalslieds. Das sollte ihn
zu einem der engagiertesten kölschen Liederdichter der
50er und 60er Jahre machen. Mit »Jede Stein en Kölle«,
einem seiner ersten Lieder, traf Sebus die Bedürfnisse der
Kölner nach Kontinuität. Er machte ihre Aufbauleistung
zum »Denkmal« für die, »die nach uns lääve«, und jede
Stein, den »mer gesatz«, zur Botschaft für die »Quöös«
der Zukunft: »Jede Stein en Kölle eß e Stöck vun dir, /

313

jede Stein en Kölle singt von Ruhm un Ihr. / Mag einer laache un meint, dat wör gestrunz: / In jedem Stein vun Kölle lääv e Stöck vun uns.« Das war, wenn man an die vielen negativen Folgen des Wiederaufbaus denkt, sicher »gestrunz«. Aber das Lied kam zur richtigen Zeit, wurde ein großer Erfolg und band die Kölner ein in die Geschichte ihrer Stadt.

1950 wagte sich das Karnevalslied zum ersten Mal an das verpönteste Thema: die politische Vergangenheit. Jupp Schlösser und Gerhard Jussenhoven riskierten den Vorstoß, der sicher mutig war, wenn man an all die beschönigenden Umschreibungen in den Liedern der unmittelbaren Nachkriegszeit denkt. Aber das Thema war zu konfliktbeladen für ein Format des Jeckentums, das die wirklichen Deformierungen angesprochen hätte. Schlösser und Jussenhoven wählten für ihr Lied »D'r Molli« deshalb den kleinsten gemeinsamen Nenner, um das Lied durch die Kontrollen und Sensibilitäten zu schleusen. Sie machten alle Beteiligten am Diktatur-Prozess so klein, dass sie bequem in ein Marionetten-Theater mit dem Titel »Führer und Verführte« passten. Die »Verführten« erkannten, wie dumm sie doch gewesen waren, und die »Führer« schrumpften zu »Typen« mit den Allerweltsmerkmalen »Schnäuzer«, »Baat«, »Brell« oder »Plaat«. So »entnazifiziert«, konnten alle erleichtert aufsingen: »Met uns mäht keiner d'r Molli, Molli Molli, Molli mieh! / Ov 'ne Schnäuzer oder Baat, ov 'ne Brell oder 'n Plaat, / Met uns han se lang genog de Aap gemaht.« Das Lied schlug ein und blieb viele Jahre im Programm. Das Thema war behandelt, aber es tauchte anschließend auch nicht wieder auf.

Dem »Friedensfeß« des Karnevals war man also auch mit diesem Lied ein Stück näher gekommen. Gefühlsverstärkend kamen die kölschen Heimatlieder hinzu, die zur Feier bestimmter Wiederaufbau-Ereignisse entstanden: 1954 »Dat Glockespill vum Rothuusturm« zum Richtfest des Rathausturms, 1955 »Op der Trepp vum ahle Gürzenich«, beide von Schlösser/Jussenhoven, und 1956, als die Domglocken die erste Messe im wiedererrichteten Domchor einläuteten, »D'r Decke Pitter« von Ludwig Sebus. Sebus hat in vielen Liedern versucht, das alte und das neue Köln miteinander zu verbinden. In seinem Domlied bezog er auch die »Fremden« mit ein, die Touristen und die, die in der Stadt wohnten und Kölner werden wollten. Für die letzteren schrieb er die Strophe vom »äch kölsch Platt« des »decke Pitter«, der prominentesten Domglocke: »Dröm eß, wann hä deiht lügge, als spröch hä äch kölsch Platt. / Un manche Fremde säht, un dat eß singe Truus: / Dat beßge Kölsch, dat liehr ich, he treck ich nit mieh uus.«

Ab Mitte der 50er bis Ende der 60er Jahre trat das kölsche Lied im Gesamtrepertoire der Sänger immer mehr zurück. Ludwig Sebus erinnert sich, dass die Plattenfirmen zunehmend hochdeutsche Schlager verlangten und Mundartlieder gar nicht oder nur zögernd übernahmen. Er selbst konnte sich von dem Druck freihalten, weil er seinen Beruf nicht aufgegeben hatte und von dem Plattengeschäft unabhängig war. Er schrieb weiter 2, 3 kölsche Lieder pro Session, von denen einige wie »Dä ahle Kuschteiebaum« (1958), »Et Poozeleed« (1961), »Am Ostermann-Brunne« (1962), »Uns kölsche Siel« (1963) u. a. zum kölschen Liederfundus gehören. Andere leben nur noch als Titel fort wie »Et Zebingemännche« (1955/56). In ihm knüpfte Sebus noch einmal an die Motivkette der »Originale« an. Der Zebingemann, das älteste Original im Karnevalslied, wurde jedoch nicht mehr verstanden. Sebus machte ihn zur Symbolfigur des früheren Köln mit seiner Pflege des Alten: er »braht in Fazung, / wat ald hatt ne Sprung« und setzte ihn so kontrastierend gegen die Wegwerfgesellschaft der Gegenwart: »wat ne Riß hat, eß kapott, / dat flüg op der Schrott«. Mitte der 60er Jahre kam diese Sicht auf eine vergangene Welt beim Publikum nicht mehr an. Auch »Wat e paar Bein« (»De Fleutmanns«), ganz im Stil des Klaaflieds von Roesberg bis Ostermann geschrieben, jetzt als Variante über den Minirock, blieb ein Einzelprodukt. Es brachte Sebus allerdings 1968 eine besondere Ehrung ein: die Ostermann-Medaille.

Im übrigen aber hatte sich der hochdeutsche Karnevalsschlager bis zum Anfang der 60er Jahre auf der ganzen Linie durchgesetzt. In einem Album »Karnevalslieder 1962«, erschienen im Musikverlag Hans Gerig, findet sich kein kölsches Lied mehr. Alle damals bekannten Namen der karnevalistischen Sängerszene tauchen darin auf: Jupp Schmitz, Schlösser, Jussenhoven, Eilemann, Sebus, Steingass, alle Lieder gab es auf Schallplatte oder Tonband. Trinklieder, Rhein-, Wein- und Schunkellieder, Liebes- und Flirtschlager, durchweg mit Augenzwinkern und Blödeleinschlag, überwiegen. Es war die Unterhaltungsmusik, wie sie sich in den 20er und 30er Jahren entwickelt hatte und nun widerstandslos fortgesetzt wurde. Die Plattenindustrie und der Rundfunk, der in der NS-Zeit auf die »leichte Muse« setzte, hatten den Markt dafür geschaffen. Jupp Schmitz war Star in diesem Bereich. Er reihte Erfolg an Erfolg: 1948 »Ich fahr mit meiner Lisa«, 1949 »Ölldi sölldi sip di sa« und »Wer soll das bezahlen?«, in den 50ern »Am Aschermittwoch ist alles vorbei«, »Wir kommen alle, alle, alle in den Himmel«, »Es war im Zillertal« u. a. Wie gut die Vermarktung funktionierte, zeigt sich daran, dass die meisten dieser Lieder auch heute noch bekannt sind und gesungen werden. Zwei der bekanntesten Lieder von Jupp Schmitz: »Wer soll das bezahlen?«

und »Wir kommen alle in den Himmel«, entstanden in Zusammenarbeit mit Kurt Feltz, der in den 30er Jahren den Reichssender Köln leitete, für den auch Jupp Schmitz gearbeitet hatte. Von 1948–1950 war Feltz für die Unterhaltungsmusik im NWDR verantwortlich. Er wusste, was »ging« und wie man den Funk für die Popularisierung eines Schlagers nutzte. Er schrieb auch für weitere Erfolgstitel von Schmitz die Texte und erlebte den größten Triumph mit seinem Text für Jussenhovens »Man müßte nochmal zwanzig sein«.

Unter dem Verdrängungsdruck der Schlager gab auch das Gespann Schlösser/Jussenhoven schließlich das bodenständige Karnevalslied auf. Die Erfolge aus den 30er Jahren »Gib acht auf den Jahrgang« und »Kornblumenblau« setzten sich mit »Das sind die gefährlichen Jahre« (1950), »Schau nicht auf die Uhr« (1952), »Immer wieder neue Lieder« u. a. fort. Jussenhoven folgte mehr und mehr seiner erfolgreichen internationalen Spur, die mit »Kornblumenblau« begonnen hatte und mit »Man müßte nochmal zwanzig sein« (1952) noch einmal bestätigt wurde. Für die hochdeutschen Lieder hatte er als Interpreten Willy Schneider gefunden. Mit ihm zusammen startete er eine neue Karriere, die ihn vom kölschen Karnevalslied wegführte.

Bezeichnend für diese Entwicklung ist der »Brauchtum-Walzer«, den Schlösser/Jussenhoven 1961/62 vorstellten. Brauchtum ist jetzt nicht mehr »kölsch«, sondern »rheinisch«. Es ist ironisch abgeleitet aus der Rheinlieder-Tradition und verkümmert zu: »Man lacht und scherzt und küßt zum gold'nen Wein: / Denn das ist ein ur-, ur-, uraltes Brauchtum am Rhein«. Das kölsche Karnevalslied geriet in eine vorher nie da gewesene Krise. Keine Instanz, keine Bürgerbewegung sprang diesmal für seine Rettung ein. 1962 mahnte Ludwig Sebus in seinem Lied

»Uns kölsche Siel«: »Sit op uns Eigenaat bedaach, / stolz dat Vermächtnis hööt. / Weed och uns Kölle als Weltstadt groß, / Uns nix passeere kann«. Köln schien »Weltstadt« zu werden. 1959 hatte die Stadt mit 772 987 Einwohnern wieder die Bevölkerungszahl von 1939 erreicht. Die Gesellschaft strebte im Wirtschaftsboom wie in anderen deutschen Großstädten nach oben. Im »Kaiserhof«, seit 1953 Zentrum der Karnevals-Revuen, fühlte man sich mit dem Besitzer Hans Herbert Blatzheim, seiner Ehefrau Magda Schneider und ihrer Tochter, dem Filmstar Romy Schneider, den Metropolen näher als der Provinz. In den Sitzungen wurde der Karneval zum Gesellschaftsereignis: die Damen erschienen in langen Abendkleidern, die Herren im Smoking. Die kölsche Sprache hatte auch außerhalb des Karnevals an Geltung und Selbstverständlichkeit verloren. Sie galt als unfein, und Kölsch zu sprechen, war Ende der 50er Jahre in manchen Gymnasien untersagt. Entsprechend wurde auch das Karnevalslied »weltläufig«. Unter die Rhein- und Weinlieder mischten sich jetzt auch die Schlagertraditionen aus anderen Regionen. Jussenhoven besang die Matrosen im Hafen und das Bier aus Bavaria, Jupp Schmitz das »schöne Zillertal«. Dieses »Fremdgehen« wurde zum eigenen Trend.

Neben Ludwig Sebus war es vor allem Toni Steingass, der das Wegdriften des Lieds von der Kölner Karnevalskultur aufzuhalten versuchte. Auch er setzte von Anfang an auf das flotte Stimmungslied und hatte gleich 1950 einen seiner größten Erfolge mit »Der schönste Platz ist immer an der Theke«. Als er das Lied 1951 im Kölner Funkhaus mit seinen Mitmusikanten im Steingass-Terzett vortrug, riss es das Publikum von den Sitzen. Schon am nächsten Tag erschien in seiner Wohnung der Direktor der Plattenfirma Odeon persönlich und schloss mit ihm einen Fünfjahresvertrag ab. Steingass hatte den Nerv der

Zeit getroffen: man wollte leichte bis leichteste Unterhaltung. Und das nicht nur in Deutschland, sondern auch in anderen Ländern. »Der schönste Platz ist immer an der Theke« wurde bald auch in Japan gesungen. Steingass, der inzwischen seinen eigenen Verlag gegründet hatte, verfolgte diese Linie weiter und konnte mit vielen Kneipen- und Rheinliedern Erfolge verbuchen, einen der durchschlagendsten 1959 mit »Hurra, hurra, der liebe Jung ist wieder da«, dem er immerhin einen kölschen Refrain beifügte.

Gleichzeitig erkannte er früh, wie die Tradition des Kölschen immer mehr ins Abseits geriet. 1965 hat er den Wandel in dem Lied »Früher war das anders« besungen. Er tat das als »Humorist«, als den er sich verstand, womit für ihn, gemäß dem Zeitgeschmack, ironische Simplizität bis zum Nonsense verbunden war: »Heute singt man in der schönen Frühlingszeit, früher war das anders, / nicht ein Lied von Schmitzen Billas Liebesleid, früher war das anders. / Ganz früher sang man Lieder oft im Dialekt, / doch heute singt man nur noch das, was grade schmeckt!« Und in einem zwischen Nostalgie und Nüchternheit schwankenden Refrain persifliert er das Stimmungslied: »… auch wir singen jetzt ein neues Stimmungslied, früher war das anders. / Hm – – hm – –, früher war das anders, ja, früher war das anders.«

Steingass gehörte zu den Karnevalssängern, die über sich selbst lachen konnten. Das tat er auch und gerade dann, wenn er Grund hatte, sich Sorgen zu machen. Wie im Jahr 1965, als seine Sängerexistenz bedenklich erschien und der Klaaf über ihn kölsche Kapriolen schlug. Im »Leed vun d'r Rievkoochebud« war er Grielächer genug, sich selber zum Jeck zu machen: »Vill Kölsche han en freche Muhl, mer fröch mich unscheneet: / Wie lange Johre denkste noch, dat mer dich engascheet? / Zick zwanzich

Johre singste schon uns dinge Kappes vür. / Doch eines Dages es et aus, dröm schenk dem Rot Jehür: ›Schaff dir noch hück en Orjel ahn un orjel op d'r Stroß‹.« Steingass kannte den heimischen Dialog und hatte die Antwort parat: »Do weiss ich mir jet Besseres, dä Lückcher sag'n ich blos: / Un wann jar nix mieh flupp, leeve Pitter, leeve Jupp, / dann weed flöck opjemaht en Rievkoochebud om Aldermaat!«

Steingass kam aus einer Familie, in der der Einsatz für kölsche Musik und Mundart Tradition hatte. Sein Urgroßvater Reinhold Fellenberg hatte als Königlicher Musikdirektor des Deutzer Kürassier-Regiments den Roten-Funken-Marsch »Ritsch ratsch de Botz kapott«, den Mariechen-Tanz und den Tanz der Blauen Funken komponiert. Jean Jenniches, sein Onkel, schrieb seit den 30er Jahren Stücke für das Hänneschen und lieferte Steingass die Texte für seine ersten kölschen Lieder kurz nach dem Krieg. 1952 bewies Steingass mit »De Haupsaach es, et Hätz es jot«, dass er sich in der kölschen Liedtradition auskannte. Mit seiner Schmitze-Nettche-Version gab er den harmoniebedürftigen Kölnern eine neue Interpretation für das Thema »sozialer Aufstieg« in einer in Bewegung geratenen Gesellschaft. Aus dem Vater, der sich bei Roesberg für seine in die besseren Kreise aufstrebende Tochter krumm legt, ist die ganz im kölschen Credo verankerte Mutter geworden, die ihrer Tochter von der »jot Partie« abrät und auf das »Hätz« verweist: »De Haupsaach es, et Hätz es jot, nor dorop kütt et ahn«. Noch näher kam Steingass dem Kölschen in seinem Lied »Ne kölschen Explezeer« im gleichen Jahr. Hier entdeckte er noch einmal den unerschöpflichen Sprachschatz des »Schängeleer« auf der Straße und in der »Maathall« – für ihn die »Schull … für kölsche Tön un Aat, die do parat gemaht«. 20 Jahre später hielt Steingass in »Gangk ens op de Universität«

(1975) die Entwicklung fest, die die »kölsche Sproch« inzwischen genommen hatte. Sie war von der »Maathall« in ein Kölsch-Seminar an der Universität übergewechselt, wie Steingass einem Bericht im »Stadt-Anzeiger« entnahm. Hier »liehrste, wie mer richtig Plüschprumm säht!«, spottete er. »Es dat nit wunderschön? / Nit nur en d'r Kaygass liehrste kölsche Tön! … Ne Lehrer löht üch bubbele, do höht mer gar kein Knubbele, / wä Föttche ahn der Ähd nit richtig sprich, frög dä doch ens, saach, wör dat nix för dich?«

Die Ostermann-Medaille, die Steingass 1977 für dieses Lied erhielt, war auch eine späte Anerkennung für seinen Kampf gegen das Verschwinden des kölschen Lieds. Steingass war nicht nur Liedersänger, sondern auch Organisator und Multiplikator. Er entwickelte Ideen, regte an, setzte durch. In den 50er Jahren hatte er kölsche Couplets für die Kindersitzungen im WDR geschrieben. 1963, als er um den Bestand des Kölschen bangte, wandte er sich an den Kölner Sender mit dem Vorschlag, einmal im Monat eine Sendung »Kölsche Leeder un kölsche Krätzcher« zu bringen: »Dann brauchen wir keine Angst zu haben, dass unsere Muttersprache ausstirbt«. 1964 kam es zu einer ersten von Steingass selbst moderierten Folge, die 1968 mit »Su klingk et us Köln« wieder aufgenommen und bis 1984 fortgesetzt wurde. Hartnäckig setzte er sich in den 60er Jahren auch dafür ein, dass endlich wieder Platten mit kölschen Liedern erschienen. Lange lehnte EMI ab, kölsche Langspielplatten seien unverkäuflich. Und dann erschienen sie ab 1963 doch und wurden ein Erfolg.

1963 war auch das Jahr, in dem das Publikum erste Ermüdungserscheinungen gegenüber dem hochdeutschen Karnevalsschlager zeigte. Vor allem das Abwandern in fremdes Brauchtum irritierte. Ausgerechnet der populärste Sänger der Karnevalsszene, Jupp Schmitz, verursachte einen Skandal. Er trat in kurzer Lederhose mit Tirolerhut auf und sang das Lied vom »Hirtenknaben von St. Kathrein«, eine Parodie auf die verkitschte Alpenromantik. Das Marschlied vom »schönen Zillertal« hatte man 1958 noch mit Begeisterung aufgenommen. Aber den beliebten heimischen Star in bayrischer Tracht zu sehen, war wohl zu viel. Zum ersten Mal kam es wieder zum »Litschen«: es gab ein Pfeifkonzert, das eine Grenze markierte. Das Publikum fühlte sich nicht mehr ernst genommen, die Karnevalsbühne hatte sich zu weit von Köln entfernt.

Gleichzeitig gab es in den 60er Jahren Anzeichen für ein Bedürfnis der Kölner, sich wieder mit einer kölschen Leitfigur zu identifizieren. Jetzt war es zum ersten Mal ein Nicht-Kölner, der zum Kandidaten wurde: Horst Muys. Als Büttenredner war er geliebt und geächtet zugleich, aber als er zum Sänger wurde, flogen ihm die Herzen aller Kölner zu. Die zynische Komik, mit der Muys witzelnd und provokant ins zotige Leben griff, war zwar immer noch dem Varieté verbunden. Aber auf ihn ließ sich am ehesten das Bild von der Klut als »ene Jung us em Levve« projizieren. Horst Muys wurde zur Gegenfigur der gewöhnlich im eleganten Gesellschaftsanzug mit Fliege auftretenden Karnevalssänger. Sein Aufzug hatte einen Stich ins Ganovenhafte, seine Mimik verriet die zwinkernde Zweideutigkeit, den Bruch mit dem konventionell Bürgerlichen. Umso heftiger war die Gefühlsbewegung, als er 1968 das Lied »Ich bin ene kölsche Jung un dunn jähn laache« sang und bekannt wurde, dass er einen Tag vor der Studioaufnahme seinen Sohn durch einen Unfall verloren hatte. Endlich konnten die Kölner »de liebe Jung« mit aller Sentimentalität ins Herz schließen. Muys hatte mit seinem Vortrag und der speziellen Lebenssituation genau die kölschen Empfindungen getroffen: das Changieren zwischen Lachen und Rührung. Mit ihren Gefühlen verstärkten die Kölner die Muyssche Präsentation. So wurde das Lied von Fritz Weber, das seit 1963 von den Medien konsequent übersehen worden war, zum großen unerwarteten Erfolg.

Im selben Jahr kam es zu einem weiteren »Volksentscheid« für das kölsche Lied. Am 11.11.1968 brachte der WDR zu später Stunde das Lied eines unbekannten Autors – und erhielt eine Flut von Zuschriften. Ohne Promotion durch den Sitzungskarneval wurde »Mer schenke dä Ahl e paar Blömche« der Hit der Session. Für den damals 22-jährigen Hans Knipp, der das Lied eingesandt hatte, erfüllte sich ein Traum. Nach abgebrochener Schule und Ausbildung hatte er sich aufs Liederschreiben verlegt, eine »Selbsttherapie«, wie er heute sagt. Vor allem die kölschen Lieder gaben ihm etwas von dem Boden zurück, den er verloren hatte. Die kleine Plattenfirma »Cornet« wagte es, mit dem wenig bekannten Sänger Wolfgang Vaupel aus dem Lied eine Single zu machen. 1969 schob sie eine weitere mit der beliebten Interpretin Lotti Krekel nach. Und 1970 engagierte sie für ein neues Lied von Hans Knipp »Ne Besuch im Zoo« Horst Muys als Sänger. Der gab dazu den trockenen Kommentar: »Warum nicht? Ich hab schon so viel Dreß gesungen«. Die Platte mit dem »Dreß« verkaufte sich dann 120 000 mal. Das kölsche Karnevalsslied war in der Gunst des Publikums ein ganzes Stück vorangekommen. Als Horst Muys kurz darauf starb, spielte die Kapelle an seinem Grab »Ne Besuch im Zoo« – als Choral in Moll.

# 23.

## Die Bläck Fööss.
## Das Kölschlied-Revival.

### 1970 bis heute

Niemand hatte es erwartet. Als die Bläck Fööss, die damals noch Stowaways hießen, sich 1970 zum ersten Mal dem Literarischen Komitee vorstellten und den Rievkoche-Walzer sangen, ahnte keiner der Beteiligten, dass eine neue Ära des Karnevalslieds begonnen hatte. Das Komitee hatte nach den Plattenerfolgen von Horst Muys und Hans Knipp gelernt, dem kölschen Lied wieder aufgeschlossener zu begegnen. Eine Personalie von Tommy Engel, einem der Fööss, mag zusätzlich eine Rolle gespielt haben. Er war der jüngste Sohn von Rickes (Richard) Engel, dem Straßensänger, einem der Vier Botze, die auch im Karneval aufgetreten waren. Thomas Liessem war außerdem der Patenonkel von Tommy. Das schaffte von vornherein eine gewisse Sympathie gegenüber den Vertretern der jungen Generation.

Aber diese Beziehung zur Karnevalswelt war nicht alles. Noch heute überrascht, mit welcher Sicherheit die Bläck Fööss den kölschen Ton trafen und die ganze Palette des Dialektlieds konsequent entfalteten. Das ging schon los mit den ersten Liedern bis 1972, die alle noch bescheiden auf Singles erschienen. Nach Jahren der Dürre endlich wieder ein vitales Anknüpfen an die lokale Liedtradition! Da scheint es überall Parallelen zu früheren Liedern zu geben. »Drink doch eine mit«, das bereits 1971 den Durchbruch für die Fööss brachte, ist aus der gleichen solidarischen Kneipenstimmung gemacht wie Gerhard Ebelers »Kumm eröm un setz dich jet«. »De Mama kritt schon widder e Kind« (1972) – das Milieulied ist wieder da. Und 1973 gleich zwei Höhepunkte des Jeckenlieds: »Leev Linda Lou« und »Mer losse d'r Dom en Kölle«. »Leev Linda Lou« – ist das nicht die Nachfolge von De Noëls Kirmesgänger, der sich am Ende nach einer Wirtshausschlägerei mit »ner Bühl am Kopp« in einen Schrank flüchtet? Oder von Ostermanns resoluter Tänzerin, die ihren Partner in Grund und Boden tanzt: »Wann do nit danze kanns, do hölze Popp, / Dann dun mer der Gefalle un hör op« ? Auf jeden Fall werden in »Leev Linda Lou« die Erwartungen gründlich verrückt. Aus »Leev Linda« – »su jet Leeves, dat hatt ich noch nie jesinn« – wird die Frau, die den schmachtenden Gast ganz cool unter den Tisch trinkt. Und die Selbstpersiflage kennen die Fööss da auch schon. Aus dem so nachbarschaftlichen »Drink doch eine met«, dem Erfolgssong vor zwei Jahren, wird Lindas Lockruf »Drink doch eine met«, bis das Opfer aufgibt: »Linda, ich kann nit mieh«. Schließlich »Mer losse d'r Dom en Kölle«, das Lied, das gerne die »Nationalhymne« der Kölner genannt wird. Das könnte doch – ja, die moderne Version von »Dem Künnig Carneval si Manifess« von 1824 sein, der Rede des Helden Karneval. Dasselbe verrückte Spiel mit dem Dom, damals noch Domruine, derselbe Jux mit dem Größenwahn der Stadt, die mit Venedig und den damaligen »Metropolen«, Berlin und St. Petersburg, wetteifert.

Aber das alles täuscht. Als »Drink doch eine met« entstand, waren die Bläck Fööss noch immer vor allem Stowaways, eine Band, geprägt von der anglo-amerikanischen Popularmusik, vom Rock 'n' Roll der 50er und Rock und Pop der 60er Jahre. Wie Hartmut Priess erklärt, war es der Geist dieser Musik, den sie ins Kölsche übertrugen, es war der Country-Blues von Elvis Presley, die Vermischung amerikanischer Volksmusik mit schwarzer Musik, und mehr noch der Folksong von Woody Guthrie, dem Idol des frühen Bob Dylan. Guthrie hatte die Volksliedüberlieferung der Kleinen Leute, ihre Alltagsgeschichten, den »Talking Blues«, wieder groß gemacht und ihm neuen Witz und politische Ambition gegeben. Diese Tendenz im weitesten Sinn führte die Band zu dem kölschen Kleine-Leute-Lied »Drink doch eine met«. Die lokale Liedtradition war da noch kaum in ihrem Blick. Auch »De Mama kritt schon widder e Kind« war zunächst ein Produkt der »Sandwich«, wie sich die Stowaways jetzt nannten, und hieß »Mama's in the family way«. Aber der Titel lief nicht, und so wurde das Lied aus der Karibik auf Kölsch umgeschrieben und damit ins Veedel versetzt. Mit »Leev Linda Lou« machte der Song der Fööss einen Quantensprung und stieß in eine neue Dimension vor. Der Jeckenwitz wird zum Dreh- und Angelpunkt für Text und Musik. Rock 'n' Roll mischt zum ersten Mal den Karneval auf und ist doch ganz in der Linie des Karnevalslieds, das schon immer die Melodie als Parodie zum Inhalt genutzt hatte. Von ferner glaubt man Bob Dylans Folksong »Gypsy Lou« zu hören, den schmerzlich-komischen Gesang von der Frau, die immer schon »round the band« ist, während die Männer ihr mit durchgescheuerten Füßen von Washington bis Oregon usw. hinterher rennen und zuletzt aufgeben: »Hey, you can't win / Gypsy Lou's gone again / Gypsy Lou's gone again«. Und da ist dann noch »Mer losse d'r Dom en Kölle«. Die Entstehungsgeschichte hat Tommy Engel so genau geschildert, dass kein Zweifel ist: es ist ein Gemeinschaftswerk der Fööss, denen das »Manifess« völlig unbekannt war. Es entstand aus der simplen Idee »Mer losse de Kirch em Dorf« : »Wir diskutierten darüber. Und so wurde aus der Kirche der Dom und aus dem

Dorf einfach Kölle«. Damals müssen allerdings die »jecke Tön« im Lied schon allen Bläck Fööss in Fleisch und Blut übergegangen sein. Trotzdem, man muss es wohl glauben, was Tommy Engel schreibt: »… wäre ›Sandwich‹ damals erfolgreich gewesen, hätte es die Bläck Fööss … wohl nie gegeben.«

Die sechs Fööss verstanden sich als Kollektiv. Nach Jahren in verschiedenen Kölner Bands hatten sie sich bei den Stowaways zusammengefunden: Tommy Engel, Hartmut Priess, Peter Schütten, Erry Stoklosa, später noch »Bömmel« Lückerath, der Keyboarder als sechster Mann wechselte. Sie hatten die Instrumente verschiedentlich umbesetzt und verstanden es, sich bei Live-Auftritten zuzuspielen. Genauso machten sie es mit den Texten. Jeder konnte eine Idee einbringen, jeder mitdiskutieren, Korrekturen vorschlagen, Text und Musik in die Endfassung bringen. Streit war an der Tagesordnung. Aber genauso näherte man sich einer Gesamtvorstellung, die für neue Einfälle offen blieb, bis alle dem Ergebnis zustimmten. Von Hartmut Priess erfährt man, das auch dahinter ein Konzept stand, das wiederum von der Folksong-Bewegung angeregt war. Der einzelne sollte in der Anonymität, die der Volksüberlieferung entlehnt war, aufgehen. Er fügt hinzu, dass das deutsche Volkslied im Gegensatz zum amerikanischen und englischen als Traditionsmaterial durch die NS-Vergangenheit untauglich geworden war. Das kölsche Karnevalslied hatte dagegen mit seiner demokratischen Bürger- und Veedelsgeschichte ein Potential, an das die Bläck Fööss mit ihrer musikalischen Herkunft anknüpfen konnten.

Bläck Fööss: im Namen steckte eigentlich schon von Anfang an das Programm. Bei den »Fööss« fällt einem zunächst wieder eine kölsche Parallele ein: Hosters »Antun Meis«, dessen Karnevalsgesellschaft »Nasse Fööss« hieß.

Aber auch das korrigiert Tommy Engel in seinem Buch: zuerst war das anglo-kölsche »Bläck« da, ein Hinweis auf die »Black Beats«, bei denen er vor den Stowaways gespielt hatte. Dann erst kamen die »Fööss«, die in dem schönen kölschen Gesamtbegriff »Bläck (nackte) Fööss« den hautnahen »Bodenkontakt« der neuen Karnevalsmusikanten signalisierten. Es war, wie Tommy Engel schreibt, vor allem Hartmut Priess, der – im Gegensatz zu ihm, für den das karnevalistische Fremdgehen Spaß und ein kleiner Nebenverdienst war – schon bald die Chancen eines Kölschlied-Revivals erkannte und auf die »Verbindung zu Willi Ostermann und zur Kölner Musiktradition« setzte. Priess, laut Engel »immer einer der Ideenlieferanten«, hörte 1969 in der Musikbox die beiden kölschen Erfolgslieder von Hans Knipp. Der gehörte zur selben Generation wie die Fööss, war nicht von vornherein mit dem Karneval verbandelt und hatte es doch geschafft, das Kölner Publikum auf Anhieb zu gewinnen. Bei der nächsten Gelegenheit, der Närrischen Hitparade, ging Hartmut Priess auf Knipp zu und holt ihn ins Team der Bläck Fööss. Mit ihm fand der Berliner, der erst in der Jugend nach Köln gekommen war, seine Kölsch-Verstärkung. Die beiden verstanden sich. Auch das wird zusätzlich den Anschluss an den kölschen Liederfundus beschleunigt haben.

Die ersten Auftritte der Bläck Fööss waren schlicht, aber gerade deswegen denkwürdig. Sie kamen zu dritt (Tommy Engel, Peter Schütten, Erry Stoklosa), mit langen Haaren, T-Shirts, Jeans und – »bläcke Fööss«. Im damaligen Gesellschaftskarneval war das schockierend, heute würde man sagen, es war ein »Event«. Denkwürdig war auch die Reaktion einiger Kölner. Sie verstanden den karnevalistischen Tabubruch sofort und warfen aus »Mitleid« Schuhe auf die Bühne. Das war der alte Jeckendialog zwischen Publikum und Fastelovends-Darstellern, von dem Johanna Schopenhauer 1828 anläßlich der Aufführung von Fastnachtsspielen berichtet hat. Als die Sänger dann wegen »kal Fööss« Schuhe anzogen, bekamen sie regelmäßig zu hören: »Die han jo Schoh ahn!« Viele reagierten aber auch empört und verständnislos. Lange Haare, »ungepflegtes« Äußeres und nun auch noch nackte Füße – das war immer noch ein Anschlag auf das gutbürgerliche Selbstverständnis. Auch das hatte es im Kölner Karneval immer mal wieder gegeben. Wie 1912, als Christian Witt die »ungewaschenen Ohren«, »schiefen Absätze« und das »gänzliche Fehlen von Umgangsformen« bei den Büttenrednern getadelt hatte. Alles kommt wieder – aber die Zeiten hatten sich geändert. Diesmal beschwichtigten die Präsidenten: »Dat es d'r Sohn vum Rickes Engel un et Patenkind vum Thomas Liessem.«

So ging alles gut. Der Rievkoche-Walzer wurde freundlich aufgenommen. Den Text von Rudi Luckenbach aus Porz hatte Erry Stoklosa mitgebracht, gemeinsam fügten sie den Walzertakt hinzu, der beim Tanzen beliebt war, wie sie von ihren Auftritten auf Karnevalsbällen wussten. Als Beimischung gab es noch »En d'r Kayjass Nr. Null« – ein Lied, das die Vier Botze populär gemacht hatten und von Tommy Engel vorgeschlagen wurde. Ihr ganzes musikalisches Können gaben sie am Anfang noch nicht zu erkennen. Die Orchesterbegleitung überließen sie der bewährten Kapelle von Harry van den Driesch. Erry Stoklosa und Peter Schütten hatten ihre Western-Gitarren mitgebracht, Tommy Engel war der Frontmann. Trotzdem merkte das Publikum sofort, dass die Drei eine Überraschung waren. Es war nicht zu übersehen: sie brachten eine neue kölsche Ausstrahlung auf die Bühne und mit Tommy Engel ein großes komödiantisches Talent.

Die Single verkaufte sich jedoch mit 2000 Exemplaren

nur mäßig. Das nächste Lied der Fööss »Drink doch eine met« lehnte EMI ab: es sei nicht »karnevalstypisch«. Aber was war damals karnevalstypisch? Die Bläck Fööss hatten bewusst das Marsch- und Walzerrepertoire der letzten Jahrzehnte verlassen, sie wollten etwas »Eigenes« machen. Und das Publikum gab ihnen recht. Das Kneipenlied war bei den Fööss wieder zum Nachbarschaftslied geworden, es weckte das alte Gemeinschaftsgefühl. Plötzlich war es wieder da: das »Zesammestonn« im Veedel. Der »ahle Mann« vor der »Weetschaftsdüür«, dem das »Drink doch eine met, stell dich nit esu ahn« gilt, gehört dazu, wenn die Klick in der Kneipe feiert. Die gleiche Sensibilität, auch Sentimentalität hatte schon das Lied von Knipp »Mer schenke d'r Ahl e paar Blömcher« gezeigt. Die große Romantisierungswelle, die seit den 50er und 60er Jahren von der Jugendmusikszene ausging und sich ab Mitte der 60er in der Studentenbewegung politisierte, hatte auch Köln erreicht. Das gesellschaftliche Klima war verändert. Es gab wieder eine Aufmerksamkeit für das, was jahrzehntelang im Wirtschaftswunder vergessen worden war: für das, was »unten« war, sozial abgedrängt, aber auch für den »Abfall« der Geschichte, die kölsche Tradition und Sprache. Die Bläck Fööss schärften den Blick dafür. In einem Interview erklärten sie später: »Das Typische (typisch Kölsche) fällt erst dann auf, wenn es nicht mehr da ist, gleich einem vertrauten Möbel, wenn es ausrangiert wurde.« Die »Neuen« gaben dem weitgehend ausrangierten Milieulied wieder einen emotionalen Wert. Ganz in Übereinstimmung mit der Musik, die sie mitgebracht hatten, und dem wiedererwachten Identitätsbedürfnis der Kölner. Wieder einmal bekam das Karnevalslied einen kreativen Schub von außen. Das war schon so am Anfang des 19. Jahrhunderts, als der Einfluss der Frühromantik die ersten kölschen Karnevalslieder in der »Olympischen Gesellschaft« entstehen ließ; dann im Nachbeben der 1848er Revolution, als das gestärkte Bürgerbewusstsein das Veedelslied erfand. Jetzt war es die internationale Rock- und Popmusik, eine weitere Romantik, die das Erbe des Kölschlieds wieder entdeckte und neu inszenierte.

Wie sehr der Erfolg der Fööss mit dem Stimmungswandel in der Stadt zusammenfiel, sollte sich bei der dritten Single zeigen, die außer »Mer losse d'r Dom en Kölle« auch noch »En unserem Veedel« brachte. Mit dem Lied kamen die Sänger endgültig in der Stadtgemeinschaft an – auch über den Karneval hinaus. Bewusst hatten sie den Sehnsuchts-Sound gewählt, mit dem schon Ostermann sein »Heimweh nach Köln« intoniert hatte. Im Slow-Beat besangen sie die Sorgen der kleinen Leute um den Fortbestand des Zusammenlebens in ihren Vierteln: »Wie soll dat nur wigger jonn, wat bliev dann hück noch stonn, / die Hüsjer un Jasse, die Stündcher beim Klaafe, es dat vorbei?«. Erneut bedrohte eine ehrgeizige Stadtplanung die Lebensgewohnheiten der Kölner. Diesmal ging es um die Substanz gelebter Kölner Kultur in der Innenstadt. Angefangen hatte es Ende der 50er Jahre mit der Nord-Süd-Fahrt, einer Verkehrsachse quer durch das alte Köln, die Straßen zerstückelte und Nachbarschaften auseinander riss. Viele alteingesessene Bewohner wurden umgesiedelt. Auch Unter Krahnenbäumen war betroffen, die Straße am Eigelstein, über die Heinrich Böll noch 1958 schrieb, »Straßen wie diese« habe er in anderen Städten vergeblich gesucht. Und prophetisch hatte er hinzugefügt: sie »bilden sich nicht mehr neu«. Wie recht er hatte, zeigte sich wenige Jahre später. Heute ist »UKB« eine zerschnittene funktionalisierte Straße wie so viele in anderen Städten auch. Das dichtgedrängte quirlige Straßenleben mit spielenden Kindern, alten und jungen Leuten, Kirmesfesten, Prozessionen und Fastelovendsjecken, wie es Chargesheimer in seinem ausdrucksvollen Bildband »Unter Krahnenbäumen« noch festhielt, gibt es nicht mehr. Nach den Verwüstungen des Krieges hatte sich das Veedel erholt. Es war das Köln, das auch Ostermann erlebt hatte und vor ihm die vielen Sänger, die sich aus diesem Kölner Alltag ihre Motive holten. Nun verlor es seine innerstädtische Verwurzelung.

Anfang der 70er Jahre begann die Totalsanierung des Friesenviertels durch den Gerling-Konzern. Baumaßnahmen im Severinsviertel und die Umgestaltung des Karolingerrings beunruhigten zusätzlich die Bevölkerung. In dieser Situation entstand »En unserem Veedel« und traf auf eine neue politische Realität: die Protestbewegung der Bürgerinitiativen. Anders als in den 50er Jahren kämpften die Kölner diesmal um den Erhalt der überkommenen Wohn- und Lebensstrukturen. Die Bläck Fööss waren jetzt nicht nur im Karneval gefragt, sondern auch bei Straßenfesten, die den Widerstand in den betroffenen Vierteln organisierten. Mit »Dä kleine Lade vun d'r Mamm« (1975) und »Et Südstaat-Leed« (1977) waren sie auch in den folgenden Jahren vor Ort, um den Kampf der Veedel zu unterstützen. Das Karnevalslied war zu einem städtischen Politikum geworden, und die Bläck Fööss wurden als eine Stück Stadtöffentlichkeit wahrgenommen. Kölsches Brauchtum bekam wieder einen neuen Rang. Tommy Engel arbeitete damals (bis 1974) in einem Büro der GEW im Severinsviertel und durfte beim Kantinenessen in der Runde der Chefetage Platz nehmen. Wer die damaligen Gepflogenheiten in den Betrieben (und auch heute noch) kennt, weiss, welche Auszeichnung das bedeutete. »Ich war für sie wohl eine Art Brauchtumspfleger, und der musste selbst gepflegt werden«, kommentierte Tommy Engels das später in seinem Buch und hatte damit sicher recht. In der Hierarchie des Karnevals selbst brauchte die offizielle Anerkennung der »Brauchtumspfleger« allerdings etwas länger. 1975 stellte das Kuratorium bei der Verleihung der Ostermann-Medaille an Ludwig Sebus und Toni Steingass fest: »Wir wollten den Nachwuchs haben. Das ist uns nicht gelungen ... Wir müssen zu den Schluss kommen, dass kein Nachwuchs da ist.« Im gleichen Jahr war die Nachfrage nach Auftritten der Bläck Fööss derart in die Höhe geschnellt, dass sie die Buchungen radikal reduzieren mussten. Die Ostermann-Medaille bekamen sie dann doch noch, ebenso wie Hans Knipp – im Jahr 1981.

Mit sicherem Gespür erkannten die Bläck Fööss den richtigen Moment, das ganze Panorama des kölschen Lieds noch einmal zu entwerfen. 1974 erschien die LP »Op bläcke Fööss noh Kölle« – der Titel zeigte die Richtung an. Als letztes Lied hatten sie Ostermanns »Heimweh nach Köln« aufgenommen und sich zueigen gemacht. Da sang nicht mehr Ostermann allein, sondern mit ihm bekannten die Fööss: »... Möchte mer jän up heim an schwenke, op bläcke Fööss noh Kölle jonn«. Und das taten sie auch, mit dem Ostermann-Erbe im Gepäck, aber gleichzeitig als Sänger einer neuen Zeit. Mit dem Bewusstsein, dass viel am Ort gewachsene Originalität verloren ging, bauten sie den Kölnern ihr Köln im Lied wieder auf. Sie scheuten sich nicht, dabei alle Register des Gefühls zu ziehen. Das Eingangslied der Platte »Kölle, du uns Stadt am Rhing«, a-capella gesungen, folgt einer choralähnlichen Melodie aus dem 16. Jahrhundert, mit einem Text, der den Niedergang des Reichs beklagt und mit dem Weckruf endet: »Wach auf, du deutsches Reich!« Bei den Fööss wird daraus wieder die Stadt mit der mittelalterlichen Aura des »Vaterlands«, dem man mit der Geburt »die Treu op Iwichkeit« geschworen hat, ein Glaubensbekenntnis für Köln: »... denn du, du blievs bestonn, wees niemals ungerjonn.« Die Bläck Fööss wussten, dass auch das nur ein »Möbel« aus dem Keller der Geschichte war, aber die Gefühlsschwingungen, die sie mit ihrem Gesang freisetzten, passten zu den aktuellen Sorgen der Kölner um ihre Stadt. Ähnlich in dem dritten Heimatlied ihrer Platte, das Heimweh gegen Fernweh setzt und in dem zum Klassiker gewordenen Refrain gipfelt: »Kumm zoröck noh Kölle, kumm zoröck nohm Rhing, / He bes do jebore, he jehürs do hin.«

Die Gefahr der bloßen Gefühlsseligkeit solcher Klänge haben die Bläck Fööss vermieden. Einmal durch den realen Anlass, aus dem sie entstanden, vor allem aber durch die Gesamtkomposition ihrer Lieder, die im Ensemble alle Seiten und Widersprüche des Kölschen einschließen. Jedes Heimat- und Heimwehlied findet auch sein jeckes Gegenstück – und sei es nur als feierliches Läuten der Domglocken am Ende des Ostermann-Lieds. Im Spanien-Leed (1976) verrät sich die »Treu op Iwichkeit« zur Stadt als provinzielle Besessenheit, die der Kölner immer mit sich herumträgt. Sein »Milieu« ist auch in Benidorm, wo er begeistert singt: »Nä, nä, Marie, es dat he schön, / üvverall nur kölsche Tön. / Nä, he süht et wirklich us / wie bei uns zohus, / he fählt mer nur von Balkon / die Aussich op d'r Dom.« Und zu Kastagnettenklängen fügt er sein frechzufriedenes »Lalala lalala …« hinzu. Die Liebe zu Köln, zum eigenen »Gemöt«, wird immer wieder umgedreht und zeigt dann auch die »schäl Sick« derselben Münze, ganz in der Spur von Ostermann, Berbuer und all ihrer Vor- und Nachfahren. Da verwandelt sich in »Mer bruche keiner, keiner, dä uns säht, wie mer Fastelovend fiere deit« (1997) die hochgemute Verteidigung des Fasteleer in deftigen »Schängeleer«: Et jitt jo Lück, die immer alles besser wesse, / jo, dat kennt mer jo, / Mihstendeils han die bloß schläch jedresse, / jo, och dat is wohr.« Das patriotische »Rut un Wieß« (2004) preist im getragenen

Stil eines Männerchors die Stadtfarben, die sich in allem spiegeln, was dem Kölner heilig ist: »Wat wieß un rut is dat es kölsch / Wat kölsch es es och jot / Für Funke un de Südkurv heiß et oberste Jebot: / Rut un wiess wie lieb ich dich / Rut un wieß ich jöv et letzte Hemp für dich …« Inflationär häufen sich in »Mir Kölsche« (1994) die Klischees, mit denen sich die Kölner in Reden und Liedern so warm zudecken: »Mir Kölsche, mir Kölsche, mir Kölsche han met janix jet am Hoot, / Dröm jeit et uns Kölsche och immer, immer, immer widder jot. / Mir Kölsche, mir Kölsche, mir Kölsche han de schönste Stadt am Rhing, / un doröm han mir Kölsche im Hätze / Immer, immer, immer widder Sonnesching.« Das alles in einem völlig übertourten Tempo gesungen. »Unser Jrundjesetz« (2004) schließlich verkündet die frohe Botschaft: »Am rheinischen Wesen soll die Welt genesen / Hät der liebe Jott am elften Schöpfungsdaach jesaat« und belehrt die »Lück der Republik«, »wat m'r in Köln darf, un wat m'r besser blieve löt«: »An 'ner Kneip vorbeijonn, ohne renzejonn / Oder einfach heimjonn, wenn andere noch do stonn / Beim Früh e Alt bestelle, dobei dreimol Helau, / Dat darf m'r nit, dat määt m'r nit / Dofür küß de he en d'r Bau.« Am kölschen Wesen kann der Fremde nur genesen, wenn er, um mit Schneider-Clauss zu sprechen, »kölsch in Kölle sin« will. Dann hat er »he d'r Himmel op d'r Ääd. / Et es doch wirklich einfach, doch wä dat nit versteit / Dat es en ärme Sau, dä deit uns wirklich leid.«

Ostermann hat als erster die Themenvielfalt des kölschen Karnevalslieds übersichtlich gemacht, ergänzt und variiert. Darin sind ihm die Bläck Fööss gefolgt. Auch bei ihnen findet sich das »Loblied« auf Köln und die Kölner, das »Feste-, Feier- und Vergnügungslied«, das »Fastelovendslied«, das »Kneipenlied«, das »Krätzchenlied«, das »Explezeerlied«, das »Sehnsuchtslied« usw. Die Motive spielen sie in allen Gefühlslagen durch: nostalgisch oder jeck, als gemütliche oder scharfe Satire. Manchmal bauen sie restaurative Kulissen wie in »Damenwahl im Stammlokal«, eng am Vorbild von Ostermanns »Am Dude Jüdd«, oder im »Pütze Hein«, der Veedelsidylle in der »Salzjass«. Gewöhnlich aber hat das Veedel in ihren Liedern seinen festen Standort verloren, sein Geist oder Ungeist verteilt sich über die ganze Stadt und vermischt sich mit neuem Ambiente. Der Explezeer findet jetzt nicht mehr auf dem Markt statt, sondern im »Santa Marlena« mit dem »schönen Hubäät«, dem Angeber, met »Piz Buin satt enjeschmiert«, im »La Cotz Hemd«, mit »Rolex un wieße Schoh«. Der kriegt es ab, »dat weiche Brütche«: »... wenn ich esu ne Luffjedrrüchde, esu e Schnittloch sin / Dann kritte von mir, Jung, dann kritte vun mir Maggi.« Auch Ostermanns »dä schöne Ferdinand« tritt wieder auf, modisch verwandelt als »d'r Büb us Moni's Bierbar«, der im Porsche und »Maßanzug us blauem Samp« ankommt, der Star bei den »Fraulück« ist und »fröh um sibbe Uhr ... widder en de Metzgerei« muss. Unverändert sind bei den Bläck Fööss die Feste, Feiern und Vereine Knotenpunkte des alten Milieus: Schützenfest, Straßenfest, Familienfest, Kneipenfest und natürlich immer wieder Karneval, verteilt überall in der Stadt. Hier brauchen sie keine Utopien von heute oder morgen, die Feierkultur der Kölner, wo sie auch ausbricht, ist so lebendig wie eh und je. Die Stimmungs-Skala der Fööss-Lieder reicht dabei vom Vereinsstolz der Schützen, die ihr Fest zelebrieren, über die auftrumpfende Lebensfreude der Alten in »He, du an der Quetsch« bis zum »Krade-Chor«, den die städtische Obrigkeit fast verboten hätte wegen seiner rituellen Karnevalsanarchie: »Wenn mer irgendwo ne Schutzmann finge / Darf dä Kääl e Leedche met uns singe / Fange dann de Mädcher aan zo bütze / Kann ihm och de schönste Mötz nix nötze / Dä Jung dä hät de Mötz nor aan / Domet mer se em kläue kann / dobei do jeit em einer flitze / Lalala- lalala ...«

Selbst für das speziellste Kölner Fest, den »Karneval im Himmel«, haben die Bläck Fööss eine originelle Fort- setzung gefunden. Anstoß gab ein Lied von Bob Dylan: »Death is not the end«. Mit postmoderner Ironie besingt er darin eine Serie von katastrophalen Grenzerfahrungen, immer mit dem verheißenden Zuspruch: »Death is not the end«, am Ende gefolgt von einem fragilen Glaubensbild mit »the tree of life« und »the bright light of salvation«. Die Bläck Fööss haben daraus einen Karnevalssong ge- macht, der zum Stimmungsmacher geworden ist: »Ein Leben nach dem Tod«. Wie Dylan reihen sie ein Angst- szenario an das andere: »Hörst da leis das Vaterunser aus dem Cockpit vom Pilot«, »Wirst du in der Pizzeria von der Mafia bedroht« usw. und fügen dann die kölsche Jenseitsgewissheit hinzu, vorgetragen mit der derben Fröhlichkeit des heimischen Katholizismus: »Es gibt ein Leben, ein Leben nach dem Tod. / Ja, dort oben hoch im Himmel / da ist jeden Tag ein Fest. / Dat weiss ich vun minger Oma / die schon do jawäse es.« Und als kleine Hommage spielen sie danach leise das Oma-Lied von der »Ahl« und den »Blömcher«.

Das kölsche Karnevalslied hat von Anfang an das Alte und das Neue im Blick gehabt. Es ist geschichts- und ge- genwartsbewusst zugleich. Auch die Bläck Fööss haben diese doppelte Perspektive, sie entdecken das Alte neu, leben aber mit gleicher Aufmerksamkeit in der Gegen- wart und mischen sich ein. Dem entspricht ihr Lied- konzept, das sich um manches erweitert, was das tradi- tionelle Lied verloren oder gar nicht erst aufgenommen hat. 1988 brachten sie zum 700-jährigen Gedenken an die Schlacht von Worringen, die Köln mit dem Sieg über den Erzbischof die Stadtfreiheit brachte, eine historische LP heraus »Was habst du in die Sack? Lieder und Texte zur Stadtgeschichte«. Sie erarbeiteten mit Hans Knipp zusammen das Lied »Schlacht bei Worringen« und die Ballade »Feschers Köbes«, die an den Bürgeraufstand gegen Erzbischof Anno 1074 erinnert. Der Titel der LP ist dem »Schmugglerlied« von De Noël entnommen. Dieser Rückblick gehört zum Selbstverständnis der Bläck Fööss, sich in der Stadtgeschichte zu verwurzeln und die Basis ihrer Lieder auch für das Publikum zu vertiefen. Als Aktionen gegen die Geschichtsvergessenheit des Karnevals, die in den 60er Jahren fast zum Verschwinden des kölschen Karnevalslieds geführt hätte, sind auch zwei weitere LPs zu verstehen: »Em richtije Veedel. Die Bläck Fööss singe Leeder von Willi Ostermann« (1985) und »Usjebomb. Kölschlieder der Nachkriegszeit« (1996).

»Heimat«, ein Wort, das einem repräsentativen Teil der Kriegs- und Nachkriegsgeneration bis zur Peinlichkeit entstellt erschien, haben die Bläck Fööss wieder zu einem Wert gemacht. Mit der Unbefangenheit der Jüngeren konnten sie sich zu einer Heimat bekennen, die würdig war, gerettet zu werden. »Der Dialekt«, sagen sie in einem Interview, »ist eines der letzten persönlichen Reservate, die der Mensch hat.« Ihm geben sie eine neue Repräsentanz, genauso wie den scheinbar so nebensächlichen »kölschen Attributen«, sei es »Hämchen« oder »halven Hahn«. »Diese Heimat«, meinen sie, »gilt es zu wahren, und zwar in ihrer Einzigartigkeit. Wo Kaufhäuser und Fußgängerzonen überall gleich aussehen, wird das immer wichtiger. Wir möchten all diese Eigenheiten erhalten: die der Sprache, des Lebens, der Stadt und ihrer Wohnviertel.«

Einzigartig ist für sie auch die soziale Artenvielfalt im städtischen Volk: die Alten und die Jungen, die verschiedenen Berufe, Szenen, Cliquen, Minderheiten. Sie wollen für alle da sein, »für alle von acht bis achtzig«. Sie singen für den Rentner, die Pänz und die »44-Jährigen«. Für »d'r Mürer«, der mit Bier und »Schokolädche« und »singer Kell« voll »Spies« zwischendurch nach dem bewährten Prinzip »Plog dich, ävver setz dich dobei« arbeitet. Aber auch für die, die in der »Tretmühle« der Arbeitswelt stecken und »kühme« oder fluchen wie in »Loss mer jon« und »Immer wigger«: »Immer kruffe (kriechen), immer kruffe / brängk dich irjendwann an't suffe, / immer kruffe, immer kruffe / hält kei Mensch lang us.« Alte Vorlagen – die Lieder der Paveier (Pflasterer), der Rhing-Kadetten (Hafenarbeiter), der Fiaker (Droschkenkutscher) – werden neu gewendet. 1975 sind es »Die Drei vun d'r Linie 2«, die ein Abschiedslied singen, nicht auf das »Päd« des Fiakers, sondern auf den Schaffner, der aus den Wagen der KVB verbannt und durch Automaten ersetzt ist. »Husmeister Kaczmarek« dagegen ist der Kölner, der allem gewachsen ist und seine Aufgaben im Tempo des Rap erledigt: »Dreck en d'r Eck / un ne Fleck an d'r Deck / sidder dann jeck, wem is dä Dreck? / Muß weg!« Der Song, von Tommy Engel kongenial gesungen, wurde zum Dauerhit. Damit erreichte er die Absicht der Fööss: die Annäherung zwischen »Alt« und »Jung«. Die rechtschaffenen Älteren sollten sich in der Musik der Pänz, die ihnen zu Hause auf die Nerven ging, wiederfinden. »Und das war hier der Fall«, kommentierten sie später in einem Zusatz zu dem Lied.

Die Grenze zwischen Heimatlied und politischem Lied ist bei den Bläck Fööss fließend. »En unserem Veedel« bezeichnet Hartmut Priess als »politisches Lied«, das Utopien aufgreift, »die in der Arbeit von Stadtteil-Initiativen zumindest in Angriff genommen werden«. Das Veedel als politischer Faktor – die Dimension war dem Veedelslied, abgesehen von der Phase ideologischen Missbrauchs durch die Nazis, bisher unbekannt. Erst die Studentenbewegung hatte den Blick auf die gesellschaftsverändernden Möglichkeiten vor Ort gelenkt. Das Woodstock-Festival 1969 hatte gezeigt, was passierte, wenn eine halbe Million Menschen im Freien zusammenkam und, begleitet von den bekanntesten Beat-Bands, einen »Energieschub« erlebte, der das Gemeinschaftserlebnis in der »Freiheit des Zusammenseins« zur Erfahrung jedes Einzelnen machte. Auf der Karnevalsbühne ließ sich davon nur ein Bruchteil umsetzen, aber doch so viel, dass die Musik in der Stadtgemeinschaft auch zur Botschaft werden konnte. So eine »message« war 1977 »Sirtaki«, ein Lied, dessen Text zu den Klängen griechischer Volkstanzmusik Griechen und Einheimische beim gemeinsamen Musizieren, Tanzen und »Schwade« auf der Straße des Veedels zeigte. Eine bukolische Szene, in der kölsche und fremde Traditionen zusammenflossen: »Costa spellt Bouzouki / an d'r Quetsch do spellt d'r Hein / Mikis danz Sirtaki / jeder föhlt sich wie doheim.« Tatsächlich war jedoch die Sprachlosigkeit zwischen Gastarbeitern und Deutschen auch in Köln groß, wie der Rock-Musiker Rolly Brings 5 Jahre später in »Morje, morje – Yarinlarda« auf der gleichnamigen Bläck-Fööss-Platte klarmachte: »Ich setz en d'r »5«, ben möd un kapott / Dä Türk nevve mir lort jradus / Ens koot anjelort, dann bleck jederein fott / wat hä denk, hät ich jän jewoß.« Doch die Bläck Fööss gaben ihren Traum von der »Vielvölkerstadt« nicht auf, in einer Stadt, in der er in früheren Jahrhunderten ja schon mal Realität war. Böll hatte sie 1953 erwähnt: die »sagenhafte Rasse der Kölner, die aus so viel Elementen besteht, wie es Heere, wandernde Völker in Europa je gegeben hat«. Im Jahr 1999 setzten die Fööss in ihrem Lied »Unsere Stammbaum« auf die Zeit und nahmen die Zukunft schon mal vorweg: »Minsche us alle Länder / trifft mer he an jeder Eck / M'r gläuv, m'r es in Ankara, Tokio oder Madrid, / doch se schwade all wie mir un söke he ihr Glöck.«

Der Weg zu diesem Zusammenwachsen ist lang. Eine Station dahin war 1992 die Großveranstaltung »Arsch huh – Zäng usenander. Kölner gegen Rassismus und Neonazis«, von Kölner Musikanten, zu denen die inzwischen prominente Kölschrock-Szene: BAP, Piano has been drinking (Gerd Köster), Bläck Fööss, Höhner, Brings u. a. gehörten, organisiert und gestaltet. 100 000 Kölner kamen auf dem Chlodwigplatz zusammen. Die Sorge um das Veedel war zur Sorge um das Zusammenleben in der Stadt geworden. Mit ihren Liedern in den 70ern hatten die Bläck Fööss als erste das alte Konzept städtischer Gemeinschaft auch als Heimat für die Zugewanderten verstanden. Am 9.11.1992 erinnerten sie mit »En unserem Veedel« und »Morje, morje« an ihre Vision, die bis heute ein Zukunftprojekt geblieben ist.

Aber auch die eigene Generation, die sich zum Teil in ihrer Subkultur von Rock, Pop und anderen Musikrichtungen separiert hatte, versuchten sie im Lied zurückzuholen. Aus dem Themenkreis »Kindermelodie«, mit der die Karnevalisten im 19. Jahrhundert die Spiele und Krätzchen ihrer Kindheit und Jugend verklärt hatten, machten sie ihr persönliches Nostalgie-Motiv: den »Beat« der frühen Jahre. Mit dem Blick auf die eigene musikalische Historie entstanden einige ihrer mitreissendsten Lieder: »Jonny Jittar« (1976), »Hallo Mädche« (1976), »Wenn ich Beatles hür« (1978), »Danz, Mädche, danz« (1978), »Treck noch ens dat Kleid an« (1979), »Elvis lääv« (1985). Die Retrospektive des Kölschlieds mischten sie mit der Retrospektive des Rock und Pop, die wenig später erst richtig begann. Die Elvis- und Beatles-Euphorie der 60er wird in ihren Songs zum Zitat, das sich als nicht enden wollender

Blues im bürgerlichen Alltag der inzwischen Erwachsenen breit macht. »Jonny Jittar«, inzwischen »Jupp F. us Bickendorf, drei Pänz, en nette Frau«, fest angestellt, war 1964 der »Star vom Glaspalast«, der mit »singer Schromm om Rögge« lag und sang, »dat sich de Balke beeje un springe«. Er war die Kopie der »Ein-Mann-Revolution« von Elvis Presley, die damals nicht nur John Lennon »wie ein Schlag traf«. Auch mit »Nüngunzwanzich« rennt der Jupp in der Disco »an de Bühn hin« und singt sein »Pap pap schua, pap pap, schidua«. Mitten in dem »neumodernen Philli, Bump un Bla bla bla« wird er zur Parodie und begeistert trotzdem. Noch 1985 wirkt in »Elvis lääv« der »Jrößte« wie eine Erscheinung. Er begegnet als Elvis-Imitator mit »Entefottfrisur, Schmalzlock, Schaschlikschoh« am Ebertplatz und verkündet: »Elvis lääv – hä lääv en mir Mann / Elvis lääv, lääv, lääv üüberall / Elvis lääv – och en dir Mann / Elvis lääv – oh jo, hä lääv.« Ein grotesker Reflex eines pseudoreligiösen Gefühls, das Elvis tatsächlich ausgelöst hatte. »Das war der Geist, auf den wir gewartet hatten: Der Messias ist gekommen!«, schrieb Lohn Lennon in Erinnerung an die frühen Elvis-Auftritte. Die Bläck Fööss machten daraus ein karnevalistisches Ereignis zwischen dem Werbe-Slogan »Jesus lebt!« und Zitaten aus dem Neuen Testament: »Jetz es mir klor, Hä es d'r Jrößte / Ich wor blind, jetz kann ich sin (Matthäus 21, 12–17) / Hä es et Äng un d'r Anfang (Johannes Offenbarung 1,8) /, Jetz weiss ich endlich, wä ich ben.«

Neben die Lieder zur Eingemeindung aller Kölner in die Jeckenkommune setzten die Bläck Fööss von Anfang an das kritische Lied. Sie ließen keinen Zweifel, wo sie im öffentlichen Meinungsstreit standen: auf der Seite der Humanität. Die »Philosophie« der Stadt, wie Lützeler den Kölner Humor nennt, verband sich in ihren Liedern mit der neuen Aufklärung der Bürgerrechts-, Friedens-

und Öko-Bewegung. Seit langer Zeit bekam das kölsche Karnevalslied wieder eine deutliche politische Stimme. Angefangen hatte es mit dem Engagement der Fööss für das Veedel. Aus Sehnsucht nach der nachbarlichen Nähe wurde schließlich der »Schimpf«, die deftige Kritik an der Obrigkeit. 1982 ist an allen Enden und Ecken zu sehen, was der »Wahn« der Stadtveränderung aus Köln gemacht hat, und die Bläck Fööss singen in »Heimweh en Kölle«: »Es dann en Stadt noch jesund, / wenn in ihrem Hätz kei Minsch mih wohnt, / nur d'r Rummel am Dach, / un us- jestorve en d'r Naach. / Es all dat nix mih wät, / wat en Stadt sympathisch mät, / wo es et hin, di Jemöt, du staatse Frau.« Und dann folgt der Chor, der die jahrhundertealte Klüngelschelte wiederholt: »Se han uns lang jenoch be- loge, / met Klüngelei sich satt jemaat, / ob die em Rot jet noh uns froge, / wat han se jeschwaad un wat jebraat.«

Die Protestlieder der Bläck Fööss sind ein kleines Stück deutscher Gesellschaftsgeschichte. Spotartig beleuch- ten sie an markanten Stellen der 70er und 80er Jahre die Befindlichkeiten der Bürger: den Übergang vom kurzen politischen Aufbruch zur Desillusionierung und auch Verweigerung. Zunächst ist die Kritik getragen vom Ge- meinschaftsgeist und Humor der Stadt. Zu den Klassikern dieser Zeit zählen nicht nur »Drink doch eine met« und »En unserem Veedel«, sondern auch – um nur einige Bei- spiele zu nennen – die Parodien »Eimol em Johr kütt d'r Rhing us em Bett« und »Dat Wasser vun Kölle es jot.« »Eimol em Johr« singt vom ökologischen Umkippen der Rheinidylle, spielt kurz die gemütliche Bötchenfahrt von Berbuers »Heidewitzka« ein und blendet dann über zum Hochwasser des chemieverseuchten Stroms, das zur Kur für die Fische wird, »denn dann han se widder Sauerstoff et eetstemol em Johr.« Ein besonders gelungenes Beispiel für die Erweiterung des Jeckenmotivs mit musikalischen

Mitteln ist »Dat Wasser vun Kölle.« Es entlarvt den voll-
mundigen Werbespruch der Stadt »Dat Wasser vun Kölle
es jot« durch das Flehen im kölschen Gospel-Stil : »Oh,
leever Jott, jev uns Wasser, / denn janz Kölle hät Doosch /
oh, leever Jott, jev uns Wasser / un helf uns in der Not.«

In den 80ern werden die Lieder direkter, wie »Heimweh en Kölle« schon gezeigt hat. Die Bläck Fööss finden
Themen und Töne, die vorher im kölschen Karnevalslied
noch nie zu hören waren. So in »Loss se kumme« 1984:
»Loss se kumme, wenn se wolle, / Denn mer ston all he
wie eine Mann / Wemmer endlich zesammehalde, / Jo, do
kütt keiner an uns eran … »Big Brother« is watching, dä
Vollidiot / Dä bröt ens langsam einen op d'r Hot. / Jroß-
kotz un Dommheit, die jon Hand in Hand / Mer ston
schon vill zu lang / Mem Rögge an d'r Wand.« Das alte
Misstrauen der Kölner gegenüber denen »do bovve«,
das seit der NS-Diktatur verstummt war, bricht wieder
durch. Es geht jetzt nicht mehr nur um örtliche Belange,
sondern um ein Unbehagen am Staat, der sich in der Folge
des RAF-Terrorismus anschickte, zum Überwachungs-
staat zu werden. Es bedurfte hoher Sympathiewerte der
Fööss, um solche Lieder im Literarischen Komitee und
gegen die Meinung mancher Karnevalisten durchzubrin-
gen. Aber zum Selbstverständnis der Bläck Fööss gehört
auch dies: »dass wir mit den Andersdenkenden Kontakt
aufnehmen und unsere Anliegen einem breiten Publikum
vermitteln.« Am »Anliegen« festzuhalten, hatten sie in der
Gegenkultur gelernt und im Karneval nicht aufgegeben.

1982 verließen sie mit ihrem Lied »Top, ävver beklopp«
das Kölner Terrain und attackierten Repräsentanten der
höchsten Etagen in Wirtschaft und Politik. Auslöser waren ein Foto im »Spiegel«, das zufriedene Manager der
Rüstungsindustrie mit Raketen im Arm zeigte, und der
Flick-Skandal mit der CDU-Spendenaffäre. Die Bläck

Fööss spießten das auf, aber es war immer noch der Volkston des kölschen Chors, der sang: »Dä Mann, dä es Politiker / jenauo süht hä us / Un wenn dä Mann em Fersehn sprech, / Dann kütt nur Lall erus, / Für sing Partei kassiert hä / Klammheimlich och vun Flicks / Dä Mann betont sing Ihrlichkeit / Dä Mann es avjewichs. / Dä Mann dä kennt kein Hemmunge / Hät si Jewesse en d'r Täsch / – Dä Mann es top, ävver beklopp / Total beklopp / Dä Mann es topp, äwer beklopp.« Das Lied gefiel nicht allen im Publikum. Man wollte von den Fööss »schön Leedcher, su wie ihr dat immer jemaat hat«. Aus der Politik sollten sie sich raushalten. Aber dass sie so unverblümt singen konnten, war Zeichen einer neuen Demokratisierung im Karneval, und mit dem berühmten Lied »Mir klääve am Lääve« schafften sie es, die ganze politische Wut über all die Umweltsünden, die Kriegs- und Angstszenarien der Regierenden wieder in die Stadt zurückzubringen und mit dem Widerstand des kölschen Lebensgefühls zu verbinden: »Un wenn ihr meint, dat et sechrer weed, / Wemmer jet rüsten deit / Wenn ihr meint, / wä am lauteste schreit wör em Räch, / Dann haut üch de Köpp en, / domet mer üch loss sin / Denn ohne üch kumme mer vill besser zoräch. / – Denn mir Kölsche mir klääve / wie d'r Düvel am Lääve / Uns Kölsche nimp keiner – ejal wat och weed, / Dä Spaß för ze laache, dä Bock jet ze maache / Mir klääve am Lääve, uns kritt keiner klein.« Als 1991 wegen des Golfkriegs bundesweit die offiziellen Karnevalszüge abgesagt wurden, war es dieses Lied, das in Köln einem spontan gebildeten Zug aus Protestlern und Karnevalisten vorangetragen wurde. »Mir klääve am Lääve« war Antikriegs- und Karnevalslied zugleich und als musikalische Version eines schottischen Folksongs von Ewan McColl nicht nur kölsch, sondern auch international.

In ihren bisher 300 Liedern ist es den Bläck Fööss immer wieder gelungen, das kölsche Musikerbe von innen und außen anzustoßen. Bei aller Traditionstreue hat das ihre Liedproduktion vor Enge und Routine bewahrt. Sie scheuen sich nicht, manchmal lange zu warten, um »das Dreieck zwischen Text, Musik und Thema reizvoll zu gestalten«. Bei »Dat Wasser vun Kölle« dauerte es zwei Jahre, bis sie die musikalische Pointe des Gospels gefunden hatten, um dem Lied den jecken Dreh zu geben. Seit Nicolaus DuMont in der Olympischen Gesellschaft sein »Malbröck-Lied« als Travestie des französischen Malborough-Gassenhauers erfand, hat das Kölner Karnevalslied die grenzüberschreitende populäre Melodie als närrische Resonanz eingesetzt. Heute ist das entsprechende Angebot ins Gigantische gewachsen, und die Bläck Fööss mussten zu virtuosen Kennern werden, um bei Rock, Pop, Jazz, Rap, Gospel, Folksong, Schlager und überkommener Karnevalsmusik die Anleihen für ihr eigenes Programm zu finden. Für Hartmut Priess ist die Musik »eine Art von Maske, die du dir aufsetzt, wenn du Karneval machst …, entweder mit dem Text deckungsgleich oder als Kontrast.« Entscheidend ist, dass die Verkleidung passt, das Kölsche betont, verfremdet, belebt. Das Mundartlied ist dadurch u. a. zu etwas geworden, was sich seine Erfinder kaum hätten träumen lassen: ein »multikulturelles« Produkt. Dass dabei die Eigenart der Stadt nicht verloren geht, ist das Geheimnis des Jeck, der sich auch im Fremden »janz nevvebei« neu entdeckt.

Gleichzeitig sind die Bläck Fööss in ihrer Orientierung am kölschen Lied unbestechlich. In der seit Beginn des organisierten Karnevals angelegten Auseinandersetzung zwischen Gesellschafts- und Volkskarneval haben sie sich klar positioniert: für den »unaffektierten Karneval«, den »Karneval unter einfachsten Bedingungen«. Sie wissen, dass es den heute nicht mehr unvermischt gibt. Aber ihr Leitbild ist der Veedelskarneval, auch und gerade in Zeiten des Eventkonsums, der ihren eigenen Auftritt zum heftig umworbenen Geschäft macht. Der Schlagerbetrieb lockt sie nicht. Als sie 1984 mit »Katrin« in die Spitze der Hitliste gerieten, machte sie das nicht nur froh. Sie fürchteten, wie Tommy Engel schreibt, mit »Bye, bye, my love«, dem Song, den sie im nächsten Jahr produzierten, »nun vollends in die Schlagerkiste abzuwandern«. »Bye, bye, my love« wurde tatsächlich zum Hit, wie kurz zuvor »Frankreich, Frankreich« und später noch andere Titel. Zu Schlagerlieferanten wurden die Bläck Fööss trotzdem nicht. Gerade »Katrin« und »Bye, bye, my love« sind unverkennbar kölsch, Genickbrecher für den Schnulz großer Gefühle und jeckes »Liveeraaz« (Spiel) mit den Schlagerstereotypen. In die Charts zu kommen, ist für die Bläck Fööss heute kein Problem mehr, aber sie schreiben nicht gezielt für den Schlagermarkt. Es stört sie nicht, vor allem als kölsche Karnevalsband wahrgenommen zu werden. Sie schätzen die »Nische«, die es ihnen erlaubt, sich nicht dem Druck des »Tagesschlagerwettbewerbs« auszusetzen.

Das gemeinsame Verständnis für diese Rolle hat die Band 20 Jahre zusammengehalten. Aber 1994 stieg Tommy Engel aus, weil er sein eigenes »Ding« jenseits des Karnevals machen wollte. Kafi Biermann trat als Frontsänger an seine Stelle, zudem kam Ralph Gusovius hinzu. Hans Knipp arbeitet immer noch sporadisch mit, schreibt aber seit den 80er Jahren auch viele Lieder für die Paveier. Am deutlichsten vertreten heute Hartmut Priess, Bömmel Lückerath und Kafi Biermann die Kontinuität des kölschen Lieds. Ganz im Sinne von Schneider-Clauss und Willi Räderscheidt gehen sie in die Schulen und singen gemeinsam mit den Kindern ihre Lieder. Sicher die beste Art, die Straße der Veedel, auf denen alle Kinder früher von selbst kölsch

»schwade« lernten, zu ersetzen. Die Umbruchstimmung, die die Bläck Fööss in den 70er und 80er Jahren herausforderte und inspirierte, ist inzwischen verschwunden. Der Zeitgeist ist diffuser geworden und hat auch manche Lieder der Fööss sanfter und konformer gemacht. Hochdeutsches und Romantisierendes dringt jetzt schon mal in die Produktion. Trotzdem sind die Bläck Fööss, wenn es ihnen nötig erscheint, auch heute noch Protestierer. Kurz vor Sessionsbeginn 2007/2008 überraschten sie mit der Drohung, bei der Eröffnungsfeier am 11.11. auf dem Heumarkt nicht aufzutreten. Als Begründung lieferten sie ihr neues Lied dazu: »Ävver bitte, bitte mit Jeföhl«. Eine kölsche Programmschrift sozusagen »Zur Lage des Kölner Karnevals«: »Am 11.11. jeht et widder loss, / Schirve, Splitter, Schlägerei, stinkbesoffene Pänz. / Uns Altstadt es en Müllkipp. Do kritt mer doch de Krämp. / Vor der Bühne schwatze Sheriffs, Kameras und VIPs. / Die Lück, für die mer singe wolle, krieje janix met.« Das wollen die Bläck Fööss, ganz im Interesse vieler Kölner und Karnevalisten, nicht mehr mitmachen: »Nä, dat wolle mer nit, dat bruche mer nit, dat simmer och nit /… Mir singe jähn, mir bütze jähn un mir fummele jähn, / ävver bitte, bitte met Jeföhl.« Die Kritik drang über die Stadtgrenzen hinaus, die »Rheinische Post« in Düsseldorf titelte am 9.11.: »Bläck Fööss rügen Kölner Karneval.« Die verantwortlichen Karnevalisten, allen voran Markus Ritterbach, reagierten sofort und sorgten dafür, dass am 11.11. mehr Ordnung in das Chaos kam. Die Bläck Fööss traten dann doch auf. »Schon jetzt«, schrieb der »Kölner Stadt-Anzeiger« am nächsten Tag, »ist die Veranstaltung auf dem Heumarkt wieder ein Stück volksnäher geworden«. Die Diskussion um das Niveau des Karnevals, »von den Bläck Fööss angestoßen«, sei wichtig gewesen.

Wie weit der Einfluss der Bläck Fööss reicht, bleibt abzuwarten. Sie haben bewusst die Nachfolge der früheren Karnevalskritiker übernommen, denen es immer um das eine ging: den Karneval in seinen einfachen, in der Stadt entstandenen Formen des Feierns zu erhalten. Heute heißt das für sie in ihrem Lied »Äwer bitte, bitte met Jeföhl«: gegen die »Musik vom Computer ohne Hätz un Siel« zu sein, gegen die »Preise wie im Edelpuff«, gegen die Dauer-Euphorie im Sitzungssaal, die die Leute auf die Sitze treibt, egal, was geboten wird – »un wenn et dann nix zo laache jitt, jo blöder jeht et nit«. Im Karneval gibt es viel zu tun, wenn man ihn nicht nur als Wirtschaftsfaktor sieht, als Werbecoup für die Stadt oder als Animationsveranstaltung. Auch sich selber müssen die Bläck Fööss als preistreibenden Teil des Ganzen sehen. Kleinere Vereine können die Auftritte beliebter Bands nicht mehr bezahlen, manche geben auf, auch das schwächt die Basis des Volkskarnevals. Jetzt denken die Bläck Fööss darüber nach, ihre Gagen auch für kleinere Gesellschaften bezahlbar zu machen.

Seit fast einem halben Jahrhundert bestimmen die Bläck Fööss die Kölner Karnevalskultur mit. Sie sind nicht nur ein Stück Geschichte des Fasteleer, sondern auch der ganzen Stadt. Was Lützeler vom Humor der Kölner gesagt hat, gilt auch für die Fööss: durch sie sind die Kölner »mehr Kölner« geworden. Sie haben die Tradition im Karneval wieder beweglich gemacht. Dem Jeck im zeitgemäßen »Baselümpche« zu einem spektakulären Comeback verholfen. Der kölschen Sprache ihren Formenreichtum zurückgegeben mit all den Brüchen zwischen »Utz«, »Schängleere« und »Karessere«. Auch den Tabubrüchen wie im »Kackleed«: »Loss mir ens vum Kacke singe / Kacke is e herrlich Dinge / Kacke es en jroße Nut / Denn wenn de nit mieh kacke kanns, / dann bes de dut« – ein Lied, das im Hochdeutschen allen Charme einbüßen würde. Nicht zuletzt gaben die Bläck Fööss den Kölnern im Karnevalslied die zweite Heimat zurück. Heute singen die Kölner in Sitzungen, Kneipen und auf der Straße nicht nur den Refrain, sondern alle Strophen ihrer kölschen Lieblingslieder mit. Das ist »Kult«, Beweis für das Dazugehören im Jecken-Biotop.

Was auch niemand geahnt hat (um an den Anfang des Kapitels zurückzukehren): die Bläck Fööss haben in der Musik des Karnevals eine regelrechte »Bewegung« ausgelöst. Dem Beispiel ihrer Band sind viele andere gefolgt. Zu den bekanntesten gehören heute die »Höhner«, die »Paveier« und »Brings«. Aber auch die »Räuber«, die »Boore«, die »Rheinländer«, »Die 3 Colonias«, »Die Klüngelköpp« u. a. haben ihre festen Stammplätze in den Sitzungen. Die »Band«, die es vorher im Karneval gar nicht gegeben hat, dominiert inzwischen Programm und Atmosphäre. Es wundert nicht, dass sich bei dieser Expansion das Lied selber wieder verändert hat. Die Bläck Fööss hatten in den 70er Jahren einen Platz besetzt, den ihnen keine der Nachfolge-Bands mehr nehmen konnte. Das machte es ihnen möglich, ihre Vorstellung vom kölschen Karnevalslied gegen alle Konkurrenz zu behaupten und weiter zu entwickeln.

Schon die Höhner, die ersten, die den Bläck Fööss folgten, mussten sich abgrenzen. Anfangs orientierten sie sich weitgehend am Erfolg der Newcomer und wurden als Studentengruppe, die 1972 mit ihrem »Höhnerhoff Rock« in der Kajuja (Karnevalsvereinigung der katholischen Jugend) auftrat, schnell entdeckt. Peter Werner, bis heute »Urhohn« bei den Höhnern, wählte damals für seine Staatsexamensarbeit nicht zufällig das Thema »Die musikalische Entwicklung des Karnevalslieds seit 1945.« Mehr als 10 Jahre lang überwog bei den Höhnern das Mundartlied mit Erfolgen wie »Echte Fründe«, »Hinger

Kölle fängk d'r Dschungel an«, »Dat Hätz vun d'r Welt dat schlät in Kölle«, »Ich ben ne Räuber« u. a. Dann kam 1987 der große Erfolg von »Pizza wundaba«, von Henning Krautmacher, dem neuen Show-Talent der Höhner, im Pizzabäcker-Kostüm vorgetragen. EMI-Produzent Rudolf Müssig hatte den Tip dazu gegeben, und die Höhner erkannten die Chance, mit ihren hochdeutschen Liedern und clownesken Auftritten ein großes Publikum auch über Köln hinaus zu gewinnen. Das neue Stimmungslied war geboren. In den nächsten Jahren gab es auf den LPs der Höhner mehr hochdeutsche als Kölner Lieder. Im Gegensatz zu den Bläck Fööss reagierten sie bewusst auf den Markt, drängten in die Charts, räumten Preise ab und steigerten die Platten- und schließlich CD-Verkäufe. Sie setzten Effekte ein, investierten in die Technik von »Beschallung und Beleuchtung« und traten mit varietéartigen Einlagen auf. Gleichzeitig blieben sie flexibel. Als sie 1990 mit »Dat is ne jode Lade he« beim Publikum überdurchschnittlich gut ankamen, verlegten sie sich auch wieder aufs kölsche Lied und erlebten 1991 mit ihrer LP »Kumm loss mer fiere« ihren bis dahin größten Erfolg.

Inzwischen sind die Höhner als Schlagermacher bundesweit genauso bekannt wie als Karnevalsband in Köln. Sie haben sich für eine Mischung aus hochdeutschen und Dialektliedern entschieden. Manchmal als Potpourri in ein und demselben Lied wie in »Die Karawane zieht weiter, der Sultan hät Doosch«. Zusammen mit ihrem fernsehgerechten Aufzug in orientalischer Kostümierung brachte ihnen die »Karawane« in der ganzen Bundesrepublik den Durchbruch. Das Lied der Höhner ist unerwartete Verbindungen eingegangen. Als bei der Fußball-WM 2006 die deutschen Spieler nach dem Sieg über Argentinien, der ihnen den Einzug ins Viertelfinale brachte, in ihre Kabinen zurückkehrten, sangen sie nicht das von Trainer Klinsmann als Soundtrack ausgewählte Lied von Xavier Naidoo »Der Weg«, sondern das Höhner-Lied »Do simmer dabei, dat es prima, Viva Colonia!«. Ein Kölner Karnevalslied machte anschließend die Runde in den WM-Stadien. Spaß statt Triumph – das entsprach dem lockeren Lebensgefühl dieser Frühsommerwochen, die für die Mannschaft und die Deutschen zum »Sommermärchen« wurden.

Die Gesamtstimmung der Gesellschaft hat seit jeher das Kölner Karnevalslied mitbestimmt. Heute, und das schon seit Jahren, ist das »Feierlied« angesagt. Thematisch haben sich die Produktionen der verschiedenen Bands angeglichen. Gefeiert werden der »Karneval«, das »Leben«, die »Liebe«, »Köln« und die »Kölner« – das »Feiern« überhaupt. Hier eine kleine Auswahl aus den letzten Jahren: »Mer fiere Fastelovend« (Räuber), »Schön ist das Leben« (Paveier), »Hay, hay, hay, mir sin high« (Brings), , »Met dem kölsche Pass mäht dat Levve Spaß« (Höhner), »Loss mer singe« (Bläck Fööss) usw. Die Liedtradition der Bläck Fööss ist dabei keineswegs abgebrochen. Nicht nur mit »Schäl Sick« (2006), dem rechtsrheinischen Veedelslied, und »Thekenturnverein« (2006), dem Kneipen-Fitness-Lied der älteren Hartz IV – Empfänger, sind alte Motive der Fööss in der Gegenwart angekommen. Viele andere Lieder ließen sich hinzufügen.

Aber dem puren Stimmungslied kann sich keine Band entziehen. Solche Anmacher werden gebraucht, vom Publikum, vom Fernsehen, von den Musikverlagen. Sie bringen den Saal in Schwung und sind so etwas wie die Grundmelodie des Karnevals geworden, die erwartet wird. Die alte Feierkultur der Kölner vermischt sich dabei mit der Kultur der Spaß- und Eventgesellschaft. Beide ergänzen und steigern sich wechselseitig.

Aber wie immer wird auch diesmal der Widerspruch

das Karnevalslied einholen. Die kommerzielle Wachstumsrate hat die Karnevalsmusik fest im Griff, der Jeck versteckt sich hinter der Maske der allgemeinen Fröhlichkeit. Irgendwann, und das beweist die Geschichte des kölschen Karnevalslieds, wird auch diese »Blase« platzen und der Kölner Grielächer wieder mehr die Widerspenstigkeit seines unverwechselbaren Humors entdecken. Für diesen Moment haben die Bläck Fööss vorgesorgt. Nicht nur mit einzelnen Liedern, sondern mit ihrem Gesamtwerk. »An den Bläck Fööss kommt keiner vorbei«, sagen die Paveier, die sich selber seit über 25 Jahren ganz dem Kölschlied verschrieben haben. Das »Wahrzeichen«, das die Sänger von »Mer losse d'r Dom en Kölle« mit ihren Liedern gesetzt haben, wird bleiben: als Quelle und Archiv des Kölschen, als lebendiger Kompaß im Gewirr des Brauchtums, als Identitätssiegel der Kölner, alles in allem – als Kenner und Retter des Jeck.

# Anmerkungen

Abk.:  HASTK  Historisches-Archiv Köln
       KKU    Kölner Karnevals-Ulk

## 1. Die »Olympische Gesellschaft«. Training im Jecksein. 1804–1813

S. 13   Werner Mezger, Rückwärts in die Zukunft. Metamorpho-
        sen der schwäbisch-alemannischen Fastnacht. In: Michael
        Matheus (Hg.), Fastnacht/Karneval in europäischen Ver-
        gleich, Stuttgart 1999, S. 157 f.
S. 14–15 Hubert Ennen, Die olympische Gesellschaft. Ein Beitrag
        zur Kölner Literaturgeschichte der Neuzeit. Würzburg
        1889, S. 7; 9

## 2. Der organisierte Karneval 1823. Eine Bürgerinitiative der »Bessren«

S. 17   Christian S. Schier, Kölnischer Karnevals-Almanach vom
        Jahre 1824, Köln 1824
S. 17–18 Heinz Biehn, Feste und Feiern im alten Europa. Heraus-
        gegeben und in ihrer gesellschaftlichen Rolle dargestellt
        von Heinz Biehn, München o. J., S. 13; 367 f.
S. 18   A. Fahne, Der Carneval mit Rücksicht auf verwandte
        Erscheinungen. Ein Beitrag zur Sitten- und Kirchen-
        geschichte. Unveränderter Neudruck der Ausgabe von
        1854, Vaduz 1984, S. 128 f.
S. 18   Jacques Heers, Von Mummenschanz zum Machttheater.
        Europäische Festkultur im Mittelalter. Aus dem Französi-
        schen von Grete Osterwald, Frankfurt/M. 1986, S. 234–236

355

S. 18   Briefe eines reisenden Franzosen über Deutschland an
        seinen Bruder zu Paris. Übersetzt von K. Riesbeck, 1784.
        Zitiert bei Josef Bayer, Köln um die Wende des 18. und 19.
        Jahrhunderts, Köln 1912, S. 23–24
S. 19   Christina Frohn, Der organisierte Narr. Karneval in
        Aachen, Düsseldorf und Köln von 1823–1914, Marburg
        2000, S. 207
S. 19   Welt- und Staatsbote, 21.2.1827
S. 19–20 Hasso von Wedel, Heinrich von Wittgenstein 1797 bis
        1869. Unternehmer und Politiker in Köln, Köln 1981,
        S. 11 f.

### 3. Der »Ölfleck« Kölner Karneval

S. 22   Theo Fransen, Die Entwicklung des Karnevals in den Nie-
        derlanden und Flandern. In: Fastnacht/Karneval 1999, S. 31
S. 22   Mezger; in: Fastnacht/Karneval 1999, S. 136
S. 22   Herbert Schwedt, Der Prinz, der Rhein, der Karneval.
        Wege der bürgerlichen Fastnacht. In: Fastnacht/Karneval
        1999, S. 65–67
S. 22   Fransen; in: Fastnacht/Karneval 1999, S. 34
S. 22   Klaus Beitl, Fastnachtstradition und -brauchtum in Vor-
        arlberg im Spiegel der neueren volkskundlichen For-
        schung. In: Horst Sund (Hg.), Fas(t)nacht in Geschichte,
        Kunst und Literatur, Konstanz 1984, S. 184
S. 22–23 Die Basler Fastnacht. Im Auftrag des Fastnachtskomitees
        verfasst von Paul-Rudolf Kölner, Basel 1913, S. 49; 53
S. 23   Schwedt; in: Fastnacht/Karneval 1999, S. 74
S. 23   Fransen; in: Fastnacht/Karneval 1999, S. 36
S. 23   Schwedt; In: Fastnacht/Karneval 1999, S. 65
S. 23   Günter Schenk, Ritzamban. Handbuch zur Mainzer Fast-
        nacht. Mainz 1980, S. 20
S. 24   Hildegard Frieß-Reimann, Fastnachtsumzüge in Rhein-
        hessen in 19. und 20. Jahrhundert. In: Rheinisches Jahr-
        buch für Volkskunde, 23. Jg., Bonn 1978, S. 125; 128
S. 24   Mezger; in: Fastnacht/Karneval 1999, S. 137
S. 25   Michaela Funke, Organisation, Traditionalismus und Lo-
        kalismus. In: Gottfried Korff (Hg.), Wilde Masken. Ein
        anderer Blick auf die Fastnacht, Tübingen 1989, S. 39
S. 25   Hermann Eris Busse, Alemannische Volksfastnacht,
        Karlsruhe 1937. Zitiert nach Mezger; in: Fastnacht/Kar-
        neval 1999, S. 146; 148

S. 25–26    Werner Mezger, Fastnacht, Fasching und Karneval als soziales Rollenexperiment. In: Narrenfreiheit. Beiträge zur Fastnachtsforschung. Herausgegeben von Hermann Bausinger u. a., Tübingen 1980, S. 220

S. 26    Mezger; in: Fastnacht/Karneval 1999, S. 122; 146

S. 26    Maria Schmidt, Fastnacht in Deutschland, in der Schweiz und in Österreich. In: Masken und Narren. Traditionen der Fastnacht. Ausstellung 9. November 1972–6. März 1973, Kölnisches Stadtmuseum. Köln 1973, S. 65

S. 26–27    Peter F. Kopp, Die Basler Fasnacht. In: Masken und Narren 1973, S. 87

S. 27    Beat Trachsler, Basler Fasnacht für Basler und Nichtbasler, Basel 1995, S. 50 f.

S. 27    Robert B. Christ / Eugen A. Meier, Fasnacht in Basel, Basel 1969, S. 80

S. 27    Kopp; in: Masken und Narren 1973, S. 87; 88

S. 27    Christ/Meier 1969, S. 51–52

S. 27    Trachsler 1995, S. 80

## 4. Alte Kölner Masken

S. 28    Mezger; in: Fastnacht/Karneval 1999, S. 122,138–139

S. 28    Programm des Maskenzuges am Fastnacht-Montage 18323 in Cöln am Rhein, Cöln 1823. HASTK, Best. 400, IV, 21B, 32, 3

S. 28    Kölnischer Karnevals-Almanach vom Jahre 1824, Köln 1824

S. 29    Der Sieg der Freude oder Karnevals-Almanach von 1825, Köln 1825

S. 29    Johann Jakob Fuchs, Stadtchronik 1816–1829. Für das Jahr 1820, HASTK Chronik und Darstellung, C u. D 215

S. 30    Max Tauch, Höfische Fastnacht. In: Masken und Narren 1973, S. 10

S. 30    Der Beobachter, Nr. 608, 1802, HASTK Best. 400, IV, 21 B, 32, 2

S. 30    Joseph Klersch, Die kölnische Fastnacht, Köln 1961, S. 55

S. 30    Biehn, Feste und Feiern, S. 218

S. 31    Johann Wolfgang Goethe, Das römische Carneval. In: Sämtliche Werke. Münchener Ausgabe, hg. v. Karl Richter u. a., Bd. 15, S. 572

S. 31    Sieg der Freude 1825

S. 31–32  De Noël in: Kölnische Zeitung, Nr. 7, 1831 (Beiblatt), HASTK, Nachlass De Noël

S. 32  Edmund Stoll, Kölns Carneval wie er war, ist und sein wird, Leihgabe für die Kölner und alle Freunde von Volksfesten. Vom Magister Loci, Köln 1840, S. 5 f.

S. 32  Birgit Weichmann, Fliegende Türken, geköpfte Stiere und die Kraft des Herkules. Zur Geschichte des venezianischen Karnevals. In: Fastnacht/Karneval 1999, S. 185

S. 33  Anna Esposito, Der römische Karneval in Mittelalter und Renaissance. In: Fastnacht/Karneval 1999, S. 26 f.

S. 33  Kölnische Zeitung, Nr. 2, 1831, HASTK, Nachlass De Noël

S. 33  Kölnische Zeitung, Nr. 7, 1831 (Beiblatt), HASTK, Nachlass De Noël

S. 33  Goethe, Das römische Carneval

S. 33–34  Michail Bachtin, Literatur und Karneval. Zur Romantheorie und Lachkultur. Aus dem Russischen übersetzt und mit einem Nachwort versehen v. Alexander Kaempfe. Frankfurt/M. 1990, S. 57; 58; 48; 51

S. 34–35  A. v. Klebe, Reise auf dem Rhein durch die Deutschen Staaten von Frankfurt bis zur Grenze der Batavischen Republik und durch die französischen Departments des Donnersberg, des Rheins und der Mosel und der Roer, Frankfurt 1801–1802. Zitiert nach: Köln um die Wende 1912, S. 101

S. 35–36  Hans Moser, Städtische Fasnacht des Mittelalters. In: Masken zwischen Spiel und Ernst, hg. v. Hermann Bausinger u. a., Tübingen 1967, S. 165 f.

S. 36  Klebe; zitiert nach: Köln um die Wende, 1912, S. 102–103

S. 37–38  Der Beobachter, Nr. 608, 1802, HASTK, Best. 400, IV, 21 B, 32,2

S. 38–39  Der Beobachter, Nr. 785, 1803, ebd.

5. Die frühen Harlekine von Paris

S. 40  Adolf Spamer, Deutsche Fastnachtsbräuche, Jena 1936, S. 47

S. 40  Karl Meuli, Gesammelte Schriften, Basel, Stuttgart 1975, 1. Bd., S. 47

S. 41  Johann Christian Schedel, Neues und vollständiges allgemeines Warenlexikon (1801). Zitiert nach: Nicola Lapp, Masken mit der Post. In: Wilde Masken 1989, S. 132

S. 42    Matthias Zender, Mummereien in Rheinland. In: Volks-
         kunde. Fakten und Analysen. Festgabe für Leopold
         Schmidt zum 10. Geburtstag, hg. v. Klaus Beitl, Wien
         1972, S. 262
S. 42    Leopold Schmidt, Masken aus den Moselgebiet. In: Zeit-
         schrift für Volkskunde 53, Stuttgart 1956/57, S. 249
S. 42    Zender; in: Volkskunde 1972, S. 264
S. 42–43 Samuel Glotz, Le Masque en Belgie. In: Le Masque dans
         Ie Tradition Européenne, hg. v. Samuel Glotz, Binche
         1975, S. 99; 95
S. 43    Meuli, Schriften 1975, 1. Bd., S. 97
S. 44    Otto Driesen, Der Ursprung des Harlekin. Ein kultur-
         geschichtliches Problem. Berlin 1904, S. 104; 106–107
S. 44    Driesen, 1904, S. 102; 30
S. 44    Jacob Grimm, Deutsche Mythologie, Bd. 2 , Göttingen
         1844, S. 894
S. 45    Driesen 1904, S. 24 f.
S. 45    Aaron J. Gurjewitsch, Mittelalterliche Volkskultur. Aus
         dem Russischen übersetzt von Matthias Springer. Mün-
         chen 1992, S. 199 f.; 229 ff.
S. 46    Claude Levy-Strauss, Das wilde Denken. Aus dem Fran-
         zösischen von Hans Naumann. Frankfurt/M, 1968, S. 29–
         33
S. 46–47 Driesen 1904, S. 30 f.

## 6. Kölner Humor: Karnevaleske des Alltags

S. 48    Bachtin 1990, S. 57
S. 48    Wolfgang Herborn, Fast-, Fest- und Feiertage im Köln
         des 16. Jahrhunderts, In : Rheinisches Jahrbuch für Volks-
         kunde, 25. Bd., 1983/84, S. 30; 38 f.
S. 48    Winfried Hofmann, Hermann Weinsberg und die Kölner
         Fastnacht im 16. Jahrhundert. In: Rheinisch-Westfälische
         Zeitschrift für Volkskunde, Bd. X, 1963, S. 89 ff.
S. 49    Bachtin 1990, S. 57
S. 49    Herborn; in: Rheinisches Jahrbuch 1983/84, S. 50, 44–45
S. 49    Joseph Klersch, Volkstum und Volksleben in Köln. Ein
         Beitrag zur historischen Soziologie der Stadt, Bd. 1, Köln
         1965, S. 213; 179
S. 49    Herborn; in: Rheinisches Jahrbuch 1983/84, S. 47
S. 50    Heinrich Schrörs, Religiöse Gebräuche in der alten Erz-
         diözese Köln; ihre Ausartung und Bekämpfung im 17.

und 18. Jahrhundert. In: Annalen des Historischen Vereins für den Niederrhein. Insbesondere die alte Erzdiözese Köln. 82. Heft, Köln 1907, S. 157–159

S. 50    Bachtin 1990, S. 58

S. 50    De Noël, Wellkumm-Disköösch der Frau Venetia zo Ehren, Köln 1824

S. 50–51    Heinrich Lützeler, Rheinischer Humor. Nicht nur für Rheinländer. Bearbeitete und erweiterte Neuausgabe. Hanau/Main 1978, S. 63; 134

S. 52    Heinrich Lützeler, Philosophie des Kölner Humors. Honnef/Rh. 1954, S. 21–22

S. 52    Heinrich Böll, Köln eine Stadt – nebenbei eine Großstadt. In: Werke, Kölner Ausgabe. Bd. 7, Köln 2006, S. 88

S. 53    Lützeler 1978, S. 52

S. 53    Herbert Schöffler, Kleine Geographie des deutschen Witzes. Göttingen 1955, S. 17

S. 53    Lützeler 1978, S. 58–59

S. 54–55    Lützeler 1954, S. 60–61

S. 55    Ernst Weyden, Köln am Rhein um 1810. Eingeleitet und herausgegeben von Willy Leson. Köln 1999, S. 70; 77. Neue, bearbeitete Ausgabe nach der Erstausgabe »Köln am Rhein vor fünfzig Jahren«, Köln 1862

S. 56    Lützeler 1954, S. 72–73

S. 57    Jürgen Becker, Da wissen Sie mehr als ich. Das Mysterium des Rheinischen Kapitalismus. Köln 2002, S. 9–10

S. 57    Malerische Ansichten und Bemerkungen auf einer Reise durch Holland, die Rheinlande, die Schweiz und Württemberg. Von P. Rosenwall, Mainz 1818. Zitiert nach: Köln um die Wende 1912, S. 173

S. 58    Wilhelm Schneider-Clauss, Et ahle Kölle geiht ze Troor? In: Bd. 2 der Gesamtausgabe der Werke, Gedeechte, Köln 1970, S. 135–136

## 7. 1341: Karneval ohne Hierarchie

S. 59    Walter Stein (Bearbeiter), Akten zur Geschichte der Verfassung und Verwaltung der Stadt Köln im 14. und 15. Jahrhundert. Bonn 1895, Bd. 1, S. 32

S. 60    Klaus Militzer, Ursachen und Folgen der innerstädtischen Auseinandersetzungen in Köln in der 2. Hälfte des 14. Jahrhunderts. Veröffentlichungen des Kölnischen Geschichtsvereins e.V. 36. Köln 1980, S. 244

S. 60       Militzer; in: Veröffentlichungen des Kölnischen Ge-
            schichtsvereins 1980, S. 156–169
S. 60–61    Hans Moser; in: Masken zwischen Spiel und Ernst 1967,
            S. 141
S. 61       Harry Kühmel, Die städtische Fastnacht in 15. Jahrhun-
            dert. Das disziplinierte und öffentlich finanzierte Volks-
            fest. In: Volkskultur des europäischen Spätmittelalters.
            Hg. von Peter Dinzelbacher/Hans Dieter Mück. Stuttgart
            1987, S. 118; 111–112; 119
S. 61–62    Reimchronik Gottfried Hagen
S. 63       Klaus Militzer, Führungsschicht und Gemeinde in Köln
            im 14. Jahrhundert. In: Städtische Führungsgruppen und
            Gemeinde in der werdenden Neuzeit. Hg. von Wilfried
            Ehbrecht. Köln/Wien 1980, S. 17
S. 64–65    Hierzu reiches Material bei Jacques Heers 1986, S. 219–275
S. 65–66    Hans Moser, Zur Geschichte der Maske in Bayern. In:
            Leopold Schmidt, Masken in Mitteleuropa. Wien 1955,
            S. 120–123
S. 66       Karl Anton Nowotny, Das Nürnberger Schembartlaufen.
            Eine neu aufgefundene Handschrift. In: Masken in Mit-
            teleuropa 1955, S. 113
S. 66       Moser; in: Masken in Mitteleuropa, S. 120
S. 66       Nowotny; in: Masken in Mitteleuropa, S. 168
S. 66       Moser; in: Masken In Mitteleuropa, S. 103
S. 66       Jacob Grimm, Deutsches Wörterbuch, Bd. 8, Sp. 2378
S. 66       Friedrich Alexander Redlich, Sitte und Brauch des livlän-
            dischen Kaufmanns. Riga 1935. S. 56 f.
S. 67       Kühmel; in: Volkskultur 1987, S. 119
S. 67       Karl Schiller/August Lübben, Mittelniederdeutsches
            Wörterbuch. Bremen 1878, Bd. 4, S. 108
S. 67       Zur Clever Geckengesellschaft: Fahne 1984, S. 257–260;
            Heers 1986, S. 233–234; Michael Euler-Schmidt, Kölner
            Maskenzüge 1823–1914, hg. von Werner Schäfke, Köln
            1991, S. 40
S. 67–68    Stein 1895, Bd. 2, S. 266; 139; 266
S. 69       Stein 1895, Bd. 2, S. 385
S. 69–70    Klersch 1961, S. 42–43
S. 70       Zitiert bei Fahne 1984, S. 102
S. 70       Paul Hermann (Hg.), Zimmersche Chronik, Meersburg
            1932
S. 71–72    Das Buch Weinsberg. Aus dem Leben eines Kölner Rats-
            herrn. Hg. von Johann Jakob Hässlin. Köln 1990, S. 163–
            165

S. 72      Hofmann; in: Rheinisch-Westfälische Volkskunde 1963, S. 91


8. Die Jahrhunderte des Niedergangs.
   Die Kölner werden mehr Kölner.
   Ende des 17. bis Mitte des 19. Jahrhunderts

S. 73      Klersch 1961, S. 62

S. 73      Ratsprotokolle, Bd. 190, S. 16; 21; Bd. 226, S. 7; Bd. 228, S. 169; Bd. 229, S. 184

S. 74      Zum Thema »Volks- und Elitekultur« siehe auch Gerhard Jaritz, Gemeinsamkeit und Widerspruch. In: Volkskultur 187

S. 74      Zitiert bei: Peter Glasner, Die Lesbarkeit der Stadt. Kulturgeschichte der mittelalterlichen Straßennamen der Stadt. Köln 2002, S. 383

S. 74      Ingrid Nicolini, Die politische Führungsschicht in der Stadt Köln gegen Ende der reichsstädtischen Zeit. Köln/Wien 1979, S. 82 f.

S. 75      Wolfgang Herborn, Verfassungsideal und Verfassungswirklichkeit in Köln. In: Städtische Führungsgruppen 1980, S. 39

S. 75      Mehr zu diesen innerstädtischen Auseinandersetzungen bei Clemens von Looz-Corswarem, Unruhen und Stadtverfassung an der Wende vom 15. zum 16. Jahrhundert. In: Städtische Führungsgruppen 1980

S. 75–76 Bernd Dreher, Vor dreihundert Jahren. Nicolaus Gülich. Köln 1986, S. 78–79

S. 76      Zitiert nach Nicolini 1979, S. 362

S. 76      Dietrich Ebeling, Bürgertum und Pöbel. Wirtschaft und Gesellschaft Kölns im 18. Jahrhundert. Städteforschung A/26. Köln/Wien 1987, S. 3

S. 76      Militzer; in: Veröffentlichungen des Kölnischen Geschichtsverein 1980, S. 250

S. 76      Gerd Schwerhoff, »... die grosse overswenckliche costlicheyt zu messigen.« Bürgerliche Einheit und ständische Differenzierung in Kölner Aufwandsordnungen (14.–17. Jahrhundert). In: Rheinische Vierteljahrsblätter, Jg. 54, Bonn 1990, S. 122

S. 77      Hans Pohl, Wirtschaftsgeschichte im 18. und beginnenden 19. Jahrhundert. In: Zweitausend Jahre Kölner Wirtschaft, Bd. 2, Köln 1975, S. 37–40

| S. 77 | Ludwig Arentz, Die Zersetzung des Zunftgedankens. Nachgewiesen an dem Wollenamte und der Wollenamtsgaffel in Köln. Köln 1935, S. 198 |
| S. 77–78 | Weyden 1999, S. 60–61; 68; 115 |
| S. 78 | Arentz, 1935, S. 94; 95 |
| S. 78 | Ebeling 1987, S. 178–179 |
| S. 78–79 | Weyden 1999, S. 78; 63; 64 |
| S. 80 | Lützeler 1954, S. 57; 25 |
| S. 80 | Lützeler 1954, S. 26 |
| S. 81 | Lützeler 1954, S. 67–68; 71–72 |
| S. 81 | Helmuth Plessner, Lachen und Weinen. Eine Untersuchung nach den Grenzen des Verhaltens. München 1953, S. 14; 36 |
| S. 82 | Lützeler 1954, S. 60; 24 |
| S. 82 | Schwerhoff; in: Rheinische Vierteljahrsblätter 1990, S. 122 |
| S. 82 | Meine Noten oder Der Selbstmörder, eine wahre Geschichte in Briefen. Von J. A. Stockhausen, Köln 1805. Zitiert in: Köln um die Wende 1912, S. 124; Klebe; in: a. a. O., S. 103–104 |
| S. 83 | Weyden 1999, S .149 |
| S. 83 | a. a. O., S. 143; 153; 139; 147; 149; 113; 114 |
| S. 84 | Weyden 1999, S. 115 |
| S. 84 | Klersch, Volkstum und Volksleben, Bd. 3, Köln 1968, S. 133–134 |
| S. 84 | Klersch 1961, S. 45 |
| S. 85 | Klersch 1968, S. 157; 162 |
| S. 85 | Hans-Ulrich Roller, Der Nürnberger Schembartlauf. Karneval vor 450 Jahren. In: Masken und Narren 1973, S. 95 |
| S. 85 | Peter Eitel, Die oberdeutschen Reichsstädte im Zeitalter der Zunftherrschaft. Stuttgart 1969, S. 74 f. |
| S. 85 | Moser; in: Fastnacht/Karneval 1999, S. 38; 31 |
| S. 85 | Lexikon für Theologie und Kirche, Bd. X, Freiburg 1938, S. 442 f. |
| S. 85–86 | Fahne 1984, S. 54 |
| S. 86 | Heers 1986, S. 195 |
| S. 86–87 | Schrörs; in: Annalen des Historischen Vereins für den Niederrhein 1907, S. 150; 159; 158; 152; 155 |
| S. 87 | Klersch 1968, S. 189 |
| S. 87 | Schrörs; in: Annalen des Historischen Vereins für den Niederrhein 1907, S. 155 |
| S. 87 | Klersch 1968; S. 202 |

S. 88    Renate Matthaei, Matronen, heilige Jungfrauen und wilde
         Weiber. Zur Geschichte der Kölner Weiberfastnacht, Wei-
         lerswist 2001, S. 10; 12; 82
S. 88    Klersch 1968, S. 202
S. 88    Fahne 1984, S. 166


     9. Die Stadt lacht über sich selbst.
        Kölner Fastnachtsspiele und das kölnische
        »National« Lied. 1804–1830

S. 90    Nicolini 1979, S. 372
S. 91    Thomas Nipperdey, Auf der Suche nach der Identität:
         Romantischer Nationalismus. In: Nachdenken über die
         deutsche Geschichte. Essays, München 1986
S. 91    Sulpiz Boisserée, 1. Bd., Stuttgart 1862, S. 24; 25; Friedrich
         Schlegel, Briefe auf einer Reise durch die Niederlande,
         Rheingegenden, die Schweiz und einen Teil von Frank-
         reich. In: Poetisches Tagebuch für das Jahr 1806, Berlin
         1806
S. 92    Friedrich Schlegel, Geschichte der europäischen Lite-
         ratur (1803–1804). In: Friedrich Schlegel, Wissenschaft
         der europäischen Literatur. Vorlesungen, Aufsätze und
         Fragmente aus der Zeit von 1795–1804. Hg. von Ernst
         Behler, Bd. 11 der kritischen Friedrich-Schlegel-Ausgabe,
         Paderborn, München, Wien 1958, S. 12; 86
S. 92    a. a. O., S. 20; 22; 90; 94
S. 93–94 Erasmus von Rotterdam, Das Lob der Torheit. Übersetzt
         von Alfred Hartmann. Basel 1974, S. 43; 103; 114; 150;
         98 f.
S. 94    Briefe eines reisenden Franzosen (1784). Zitiert in: Köln
         um die Wende 1912, S. 25; 26
S. 94    De Noël, Wellkumn-Disköösch 1824
S. 95    Matthias Joseph De Noël, Jocosa Descriptio, das ist Be-
         schreibung gar lustig und froh von dem, was sich neues
         in unseren tagen merk-, schreib- sodann druckenswerth
         zu hat getragen; als nemblich: was sich hier in der Stadt
         Colonia (Cöllen) ereignet hat. Köln 1808
S. 95    H. Ennen 1888, S. 99 ff.
S. 95    Carl Niessen, Dramatische Darstellungen in Köln von
         1526–1700. Köln 1917, S. 17; 22
S. 95    Uwe Baumann/Hans Peter Heinrich, Thomas Morus.
         Humanistische Schriften. Darmstadt 1986, S. 50

S. 96     Joachim Deters, Der Weg aus der Sklaverei zur Aufklärung am Beispiel Ferdinand Franz Wallrafs. In: Rheinische Vierteljahrsblätter, Jg. 54, 1990, S. 160 f.

S. 96     Stoll 1840, S. 9

S. 96–97     Matthias Joseph De Noël, Ein nagelneues Büchlein worinnen ausdrücklich beschrieben seyn Alle Bildchen und Figuren, Thiere, Kännchen und Posituren, aus welche im Komedien-Haus angebracht und mit Couleuren auf die Wand gemacht usw. Gedruckt und zu haben nach Lust und Verlangen ohnweit dem Theater bey Buchhändler Langen. Köln 1806

S. 97     Josef Bayer, Matthias Joseph De Noël und seine Dichtungen in kölnischer Mundart. In: Beiträge zur kölnischen Geschichte, Sprache, Eigenart, Köln 1914/15, S. 191; 273

S. 100     Josef Bayer, Zur Erinnerung an den 15. Mai 1815. Die Vereinigung des Rheinlands mit dem Königreich Preußen. (Mit besonderer Berücksichtigung der Stadt Köln). In: Beiträge zur kölnischen Geschichte 1914/15, S. 317 f.; 325

S. 100     Ene Cölsche Klaaf em Fastelovend zweschen dem Kaaks Dames un Kluths Pitter un Spunnigels Kobes, o. O. 1814

S. 100     Cölns Bürger-Feier 1814. Eine auf die Zeit analogische Maskerade fürs Jahr 1814, Köln 1814, S. 17

S. 100     Alte und neue Zeit oder der Status quo, ein Gespräch in kölnischen Kniddelversen zur Fastnacht 1814. Köln 1814

S. 100–101     Cölns Bürger-Feier 1814, S. 16

S. 101–102     Berathschlagungen des kölnischen Bannerrathes im Carneval des Jahres 1824. Köln 1824, S. 23; 7; 18 f. HASTK Best. 400, IV, 21B, 32, 3

S. 102     Franz Ferdinand Wallraf, Erschein nun alte Zeit. Köln 1814. Zitiert bei Max-Leo Schwering, Fastnachtliche Bild- und Literaturtradition in Köln. In: Masken und Narren 1973, S. 17

S. 102–103     Nicolaus DuMont, Das Halbröck-Lied. In: Paul Mies, Das kölnische Volks- und Karnevalslied. Ein Beitrag zur Kulturgeschichte der Stadt Köln von 1823 bis 1923 im Lichte des Humors. Köln/Krefeld 1951, S. 20; 21–22

S. 103–104     Mattias Joseph DeNoël, Alaaf de Kölsche Kirmesen. In: Mies 1951, S. 160 f.

S. 105     Bayer, De Noël; in: Beiträge zur kölnischen Geschichte 1914/15, S. 197–198

S. 105     Klebe; in: Köln um die Wende 1912, S. 100–102

S. 106     Ernst Weyden, Kölns Legenden, Sagen, Geschichten. Köln 1839. Anhang: Kölnische Volkslieder, S. 25

S. 106     Mies 1951, S. 162

S. 106–107     Bayer, De Noël; in: Beiträge zur kölnischen Geschichte 1914/15, S. 198

## 10. Kampf zwischen dem alten und dem neuen Karneval. 1823–1830

S. 108     Schier, Kölnischer Karnevals-Almanach 1824, S. 7

S. 109     Brog 2000, S. 64

S. 110     Annette von Droste, Die Briefe. Hg. von Karl Schulte Kemminghausen, Bd. 1, Jena, 1944. Zitiert bei Brog 2000, S. 67

S. 110     Johanna Schopenhauer, Ausflug nach Köln im Jahr 1828. Eingeleitet und herausgegeben von Willy Leson. Köln 1975, S. 172 (Auszug aus: Ausflug an den Niederrhein und nach Belgien im Jahr 1828, 2 Bde., Leipzig 1831)

S. 110     Rhein-Blüten, 18.3.1832. HASTK, Nachlass De Noël

S. 110     Alaaf! Alaaf! Ald widder ne kölsche Klaaf, Köln 1825

S. 110–111     En kölsche jecke Vastelohvenzklahf zwischen Wohsch-Mives, Ehzen-Drikes un Kohchen-Frides. Köln 1824

S. 111–112     Dem Künnig Carneval si Manifess. Zor Eer der Venetia der Prinzess, Cöln 1824. HASTK, Best. 400, IV, 21 B, 32, 3

S. 113–114     Matthias Joseph De Noël, Der Sieg der Freude, S. 104 f.; 7; 127

S. 114     Mies 1951, S. 35

S. 115     Euler-Schmidt 1991, S. 91

S. 115     Offizielles Jammer Blatt von Köln, Nr. 11, vom 8.2.1826, S. 5–7. In: Euler-Schmidt 1991, S. 93

S. 115     Der Mann aus den Monde, oder: Großes kölnisches Maskenfest von 1826, III. Jg. des Karnevals-Almanachs, Köln 1826

S. 117     Goethe, Das römische Carneval

S. 117     Der Verkündiger, 10.02.1806. HASTK, Best. 400, IV, 21 B, 32, 2

S. 117     Intelligenzblatt, Nr. 16, 1810. ebd.

S. 117      Fuchs Stadtchronik 1819, HASTK, C u. D 215–217
S. 118      J. Schopenhauer, Ausflug nach Köln 1975, S. 167; 173
S. 118      Stoll 1840, S. 39
S. 118      Welt- und Staatsbote, 21.2.1827. HASTK, Nachlass De
            Noël
S. 118–119  Karnevals-Zeitung in Köln, 11.2.1827. ebd.
S. 119      Karnevals-Almanach 1824, S. 7
S. 119–120  Karnevals-Zeitung in Köln, 13.2.1827, HASTK, Nach-
            lass De Noël
S. 120      Karnevals-Zeitung in Köln, 17.2.1827. ebd.

## 11. Der kölsche Jeck wird mobil. Demokratische Vereine, Dombau, Bürgerwehr und das Experiment des »Volkskarnevals«. 1830–1849

S. 121      Klara van Eyll, Wirtschaftsgeschichte Kölns vom Be-
            ginn der preußischen Zeit bis zur Reichsgründung, In:
            Zwei Jahrtausende Kölner Wirtschaft. Hg. von Her-
            mann Kellenbenz unter Mitarbeit von Klara van Eyll,
            Bd. 2, Köln 1975, S. 165
S. 121      Fuchs Stadtchronik 1816–1854, HASTK, C u. D 215–
            218
S. 121–122  Pierre Ayçoberry, Köln zwischen Napoleon und Bis-
            marck. Das Wachstum einer rheinischen Stadt. Aus
            dem Französischen von Ulrich Stehkämper. Köln 1990,
            S. 197; 196
S. 122      Wilhelm Walter, Carneval in Köln von den ältesten
            Zelten bis zum Jahre 1873. Köln 1873, S. 66
S. 123      Programm der diesjährigen Festlichkeiten, Köln 1834.
            In: Euler-Schmidt 1991, S. 54
S. 123      Fuchs Stadtchronik 1816–1854, HASTK, C u. D 215–
            218
S. 124      Mehr zum Kampf gegen die Zensur bei Frohn 2000,
            S. 210
S. 124      Eduard Jerrmann, Das Wespennest oder der Kölner
            Karneval. Fragmente aus meinem Theater-Leben. Hu-
            moristisch-satyrisch geschildert. Leipzig 1835, S. 194;
            217; 199; 323; 198
S. 125      Frohn 2000, S. 103 f.
S. 125–126  J. Schopenhauer, Ausflug nach Köln 1975, S. 162; 176
S. 126      Jerrmann 1835, S. 194
S. 126      Frohn 2000, S. 207; 210 f.; 213

S. 127        Matthias De Noël, Schema zu einer im Jahre 1830 aus-
              geführten Maskerade den 22. und 23. Februar den Tag
              über in Privathäusern, Abends am 23. und Morgens
              den 24. Februar im Liebhaber Theater zur Harmo-
              nie. In: Beiträge zur kölnischen Geschichte. 1914/15,
              S. 248–249

S. 127–128    Fuchs Stadtchronik 1842, HASTK C u. D 217

S. 128        Programm der Carneval-Festlichkeiten zu Köln im
              Jahre 1841

S. 128        Fuchs Stadtchronik 1842, HASTK C u. D 217

S. 128–129    Die kölnische Komödie von Tante Allhier, oder getreue
              Beschreibung der Höllenfahrt des Hanswurst und des
              Höllenzuges auf dem kölnischen Karneval im Jahre
              1842, Köln 1842, Vorrede, S. II; III; IV

S. 129        Frohn 2000, S. 105

S. 129–130    Marcel Seyppel, Die Demokratische Gesellschaft in
              Köln 1848/49. Städtische Gesellschaft und Parteient-
              stehung während der bürgerlichen Revolution. Köln
              1991, S. 31–32

S. 130        Der Prozess der Demokratisierung bei Seyppel detail-
              liert dargestellt

S. 131        Zur Dombau-Bewegung ausführlich: Otto Dann, Die
              Dombau-Bewegung und die Kölner Gesellschaft in der
              ersten Hälfte des 19. Jahrhunderts. In: Religion-Kunst-
              Vaterland. Der Kölner Dom im 19. Jahrhundert. Hg.
              von Otto Dann, Köln 1983

S. 131        von Wedel 1981, S. 60

S. 132        Dann; in: Religion-Kunst-Vaterland 1983, S. 86–87

S. 132        Thomas Nipperdey, Der Kölner Dom als National-
              denkmal. In: Religion-Kunst-Vaterland 1983, S. 111

S. 132–133    von Wedel 1981, S. 60

S. 133        Dann; in: Religion-Kunst-Vaterland 1983, S. 87

S. 133–134    Marcel Seyppel, Franz Raveaux (1810–1851). In: Rhei-
              nische Lebensbilder, Bd. 11, hg. von Wilhelm Janssen,
              Köln 1988, S. 35–36

S. 134        Fuchs Stadtchronik 1844, HASTK, C u, D 217

S. 134        Der Kölner Karneval 1844. Ein Gedenkbuch für die
              Freunde desselben. Köln 1844, S. 7

S. 134        N. N., Raveaux. Sein Leben und Wirken. Köln 1848,
              S. 10. Zitiert bei Brog 2000, S. 121

S. 135        Frohn 2000, S. 105; 239–40

S. 136        Der Kölner Karneval 1844

S. 136        Frohn 2000, S. 239; 243; 245

| S. 136 | Die kölnische Komödie 1842, S. II |
|---|---|
| S. 136 | Fuchs Stadtchronik 1844, HASTK, C u. D 217 |
| S. 136 | Frohn 2000, S. 239 |
| S. 136 | Euler-Schmidt 1991, S. 64 |
| S. 136–137 | Fuchs Stadtchronik 1844, HASTK, C u. D 218 |
| S. 137 | Seyppel 1991, S. 42–44 |
| S. 137 | von Wedel 1981, S. 71–74 |
| S. 137–138 | N. N., Raveaux 1848. Zitiert bei Brog 2000, S. 123 |
| S. 138 | Brog 2000, S. 132 |
| S. 138 | Walter 1873, S. 97 |
| S. 138 | Frohn 2000, S. 239 (Anm. 589) |
| S. 139 | Seyppel 1991, S. 68 |
| S. 139 | Seyppel 1991, S. 37 |
| S. 139 | Beatrix Alexander, Der Kölner Bauer. Köln 1987, S. 16 |
| S. 140 | Klersch 1961, S. 119 |
| S. 140 | Hugo Wesendonck, Erinnerungen aus dem Jahre 1848. 1898. Zitiert bei Frohn 2000, S. 250 |
| S. 140 | Ayçoberry 1990, S. 241 f. |
| S. 140 | Fuchs Stadtchronik 1844, HASTK, C u. D 218 |
| S. 141 | Thomas Nipperdey, Deutsche Geschichte 1800–1866. Bürgerwelt und starker Staat. München 1993, S. 618–620 |
| S. 141–142 | Ayçoberry 1990, S. 247; 153 ff.; 200; 196 |
| S. 142 | Seyppel 1991, S. 157–158 |
| S. 142 | Ayçoberry 1990, S. 245 |
| S. 142 | Nipperdey 1993, S. 599 |
| S. 142 | von Wedel 1981, S. 86 |
| S. 142–143 | Seyppel 1991, S. 189–191 |
| S. 143 | Klara von Eyll; in: Zwei Jahrhunderte 1975, Bd. 2, S. 245 |
| S. 143 | Seyppel 1991, S. 192 |
| S. 143–144 | Richard Jilka, Bürger greifen zu den Waffen. In: Fritz Bilz/Klaus Schmidt (Hg.), Das war 'ne heiße Märzenzeit. Revolution im Rheinland 1848/49. Köln 1998, S. 77 |
| S. 144 | Zu der Geschichte der Bürgerwehr ausführlich Toni Heinzen, Zunftkämpfe, Zunftherrschaft und Wehrverfassung in Köln. Ein Beitrag zum Thema »Zünfte und Wehrverfassung«, Diss. Köln 1939 |
| S. 144 | Josef Bayer, Franz Joseph Rhodius, Eine Lebensgeschichte in Zeitungsanzeigen. In: Beiträge zur kölnischen Geschichte 1914/15, S. 42 |
| S. 145 | von Wedel 1981, S. 95; 106; 105 |
| S. 145 | Seyppel 1991, S. 219–220 |

S. 145–146    von Wedel, 1981, S. 107–110
S. 146–147    Seyppel 1991, S. 227 f.; 232
S. 147        Neue Kölnische Zeitung, Nr. 7, 11.1.1848. Zitiert bei
              Seyppel 1991, S. 257
S. 147        Neue Rheinische Zeitung, Nr. 206, 27.1.1849. Zitiert
              bei Seyppel 1991, S. 257
S. 147        Seyppel 1991, S. 265

## 12. »Mer stonn op uns eige Föss«.
## Der Veedelskarneval 1850–1900

S. 148        Seyppel 1991, S. 238
S. 148        Petitionen und Barrikaden. Rheinische Revolutionen
              1848/49. Hg. Von Ottfried Daschner und Everhard
              Kleinertz, Münster 1998, S. 68
S. 148        Kölnische Zeitung v. 27.2.1849. Zitiert bei Jörg Hal-
              lerbach, »Hanswurst ist niemals ängstlich ...« Faste-
              lovend und Demokratie im Rheinland. In: Das war 'ne
              heiße Märzenzeit 1998, S. 35
S. 148–149    Meuli, Schriften 1975, Bd. 1, S. 242; 236
S. 149        De Noël in Kölnische Zeitung, Nr. 7, 1831
S. 149        Hundert Jahre Kölner Karneval. Hg. von Emil Kuh-
              nen. Köln 1925, S. 34 f.
S. 150        Greesberger Lieder 1855, Köln 1855, S. 56
S. 150        Nipperdey 1993, S. 682
S. 150        Euler-Schmidt 1991, S. 69–70
S. 150–151    Lieder der Großen Karnevalsgesellschaft vom Jahre
              1850, Köln 1850, S. 25; 7; 22
S. 151–152    Protokolle der Stadtverordneten-Versammlung vom
              10.1.1850, HASTK. Zitiert bei Frohn 2000, S. 189
S. 152        Frohn 2000, S. 257
S. 153        Fuchs Stadtchronik 1844, HASTK, C u. D 218
S. 153–154    Greesberger Lieder 1855
S. 154–155    Karnevalslieder der Gesellschaft Unger uns 1855, Köln
              1855
S. 155        Greesberger Lieder 1855
S. 155–156    Karnevalslieder Unger uns 1855
S. 157–158    Joseph Roesberg, Et Schmitze Nettche oder moderne
              Erziehungsweise. In: Train de Plaisir (Liederheft) 1858
S. 158        Reinold Louis, Kölner Originale. Die Welt der alten
              Kölner Originale und Straßenfiguren. Köln 1985, S. 7;
              205; 29

S. 159        Train de Plaisir (Liederheft) 1858
S. 159–160    Et Schnüssen-Tring oder eine moderne Dienstmagd.
              Lied von Joseph Roesberg (Dä keusche Jupp), Verfas-
              ser von »Et Schmitze Nettche«. Mit Illustrationen von
              Peter Deckers. Köln 1859
S. 160        Des Herrn Antun Meis weiland Tilekatessenhändler
              in Köln und Rentenierer in Knollendorf Gesammelte
              Werke. Verfasser Maria Heinrich Hoster. Zusamme-
              geknuuv, mit gehörige Bemerkunge versehn un heraus-
              gegeben für gebilte Leut vum Jupp Klersch. Köln 1962
S. 160        Des Herrn Antun Meis 1962, S. 87
S. 161        a. a. O., S. 84
S. 161        a. a. O., S. 89
S. 161        a. a. O., S. 90
S. 161        Louis, 1985, S. 196
S. 162        Vorwort von Joseph Klersch. In: Des Herrn Antun
              Meis 1962, S. 9
S. 162–163    Des Herrn Antun Meis 1962, S. 90
S. 164        Fahne 1984, S. 123
S. 164–165    Des Herrn Antun Meis 1962, S. 36; 38
S. 165        Maria Heinrich Hoster. Ein literarisches Denkmal. Ge-
              setzt von Peter Paul Trippen. In: Unsere Zunft wie sie
              ward und war. Eine geschichtliche Skizze der Kölner
              Narren-Zunft zu ihrem Goldenen Jubeljahr 1930. Ver-
              fasst von Peter Paul Trippen. Köln 1929, S. 112 f.
S. 165–166    Johann Matthias Firmenich, Dä Bevva un et Hänne-
              schen om Göözenich. Fastelovendshöchgen en einem
              Akt (zum Beßten der Armen). Köln 1839
S. 166        Firmenich 1829, S. 15
S. 166        Frohn 2000, S. 243
S. 166–167    Greesberger Lieder 1855
S. 167        Weyden 1999, S. 70
S. 167        Der Piccolo von Ludwig Freiberg. In: Hundert Jahre
              Kölner Karneval 1925, S. 388–390

13.  »Nä, wo eß dann der Humor?
     Dä ging üch jo juss zum Troor.«
     Ende des 19. Jahrhunderts bis 1933

S. 169        Trippen 1929, S. 102–104
S. 170        Kölner Karnevals-Ulk (KKU). Sammlung der besten
              karnevalistischen Vorträge und Lieder, 1909, Nr. 1, S. 6

S. 170      Fritz Hönig (1833–1903) wurde vor allem bekannt durch seine parodistischen Mundartgedichte, die er mit großem Erfolg selber vortrug. Seine wichtigsten Veröffentlichungen: Geschräppels (1875); Allerhands (1877); Wörterbuch der Kölner Mundart (1877); För jeder jet (1884) u.a.

S. 170      Gerhard Schnorrenberg, Die Jagd! Karnevalistische Plauderei. In: KKU, 1904, Nr. 3, S. 26–27; Wilhelm Kaelen, Das Papier. In: KKU, 1903, Nr. 7, S. 51

S. 170      Professor Kalmus (Franz Görres), Rede. In: KKU, 1903, Nr. 3, S. 18

S. 171      Professor Säuerlich (Christian Witt), Die Hose. In: KKU, 1908, Nr. 5, S. 3

S. 171      Carl Klönne, Dat Ääpche. In: KKU, 1893, Nr. 1, S. 26

S. 171      P. P. Faust, Henderich, mie Jüngelche. In: KKU, 1893, Nr. 5, S. 29

S. 171      H. Fösmer, E neu ABC. In: KKU, 1893, Nr. 5, S. 38

S. 172      Karl Küpers, Wie der Schohmächer Schmitz op et Thiater gekommen ist. In: KKU, 1894, Nr. 1, S. 3

S. 172      L. K., Ein Tag in der Stadt, In: KKU, 1893, Nr. 5, S. 1–2

S. 172      Carl Klönne, Allerhand mit Musik. In: KKU, 1897, Nr. 3, S. 1; Karl Küpers, Der Geschmack. In: KKU 1897, Nr. 6, S. 1–3

S. 173      Hubert Ebeler, Vom Abschied. In: KKU, 1898, Nr. 2, S. 10

S. 173      Willy Pfaffenholz, Auf dem Rade um die Welt. In: KKU, 1897, Nr. 3, S. 1

S. 173      Klersch 1961, S. 148

S. 173      Trippen 1929, S. 100

S. 173–174      J. W. von Miro, Fastelovend en aler Beleuchtung. In: KKU, 1904, Nr. 4, S. 27

S. 174      Klersch 1961, S. 156

S. 175      Kaiserhymne von Carl Rühlemann. In: KKU, 1893, Nr. 1, S. 29

S. 175      Klersch 1961, S. 133–134

S. 175      Walter 1873, S. 120. Zitiert bei Euler-Schmidt 1991, S. 72

S. 175      Klersch 1961, S. 162

S. 176–177      Archiv Rote Funken: Karnevalisten-Vereinigung Bütt 1911 e.V. Referate Christian Witt. Kölner Karneval Reformen (Innenblatt)

S. 178      Marcus Leifeld, Was interessiert den Kölschen Funken schon das lächerliche Welttheater? In: Vom Stadtsoldaten zum Roten Funken. Militär und Karneval in

Köln. Für die Kölsche Funke rut-wieß vun 1823 e.V. herausgegeben von Heinz-Günther Hunold, Winfried Drews und Michael Euler-Schmidt unter Mitarbeit von Marcus Leifeld. Köln 2005, S. 249; 250

S. 178    Klersch 1961, S.167

S. 179    August Schnitzler und Leo Everhards, Verschiedenes. In: Hundert Jahre Kölner Karneval 1925, S. 248

S. 179–180    Klersch 1961, S. 174

S. 180    Thomas Liessem, Kamellen und Mimosen. Bearbeitet von Helmut Eickelmann. Köln 1967, S. 23; Max-Leo Schwering, Fastelovend op dr Stroß. Geschichte der Schull- und Veedelszög 1933–1983. Köln 1983, S. 28–33; 35

S. 180–181    Liessem 1967, S. 53

S. 181    Trippen 1929, S. 195

S. 181    Gérard Schmidt, Kölsche Stars. Köln 1992, S. 51; Liessem 1967, S. 51

S. 181–182    Professor Säuerlich, Das Glück. In: KKU, 1931, Nr. 4, S. 50; Josef Ulrich, Dä Schäl hät geheerot. In: KKU, 1931, Nr. 1, S. 12; Peter Bentz, Ich, der Ehekrüppel. In: KKU, 1933, Nr. 4, S. 40; Aloys Hoegen, Völkerbundspräsident Schinderhannes. In: KKU, 1933, Nr. 8, S. 120

S. 182    Liessem 1967, S. 52

S. 182–183    Archiv Rote Funken: Protokolle vom 8.8.1930 und 10.12.1930

S. 183    KKU, 1933, Nr. 4, S. 43

S. 183    Archiv Rote Funken: Protokoll vom 4.2.1931

S. 183    Kölner Tageblatt v. 5.1.1932

S. 184    Kölner Lokal-Anzeiger v. 14.2.1933

S. 184    Kölner Tageblatt v. 14.2.1993

S. 185    Archiv Rote Funken: Brief von Prof. Wilhelm Schneider-Clauss an Georg Rung vom 17.03.1933, Vorstandsprotokolle, Bd. 2

S. 185    a.a.O. Vorstandsprotokolle, Bd.3, Dazu auch Leifeld: In: Vom Stadtsoldaten 2005, S. 247–281

## 14. Widerstand und »völkischer Gleichmarsch« im NS-Karneval. 1934–1939

S. 186    Ingrid Schwienhorst-Meier, Karneval im »Dritten Reich«, unter besonderer Berücksichtigung der Stadt Köln. Berlin 1983, S. 129f. (Kölnisches Stadtmuseum)

S. 187          Planwirtschaft im Fastelovend. Untertitel: Beigeord-
                neter Ebel: Absolute Liquidation des Geschäftskarne-
                vals. Der Verein Kölner Karneval und seine Aufgaben.
                In: Kölnische Zeitung / Stadt-Anzeiger v. 24.5.1935
S. 188–189      ebd.: Nebenbei bemerkt; En Fastelovendsräd met Hin-
                dernisse (vör 40 Johr)
S. 189          Liessem 1967, S. 32
S. 189–190      Festschrift zum 25-jährigen Jubiläum unseres Prä-
                sidenten Thomas Liessem. Prinzen-Garde e.V. Köln
                1906, Köln 1954, S. 8; 7
S. 190          Schwienhorst-Meier 1983, S. 120f.
S. 191          KKU, 1935, Nr. 1, S. 1–2
S. 191          Schwienhorst-Meier 1983, S. 176f.
S. 191–192      Karl Berbuer, Revolution in Höhnerstall. Fotokopie
                bei Schwienhorst-Meier 1983 (Anhang). Zuerst ver-
                öffentlicht in: Pit Fries, 20 der besten rheinischen Kar-
                nevalsreden, 2. Folge, Köln 1935/36. Die Folgen 2–5
                der Sammlung sind nicht mehr auffindbar.
S. 192          Westdeutscher Beobachter v. 27.5.1935
S. 192          Westdeutscher Beobachter v. 07.2.1934
S. 193          Die Karnevalisten antworten. Stellungnahme zur
                »Planwirtschaft Im Fastelovend«. In: Kölnische Zei-
                tung/Stadt-Anzeiger v. 22.5.193
S. 194–195      Karnevalsprominente kommen zu Wort. In: Westdeut-
                scher Beobachter v. 24.1.1935
S. 195          Kölnische Zeitung/Stadt-Anzeiger v 16.1.1937
S. 195          Westdeutscher Beobachter v. 1.3.1933
S. 196          Dazu auch: Jürgen Meyer, Organisierter Karneval und
                »Narrenrevolte« im Nationalsozialismus. Anmerkun-
                gen zu Schein und Sein im Kölner Karneval 1933–1935.
                In: Geschichte in Köln. Köln 1997, S. 73f.
S. 196          Schwienhorst-Meier 1983, S. 134
S. 196–197      Westdeutscher Beobachter v. 14.2.1934
S. 197–198      Westdeutscher Beobachter v. 17.2.1935
S. 198          Bund Deutscher Karnevalisten e.V., Hauptreferat des
                Präsidenten des BDK Thomas Liessem anläßlich der
                III. Haupttagung am 14. Oktober 1956 im Gürzenich
                in Köln, S. 4
S. 198–199      Joseph Klersch, Volkstumspflege und Volkskunde.
                In: Volkstumspflege und Volkskunde. Festschrift zum
                50-jährigen Bestehen des Heimatvereins Alt-Köln e.V.
                Hg. von Joseph Klersch, Köln 1952, S. 12
S. 199          Klersch 1961, S. 153

| | |
|---|---|
| S. 199 | Westdeutscher Beobachter v. 17.2.1935 |
| S. 199 | Westdeutscher Beobachter v. 6.1.1936 |
| S. 200 | Westdeutscher Beobachter v. 9.2.1937 |
| S. 200 | Brog 2000, S. 226 |
| S. 200 | Schwienhorst-Meier 1983, S. 174 |
| S. 201 | Kölnische Zeitung/Stadt-Anzeiger v. 27.5.1935 |
| S. 201 | Schwienhorst-Meier 1983, S. 205 f.; Westdeutscher Beobachter v. 3.2.1936 |
| S. 201 | Liessem 1967, S. 37 f.; Schwienhorst-Meier 1983, S. 183 f. |
| S. 202 | BDK 1956, Hauptreferat Liessem, S. 6 |
| S. 202 | Westdeutscher Beobachter v. 21.10.1937. Zitiert bei Schwienhorst-Meier 1983, S. 194 |
| S. 202 | Westdeutscher Beobachter v. 01.03.1933; Schwienhorst-Meier 1983, S. 206 |
| S. 202 | Kölnische Zeitung/ Stadt Anzeiger v. 27.02.1936; Brog 2000, S. 137–138 |
| S. 202–203 | BDK 1956, Hauptreferat Liessem, S. 6 |
| S. 203 | Schwienhorst-Meier 1938, S. 171 |
| S. 203 | Liessem 1967, S. 39–41 |
| S. 203 | Kölnische Zeitung/Stadt Anzeiger v. 16.02.1936 |
| S. 204 | Matthias Wüst, Der Pessimist. In: KKU, 1937, Nr. 1, S. 21 |
| S. 204 | Büttenrede von Erbstösser/Ulrich. Zitiert bei Schwienhorst-Meier 1938, S. 37. Zuerst veröffentlicht in: Fries, 5. Folge, 1938/39 |
| S. 205 | Willi Klett, Hä selvs. In: KKU, 1937/38, Nr. 3, S. 38 |
| S. 205 | Jean Schlösser, Ne Geräuchte. In: KKU, 1937/38, Nr. 6, S. 53 |
| S. 205 | Toni Ebeler, Ne Weltausstellungs-Bummler. In: KKU, 1937/38, Nr. 5, S. 1–2 |
| S. 205 | Toni Ebeler, Mer halde Pol – mer halde Stand. In: KKU, 1940, Nr. 1, S. 7 |
| S. 205–206 | Engländer und Dienstmann. Zwiegespräch von Kramer und Braubach. In: KKU, 1940, Nr. 6, S. 69–70 |
| S. 206 | Rudolf Roonthal, England, du bist keine Insel mehr. In: KKU, 1940, Nr. 2, S. 13 |
| S. 206 | Brief von Thomas Liessem an den Entnazifizierungsausschuss v. 3.1.1948. Zitiert bei Brog 2000, S. 235 |
| S. 206 | Brog 2000, S. 234 |
| S. 207 | BDK 1956, Hauptreferat Liessem, S. 11 |
| S. 207–208 | Jean Schmitz, Der Fremdenführer, alias Dienstmann Schmitz Nr. 11 a.D. In: KKU, 1940, Nr. 1, S. 5–6 |

S. 208          Liessem 1967, S. 50–52
S. 208–209      Karl Küpper, Berichterstatter aus Abessinien. Fotoko-
                pie in: Schwienhorst-Meier 1938. Zuerst veröffentlicht
                in: Freis, 5. Folge, 1938/39
S. 209          Carola Stern, Auf den wassern des Lebens. Gustaf
                Gründgens und Marianne Hoppe. Köln 2005, S. 136
S. 209–210      Liessem 1967, S. 131
S. 210          Westdeutscher Beobachter v. 14.2.1937
S. 210–211      Jean Schlösser, § 51. In: KKU, 1940, Heft 2, S. 9–10
S. 211          Jean Schlösser, Der Mann mit dem Paragraph 51. In:
                KKU, 1933, Heft 3, S. 28
S. 211          Schwienhorst-Meier 1983, S. 221
S. 211          Westdeutscher Beobachter v. 27.5.1935
S. 212          Rudolf Roonthal, Athenia. In: KKU, 1940, Heft 2,
                S. 13
S. 212          Hubert Ebeler, Löstig geläv. Text: Hubert Ebeler, Mu-
                sik: Paul Binder. In: KKU, 1940, Heft 2, S. 11

15. »Allen wohl und keinem weh«.
    Büttenrede 1946 bis heute

S. 214          Horst Matzerath, Versteckte Vergangenheit – Kon-
                zept einer Ausstellung und Publikation. In: Horst
                Matzerath (Hg.), Versteckte Vergangenheit. Über den
                Umgang mit der NS-Zeit in Köln. Köln 1944, S. 16 f.
S. 214          Eva Maria Martinsdorf, Von der Schwierigkeit, die Ge-
                genwart von ihrer Vergangenheit zu säubern. In: Ver-
                steckte Vergangenheit 1944, S. 130
S. 214          Liessem 1967, S. 77
S. 215          KKU 1948, Nr. 2, S. 3
S. 216          Klersch; in: Volkstumspflege 1952, S. 31
S. 216          KKU, 1949, Nr. 1, S. 3
S. 217          KKU, 1949, Nr. 4, S. 14
S. 217          KKU, 1950, Nr. 1, S. 3
S. 217          HASTK, ACC. 148/198, S. 106
S. 218          a.a.O., Sitzung v. 23.12.1951
S. 218          a.a.O., Sitzung v. 3.7.1952
S. 218–219      a.a.O., Sitzung v. 30.1.1953
S. 219          a.a.O., Sitzung v. 19.10.1953
S. 219          a.a.O., Sitzung v. 4.1.1952
S. 220          a.a.O., Sitzung v. 9.4.1954
S. 220          Hermann Rheindorf, Och, wat wor dat fröher … Lie-

|  |  |
|---|---|
|  | der und Texte gegen das Vergessen. Veranstaltungsheft der Kölner Philharmonie v. 4.9.1997, S. 28; 29. Zitiert bei Brog 2000, S. 249 |
| S. 220 | HASTK, ACC. 148/498, Sitzung vom 19.10.1953 und 21.10.1955 |
| S. 221 | 30 Jahre Grete Fluss. Köln 1957, S. 56–57 |
| S. 222 | Schmidt 1992, S. 166 |
| S. 222–223 | Gérard Schmidt, Trude Herr. Ihr Leben. Köln 1991, S. 106 f.; 124 |
| S. 224–225 | Schmidt 1992, S. 160–161 |
| S. 225–226 | Schwering 1983, S. 90–92 |
| S. 227 | Abbildung der Harlekine bei Driesen 1904, S. 149. Aus dem Archiv der Pariser Oper Nr. 40/7 |
| S. 228–229 | Die Doof Noss. Mein Leben als Doof Noss. Erinnerungen von Hans Hachenberg, aufgezeichnet von Franz Heinrich Kley. Pulheim 1991, S. 149 |
| S. 229 | Heinrich Böll, Pfäffische Drei-Tage-Freiheit. In: Werke. Bd. 7, 2006, S. 88 |
| S. 230–231 | Es dat nit herrlich!? Himmlisch-irdische Geschichten, erzählt von Diakon Willibert Pauels, Ne bergische Jung. CD, hg. v. K-Service, Bildung und Medien im Erzbistum Köln |
| S. 231 | Kölner Stadt-Anzeiger v. 29.10.2007 |

## 16. »Karneval instandbesetzt«. Die Rückkehr des Jeck in der Stunksitzung. 1984 bis heute

|  |  |
|---|---|
| S. 233–234 | Wolfgang Schmitz (Hg.), Zwischen Stunk und Prunk. Ein Klatschmarsch durch die Institutionen. Köln 1991, S. 16; 145 |
| S. 235–236 | Stunksitzung. Hg. v. Reiner Rübhausen und dem Ensemble der Stunksitzung. Köln 2003, S. 77–78: 116 |
| S. 237 | Stunksitzung 2003, S. 143; 144–145 |
| S. 238 | Stunksitzung 2003; Besucherzahlen: S. 13; 173 |
| S. 238 | a.a.O., S. 106 |
| S. 238 | a.a.O., S. 189, Anhang: »Geliebter Feind, das Festkomitee Kölner Karneval«. Zitiert aus Express Dezember 1999 und Bild v. 17.12.1999 |
| S. 238 | Archiv Rote Funken: Protokolle 1968/69, 14.4.1969 |
| S. 238–239 | Stunksitzung 2003, S. 88 |
| S. 239 | Zwischen Stunk und Prunk 1991, S. 87 |
| S. 239 | Stunksitzung 2003, S. 88 |

## 17. Köln als Mythos und Parodie.
## Das kölsche Karnevalslied.
## Ende des 19. Jahrhunderts bis 1914

S. 253    No, wat sähste no derzo? In: Mies 1951; S. 179
S. 254    Mies 1951, S. 256–257
S. 255    Frohn 2000, S. 308–318
S. 255    Frohn 2000, S. 319
S. 255    Kölner Kommerbuch. Ein neuer Liederquell für fröhli-
          che Kreise und humoristische Veranstaltungen. Aus 72
          Jahrgängen nach dem Liederarchiv der Großen Karne-
          vals-Gesellschaft von Dr. Wilhelm Schneider–Clauss.
          Köln 1896
S. 256    Chronik zur Geschichte 1991, Bd. 2, S. 159; 161
S. 256    Mies 1951, S. 219
S. 257    Mies 1951, S. 42–49
S. 257    KKU 1906, Nr. 7, S. 7
S. 257    Frohn 2000, S. 319
S. 257    Klersch 1961, S. 156
S. 257–258  Mies 1951, S. 268–269
S. 259    Louis 1986, S. 36 f.

## 18. Veedel, Klaaf und Polkaköppcher: Willi Ostermann erneuert das Milieulied. 1907–1936

S. 260–261  Hans W. Krupp, Willi Ostermann. Mundartdichter
            und Liedersänger. Köln 1986, S. 20 f.
S. 261    Thomas Liessem. Willi Ostermann. Leben und Wirken
          des rheinischen Volksliederdichter. Köln 1936, S. 32
S. 261    Krupp 1986, S. 31
S. 261    Liessem 1936, S. 22
S. 262    Louis 1986, S. 130
S. 262    Et Düxer Schötzefäß. In: Liessem 1936, S. 27–28
S. 263    Kinddauf-Feß unger Krahnebäune. In: Liessem 1936,
          S. 28
S. 263    Am Dude Jüdd. In: Liessem 1936, S. 29–30
S. 264    Mies 1951: Welch Zauberreich eröffnet sich, S. 128; Die
          Stufen der Liebe, S. 148; Bei den Kölner Frauen, S. 122;
          De Predigen hinger de Gadinge, S. 122; Memoiren
          vun'r Kuventsmöhn, S. 155
S. 265    Uns Bayen-Amazonen. In: Mies 1951, S. 56
S. 265    Liessem 1936, S. 6
S. 266    Krupp 1986, S. 34
S. 266    Krupp 1986, S. 36
S. 267    De Tant. In: Louis 1986, S. 27

S. 268        Liessem 1936, S. 8
S. 268        Krupp 1986, S. 36; 40; 41
S. 268–269    Jetz hätt dat Schmitze Billa en Poppelsdorf en Villa. In: Liessem 1936, S. 18
S. 269        Louis 1986, S. 143–153
S. 270        Louis 1986: En Offer der Fleischnut, S. 144; Ein Zukunftsbild, S. 147–149
S. 270        De Wienands han 'nen Has em Pott. In: Liessem 1936, S. 11
S. 270        O jömmich! Wat han se dem Herrmann gedon? In: Liessem 1936, S. 9
S. 270–71     Chrestian – du beß 'ne feine Mann! In: Liessem 1936, S. 43
S. 271        Dä schöne Fädenand. In: Liessem 1936, S. 46
S. 272        Die ächte kölsche Poesie. In: Liessem, 1936, S. 55
S. 272–273    Dat eß dat richtige äch kölsche Platt. In: Liessem 1936, S. 24
S. 273        Krupp 1936, S. 37
S. 273        Loblied auf Köln. In: Liessem 1936, S. 48
S. 273–274    Ich ben vun Köln am Rhing ze Huhs. In: Liessem 1936, S. 80
S. 274        Wat litt dann an zehndausend Dahler. In: Liessem 1936, S. 14
S. 274–275    Durch dä ganze Krom maache mer 'ne Schrom. In: Liessem 1936, S. 47
S. 275–276    Och wat wor dat fröher schön doch en Colonia, In: Liessem 1936, S. 91

## 19. Zwischen den Kriegen.
## Das Karnevalslied der Revuen. 1919–1933

S. 277        Louis 1986, S. 23; 24
S. 278        KKU, 1934, Nr. 2, S. 21
S. 278        Dat singende un klingende Kölle. 80 historische Aufnahmen aus der Zeit von 1925–1942 auf 4 CD's und einem Textbuch mit wichtigen Hintergrundinformationen! Zusammengestellt von Reinold Louis und Jens-Uwe Völmecke. Bergisch-Gladbach 1998, Textbuch, S. 31
S. 278        Rötsch mer jet, Angenies. In: Liessem 1936, S. 86
S. 280        Dat singende und klingende Kölle, Textbuch, S. 36
S. 280        a. a. O., S. 60

## 20. »Im Dunkeln schunkeln«. Das Karnevalslied als NS-Propaganda und verschlüsselte Botschaft. 1934–1940

## 21. »Ming herrlich Kölle, wie sühs do us?« Trauer, Appell und Humor im Karnevalslied der Nachkriegsjahre. 1945–1949

S. 295      a. a. O., Vorwort v. Heinrich Böll, Heimat und keine, S. IX

S. 295      Otto Dann (Hg.), Köln nach dem Nationalsozialismus. Der Beginn gesellschaftlichen und politischen Lebens in den Jahren 1945/1946. Köln 1981, S. 195

S. 295      Louis 1986, S. 207–209

S. 296      Louis 1986, S. 174; 179; 189–190

S. 297      Louis 1986, S. 176; 187

S. 298      Böll; in: Zeit der Ruinen 1965, S. IX

S. 299      Louis 1986, S. 188; 205; 215

S. 300      Louis 1986, S. 229–230; 241; 251; 278–279

S. 301      Louis 1986, S. 194–195

S. 302      Reinold Louis, Aufgebaut. Rote Fingernägel krallen nach der schwarzen Währung. Köln 2005, S. 147

S. 303      Louis 1986, S. 192–193; 219

S. 303–304  Louis 2005, S. 210–211

S. 304      Louis 1986, S. 221. Zitiert aus dem Bericht von Peter Horatz im Archiv der Ehrengarde

S. 304–305  Louis 1986, S. 223; 226

S. 305–306  Louis 1986, S. 198; 222–223

S. 307–308  Kölner Stadt-Anzeiger von 16. 10. 1985

S. 308      Louis 1986, S. 261

## 22. »Friede-Freude« – Karneval. Das Karnevalslied im Wirtschaftswunder. 1946–1949

S. 309–311  Louis 1986, S. 266 ff.

S. 312      Louis 2005, S. 389

S. 312      Bravo Bravissimo. Karl Berbuer. Seine schönsten Lieder. Köln o. J., S. 26–27

S. 313      a. a. O., S. 20–21

S. 313–314  CD Kölsche Oldies 9. Kölsche Leedcher, die mer nit verjiss. Mit Ludwig Sebus, Köln 1993

S. 314      Louis 1986, S. 247

S. 315      CD Kölsche Oldies 9 1993

S. 315–316  Et Zebingemännche (1955/56). Den Text stellte Ludwig Sebus freundlicherweise zur Verfügung.

S. 316      Wat e paar Bein (1967/68). Zitiert (Auszug) in: Gert Prescher, Robert Tabert, Heinz Weinand, Jede Stein en Kölle es e Stöck von mir. Ludwig Sebus, der Kölner Volkssänger und Charmeur, Köln 2001, S. 42–43

S. 316      Karnevalslieder 1962, Köln 1962

S. 316–317   Schmidt 1992, S. 221
S. 317       Karnevalslieder 1962, Köln 1962
S. 318       CD Kölsche Oldies 9 1993
S. 318       Köln nach dem Nationalsozialismus 1981, S. 195
S. 318       Gerhard Jussenhoven, Ein Leben für die Musik, Köln
             o. J., S. 22; 48
S. 318–319   Helmuth Steingass/Heinrich Vogel, Toni Steingass.
             Sein Leben, seine Lieder. Köln 1995, S. 21
S. 319       Toni Steingass in Text und Melodie, Köln 1999,
             S. 14; 17; 102–103
S. 320       Schmidt 1992, S. 116–118
S. 320       Toni Steingass 1995, S. 18
S. 320       Toni Steingass 1999, S. 122–123
S. 321       Toni Steingass 1999, S. 92–93
S. 321       Toni Steingass 1995, S. 68–69
S. 321–322   Schmidt 1992, S. 130
S. 322–323   Schmidt, S. 162; 163

### 23. Die Bläck Fööss:
### Das Kölschlied-Revival: 1970 bis heute

S. 326       Tonmy Engel, Engel, Bengel, Botzestengel. Mit Joa-
             chim Brücher. Köln 1991, S. 100
S. 326–327   Engel 1991, S. 122; 101
S. 328       Engel 1991, S. 73; 98
S. 329       Engel 1991, S. 95; 97; 95
S. 330       Engel 1991, S. 98
S. 330       »Dot schön Leedcher singe, su wie ihr dat immer jemaat
             hat.« Die Bläck Fööss im Gespräch mit Sabine Opitz,
             Jürgen Pütz, Franz Sawatzki. In: Jürgen Pütz (Hg.),
             Bläck Fööss. Lück wie ich un du. Köln 1989, S. 77
S. 331       Heinrich Böll, Straßen wie diese. Nachwort in: Char-
             gesheimer, Unter Krahnenbäumen – Bilder einer Stra-
             ße. Köln 1958
S. 332       Engel 1991, S. 101; 91
S. 333       Kölner Stadt-Anzeiger v. 1. 10. 1975. Zitiert in: Toni
             Steingass 1995, S. 155
S. 338       »Dot schön Leedcher singe«; in: Bläck Fööss 1989,
             S. 77
S. 339       Frank Sawatzki, Der Klang der Verbrüderung. Über
             die Musik der Bläck Fööss. In: Bläck Fööss 1989,
             S. 57

S. 339      Matthias Becker (Hg.), Bläck Fööss schwatz op wieß. Bergisch Gladbach 2000, S. 66; 63

S. 339      Bläck Fööss 1989, S. 72

S. 340      Paul Williams, Von hier aus können wir überall hingehen. Das Woodstock-Festival als erlebte Realität. In: But I like it. Jugendkultur und Popmusik. Hg. v. Peter Kemper, Thomas Langhoff und Ulrich Sonnenschein. Stuttgart 1998, S. 28

S. 340      Köln eine Stadt; in: Böll-Werke, Bd. 16, Köln 2008, S. 18

S. 342      Peter Kemper, Beat Beat Beat. Beatles vs. Rolling Stones. Das Brave und das Wilde. In: »alles so schön bunt hier.« Die Geschichte der Popkultur von den Fünfzigern bis heute. Hg. v. Peter Kemper, Thomas Langhoff und Ulrich Sonnenschein. Stuttgart 2002, S. 83 f.

S. 344      »Dot schön Leedcher singe«; In: Bläck Fööss 1989, S. 77

S. 344      Bläck Fööss 2000, S. 130

S. 344      »Dot schön Leedcher singe«; in: Bläck Fööss 1989, S. 76

S. 346      Sawatzki; in: Bläck Fööss 1989, S. 70

S. 346      »Dot schön Leedcher singe«; In: Bläck Fööss, S. 78

S. 347      Engel 1991, S. 127

S. 347      »Dot schön Leedcher singe«; in: Bläck Fööss 1989, S. 77

S. 348      Anja Katzmarzik, Karneval fürs Volk. In: Kölner Stadt-Anzeiger v. 12. 11. 2007

S. 350–351  Dodo Hey, Höhner – das Buch. Biografie einer deutschen Band. Köln 2000, S. 11 ff.

S. 352      Sönke Wortmann, Deutschland – ein Sommermärchen. Das WM-Tagebuch. Köln 2006, S. 156–158

S. 353      Kölner Stadt-Anzeiger v. 28. 12. 2007